2017年度湖南省图书重点选题

*R*unning safety analysis of
high-speed train-bridge systems subjected to strong winds:
theory and application

强风作用下
高铁桥上行车安全
分析理论与应用

何旭辉 邹云峰 / 著

中南大学出版社
www.csupress.com.cn
·长沙·

内 容 简 介

　　本书为 2017 年度湖南省图书重点选题。全书较全面地总结了我国高铁桥梁发展成就和国内外风致行车安全事故，针对强风环境下高铁桥上行车的特点，重点介绍非平稳风特性及其模拟分析方法、我国高速铁路典型标准跨径和大跨桥梁 – 列车系统气动特性、移动列车 – 桥梁系统气动特性 CFD 数值模拟和风洞试验技术、桥梁 – 车辆动力相互作用分析理论和方法、非平稳风激励下车 – 桥随机振动分析理论、多体动力学软件 SIMPACK 在风 – 车 – 桥耦合振动分析中的应用、常规风屏障参数对车 – 桥系统气动特性影响规律、百叶窗型等多种新型风屏障研发，以及这些研究成果在重大高铁桥梁工程中的应用。

　　本书可供铁路、城市轨道交通等相关领域的科研人员和工程技术人员参考，亦可作为高等院校相关专业本科生、研究生的教学参考用书。

序一 *Foreword*

《强风作用下高铁桥上行车安全分析理论与应用》是我国轨道交通领域在行车安全方面的一部学术著作。笔者针对我国高速铁路快速发展面临的桥上行车安全技术挑战问题，在桥梁抗风和行车安全前沿领域，从非平稳风场特性、典型高铁桥梁－列车气动特性、车－桥及风－车－桥分析理论、高铁桥上风屏障等方面开展系统研究，取得了研究成果。

该书结构严谨，创新性强。在传统风－车－桥耦合振动研究的基础上，创造性地考虑了风的非平稳特性，建立了非平稳风激励下车－桥系统随机振动分析理论框架，并在静止/移动列车－桥梁系统模型风洞实验技术等方面取得突破；在常规桥上风屏障参数优化研究的基础上，发明了百叶窗型等新型风屏障结构形式，突破了常规风屏障透风率和风向不能实时改变的不足，为实现车－桥－障系统气动特性的综合优化和自适应控制奠定了基础。

列车行车安全是铁路发展永恒的主题，加强相关基础理论和应用技术研究至关重要。国内外发生的强风导致列车脱轨和倾覆事故表明，强风作用下的桥上行车安全问题更加复杂，引发列车坠桥等二次灾害风险更大，涉及列车空气动力学、桥梁工程、风工程等多学科交叉。本书的适时出版对我国高铁自主创新和可持续发展具有积极作用，也期望对从事和关心这一领域研究的学者有所教益。

中国工程院院士
中南大学教授
2018 年 9 月

序二 *Foreword*

我国高速铁路桥梁占比很大，随着高速铁路网络不断向东南沿海和西部山区延伸，我国还将修建更大跨度的高铁桥梁，将面临更加复杂的风环境。桥梁抗风问题自从 1940 年美国塔科马大桥风毁事故以后，经过数十年的努力，现在的技术水平基本上可以防止桥梁风毁事故的发生，但桥梁振动问题仍难以避免。

铁路桥梁以前由于跨度小、刚度大，列车速度也不高，对风不是特别敏感。但随着我国高铁桥梁的快速发展和列车速度的不断提高，车辆和桥梁间耦合振动明显、气动干扰突出，强风作用下高铁桥上行车安全问题显得非常重要，很多科学和技术问题值得深入研究。

何旭辉教授是我最早的硕士和博士研究生之一，2000 年我主持湖南岳阳洞庭湖大桥拉索风雨振研究，他就是主要研究人员。近年来，在国家及中国铁路总公司科技项目的持续资助下，依托中南大学风洞实验室，针对高铁桥梁抗风和行车安全问题，他带领课题组开展了系统深入的研究，在基础理论和应用技术方面均取得了突破性进展。他首次建立了非平稳风激励下的列车 – 桥梁系统随机振动分析框架，研发了静止和移动列车 – 桥梁系统气动特性识别技术，发明了百叶窗型等新型高铁桥上风屏障结构形式。相关的研究成果获得了 2017 年度湖南省科技进步一等奖和中国铁道科技特等奖。

该书系统地介绍了课题组在强风作用下高铁桥上行车安全领域所取得的研究成果，对从事铁路车 – 桥振动和桥梁抗风研究的科研工作者、工程技术人员及本科生、研究生具有非常好的参考价值。

中国工程院院士
湖南大学教授
2018 年 9 月

前　言　*Preface*

桥梁作为我国高速铁路的重要工程结构，占比非常高（平均达 50% 以上），且大跨度桥梁越来越多，加上风环境复杂多变，公交化运行的高速列车在时空上均很难避免强风环境下的桥上行车。相比平地路基，桥梁结构柔，桥面风速大，车辆与桥梁之间耦合振动显著，相互气动干扰复杂，桥上高速列车的行驶安全性与舒适性问题更为突出，相关分析理论和防控技术的深化研究具有十分重要的理论和工程意义。

强风作用下高铁桥上行车安全问题涉及车－桥耦合振动、列车空气动力学和桥梁风工程等相关研究领域和学科。笔者所在的中南大学在这些方面均有非常好的研究基础：曾庆元院士于 20 世纪 80 年代初创立了一种车－桥横向耦合振动理论和能量随机分析理论，在国内外独树一帜，具有重要影响。列车空气动力学于 20 世纪 90 年代初在国内率先研究，田红旗院士研建了世界上规模最大、国内唯一的列车气动性能模拟动模型试验装置，其特色鲜明，为我国铁路提速、高速铁路的发展做出了重大贡献。

20 世纪 90 年代初，笔者的硕士、博士导师陈政清院士带领团队投入桥梁风工程研究，打下了很好的研究基础。近年来随着风洞实验室的研建成功，大力推动了我校风工程学科的发展。感谢中南大学土木工程学院和高速铁路建造技术国家工程实验室的支持，笔者于2013年依托风洞实验室平台建立科研创新团队继续开展相关研究工作。

本书主要内容是笔者近十年来在高铁联合基金重点项目（U1534206），国家重点研发计划项目（2017YFB1201204），国家自然科学基金优秀青年基金项目（51322808）、面上项目（51178471）和青年基金项目（51508580，50808175），中国铁路总公司科技计划项目（2015G002 - C，2015G01 - A）和中南大学首批创新驱动计划项目（2015CX006）等相关科研项目的持续资助下所取得的研究成果。本书较全面地介绍了我国高铁桥梁发展情况和国内外风致行车安全事故、非平稳风场特性及其模拟、高铁典型桥梁 - 列车系统气动特性、移动列车 - 桥梁系统气动特性、移动荷载作用下桥梁振动分析理论与试验、非平稳风激励下车 - 桥随机振动分析理论、基于多体动力学的风 - 车 - 桥耦合振动仿真、高铁桥上风屏障参数深化研究和新型风屏障研发，以及这些研究成果在我国高铁桥梁中的应用。研究工作得到了中铁大桥勘测设计院集团有限公司、中国铁路设计集团有限公司、中铁第四勘察设计院集团有限公司、中国中铁二院工程集团有限公司、中国铁路乌鲁木齐局集团有限公司、中国铁道科学研究院等单位和专家的大力支持。本书入选2017年度湖南省图书重点选题。笔者在此一并表示衷心的感谢！

　　本书由何旭辉提出写作计划，何旭辉、邹云峰制订全书大纲，集体讨论确定各章节内容并分工完成初稿，由何旭辉统一修改定稿。各章主要撰写人为：第1章何旭辉，第2章严磊、秦红禧，第3章敬海泉、邹云峰，第4章何旭辉、李欢，第5章何旭辉、邹思敏，第6章杨靖，第7章何旭辉、史康，第8、9、10章邹云峰、何旭辉。博士研究生于可辉、丁昊，硕士研究生吉晓宇、康熙萌等参与资料收集和排版校对工作，郭向荣、王汉封、闫斌、吴腾等同事也给予了很多帮助。本书包含了笔者所在中南大学风工程研究团队师生多年的研究成果，并引用了一些国内外公开发表的文献资料，已在每章参考文献中提及，这里不再一一列举。

　　由于笔者水平有限，书中缺漏和差错在所难免，敬请读者与专家批评指正为盼！

何旭辉

2018年9月于中南大学

目录
Contents

第1章 绪 论 / 1

1.1 高速铁路定义及发展 / 1
  1.1.1 高速铁路定义 / 1
  1.1.2 国外高速铁路发展 / 2
  1.1.3 我国高速铁路发展 / 3

1.2 我国高铁桥梁发展 / 5
  1.2.1 我国高铁桥梁建设新理念 / 5
  1.2.2 我国高铁桥梁建设成就 / 7

1.3 风致行车安全事故 / 15
  1.3.1 风致桥梁毁坏事故 / 15
  1.3.2 风致列车行车安全事故 / 16

1.4 我国主要强风区分布 / 20
  1.4.1 东南沿海地区 / 20
  1.4.2 "三北"区域 / 21
  1.4.3 中西部内陆山区 / 21

1.5 本书主要内容 / 21

参考文献 / 23

第2章 非平稳风场特性及其模拟 / 24

2.1 风力等级 / 24

2.2 近地风特性 / 26
  2.2.1 平均风特性 / 27

    2.2.2 脉动风特性 / 28

2.3 非平稳风分析方法 / 31

    2.3.1 非平稳风速模型 / 31

    2.3.2 非平稳风速的时频分析 / 32

    2.3.3 基于小波变换的非平稳风速演变功率谱估计方法 / 33

2.4 非平稳风模拟 / 36

    2.4.1 非平稳风的数值模拟 / 36

    2.4.2 非平稳风的风洞模拟 / 40

2.5 实测非平稳风分析 / 43

    2.5.1 基于实测的台风样本非平稳分析 / 43

    2.5.2 基于实测的强风样本非平稳分析 / 47

参考文献 / 51

第3章 高铁典型标准跨径桥梁 - 列车系统气动特性 / 53

3.1 风荷载参数定义 / 53

3.2 高铁典型标准跨径桥梁气动特性 / 54

    3.2.1 典型标准跨径箱梁气动特性 / 54

    3.2.2 紊流场中箱梁气动特性 / 58

    3.2.3 不同雷诺数下箱梁气动特性 / 61

3.3 高铁典型标准跨径箱梁 - 车头系统气动特性 / 64

    3.3.1 箱梁 - 车头系统气动特性 / 66

    3.3.2 紊流度对箱梁 - 车头系统气动特性的影响 / 72

    3.3.3 雷诺数对箱梁 - 车头系统气动特性的影响 / 77

3.4 高铁典型标准跨径箱梁 - 车身系统气动特性 / 83

    3.4.1 箱梁 - 车身系统气动特性 / 83

    3.4.2 紊流度对箱梁 - 车身系统气动特性的影响 / 87

    3.4.3 雷诺数对箱梁 - 车身系统气动特性的影响 / 93

参考文献 / 95

第4章 高速铁路典型大跨桥梁 - 列车系统气动特性 / 97

4.1 桁架桥梁气动特性 / 97

    4.1.1 典型钢桁架桥梁几何参数统计 / 97

    4.1.2 桁架形式对桥梁气动特性的影响 / 99

4.1.3 关键参数对桁架桥梁气动特性的影响 / 99

4.2 桁架桥梁 - 列车系统气动干扰特性 / 102

4.2.1 相对位置对桁架桥梁 - 列车系统气动特性的影响 / 103

4.2.2 桁架桥梁 - 列车系统气动干扰特性 / 105

4.3 扁平箱梁气动特性 / 107

4.3.1 静力气动特性 / 107

4.3.2 斯托罗哈数(St)及其机理 / 111

4.4 扁平箱梁桥梁 - 列车系统气动干扰特性 / 113

4.4.1 相对位置对扁平箱梁桥梁 - 列车系统气动特性的影响 / 115

4.4.2 扁平箱梁桥梁 - 列车系统气动干扰特性 / 117

4.4.3 桥梁 - 列车系统尾流特征 / 118

参考文献 / 119

第5章 移动列车 - 桥梁系统气动特性 / 121

5.1 计算流体力学基本理论 / 121

5.1.1 基本控制方程 / 121

5.1.2 湍流模型 / 123

5.2 移动列车 - 桥梁系统 CFD 数值模拟 / 124

5.2.1 模拟方法 / 124

5.2.2 数值计算模型 / 125

5.2.3 结果分析 / 128

5.3 移动列车 - 桥梁试验系统风洞试验 / 133

5.3.1 U 形滑道加减速装置 / 133

5.3.2 试验模型 / 134

5.3.3 试验工况 / 135

5.3.4 静、动态列车表面风压 / 135

5.3.5 静、动态列车对桥梁风压影响 / 138

5.4 CFD 数值模拟与风洞试验对比 / 142

5.5 弹射试验系统研发 / 142

参考文献 / 143

第6章 移动荷载作用下桥梁振动分析理论与试验 / 145

6.1 移动集中力引起的梁桥振动 / 145

6.1.1　移动集中力引起的简支梁振动　/ 145

6.1.2　移动集中力引起的连续梁振动　/ 147

6.2　移动简谐力引起的梁桥振动　/ 153

6.2.1　移动简谐力引起的简支梁振动　/ 153

6.2.2　移动简谐力引起的连续梁振动　/ 155

6.3　移动质量引起的梁桥振动　/ 156

6.3.1　移动质量引起的简支梁振动　/ 157

6.3.2　移动质量引起的连续梁振动　/ 164

6.4　移动车辆 – 桥梁振动分析及试验验证　/ 165

6.4.1　采用数值模态的模态叠加法和迭代法　/ 166

6.4.2　试验介绍与建模计算　/ 167

6.4.3　试验验证　/ 173

参考文献　/ 177

第 7 章　非平稳风激励下车 – 桥随机振动分析理论　/ 179

7.1　车 – 桥系统耦合模型　/ 179

7.1.1　列车模型　/ 182

7.1.2　桥梁模型　/ 182

7.1.3　车 – 桥相互作用　/ 184

7.2　车 – 桥系统随机荷载激励　/ 185

7.2.1　非平稳风荷载　/ 185

7.2.2　轨道不平顺激励荷载　/ 188

7.3　非平稳激励下车 – 桥随机振动分析方法　/ 191

7.3.1　分析流程　/ 191

7.3.2　计算精度与效率的验证　/ 192

7.4　非平稳风关键参数对比分析　/ 197

7.4.1　非平稳静风荷载对车 – 桥系统的影响　/ 197

7.4.2　非平稳脉动风和轨道不平顺对车 – 桥系统的影响　/ 202

7.4.3　非平稳风对列车运行安全的影响　/ 206

参考文献　/ 208

第 8 章　基于多体动力学的风 – 车 – 桥耦合振动仿真　/ 210

8.1　多体动力学基本理论　/ 210

8.1.1　刚体运动学和动力学　/ 210

8.1.2　多体系统模型的建立　/ 211

8.1.3　相对坐标法和绝对坐标法　/ 212

8.2　基于多体动力学的风 – 车 – 桥耦合振动分析模型　/ 213

8.2.1　高速列车动力学模型　/ 213

8.2.2　车 – 桥耦合振动在多体动力学中的实现　/ 218

8.2.3　SIMPACK 中施加风荷载的方法　/ 225

8.3　多体动力学在大跨高铁桥梁风 – 车 – 桥耦合振动的应用　/ 225

8.3.1　工程背景及动力特性分析　/ 225

8.3.2　车 – 桥耦合振动动力响应分析　/ 228

8.3.3　风 – 车 – 桥耦合振动动力响应分析　/ 235

8.3.4　桥上列车运行速度安全阈值分析　/ 243

参考文献　/ 245

第 9 章　高速铁路桥上常规风屏障参数深化研究　/ 247

9.1　风洞试验概况　/ 247

9.1.1　风屏障风洞试验模型　/ 247

9.1.2　车 – 桥风洞试验模型及测点布置　/ 248

9.2　风屏障参数对简支箱梁 – 车气动特性的影响　/ 252

9.2.1　风屏障透风率对列车气动特性的影响　/ 252

9.2.2　风屏障高度对列车气动特性的影响　/ 254

9.2.3　风屏障透风率对列车风压分布的影响　/ 255

9.2.4　风屏障高度对列车风压分布的影响　/ 257

9.3　风屏障参数对流线箱梁 – 车气动特性的影响　/ 259

9.3.1　风屏障透风率对气动力系数的影响　/ 259

9.3.2　风屏障高度对气动力系数的影响　/ 261

9.4　风屏障气动影响机理分析　/ 265

9.4.1　风屏障透风率的影响　/ 265

9.4.2　风屏障高度的影响　/ 267

9.4.3　风屏障对车 – 桥系统流场分布影响　/ 270

9.5　风屏障对桥上车辆动力响应影响　/ 274

9.5.1　车 – 桥动力学模型　/ 274

9.5.2　风屏障透风率对列车动力响应的影响　/ 275

9.5.3　风屏障高度对列车动力响应的影响　/ 277

9.6　列车风作用下桥上风屏障风荷载现场实测　/ 280

9.6.1　现场测试概况　/ 280

9.6.2　测试结果与分析　/ 282

参考文献　/ 287

第 10 章　高速铁路桥上百叶窗型风屏障研发　/ 289

10.1　百叶窗型风屏障原理介绍　/ 289

10.2　百叶窗型风屏障气动特性风洞试验研究　/ 290

10.2.1　百叶窗型风屏障对桥梁气动特性的影响　/ 290

10.2.2　百叶窗型风屏障对车–桥气动特性影响　/ 292

10.3　百叶窗型风屏障气动特性数值模拟研究　/ 307

10.3.1　标准跨径简支箱梁–车组合系统气动特性变化规律　/ 307

10.3.2　扁平钢箱梁车–桥组合系统气动特性变化规律　/ 315

10.4　其他新型风屏障开发　/ 319

10.4.1　合页型风屏障　/ 319

10.4.2　组合型风屏障　/ 324

参考文献　/ 331

第1章

绪 论

1.1 高速铁路定义及发展

1.1.1 高速铁路定义

高速铁路是当今时代高新技术的集成、人类文明的结晶和铁路现代化的标志。由于其具有运能大、能耗低、污染小、占地少和效益好等特点，已成为各国交通运输的发展重点。高速铁路，顾名思义就是速度高的铁路，简称高铁。不同国家、地区以及组织的定义稍有不同。

日本——1970年颁布的《全国新干线铁路整备法》中规定：列车在主要区间能以200 km/h以上速度运行的干线铁道称为高速铁路。

欧洲——1985年5月欧洲经济委员会（Economic Commission for Europe，ECE）给出的定义是：列车最高运行速度达到300 km/h及以上的客运专线或最高速度达到250 km/h及以上的客货混运线，可称为高速铁路；为了建立泛欧高速铁路网体系，欧洲铁路联盟于1996年9月对"高速铁路"提出新的定义：新建高速铁路的允许速度达到250 km/h或以上，既有线升级改造后达到200 km/h的，称为高速铁路。

国际铁路联盟（Internation Union of Rail Ways，UIC）——早期高速铁路定义为：新建高速铁路的设计速度达到250 km/h及以上，经升级改造的高速铁路的设计速度达到200 km/h或220 km/h；后来UIC高速部在2001年10月提出，新建高速铁路的速度目标值是320～350 km/h。

中国——初期高速铁路定义为：既有线改造运行速度不低于200 km/h，新建设计速度不低于250 km/h；2013年1月9日颁布的《铁路主要技术政策》中明确高速铁路定义：新建设计开行 250 km/h(含预留)及以上动车组列车、初期运营速度不低于 200 km/h 的客运专线铁路。考虑到人口的不均匀分布，我国高速铁路通常有客运专线、客货共线和城际铁路等不同类型。

1.1.2 国外高速铁路发展

除了中国大陆外，全世界已通车运营的 250 km/h 及以上高速铁路主要分布在日本、法国、德国、西班牙、意大利、韩国、英国、比利时、丹麦、瑞典等国家和中国台湾地区。其中，日本的高速铁路里程为 2258 km，西班牙 1907 km、法国 1884 km、德国 1057 km。各国铁路的技术路线和运输模式各有不同，日本、德国多采用无砟轨道，法国采用有砟轨道；日本、法国、韩国是纯客运运输为主，德国则客货混运和客运专线都有。主要国家高速铁路建设发展情况简要介绍如下。

1. 日本高速铁路

日本是建设高速铁路最早的国家。早在 1946 年，日本就酝酿修建高速铁路，但迫于战后百废待兴，而无暇顾及。1958 年 12 月 19 日日本政府批准修建东海道新干线，1959 年 4 月开始建设，1964 年 10 月 1 日，世界第一条高速铁路——日本东海道新干线正式开通，运营速度为 210 km/h。随后修建的新干线，包括山阳线、东北线、上越新干线、长野新干线等，列车运行速度逐步提高，1985 年建成的东北新干线提速到 240 km/h，1992 年东海道新干线提速到 270 km/h，1997 年建成的山阴新干线提速到 300 km/h；2011 年新型高速列车"準"号投入运营，最高速度为 300 km/h，2012 年提高到 320 km/h。1993 年 12 月日本 Star21 试验速度达 425 km/h。

2. 法国高速铁路

法国高速铁路以 TGV(Train à Grande Vitesse)命名，是高速列车的意思。1967 年，法国铁路既有线运营速度提高到 200 km/h，1981 年新建 TGV 东南线巴黎—里昂高速铁路的部分区段速度达 260 km/h，1983 年东南线全线通车，运营速度提高到 270 km/h，1989 年提高到 300 km/h；1989 年 9 月，大西洋西部支线巴黎—勒芒高速铁路开通；1990 年 10 月，开往图尔的西南部支线也投入使用，运营速度逐步提高到 300 km/h；1993 年 9 月，北方线 TGV 巴黎—里尔全线贯通，最高运营速度为 300 km/h；2001 年 TGV 地中海线全部开通，地中海线自瓦朗斯向南延伸，在阿维尼翁设三角线，东南分支到达马赛，西南分支到达蒙彼利埃；2007 年 TGV 东部线部分通车，运营速度为 320 km/h；TGV 地中海线和 TGV 东部线的设计速度均为 350 km/h。1990 年 5 月法国 TGV 动车组试验速度达 515.3 km/h；2007 年 3 月，创造了世界铁路的最高试验速度 574.8 km/h。

3. 德国高速铁路

德国也是发展高速铁路卓有成效的国家，ICE(Inter City Express)是德国高速铁路的代名词。1978 年,德国速度为 200 km/h 的汉堡—不莱梅既有线提速区段正式投入运营。1991 年,第一条新建高速铁路(汉诺威—维尔茨堡)正式运营,最高运营速度为 250 km/h;1998 年建成通车的汉诺威—柏林高速铁路,最高运营速度为 280 km/h;2002 年开通的科隆—法兰克福、2006 年开通的纽伦堡—英戈尔施塔特高速铁路,运营速度提高到 300 km/h。1988 年德国 ICE1 试验速度达到 406.9 km/h。

4. 意大利高速铁路

意大利也是发展高速铁路较早的国家,1986 年制定了高速铁路发展规划。高速列车以 ETR(Eurostar Italia)命名。意大利第一期(罗马—佛罗伦萨)高速铁路,全线仅 200 多公里,1970 年开工建设,直到 1992 年才全线建成通车,最高运行速度 250 km/h。第二期高速铁路包括罗马—那不列颠、佛罗伦萨—米兰、都灵—米兰—威尼斯、米兰—热那亚,最高运行速度为 300 km/h。

5. 西班牙高速铁路

西班牙的高速列车命名为 AVE(Frenes de Alta Velocided Espaola)。1986 年,西班牙政府决定修建马德里—塞维利亚高速铁路,1987 年 10 月动工,1992 年 4 月建成通车,全长 471 km,列车最高运营速度为 250~270 km/h。

6. 瑞典高速铁路

瑞典铁路高速化计划从 1988 年开始执行,主要以改造既有线为主。1990 年 9 月,瑞典西部干线(斯德哥尔摩—哥德堡)改造成功,采用 X200 型高速列车,最高速度为 200 km/h,随后南部干线(斯德哥尔摩—马尔默)、西海岸干线(哥德堡—马尔默)、东海岸干线(斯德哥尔摩—松兹瓦尔)等相继改造成功,最高速度均达 200 km/h。

7. 英国高速铁路

英国于 1998 年 10 月开始高速铁路建设,2003 年 9 月首次在海峡隧道铁路路线(CTRL)一期开行高速铁路运营列车。此后,铁路战略管理局加快了建设南北高速铁路的舆论宣传和建设步伐。

8. 韩国高速铁路

韩国首尔(汉城)—釜山高速铁路,全长 412 km,1992 年开始建设,1999 年建成 34.4 km 的试验段,2004 年一期建设首尔—大丘段 292.4 km 建成通车。二期工程将从大丘经庆州至釜山。

1.1.3 我国高速铁路发展

我国国土面积辽阔,人口众多。铁路作为国民经济大动脉、国家重要基础设施和大众化交通工具,具有运力大、成本低、占地少、节能环保、安全性好等多种优势,是综合交通运输体系的骨干,在我国经济社会发展中具有重要作用。20 世纪末，我国铁路以世界铁路6%的运营里程，完成了世界铁路25%的换算周转量，是世界上运输效率最高和最繁忙的铁路。即便如此，铁路建设速度仍滞后于国家经济和社会发展速度，运能不足矛盾十分突出。

为了适应我国经济和社会的发展需求，铁路必须加快发展。我国铁路先后进行了六次既有线大规模提速。"九五""十五"期间，先后于1997年、1998年、2000年、2001年、2004年在全路主要繁忙干线上实施了五次非常成功的大规模提速，对既有线进行大规模的技术改造，使160 km/h的线路延展里程达到1.65万公里。2003—2007年，为了适应我国经济和社会发展的需求，又实施了第六次大面积提速，旅客列车速度目标值达到200 km/h等级，其中846公里的线路上最高运行速度达到250 km/h，既有线提速技术已达到世界先进水平，进入高速铁路范畴。

速度是交通运输发展的重要标志，世界交通运输发展的历史，就是一部速度不断提高的历史。实际上，我国一直在密切关注世界高速铁路技术的发展，并开展了大量的研究工作。1993—1994年，由国家科委、计委、经贸委、体改委和铁道部联合组织进行了"京沪高速铁路重大技术经济问题前期研究"。在全面深入研究的基础上，铁道部陆续颁布了一系列勘测、设计、施工、验收的规定，为高速铁路建设提供了强有力的技术依据。陆续修建了秦沈客运专线（现称"京哈线秦沈段"）、胶济线即墨—高密段和遂渝线无砟轨道试验段。并通过大规模的综合试验，验证并完善了高速铁路的技术标准、设备选型和施工技术、工艺等。

2004年1月，我国铁路第一个《中长期铁路网规划》开始实施，提出了"四纵四横"高速铁路网络骨架。2008年11月，国家批准了《中长期铁路网规划（2008年调整）》，将2020年全国铁路运营里程目标由10万公里调整为12万公里以上，其中，高速铁路由1.2万公里调整为1.6万公里。

2016年7月，新修订的国家《中长期铁路网规划（2016—2030年）》，勾画了新时期"八纵八横"高速铁路网的宏大蓝图。预计到2020年，全国铁路网规模达到15万公里，其中高速铁路3万公里，覆盖80%以上的大城市；2025年，铁路网规模达到17.5万公里左右，其中高速铁路3.8万公里左右，网络覆盖进一步扩大，路网结构更加优化，骨干作用更加显著，能更好地发挥铁路对经济社会发展的保障作用；展望2030年，基本实现内外互联互通、区际多路畅通、省会高铁连通、地市快速通达、县城基本覆盖。

截至2017年底，我国铁路运营里程已达12.7万公里，其中高铁2.5万公里，占世界高铁总里程的66.3%。各国高速铁路总里程占比如图1-1所示。

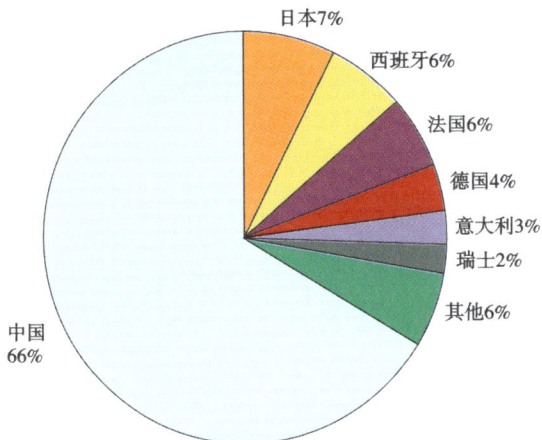

图 1-1 各国高速铁路总里程占比

1.2 我国高铁桥梁发展

1.2.1 我国高铁桥梁建设新理念

桥梁是构建高速铁路本体的重要工程结构。由于高速列车对线路平顺性要求极高，传统铁路桥梁设计中的部分设计原则和工作方法已经不适应高速铁路桥梁的需求，必须更新建设理念。我国高铁桥梁的建设新理念主要表现在以下两方面。

1. 保证高速条件下安全性与舒适性的理念

高速铁路与普通铁路、公路的最大区别就是运行速度高，车辆、强风、地震等动力源作用直接影响桥上行车的安全性和旅客乘坐的舒适性，且是影响高铁桥梁设计的重要因素。因此，如何保证高铁桥梁在高速条件下的安全性和舒适性，是桥梁建设者必须考虑的核心问题。

1）更加注重车-线-桥动力分析，确保桥梁刚度满足安全性和舒适性要求。

高速列车在桥上运行时，列车与桥梁之间的相互动力影响明显。因此，在高铁桥梁设计时，除了满足常规桥梁的静力强度、刚度要求外，还必须高度重视桥梁动力特性，桥跨结构必须具有足够的刚度和自振频率。

2）严格控制桥梁结构弹性和非弹性变形，保持轨道持续稳定和高平顺性。

高铁桥梁墩台的水平刚度、基础的沉降变形、梁体挠度、梁端转角、梁轨间位移差值、徐变变形等各种弹性和非弹性变形，将直接影响桥上轨道结构的变形，从而影响高速列车运行的安全性和乘坐的舒适性，必须加以严格控制。

3)重视等跨简支长桥的动力特点和路桥刚度过渡问题,保证线路动力性能良好。

由于线路、水文、地质、立交等要求,高速铁路的长桥较多,有的长达数十公里,甚至上百公里。当列车匀速行驶时,列车与等跨简支长桥之间的相互作用易达到某一固定频率,而这一频率是否会对列车运行造成不利影响,应当重视并深入研究。对特大跨度桥梁,则需研究高速行车条件下的低频振动问题。

路基填土具有可压缩性,提供的竖向刚度较桥梁弱很多。在路基、桥梁交变地段,竖向刚度突变将对高速行车造成影响。因此,必须高度重视路桥刚度过渡问题,做好刚度过渡措施。

4)合理设计桥面构造系统,满足安全运营和养护维修的要求。

高铁桥梁的桥面,除了轨道系统外,还有电力、电气化、通信、信号、风屏障等附属设施,不仅要运行高速列车,还将有施工运载机具、机械化养护维修动力设备通过。因此,需要综合考虑各方面要求,重视桥面构造系统的设计研究。

2. 注重环境适应性的理念

高铁的建设和运营,必将与铁路经由地区的自然环境、经济环境、人文环境等紧密相关,受到各种因素的影响,同时,也对环境产生影响。中国高铁桥梁的建设,必须更加重视环境适应性问题。

1)适度加大桥梁建设规模,节约土地资源,方便沿线居民生产生活。

由于我国人口众多,土地资源非常珍贵,高铁建设必须注重节约土地。建造高铁桥梁与修建路基相比,能够少占良田,节约土地资源,解决路基对沿线交通、生态的阻隔问题。同时,也为公路的发展预留了必要的条件。

2)重视减隔振设计,贯彻环保要求。

高速铁路在提高运行速度的同时,会加剧轮轨噪声、气动噪声、桥梁结构二次噪声等。应该深入研究高铁的噪声问题,采取科学有效的控制措施。此外,在建设、运营的各个环节,要严格控制对水源、土壤、大气等的污染。

3)加强桥梁耐久性设计,保证结构的使用寿命。

根据中国高铁成网运输、维修天窗时间短的国情,结合环境类别或环境作用等级,进行耐久性设计、施工,建造少维护易维修的耐久性工程。桥梁优先采用预应力混凝土结构。

4)注重建筑美学,塑造与环境相协调的桥梁景观。

桥梁能满足人们到达彼岸的心理希望,是使人印象深刻的标志性建筑,常常成为审美的对象和文化遗产。高铁桥梁经常穿越优美的自然景区、繁华城市的郊区,除了发挥交通建筑的功能外,还要注重与美学要求的结合,与自然环境和人文环境相协调。

1.2.2 我国高铁桥梁建设成就

由于我国高铁桥梁建设理念新，建设标准起点高，逐渐形成了具有中国铁路特点、世界先进水平的技术标准体系，为大规模、高标准和快速化的高铁桥梁建设提供了技术依据。为了更好地控制线路线形、节约土地资源、满足经济以及快速施工等要求，我国高速铁路多采用"以桥代路"的方式，高速铁路桥梁比例非常高，平均58%以上。例如，广珠城际(广州—珠海)线路总里程142.3公里，其中桥梁134.1公里，占比达94.2%，为目前桥梁占比最高的线路；京津城际(北京—天津)全程115.2公里，其中桥梁100.2公里，占比87%；京沪高铁(北京—上海)全程1318公里，其中桥梁1060.9公里，占比为80.5%。中国主要高铁桥梁占比见表1-1和图1-2。

表 1-1 中国部分高铁桥梁占比

高铁线路名称	线路总里程/km	桥梁总里程/km	桥梁占比/%
广州—珠海	142.3	134.1	94.2
北京—天津	115.2	100.2	87
上海—杭州	158.0	137.5	87.0
西安—宝鸡	138.0	120.0	87.0
杭州—宁波	150.0	123.0	82.0
盘锦—营口	90.0	73.0	81.1
北京—上海	1318.0	1060.9	80.5
北京—石家庄	281.0	218.0	77.6
台湾省(台北—高雄)	345.0	257.0	74.5
哈尔滨—大连	903.9	663.3	73.4
上海—南京	296.0	215.4	72.8
南京—杭州	249.0	157.0	63.1
天津—秦皇岛	257.0	160.0	62.3

高铁线路名称	线路总里程/km	桥梁总里程/km	桥梁占比/%
郑州—西安	484.5	289.5	59.8
武汉—宜昌	292.0	153.7	52.6
武汉—广州	968.0	401.2	41.4
厦门—深圳	502.4	204.1	40.6
广州—深圳—香港	142.0	58.2	41.0
南昌—九江	91.6	32.0	34.9
海南东环线	308.1	103.0	33.4
宁波—台州—温州	282.4	91.4	32.4
合肥—武汉	359.4	115.9	32.2
长春—吉林	96.3	30.3	31.5
南宁—广州	577.1	180.1	31.2
福州—厦门	274.9	84.8	30.8
贵阳—广州	861.7	210.0	24.4

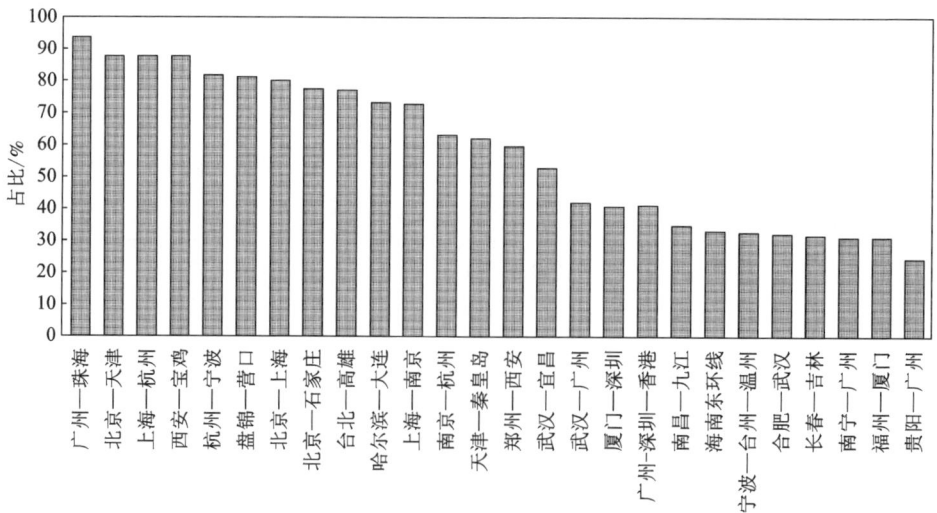

图 1-2 中国部分高铁桥梁占比

相比其他国家,中国高铁桥梁占比是最高的。外国部分高铁桥梁占比见表 1－2,日本高铁桥梁占比为 33.3% ~ 61.5%,平均 44.9%;法国高铁桥梁占比为 6.0% ~ 32.2%,平均 18.2%;德国高铁桥梁占比为 2.7% ~ 12.5%,平均 7.1%;意大利高铁桥梁占比为 12.6%;西班牙高铁桥梁占比为 3.2%;韩国高铁桥梁占比为 27.1%。各国高铁桥梁平均占比如图 1－3 所示。

表 1－2　外国部分高铁桥梁占比

国别	高铁线路名称	线路总里程 /km	桥梁总里程 /km	桥梁占比 /%	桥梁平均占比 /%
日本	东海道新干线	515	173	33.6	44.9
	山阴新干线	554	211	38.1	
	上越新干线	270	166	61.5	
	东北新干线	493	286.4	58.1	
	北陆新干线	117	39	33.3	
法国	TGV 东南线	417	25	6.0	18.2
	TGV 大西洋线	282	36	12.8	
	TGV 北方线	330	72	21.8	
	东南延伸线	121	39	32.2	
德国	科隆—法兰克福	177	4.8	2.7	7.1
	汉诺威—维尔茨堡	327	41	12.5	
	曼海姆—斯图加特	99	6	6.1	
意大利	罗马—佛罗伦萨	254	32	12.6	12.6
西班牙	马德里—塞维利亚	471	15	3.2	3.2
韩国	首尔—釜山	412	111.8	27.1	27.1

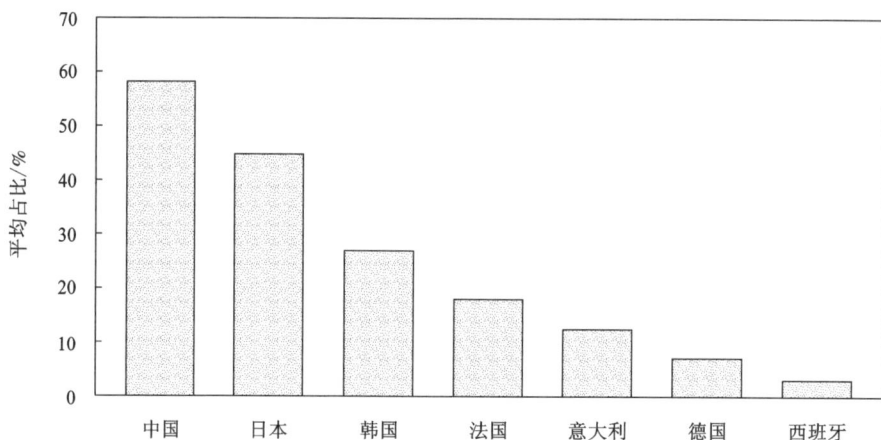

图 1-3　各国高铁桥梁平均占比

　　另外，中国高铁长桥梁非常多。为了避免路桥频繁交替过渡，常常需要连续修桥，增加桥长，如京沪高铁桥梁占比为 80.5%，其中丹阳—昆山特大桥长度达 164.7 km，目前为世界第一长桥。

　　对于高铁桥型的选择，实际上在 20 世纪 90 年代初，原铁道部就开始立项研究高速铁路桥梁结构形式，包括 24 m、32 m 标准跨度简支梁，2×24 m、2×32 m、3×24 m、3×32 m 连续梁。结合后来的系列现场试验研究、数值分析和经济性评价，24 m、32 m 和 40 m 简支梁已成为目前使用最为广泛的桥型，例如京沪高铁桥梁中 95% 为标准跨度简支梁；当跨度超过 40 m 后，多采用 40~100 m 标准连续梁；当跨度超过 100 m 后，连续刚构、系杆钢拱桥、刚构-拱组合桥应用较为广泛；当跨度超过 200 m 后，钢箱拱桥、钢桁拱桥、劲性骨架混凝土拱桥、钢桁梁斜拉桥和钢桁梁悬索桥等为主要选择的桥型，部分采用混凝土箱梁斜拉桥（如昌赣高铁赣江大桥、广汕高铁增江大桥等）。随着高速铁路网的进一步延伸，为跨越我国西部山区的深切峡谷、中东部地区的大江大河、东南沿海地区的海湾海峡，超大跨度高铁桥梁层出不穷。正在修建的沪通长江大桥、五峰山长江大桥主跨均为 1092 m，将分别成为世界最大跨度的高速铁路斜拉桥和悬索桥。中国部分高铁典型桥梁见表 1-3、表 1-4 及图 1-4。

表 1-3 中国部分高铁典型拱桥

结构形式	桥名	主跨/m	高铁线路名称	建成年份
系杆拱桥	东湖大桥	112	武汉—广州	2008
	胡家湾大桥	112	武汉—广州	2008
	梁家湾大桥	112	武汉—广州	2008
	汀泗河大桥	140	武汉—广州	2008
	雁荡山大桥	2×90	宁波—温州	2009
	木兰溪大桥	128	福州—厦门	2009
	新开河大桥	138	哈尔滨—大连	2012
梁—拱混合桥	昆阳大桥	136	温州—福州	2007
	宜昌长江大桥	2×275	宜昌—温州	2008
	沙湾大桥	160	广州—深圳	2009
	骝岗涌大桥	160	广州—香港	2010
	小榄水道大桥	220	广州—珠海	2010
	镇江水道大桥	180	北京—上海	2010
	咸阳西大桥	136	西安—宝鸡	2012
	松花江大桥	3×156.8	哈尔滨—齐齐哈尔	2013
	鸭池河大桥	436	成都—贵阳	在建
钢桁拱桥	东平大桥	242	北京—广州	2009
	万州大桥	360	宜昌—温州	2010
	大胜关大桥	2×336	北京—上海	2011
	闽江大桥	198	福州—厦门	2011
	榕江大桥	2×220	厦门—深圳	2013
钢箱拱桥	西江大桥	450	南宁—广州	2014
	金沙江大桥	336	成都—贵阳	在建
混凝土拱桥	北盘江大桥	445	上海—昆明	2016

表 1-4　中国部分高铁典型斜拉/悬索桥

结构形式	桥名	主跨/m	高铁线路名称	建成年份
铁路专用斜拉桥	郁江大桥	228	南宁—广州	2011
	韩家沱长江大桥	432	重庆—利川	2013
	安庆大桥	580	南京—安庆	2014
	白沙沱长江大桥	432	重庆—贵阳	2017
	赣江特大桥(混凝土箱梁)	300	南昌—赣州	在建
	椒江大桥	480	杭州—绍兴—台州	在建
	鳊鱼洲长江大桥	672	安庆—九江	在建
公铁两用斜拉桥	武汉天兴洲大桥	504	北京—广州	2008
	郑州黄河大桥	5×168	北京—广州	2010
	黄冈长江大桥	567	武汉—黄冈	2013
	铜陵长江大桥	630	合肥—福州	2015
	芜湖长江大桥	588	商丘—合肥—杭州	在建
	金海大桥(公铁平层)	4×340	珠海市区—珠海机场	在建
	增江大桥(混凝土箱梁)	260	广州—汕头	在建
	沪通长江大桥	1092	上海—南通	在建
	平潭海峡元洪道大桥	532	福州—平潭	在建
	平潭海峡鼓屿门大桥	364	福州—平潭	在建
	平潭海峡大小练岛大桥	336	福州—平潭	在建
公铁两用悬索桥	五峰山长江大桥	1092	淮安—扬州—镇江	在建

(a)标准跨度简支梁桥

(b)连续梁桥

(c)田螺连续刚构桥

(d)流溪河连续刚构桥

(e)雁荡山钢箱系杆拱桥

(f)汀泗河钢箱系杆拱桥

(g)昆阳连续梁–拱组合桥

(h)宜昌连续刚构–拱组合桥

(i)南京大胜关大桥

(j)榕江大桥

(k)西江大桥

(l)金沙江大桥

(m)北盘江大桥

(n)芜湖长江大桥

(o)武汉天兴洲长江大桥

(p)平潭海峡大桥

(q)沪通长江大桥

(r)五峰山悬索桥

图 1-4　典型高铁桥梁图片

1.3　风致行车安全事故

1.3.1　风致桥梁毁坏事故

风是指空气相对于地球表面的运动。风灾是自然灾害中发生最频繁的一种。由于重大工程结构风灾频发，很早就引起了工程师对风荷载的关注。1759 年英国工程师约翰·斯密腾（John Smeaton）就提出结构设计时应考虑平均风压。经历了 1940 年旧塔科马大桥（Old Tacoma Bridge）风毁事故，人们才逐渐注意到风对结构除了静力作用外，还会产生更为严重的风致振动。

旧塔科马大桥位于美国西海岸华盛顿州的西雅图南约 50 公里，横跨塔科马海湾（Tacoma Narrows），是一座 3 跨（336 + 853 + 336）m 连续加劲梁悬索桥，桥宽 11.9 m，加劲梁为 2.44 m 高的 H 形板梁，塔高 130 m，由金门大桥（Golden Gate Bridge）设计者之一的莫伊瑟夫（Leon. S. Moisseiff）承担大桥上部结构设计。大桥于 1938 年 11 月 23 日开始下部结构施工，1940 年 7 月 1 日建成通车。但仅仅过了 4 个月，于 1940 年 11 月 7 日上午就发生了风毁事故，如图 1 - 5 所示，当时记录风速为 19 m/s。

图 1 - 5　旧塔科马大桥风毁事故

值得庆幸的是，华盛顿大学的法库哈森（Farquharson）教授一直在关注该桥。由于大桥建成后不停地振动（当地人称"跳跃的格蒂"），法库哈森教授成立了观测小组，在长达 4 个月的观测时间里，通过目测、经纬仪测量、16 mm 胶片的拍摄，记录了大桥的振动模态及风毁过程（据说有 10 ~ 12 min 因为到收费站取胶片而观测中断），为后续的分析研究积累了极为宝贵的资料。大桥风毁后，美国政府正式委托冯·卡门（Von Kármán，流体力学专家）、安曼（Ammann，华盛顿大桥建设者）和伍德拉夫（Woodruff，旧金山奥克兰海湾大桥上部结构设计者）三位权威专家组成调查委员会进行调查。调查报告认为：事故的原因是风的动压力产生的过程中振动引起的，而这是设计时没有考虑到的。风致振动问题由此引起人们的高度重视，经过桥梁工程师和流体力学专家的紧密合作，逐渐诞生了一门新兴学科——桥梁风工程。实际上，在旧塔科马大桥风毁之前，已有 10 余座悬索桥（吊桥）遭受风灾而垮塌，具体见表 1 - 5。

表 1－5 历史上主要风毁吊桥一览

序号	桥名/跨度/m	所在国	设计者	垮塌年份
1	德赖堡修道院(Dryburgh Abbey)桥/74	英国	威廉·史密斯	1818
2	联邦(Union)桥/137	英国	塞缪尔·布朗	1821
3	拿骚(Nassau) 桥/75	德国	罗森和沃尔夫	1834
4	布莱顿(Brighton)桥/78	英国	塞缪尔·布朗	1836
5	蒙特罗斯(Montrose)桥/132	英国	塞缪尔·布朗	1838
6	梅奈海峡(Menai Straits)桥/177	英国	托马斯·特尔福德	1839
7	拉罗斯·伯纳德(Roche Bernard)桥/195	法国	勒布朗	1852
8	威灵(Wheeling)桥/308	美国	查尔斯·埃莱特	1854
9	尼亚加拉—刘易斯 (Niagara-Lewiston)桥/318	美国	爱德华·塞雷尔	1864
10	尼亚加拉—克利夫顿 (Niagara-Clifton)桥/384	美国	塞缪尔·基夫	1889

1.3.2 风致列车行车安全事故

强风是严重影响铁路运输安全的自然灾害之一，当铁路干线沿途穿越近海、高寒、大风区等环境恶劣地带，铁路列车遭受强侧风作用容易引发脱轨甚至倾覆事故。

早在 1879 年，英国便发生了泰湾铁路桥(Tay Rail Bridge)事故。如图 1－6所示，泰湾桥为单线铁路桥，由 85 孔钢桁梁组成，总长约 3.2 km，为当时世界上最长的桥梁，其中中间 13 孔通航孔为跨度 75.3 m 的下承式钢桁梁，其余 72 孔为

(a)风毁前   (b)风毁后

图 1－6 英国泰湾铁路桥列车风毁事故

上承式钢桁梁,桥墩采用轻质桁架形式。大桥于 1878 年 6 月 1 日建成通车,仅仅 19 个月后,1879 年 12 月 28 日下午 7 时发生了桥垮车毁人亡事故:随同通航孔桁梁一起坠河的还有正行驶在该桥的 6 节火车车厢、75 名乘客和机乘人员。当时正值暴风雨天气,最大风力为 10 ~ 11 级(24 ~ 32.5 m/s)。

除了 1879 年随英国泰湾桥一起坠河的列车事故外,在世界铁路运营史上,还有很多因强风导致的铁路列车事故,具体见表 1 – 6、表 1 – 7。

表 1 – 6 世界范围内强风引发的列车灾害事故(路基上)

年份	地点	列车事故概要	原因	死/人	伤/人
1880	新西兰 Rimutaka Incline 铁路	混编列车中的 3 节车厢脱线	剧烈阵风	4	—
1894	英国 Chelford 铁路	列车转轨时倒向其他货车,引发迎面而来的列车脱轨	突遇强风	14	—
1899	日本东海道线	11 节编组列车包括机车在内全部脱轨或倾覆	突风 49 m/s	0	25
1962	印度 Bhilai	一列客运列车的 11 节车厢侧翻	气旋风暴	9	123
1978	日本营团地铁东西线荒川桥	电动车组的 3 节车厢脱轨	强横风	—	—
1994	日本北海道根室线	列车 50 km/h 慢行时,前 3 节车厢脱轨翻至路基下	突风	0	28
1994	日本三陆铁道线	2 节编组列车脱轨翻至路基下	突风	0	5
1997	日本湖西线比良站内	20 节编组货运列车从第 16 节至 18 节发生倾覆	台风	0	0
1998	日本筑肥线今宿车站区	6 节编组普通列车以 60 km/h 速度进站时头车脱轨	突风 30 m/s	0	3
2002	奥地利 Pinzgau 窄轨铁路线	一单节 DMU 列车通过窄轨铁路的曲线段时发生倾覆	强风	—	—
2003	意大利 Sarno 附近	一列货运列发生侧翻事故	强横风	—	—
2005	日本羽越本线	6 节编组列车全部脱轨,其中 3 节车厢倾覆	龙卷风	5	33
2006	日本九州日丰线	5 节编组列车以 25 km/h 行进时,前 2 节车厢脱轨倾覆	龙卷风 20 m/s	0	6
2007	中国新疆维吾尔自治区	乌鲁木齐驶往阿克苏客运列车的 11 节车厢脱轨倾覆	超 37 m/s 强风	4	105

年份	地点	列车事故概要	原因	死/人	伤/人
2008	英国 Tring – Cheddington 铁路	一列货运列车的 1 节车厢脱线	强风	—	—
2008	美国 Union Pacific 铁路	一列货运列车脱轨,造成线路中断	强风	—	—
2011	阿根廷 Esquel 镇	一列客运列车发生脱轨	突遇强风	—	逾 20
2012	中国京沪高铁沿线	开通以来首次强风逼停事故,多趟列车滞留与集中趴窝	30 m/s 强风	—	—

表 1-7　世界范围内强风引发的列车灾害事故(桥上)

时间	地点	列车事故概要	原因	死/人	伤/人
1879	英国 Tay Rail Bridge	13 跨钢桁梁及列车全部坠入河中	强暴风雨	75	0
1899	日本东北本线	18 节编组列车自第 11 车厢以后部分坠于桥下	台风 28 m/s	86	45
1903	英格兰 Morecambe Bay 高架桥	一列客运列车坠于桥下	突遇强风		
1925	英国 Owencarrow 铁路高架桥	County Derry-Roxville 铁路公司一节运客车厢坠于桥下	强风 52.8 m/s	4	—
1934	日本东海道线濑田川桥	列车以 10 km/h 速度过桥时 9 节车厢脱轨倾覆	突风 50 m/s	11	216
1941	西班牙 San Sebastián – Bilboa 铁路	列车滞停在 Zumaia 桥上时 3 节车厢坠入河中	强风	20	逾 100
1981	印度 Bagmati River 铁路桥	列车行至桥上时,9 节车厢中的 7 节坠入河中	飓风	逾 800	—
1986	日本山阴线 Amarube Viaduct	列车以 55 km/h 速度过桥时,7 节车厢坠于桥下	强风 25 m/s	5	—
2005	日本羽越本成 Mogamigawa 铁路桥	列车受强风袭击,6 节车厢脱轨	超 20 m/s 强风	5	32
2006	加拿大 Saint-Laurent 铁路桥	一列货运列车的 6 节车厢冲出桥外	突遇强风	—	—
2015	美国 Louisiana 州 Huey P. Long Bridge	一列联合太平洋铁路公司货运列车中的 4 节车厢坠于桥下	31.3 m/s 强阵风	0	0
2015	美国 Texa 州 Lufkin 地区	一列空载货运列车的 64 节空车厢坠于桥下	超 17.9 m/s 强风	0	0

由表 1 − 7 可知，有相当一部分风致列车灾害事故发生在桥上。限于篇幅，这里仅摘选其中较为典型和严重的风致列车事故分述如下。

图 1 − 7　英国 Owencarrow 高架桥风毁事故

1925 年，英国爱尔兰 County Derry-Roxville 铁路公司的旅客列车，在 Owencarrow 高架桥上遭遇强风袭击，一节车厢被吹落坠桥，造成 4 人死亡，如图 1 − 7 所示。

1941 年，西班牙 San Sebastián-Bilboa 窄轨铁路电力故障导致一列列车滞停在 Zumaia 铁路桥上，后遇强风吹袭，3 节车厢坠入河中，致 20 人死亡、逾 100 人受伤。

1981 年，印度东部特布兰的 Bagmati River 铁路桥上，飓风将 9 节车厢中的 7 节卷入河中，造成逾 800 人丧生的特别重大事故。

1986 年，日本山阴线一列列车以 55 km/h 速度通过余部桥（Amarube Viaduct）时，突遇超过 25 m/s 的强风吹袭，造成 7 节车厢坠落桥下、5 名工人死亡，如图 1 − 8 所示。

2005 年，日本羽越本线特快列车"稻穗 14 号"刚通过山形县 Mogamigawa 铁路桥时，受瞬时最大风速超 20 m/s 的强风袭击，造成 6 节车厢脱轨、5 人死亡、32 人受伤，如图 1 − 9 所示。

图 1 − 8　日本山阴线余部桥列车风毁事故

图 1 − 9　日本羽越本线列车风毁事故

2006 年，加拿大太平洋铁路公司的货运列车在 Saint-Laurent 铁路桥上遭遇强风，6 节车厢冲出桥外，导致该线停运数日。

2015 年，美国 Louisiana 州 New Orleans 市 Huey P. Long Bridge 的栈桥附近，由于遭受最大风速达 31.3 m/s 的强风侵袭，隶属于联合太平洋铁路公司的一列货运列车中的 4 节车厢被强风吹坠桥下，如图 1 - 10 所示。

2015 年，美国 Texa 州 Lufkin 地区 Loop 287 线的一座铁路桥上，一列空载货运列车遇超 17.9 m/s 的强风吹袭，致使 64 节空车厢坠落桥下，如图 1 - 11 所示。

图 1 - 10　美国 Huey P. Long Bridge
列车风毁事故

图 1 - 11　美国 Lufkin 地区 Loop 287 线
列车风毁事故

1.4　我国主要强风区分布

我国是一个风灾频发、风环境较恶劣复杂的国家，了解我国主要的强风区分布对于研究强风作用下高铁桥梁行车安全有重要意义。

1.4.1　东南沿海地区

东南沿海及其附近岛屿受季风影响，冬季盛行偏北风，夏季盛行偏南风，春秋两季风向多变。该区域脉动风速较大，且呈现明显的季节性变化，夏季时脉动风速偏高，湍流度集中分布于 10% ~ 100% 区间。

这一地区同时受台风影响较大，每年登陆的 6 级以上热带气旋 9.3 个，其中台风（8 级以上热带气旋）6.9 个。例如，2017 年 8 月 23 日超强台风天鸽（Hato1713）在广东珠海南部登陆，登陆时中心附近最大风力 14 级（45 m/s），瞬时风速 51.9 m/s（16 级）；2018 年 9 月 16 日强台风山竹（Mangkhut1822）在广东台山海宴镇登陆，登陆时中心附近最大风力 14 级（45 m/s）。此外，这一地区还会遭遇龙卷风和下击暴流等强风事件。例如，2015 年 10 月 4 日广东佛山出现了EF3 级龙卷风，平均移动速度约为 60 km/h，最大受灾直径为 577 m，记录的最大风速为 25.2 m/s（10 级）。2007 年 7 月 25 日在江苏苏北地区出现强雷暴阵风锋和下击暴流，气象站观测显示瞬时极大风速达 37.8 m/s（13 级）。

1.4.2 "三北"区域

该地区包括东北三省、河北、内蒙古、甘肃、青海、西藏和新疆等省、区近 200 km 宽的地带，也是我国强风区。

以新疆地区为例，其典型的"三山夹两盆"地形以及中纬度地理区位，使其易受冷锋和低压槽过境的影响，南北向气压差增大，在一些气流畅通的峡谷、山谷和山口易产生"狭管效应"，气流线加密，风速增强。例如，兰新铁路跨越了著名的"四大风区"：达坂城风区、三十里风区、百里风区和烟墩风区。风区内大风频繁，风力极强，其影响线路的总长度 462.4 km。根据现有资料，30 年重现期 2 min 平均风速最高约为 46.6 m/s（15 级），最大瞬时风速大于 54.6 m/s（16 级）。

1.4.3 中西部内陆山区

在西南横断山脉及内陆山区（如云南、贵州、四川和西藏的山区等），当气流经过深切峡谷或陡峭山体等复杂地形时，会产生较大范围的绕流、分离及再附。局部区域风速增大 10% ~ 20%，风攻角的分布范围较平原地区广，风速剖面也不完全服从幂指数律，且脉动风速大，非平稳特征强。例如，对处于四川省西部 U 形峡谷地形的大渡河大桥桥址处现场实测发现，其风攻角大部分为 -12° ~ +6°，平均值为 -4.46°，桥位处风速在 10.8 m/s（6 级）以上的强风天数出现的频率为 74.8%，最大风速约为 29.6 m/s（11 级）。

1.5 本书主要内容

我国地域广阔，气候与地理环境复杂多变，随着高速铁路建设的进一步拓展延伸，将不可避免地穿越不同类型强风区。加之我国高速铁路桥梁所占比例大、长大跨度桥梁多。因此，公交化运行的高速列车在强风下的桥上行车是不可避免的。相比平地路基，桥上行车安全问题面临更大挑战，原因主要有：①桥梁结构柔、桥面风速大，桥梁风致振动会影响行车安全；②车辆、桥梁之间动力相互作用明显；③车辆、桥梁之间相互气动干扰突出；④桥上列车一旦在强风作用下发生事故，很容易引发坠桥等二次灾害。因此，如何确保强风环境桥上列车行车安全，一直是铁路建设和运管部门关注的重大问题。

本书在高铁联合基金重点项目（U1534206），国家重点研发计划项目（2017YFB1201204 -011），国家自然科学基金优秀青年基金项目（51322808）、面上项目（51178471）和青年基金项目（51508580，50808175），中国铁路总公司科技计划项目（2015G002 - C，2015G01 - A）和中南大学首批创新驱动计划项目（2015CX006）等科研项目的持续资助下，针对强风环境下高铁桥上行车的特点，主要研究了涵盖非平稳风场气动特性、典型高铁桥梁 - 列车气动特性、车 - 桥及风 - 车 - 桥分析理论、高铁桥上风屏障等方面的内容。

（1）非平稳风场气动特性

大气边界层中的自然风通常具有较明显的非平稳特征，将自然风假设为平稳随机过程不能完全满足结构风工程精细化研究的需求。第 2 章首先较为详细地介绍了风的成因和等级、大气边界层自然风的基本特性（平均风特性、脉动风特性）等风工程必备知识，然后总结了目前常用的非平稳风分析方法，以及非平稳风的数值模拟和风洞模拟技术，并结合实测风速数据，对比分析了非平稳风场特性。

（2）典型高铁桥梁 - 列车气动特性

为准确评估桥上行车的安全性和舒适性，需要准确获得列车和桥梁的气动特性。然而，在强风作用下，桥梁的气动特性随列车的到达和离去而改变，桥上车辆则处于桥梁截面的绕流之中，列车、桥梁间的气动干扰非常复杂。第 3 章以我国高速铁路典型标准跨径桥梁 - 列车系统为研究对象，较为全面地介绍了不同跨径、雷诺数和紊流度等参数对桥梁和车 - 桥系统气动特性的影响。第 4 章以我国大跨度高速铁路桥梁广泛采用的桁架和扁平箱梁为研究对象，采用变量控制法，较为系统地研究了桁架和扁平箱梁关键几何参数对桥梁及车 - 桥组合气动特性的影响。为进一步考虑列车运动对车 - 桥系统气动特性的影响，第 5 章介绍了笔者课题组在移动列车 - 桥梁系统气动特性 CFD 数值模拟和风洞试验识别技术取得的进展。

（3）车 - 桥及风 - 车 - 桥分析理论

为评估强风作用下桥上行车的安全性和舒适性，需要预测强风作用下车 - 桥系统动力响应。第 6 章由简到繁依次介绍了不同移动车辆模型和求解车 - 桥系统振动的理论与方法，可为刚进入车 - 桥振动领域的研究者参考。已有风 - 车 - 桥耦合振动分析方法将自然风假设为平稳随机过程，忽略了风场的非平稳特性。第 7 章介绍了笔者基于虚拟激励法建立的一套高效理论分析框架，该框架实现了车 - 桥系统在非平稳风激励下的随机振动分析，揭示了持续时间和最大阵风风速等非平稳风关键参数对列车和桥梁响应的影响规律。第 8 章则介绍了多体动力学软件 SIMPACK 在风 - 车 - 桥耦合振动分析中的应用，详细阐述了弹性轨道模块和有限元接口模块建立车 - 桥耦合振动精细化模型的思路与原则，以及风荷载的施加方法，研究成果拓展了风 - 车 - 桥耦合振动研究范畴。

（4）高铁桥上风屏障

设置风屏障能为列车创造一个风速相对较低的风环境，可有效提高强风下列车的运行安全，且国内外均有成功实施的实例。然而，防风效果不仅与风屏障参数如高度、透风率等密切相关，还受线路下部结构形式及周围环境的影响。第 9 章以我国典型高速铁路桥梁为背景，介绍常规风屏障透风率、高度等参数对车 – 桥系统气动特性的影响规律，以期能对我国高速铁路风屏障的选取提供些许参考。由于常规风屏障会加剧桥梁截面的钝体特征，不利于大跨桥梁气动稳定性，为此笔者课题组研发了百叶窗型、合页型和组合型等多种新型风屏障，第 10 章介绍该部分内容。

参考文献

[1] 卢春房. 中国高速铁路[M]. 北京：中国铁道出版社，2013.

[2] 佟立本. 高速铁路概论[M]. 北京：中国铁道出版社，2012.

[3] 钱立新. 世界高速铁路技术[M]. 北京：中国铁道出版社，2003.

[4] 乔英忍，曹国炳. 世界铁路综览[M]. 北京：中国铁道出版社，2001.

[5] 何华武. 中国铁路既有线 200 km/h 等级提速技术[M]. 北京：中国铁道出版社，2007.

[6] 孙树礼. 高速铁路桥梁设计与实践[M]. 北京：中国铁道出版社，2011.

[7] 郑健. 中国高速铁路桥梁画册 I[M]. 北京：人民交通出版社，2012.

[8] He X H, Wu T, Zou Y F, et al. Recent development of high-speed railway bridges in China[J]. Structure and Infrastructure Engineering, 2017, 13(12): 1584 – 1595.

[9] Yan B, Dai G L, Hu N. Recent development of design and construction of short span high-speed railway bridges in China[J]. Engineering Structures, 2015(100): 707 – 717.

[10] Hu N, Dai G L, Yan B, et al. Recent development of design and construction of medium and long span high-speed railway bridges in China[J]. Engineering Structures, 2014(74): 233 – 241.

[11] 陈政清. 桥梁风工程[M]. 北京：人民交通出版社，2005.

[12] 张相庭. 结构风工程[M]. 北京：中国建筑工业出版社，2006.

[13] 川田忠树. 谁把塔科玛桥弄垮了？[M]. 刘健新，译. 北京：人民交通出版社，2018

[14] 曾庆元，郭向荣. 列车桥梁时变系统振动分析理论与应用[M]. 北京：中国铁道出版社，1999.

[15] 翟婉明，夏禾. 列车—轨道—桥梁动力相互作用理论与工程应用[M]. 北京：科学出版社，2011.

[16] 夏禾，张楠，郭薇薇. 车桥耦合振动工程[M]. 北京：科学出版社，2014.

[17] 田红旗. 列车空气动力学[M]. 北京：中国铁道出版社，2007.

[18] 秦红禧. 横风环境下铁路新型风屏障 – 车 – 桥系统气动特性与选型优化研究[D]. 长沙：中南大学，2018.

[19] 姜付仁，姜斌. 登陆我国台风的特点及影响分析[J]. 人民长江，2014(7): 85 – 89.

第 2 章

非平稳风场特性及其模拟

大气边界层中的自然风通常具有较明显的非平稳特性,将自然风假设为平稳随机过程不能完全满足结构风工程精细化研究的需求,非平稳风场特性及其模拟是目前风工程领域的研究热点。本章在介绍风力等级、近地风特性(平均风特性、脉动风特性)的基础上,总结了目前常用的非平稳风分析方法,建立了非平稳风的数值模拟和风洞模拟技术,并结合实测风速数据,对比分析了非平稳风场特性。

2.1 风力等级

风是空气相对地球的流动,其产生的根本原因是太阳对大气的不均匀加热,使得相同高度的两点之间产生压差,空气从高气压位置向低气压位置流动便形成了"风"。风力等级(简称风级)是风强度(风力)的一种表示方法,风力等级通常按英国人蒲福(Beaufort)于1805年拟定的等级划分原则分成0~12共13个等级,按陆上地物征象、海面征象以及10 m高度处的风速、海面波浪高等进行划分。自1946年以来,风力等级又做了扩充,增加了13~17级5个等级,详细情况见表2-1。

热带气旋是一种发源于热带地区的强烈气旋风暴,主要发生在夏季和初秋。其在不同地区有不同的称谓,在大洋洲和印度洋地区称为气旋,在远东地区称为台风,而在美国则称为飓风。在我国,一般采用台风登陆时2 min平均最大风速来确定其风力等级。影响我国的热带气旋等级见表2-2。

表 2 - 1 蒲福(Beaufort)风力等级

风力等级	名称		距地 10 m 高度处风速 /(m·s⁻¹)		陆上地物征象	海面波浪	海面大概波浪高 /m	
	中文	英文	范围	中值			一般	最高
0	静风	calm	0.0 ~ 0.2	0	静烟直上	平静	—	—
1	软风	light air	0.3 ~ 1.5	1	烟示风向	微波峰无飞沫	0.1	0.1
2	轻风	light breeze	1.6 ~ 3.3	2	感觉有风	小波峰未破碎	0.2	0.3
3	微风	gentle breeze	3.4 ~ 5.4	4	旌旗展开	小波峰顶破裂	0.6	1.0
4	和风	moderate breeze	5.5 ~ 7.9	7	吹超尘土	小浪白沫波峰	1.0	1.5
5	清风	fresh breeze	8.0 ~ 10.7	9	小树摇摆	中浪折沫峰群	2.0	2.5
6	强风	strong breeze	10.8 ~ 13.8	12	电线有声	大浪白沫高峰	3.0	4.0
7	疾风	near gale	13.9 ~ 17.1	16	步行困难	大浪白沫成条	4.0	5.5
8	大风	gale	17.2 ~ 20.7	18	折毁树枝	浪长高有浪花	5.5	7.5
9	烈风	strong gale	20.8 ~ 24.4	23	小损房屋	浪峰倒卷	7.0	10.0
10	狂风	storm	24.5 ~ 28.4	26	提起树木	海浪翻滚咆哮	9.0	1.5
11	暴风	violent storm	28.5 ~ 32.6	31	损失重大	波峰全是飞沫	11.5	16.0
12	飓风	hurricane	32.7 ~ 36.9	—	摧毁力极大	海浪滔天	14.0	—
13	—	—	37.0 ~ 41.4	—	陆上少见,摧毁力极大	—	—	—
14	—	—	41.5 ~ 46.1	—	陆上少见,摧毁力极大	—	—	—
15	—	—	46.2 ~ 50.9	—	陆上少见,摧毁力极大	—	—	—
16	—	—	51.0 ~ 56.0	—	陆上少见,摧毁力极大	—	—	—
17	—	—	56.1 ~ 61.2	—	陆上少见,摧毁力极大	—	—	—

表 2 - 2　影响我国的热带气旋等级

热带气旋级别	最大平均风速/(m·s⁻¹)	风力等级
热带低压	10.8 ~ 17.1	6 ~ 7 级
热带风暴	17.2 ~ 24.4	8 ~ 9 级
强热带风暴	24.5 ~ 32.6	10 ~ 11 级
台风	32.7 ~ 41.4	12 ~ 13 级
强台风	41.5 ~ 50.9	14 ~ 15 级
超强台风	≥51.0	≥16 级

2.2　近地风特性

　　近地表的大气按动力学性质沿垂直方向可粗略地分为上部的自由大气层和下部的大气边界层(图 2 - 1)。受粗糙地表摩擦而引起的阻滞作用的影响，大气边界层中的气流在近地表处的速度明显减慢，并在地表处降为零。相邻气层之间的紊流掺混使得这种地表阻滞或摩擦的影响可扩展到整个大气边界层，并沿高度方向在各气层之间产生剪切应力。另外，大气边界层的风还受地球自转产生的科里奥利斯力(coriolis force)的影响，在北半球，北风总是偏西，南风总是偏

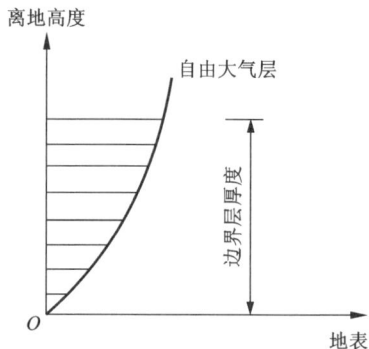

图 2 - 1　大气边界层内风速

东，很少有正北风或正南风。严格地讲，大气边界层的高度可达 1 ~ 3 km，在此范围内，风速随高度的变化而变化，并且风速和风向是随高度变化的函数，风攻角变化幅度可达 20°。地表摩擦力对自由大气层中气流的影响可以忽略，气层之间的剪切应力基本上等于零。此时风速与高度无关，称为梯度风速 U_G，边界层高度也因此称为梯度风高度 H_G。由于地表上的工程结构均建在大气边界层之内，因此大气边界层内的风特性是结构风工程师最为关心的。

　　大气边界层中的自然风具有紊流特性，它不仅受到地表摩擦效应等机械作用的影响，还受到大气边界层中的热传导等温度效应的影响。考虑到工程结构需要面对的大多数抗风问题都与强风有关，而在强风中，机械因素对风特性的影响要远远大于热传导的影响，因此对于工程结构的风工程实践，温度对强风特性的影响基本可以忽略。所以，本章主要关心近地强风的平均风特性和脉动风特性。

2.2.1　平均风特性

平均风速沿高度变化的曲线称为风速廓线(风速剖面)。目前,主要用三种模型来描述平均风速剖面:幂函数律、对数律和修正对数律。在计算平均风速剖面时,加拿大和澳大利亚—新西兰结构风荷载规范采用 1 h 平均风速,欧洲、日本和中国采用 10 min 平均风速,而美国采用 3 s 阵风风速。

世界上第一个描述水平均—地貌上的平均风速廓线是幂函数律:

$$U(z) = U_{\mathrm{r}} \left(\frac{z}{z_{\mathrm{r}}} \right)^{\alpha} = U_{\mathrm{G}} \left(\frac{z}{H_{\mathrm{G}}} \right)^{\alpha} \tag{2.1}$$

式中:z 为离地高度;z_{r} 为参考高度,一般取 10 m;U_{r} 为参考高度 z_{r} 处的风速,即参考风速;指数 α 常被称为粗糙度指数,并且假设在一定边界层高度范围(250 ~ 500 m)内 α 保持不变。由于幂函数律的形式简单而得到广泛的应用,例如加拿大、美国、日本和中国的结构风荷载规范均有采用。

气象学家认为用对数律表示近地面强风风速廓线比较理想,其表达式可由理论推导如下:

$$U(z) = \frac{u_*}{k} \ln \frac{z - z_{\mathrm{d}}}{z_0} \tag{2.2}$$

式中:k 为冯卡门(von Karman)常数,等于 0.4;u_* 为摩擦风速,一般可通过测量近地空气层的雷诺应力(Reynolds stress)来确定;z_0 是统计意义上的特征高度,用以表征不同地表的粗糙程度;z_{d} 被称为零平面位移,可以理解为零风速高度与粗糙高度之差。欧洲结构风荷载规范采用对数律确定地面以上 200 m 内的平均风速。

对数律一般仅在大气边界层高度十分之一范围内成立,Harris 和 Deaves 提出如下修正对数律:

$$U(z) = \frac{u_*}{k} \left[\ln \frac{z - z_{\mathrm{d}}}{z_0} + 5.75 \frac{z - z_{\mathrm{d}}}{H_{\mathrm{G}}} - 1.88 \left(\frac{z - z_{\mathrm{d}}}{H_{\mathrm{G}}} \right)^2 - \right.$$
$$\left. 1.33 \left(\frac{z - z_{\mathrm{d}}}{H_{\mathrm{G}}} \right)^3 + 0.25 \left(\frac{z - z_{\mathrm{d}}}{H_{\mathrm{G}}} \right)^4 \right] \tag{2.3}$$

其中,梯度风高度按下式计算:

$$H_{\mathrm{G}} = \frac{u_*}{6f_{\mathrm{c}}} \tag{2.4}$$

式中:$f_{\mathrm{c}} = 2\Omega\sin\varphi$,为科里奥利斯参数;$\Omega$ 为地球自转角速度;φ 为地理纬度;澳大利亚—新西兰结构风荷载规范采用修正对数律确定平均风速,在强风下梯度风高度可达 2000 ~ 3000 m。例如,假设摩擦风速 u_* 为 1 m/s,在中国长沙(北纬 28.2°),其梯度风高度为 2431 m。

2.2.2 脉动风特性

瞬时风速是一个空间量，记为 V，可将它分解为三个正交方向的分量，其中 x 轴为平均风速 U 的方向（即顺风向）（图 2-2），y 和 z 分别为水平横风向和竖向，各分量可表示为：

$$V_x = U + u$$
$$V_y = v \tag{2.5}$$
$$V_z = w$$

式中：u、v 和 w 分别为顺风向、水平横风向和竖向脉动风速。

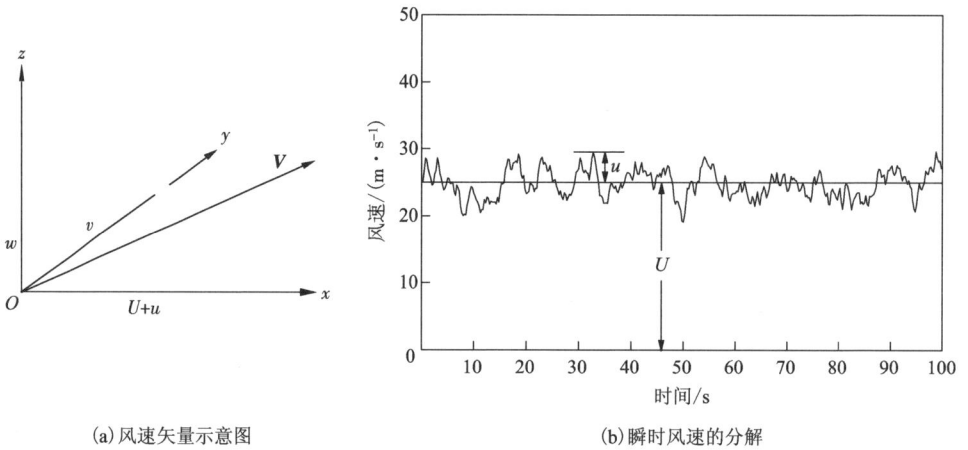

(a) 风速矢量示意图   (b) 瞬时风速的分解

图 2-2 瞬时风速

1. 阵风因子

阵风因子 G 用来描述脉动风速的峰值大小，表示一定阵风持续期 t_s 内的平均风速最大值与基本时距内的平均风速 U 的比值，即：

$$G_u = 1 + \frac{\overline{u}_{max}}{U}$$
$$G_v = \frac{\overline{v}_{max}}{U} \tag{2.6}$$
$$G_w = \frac{\overline{w}_{max}}{U}$$

式中：G_u，G_v，G_w 分别为顺风向、水平横向和竖向脉动风速的阵风因子；$U = \int_0^T U(t)\,\mathrm{d}t / T$；$\overline{u}_{max}$，$\overline{v}_{max}$ 和 $\overline{w}_{max}$ 分别为顺风向、水平横风向和竖向脉动风在基本时距 T 内阵风持续时距为 t_s 的平均最大风速，一般阵风持续时距为 3 s。

2. 紊流度

紊流度 I 是风速脉动强度的指标，其被定义为脉动风速的标准差与平均风速的比值，即：

$$I_u = \frac{\sigma_u}{U}$$

$$I_v = \frac{\sigma_v}{U} \qquad (2.7)$$

$$I_w = \frac{\sigma_w}{U}$$

式中：I_u，I_v，I_w 分别为顺风向、水平横向风和竖向脉动风速的紊流度；σ_u，σ_v，σ_w 分别为顺风向、水平横风向和竖向脉动风速的标准差。

3. 紊流积分尺度

紊流积分尺度是度量气流中各种旋涡沿某一指定方向平均尺寸的一个指标。由于旋涡的三维特性，对应三个脉动风速和空间的三个方向，所以，一共有 9 个紊流积分尺度：L_u^x，L_v^x，L_w^x，L_u^y，L_v^y，L_w^y，L_u^z，L_v^z 和 L_w^z。其数学定义式为：

$$L_a^r = \int_0^{+\infty} C_{a_1 a_2}(r)\, \mathrm{d}r / \sigma_a^2 \qquad (2.8)$$

式中：$r = x$，y 和 z 分别表示顺风向、水平横风向和竖向；$C_{a_1 a_2}(r)$ 为相距 r 的两点脉动风速之间的互协方差函数。例如，$C_{a_1 a_2}(r)$ 为空间两点 $a_1(x_1, y_1, z_1, t)$ 和 $a_2(x_1 + x, y_1, z_1, t)$ 之间的互协方差函数，其数学定义为：

$$C_{a_1 a_2}(x) = E(a_1(x_1, y_1, z_1, t) \cdot a_2(x_1 + x, y_1, z_1, t)) \qquad (2.9)$$

式中：$E(\cdot)$ 表示求平均值。另外，可对互协方差函数进行归一化，得到相关系数（correlation coefficient）：

$$c_{a_1 a_2}(x) = \frac{C_{a_1 a_2}(x)}{\sigma_{a_1} \sigma_{a_2}} \qquad (2.10)$$

当 $c_{a_1 a_2}(x) = 1$ 时表示两点完全相关；当 $c_{a_1 a_2}(x) = 0$ 时表示两点不相关。

脉动风速在顺风向的紊流积分尺度一般采用泰勒的"涡流冻结传输"假说进行计算，将其转化为时间尺度的积分：

$$L_a^x = U \int_0^{+\infty} C_a(\tau)\, \mathrm{d}\tau / \sigma_a^2 = U \int_0^{+\infty} c_a(\tau)\, \mathrm{d}\tau \qquad (2.11)$$

式中：$C_a(\tau)$ 是脉动风速 a 的自协方差函数，为时间延迟 τ 的偶函数，且 $C_a(0) = \sigma_a^2$；$c_a(\tau)$ 表示归一化自协方差函数，且 $c_a(0) = 1$。

4. 脉动风速功率谱

脉动风速功率谱（简称风谱）描述的是紊流运动能量随频率或波长的分布情况，即反映了每个频率成分的脉动或者说不同尺寸旋涡的运动对风速脉动的贡献程度。风谱一般被表示为约化(归一化)形式，即：$fS_u(f)/u_*^2$ 或 $fS_a(f)/\sigma_a^2$，这是因为约化形式的风谱曲线至少有一个与紊流典型旋涡尺度相对应的峰值。

Davenport 根据在加拿大、美国和英国地区不同高度和不同地貌上大约 90 条实测风谱，提出了 Davenport 经验谱，且为我国建筑结构荷载规范和加拿大的结构风荷载规范所采用：

$$\frac{fS_u(f)}{u_*^2} = \frac{4x^2}{(1+x^2)^{4/3}} \tag{2.12}$$

式中：f 为工程频率；$S_u(f)$ 为顺风向脉动风速的功率谱；$x = 1200f/U$。

Kaimal 等提出一种简单常用的约化风谱经验模型，与实测结果符合得较好。Kaimal 谱被表述为与紊流积分尺度有关的形式，且为欧洲结构风荷载规范所采用：

$$\frac{fS_a(f)}{\sigma_a^2} = \frac{6.8f_{Lu}}{[1+10.2f_{Lu}^2]^{5/3}} \tag{2.13}$$

式中：f_{Lu} 为与顺风向脉动风速 u 沿顺风向的紊流积分尺度 L_u^x 有关的约化频率，$f_{Lu} = fL_u^x/U$。

此外，von Karman 谱也是一种常用的经验风谱模型，比较适合低频成分较为重要的应用情况，并被日本和澳大利亚—新西兰的结构风荷载规范采纳：

$$\begin{cases} \dfrac{fS_u(f)}{\sigma_u^2} = \dfrac{4f_{Lu}}{[1+70.78f_{Lu}^2]^{5/6}}, f_{Lu} = \dfrac{fL_u^x}{U}, \\[4mm] \dfrac{fS_a(f)}{\sigma_a^2} = \dfrac{4f_{La}(1+755.2f_{La}^2)}{(1+283.2f_{La}^2)^{11/6}}, f_{La} = \dfrac{fL_a^x}{U}, a = v, w, \end{cases} \tag{2.14}$$

式中：f_{La} 为与脉动风速 a 沿顺风向的紊流积分尺度 L_a^x 有关的约化频率。

5. 脉动风速空间相关性

空间不同位置上的脉动风速可能存在一定的关系，称为空间相关性。除了相关系数外，在频域内，常用相干函数(coherence function)描述空间相距 r 的两个脉动风速 a_1 和 a_2 的相关性：

$$R_{a_1a_2}(f) = \frac{|S_{a_1a_2}(f)|}{\sqrt{S_{a_1}(f)S_{a_2}(f)}} = \sqrt{\frac{C_{a_1a_2}^2(f)+Q_{a_1a_2}^2(f)}{S_{a_1}(f)S_{a_2}(f)}} \tag{2.15}$$

$$\varphi_{a_1a_2}(f) = \tan^{-1}\left[\frac{Q_{a_1a_2}(f)}{C_{a_1a_2}(f)}\right] \tag{2.16}$$

式中：$S_{a_1a_2}(f)$ 为交叉谱；$C_{a_1a_2}(f)$ 为互谱；$Q_{a_1a_2}(f)$ 为正交谱；$S_{a_1}(f)$ 和 $S_{a_2}(f)$ 分别表示脉动风速 a_1 和 a_2 的功率谱。

Davenport 在强风观测中发现相干函数随距离的衰减呈指数变化，并提出了 Davenport 相干函数模型：

$$R_r(f, \Delta r) = \exp(-C_r \frac{f\Delta r}{U}) \tag{2.17}$$

式中：Δr 为空间两点沿 $r(=x, y, z)$ 方向的距离；C_r 为无量纲衰减常数，它决定了紊流空间相关的范围，我国公路桥梁抗风设计规范偏保守，建议 C_r 取 7。

2.3　非平稳风分析方法

2.3.1　非平稳风速模型

传统平稳风速模型认为顺风向风速 U 为各态历经的随机过程，并将其分解为恒定的平均风分量 $\overline{U}$ 和顺风向脉动风分量 u 两部分，而水平横风向及竖向风速视作均值为零的平稳随机过程。非平稳风速模型则是依据 Gramer 分解理论，将风速时间序列分解为时变趋势成分和平稳(或非平稳)的零均值随机成分。因此，顺风向风速 U 可分解为时变平均风速 $\overline{U}$ 和零均值的脉动风速 u^*，而对水平横风向和竖向风速也可进行类似分解，即：

$$
\begin{aligned}
U &= \overline{U} + u^* \\
v &= \overline{v} + v^* \\
w &= \overline{w} + w^*
\end{aligned}
\tag{2.18}
$$

式中：v^* 和 w^* 分别代表从原始记录 v 和 w 中去除时变趋势项 $\overline{v}$ 和 $\overline{w}$ 后的脉动风分量。

引入时变平均风的概念后，基于非平稳风速模型的各项脉动风参数的计算公式相应地也要做一些调整，两种风速模型下相关风参数计算公式见表 2-3，表中 $a = u$、v、w，T 为基本时距。

表 2-3　平稳风速与非平稳风速模型下相关参数的计算公式

风特性参数	平稳风速模型	非平稳风速模型
脉动风速	$u = U - \overline{U}$ v w	$u^* = U - \overline{U}^*$ $v^* = v - \overline{v}^*$ $w^* = w - \overline{w}^*$
平均风速	$\overline{U} = \frac{1}{T}\int_0^T U(t)\,\mathrm{d}t$	$\overline{U}^* = \frac{1}{T}\int_0^T U^*(t)\,\mathrm{d}t$
方差	$\sigma_a^2 = \frac{1}{T}\int_0^T a^2(t)\,\mathrm{d}t$	$\sigma_{a*}^2 = \frac{1}{T}\int_0^T a^{*2}(t)\,\mathrm{d}t$

风特性参数	平稳风速模型	非平稳风速模型
紊流度	$I_a = \dfrac{\sigma_a}{\overline{U}}$	$I_{a*} = \dfrac{\sigma_{a*}}{\overline{U}_T^*}$
阵风因子	$G_u = 1 + \dfrac{\overline{u}_{\max}}{\overline{U}}$	$G_{u*} = 1 + \dfrac{\overline{u}_{\max}}{\overline{U}_T^*}$
紊流积分尺度	$L_a^x = \dfrac{\overline{U}}{\sigma_a^2}\displaystyle\int_0^{\tau 0.05} R_a(t)\,\mathrm{d}t$	$L_{a*}^x = \dfrac{\overline{U}^*}{\sigma_{a*}^2}\displaystyle\int_0^{\tau 0.05} R_{a*}(t)\,\mathrm{d}t$
脉动风速功率谱 （von Karman 谱）	$\dfrac{fS_u(f)}{\sigma_u^2} = \dfrac{4(fL_u^x/\overline{U})}{[1 + 70.8\,(fL_u^x/\overline{U})^2]^{5/6}}$	$\dfrac{fS_{u*}(f)}{\sigma_{u*}^2} = \dfrac{4(fL_{u*}^x/\overline{U}^*)}{[1 + 70.8\,(fL_{u*}^x/\overline{U}^*)^2]^{5/6}}$

注：a^* 为非平稳风模型中顺风向、水平横向和竖向脉动风速

2.3.2 非平稳风速的时频分析

与平稳风速相比，非平稳风速的幅值与频率成分往往随时间发生显著的变化，需要采用时频分析方法来提取出合适的时变平均风，并表征随时间变化的瞬态特征。常用的时频分析方法有 HHT 变换和小波变换（wavelet transform，WT）。

1. HHT 变换

Huang 等提出了 Hilbert-Huang 变换（简称 HHT 变换），先将时间信号进行经验模态分解（empirical mode decomposition，EMD），产生一组具有不同特征时间尺度的本征模函数（intrinsic mode function，IMF），然后再对每一个 IMF 分别作 Hilbert 变换，得到各自的瞬时振幅（instantaneous amplitude，IA）和瞬时频率（instantaneous frequency，IF）。把瞬时振幅表示在时间—频率平面上，就得到了 Hilbert 谱，该谱能够准确地描述信号的能量随时间和频率的变化规律。

EMD 是一种数据驱动的方法，从时域信号本身的特征尺度出发，通过"筛分"过程将原信号分解为一组 IMF 分量和一个残余项的和：

$$X(t) = \sum_{j=1}^{n} c_j(t) + r_n(t) \tag{2.19}$$

为了能准确判断分解次数，Huang 等提出了利用标准差 SD 的值判断每次筛选结果是否为一个 IMF：

$$SD = \sum_{t=0}^{T} \left[\frac{|h_{1(k-1)}(t) - h_{1k}(t)|^2}{h_{1(k-1)}^2(t)} \right] \tag{2.20}$$

SD 值越小，表明 IMF 的线性和稳定性越好，能够分解出的 IMF 的个数也就越多。实践表明，当 SD 值为 0.2～0.3 时，既能保证 IMF 的线性和稳定性，又能使所得 IMF 有相应的物理意义。

采用 EMD 将非平稳风速分解为一系列单分量信号的叠加，然后利用 Hilbert 变换以及其他一些算法估算各单分量的瞬时振幅和瞬时频率。

2. 小波变换

小波变换是一种可将数据、函数和算子划分为不同的频率分量，然后用一种与其尺度相适应的分解来研究每一分量的数学工具。

对于任意一个空间平方可积的 $\psi(t)$，若满足以下条件：

$$\int_R \psi(t)\,\mathrm{d}t = 0 \tag{2.21}$$

则称 $\psi(t)$ 为基本小波函数。通过引入尺度因子 a 和平移因子 b（$a, b \in \mathbf{R}$ 且 $a \neq 0$），对基本小波函数进行平移和伸缩处理，得到相应的分析小波函数族 $\psi_{a,b}(t)$ 为：

$$\psi_{a,b}(t) = \frac{1}{\sqrt{|a|}}\psi\left(\frac{t-b}{a}\right) \tag{2.22}$$

于是，能量有限信号函数 $f(t)$ 的小波变换函数 $W(a, b)$ 定义为：

$$W(a, b) = \int_{-\infty}^{+\infty} f(t)\psi_{a,b}^*(t)\,\mathrm{d}t = \frac{1}{\sqrt{|a|}}\int_{-\infty}^{+\infty} f(t)\psi^*\left(\frac{t-b}{a}\right)\mathrm{d}t, \ a \neq 0 \tag{2.23}$$

式中：$\psi^*(t)$ 为 $\psi(t)$ 的共轭函数。

此时，若 $\psi(t)$ 满足的条件为：

$$C_\psi = \int_{-\infty}^{+\infty} \frac{|\hat{\psi}(\omega)|^2}{|\omega|}\mathrm{d}\omega < +\infty \tag{2.24}$$

则其傅立叶变换可以定义为：

$$\hat{\psi}(\omega) = \frac{1}{\sqrt{2\pi}}\int_{-\infty}^{+\infty} \psi(t)\mathrm{e}^{-\mathrm{i}\omega t}\,\mathrm{d}t \tag{2.25}$$

3. 时变平均风的准则

准确提取时变平均风是进行非平稳风分析的前提条件。时变平均风可由 EMD 分解出的残余项与若干低频 IMF 叠加得到，或由 WT 分解出的低频分量重构而成。相应的判别准则包括：①时变平均风速的最高频率必须小于结构的基频；②时变平均风的振动周期不应小于分析时距的一半，以保证时变平均风能合理反映较大时间尺度内空气流动的慢变特性；③剩余脉动风速为平稳随机过程且其平稳度指标最大或满足平稳性要求；④寻找出自尺度图能量分布骤减的某阶 IMF 分量，其后的各 IMF 分量均归入时变平均风速。

2.3.3　基于小波变换的非平稳风速演变功率谱估计方法

脉动风速的演变功率谱（evolutionary power spectral density，EPSD）能够准确反映脉动风中各频率成分在不同时刻所做贡献的大小，是桥梁结构抗风研究的基础性参数。尽管进行小波变换得到的小波变换系数本身已经反映了信号能量的时频特征，但这并不能替代经典功率谱图所具有的全部时频信息，因此有必要开展台风风速全过程的演变功率谱研究。

1. 传统演变功率谱理论

Priestley 在提出的谱分析与时间序列分析理论中建议，任意的非平稳随机过程 $f(t)$ 均可满足如下的 $R-S$（riemann stieltjes）积分：

$$f(t) = \int_{-\infty}^{+\infty} A(\omega, t) e^{i\omega t} d\overline{Z}(\omega) \tag{2.26}$$

式中：i 表示虚数单位；$A(\omega, t)$ 为确定性慢变调制函数（即非均匀调制函数）；$\overline{Z}(\omega)$ 为带正交增量的复随机过程，并可由下面两个式子确定：

$$E[d\overline{Z}(\omega) d\overline{Z}^*(\omega')] = 0, \quad \omega \neq \omega' \tag{2.27}$$

$$E[|d\overline{Z}(\omega)|^2] = S_{\overline{f}\overline{f}}(\omega) d\omega, \quad \forall \omega \tag{2.28}$$

式中：$E[\cdot]$ 为数学期望；$S_{\overline{f}\overline{f}}(\omega)$ 为平稳随机过程 $\overline{f}(t)$ 的功率谱密度函数（且为双边功率谱）；$\overline{Z}^*(\omega')$ 为 $\overline{Z}(\omega)$ 的复共轭函数。

平稳随机过程 $\overline{f}(t)$ 存在如下谱分解形式：

$$\overline{f}(t) = \int_{-\infty}^{+\infty} e^{i\omega t} d\overline{Z}(\omega) \tag{2.29}$$

则非平稳随机过程 $f(t)$ 的演变功率谱密度函数 $S_{ff}(\omega, t)$ 为：

$$S_{ff}(\omega, t) = |A(\omega, t)|^2 S_{\overline{f}\overline{f}}(\omega) \tag{2.30}$$

2. 非平稳时间序列演变功率谱估计的小波方法推导

设定尺度因子 a_j，并将式（2.26）中的 $f(t)$ 代入式（2.23），则可以推导出小波变换的变化形式：

$$
\begin{aligned}
W_f(a_j, b) &= \frac{1}{\sqrt{a_j}} \int_{-\infty}^{+\infty} f(t) \psi^*\left(\frac{t-b}{a_j}\right) dt = \\
&\frac{1}{\sqrt{a_j}} \int_{-\infty}^{+\infty} \left\{ \int_{-\infty}^{+\infty} A(\omega, t) e^{i\omega t} d\overline{Z}(\omega) \right\} \psi^*\left(\frac{t-b}{a_j}\right) dt = \\
&\frac{1}{\sqrt{a_j}} \int_{-\infty}^{+\infty} \left\{ \int_{-\infty}^{+\infty} A(\omega, t) e^{i\omega t} \psi^*\left(\frac{t-b}{a_j}\right) dt \right\} d\overline{Z}(\omega)
\end{aligned}
\tag{2.31}
$$

式中：$w_f(a_j, b)$ 为非平稳随机过程 $f(t)$ 在不同尺度因子 a_j 和平稳因子 b 下的小波；$\psi^*\left(\frac{t-b}{a_j}\right)$ 为小波函数。

由于小波函数 $\psi((t-b)/a_j)$ 的紧支撑特性，函数主要集中在平稳因子 b 附近，据此可以做如下近似：

$$W_f(a_j, b) \approx \frac{1}{\sqrt{a_j}} \int_{-\infty}^{+\infty} A(\omega, b) \left\{ \int_{-\infty}^{+\infty} e^{i\omega t} \psi^*\left(\frac{t-b}{a_j}\right) dt \right\} d\overline{Z}(\omega) \tag{2.32}$$

记 $(t-b)/a_j = \tau$，则式（2.32）变换为：

$$W_f(a_j,\ b) \approx \int_{-\infty}^{+\infty} A(\omega,\ b) \left\{ \sqrt{a_j} \int_{-\infty}^{+\infty} \mathrm{e}^{\mathrm{i}\omega a_j \tau} \psi^*(\tau)\mathrm{d}\tau \right\} \mathrm{e}^{\mathrm{i}\omega b}\mathrm{d}\overline{Z}(\omega)$$

(2.33)

$$= \int_{-\infty}^{+\infty} A(\omega,\ b)\ \sqrt{2\pi a_j}\,\hat{\psi}^*(\omega a_j)\mathrm{e}^{\mathrm{i}\omega b}\mathrm{d}\overline{Z}(\omega)$$

此时, 若记

$$\mathrm{d}\overline{Z}'(\omega) = \sqrt{2\pi a_j}\,\hat{\psi}^*(\omega a_j)\mathrm{d}\overline{Z}(\omega)$$

(2.34)

则式(2.33)可进一步改写为:

$$W_f(a_j,\ b) \approx \int_{-\infty}^{+\infty} A(\omega,\ b)\mathrm{e}^{\mathrm{i}\omega b}\mathrm{d}\overline{Z}'(\omega)$$

(2.35)

变换后, 式(2.35)中$\overline{Z}'(\omega)$保留了$\overline{Z}(\omega)$的复正交特性。因此由式(2.35)可知, 非平稳时间序列在尺度因子a_j下的小波变换系数本身也可以看作是一个以平稳因子b为变量的随机过程。根据式(2.30)可知, 其双边演变功率谱密度函数可表示为:

$$S_{WW}^{a_j}(\omega,\ b) = |A(\omega,\ b)|^2 \cdot 2\pi a_j|\hat{\psi}(\omega a_j)|^2 S_{ff}(\omega)$$

(2.36)

其瞬时均方值可由下式确定, 即:

$$E[W(a_j,\ b)^2] = \int_{-\infty}^{+\infty} S_{WW}^{a_j}(\omega,\ b)\mathrm{d}\omega =$$

(2.37)

$$4\pi a_j \int_{0}^{+\infty} |A(\omega,\ b)|^2 |\hat{\psi}(\omega a_j)|^2 S_{ff}(\omega)\mathrm{d}\omega$$

式(2.37)可以重新描述为:

$$E[W(a_j,\ b)^2] = 4\pi a_j \int_{0}^{+\infty} |\hat{\psi}(\omega a_j)|^2 S_{ff}(\omega,\ b)\mathrm{d}\omega$$

(2.38)

注意, 式(2.38)中的$a_j|\hat{\psi}(\omega a_j)|^2$即为尺度因子$a_j$条件下的小波函数的模的平方, 即:

$$a_j|\hat{\psi}(\omega a_j)|^2 = |\sqrt{a_j} \cdot \hat{\psi}(\omega a_j) \cdot \mathrm{e}^{-\mathrm{i}\omega b}\mathrm{d}t|^2$$

$$= \left| \frac{1}{\sqrt{2\pi}} \int_{-\infty}^{+\infty} \frac{1}{\sqrt{a_j}} \psi\left(\frac{t-b}{a_j}\right) \mathrm{e}^{-\mathrm{i}\omega t}\mathrm{d}t \right|^2$$

(2.39)

于是, 对于不同尺度因子a_j有如下表达,

$$\begin{cases} E[W(a_1,\ b)^2] = 4\pi a_1 \int_{0}^{+\infty} |\hat{\psi}(\omega a_1)|^2 S_{ff}(\omega,\ b)\mathrm{d}\omega, j=1 \\ E[W(a_2,\ b)^2] = 4\pi a_2 \int_{0}^{+\infty} |\hat{\psi}(\omega a_2)|^2 S_{ff}(\omega,\ b)\mathrm{d}\omega, j=2 \\ \cdots \\ E[W(a_{m_a},\ b)^2] = 4\pi a_{m_a} \int_{0}^{+\infty} |\hat{\psi}(\omega a_{m_a})|^2 S_{ff}(\omega,\ b)\mathrm{d}\omega, j=m_a \end{cases}$$

(2.40)

式中: m为小波变换中尺度因子a_j的离散总数。

为求解方程(2.40),假设演变功率谱密度函数的表达式为:

$$S_{ff}(\omega, b) = \sum_{j=1}^{m_a} c_j(b) \mid \hat{\psi}(\omega a_j) \mid^2 \tag{2.41}$$

式中:$c_j(b)$ 为依赖于时间的加权系数,并可基于如下方程组:

$$\begin{bmatrix} Q_{1,1} & Q_{1,2} & \cdots & Q_{1,m_a} \\ Q_{2,1} & Q_{2,2} & \cdots & Q_{2,m_a} \\ \cdots & \cdots & \cdots & \cdots \\ Q_{m_a,1} & Q_{m_a,2} & \cdots & Q_{m_a,m_a} \end{bmatrix} \begin{bmatrix} c_1(b) \\ c_2(b) \\ \cdots \\ c_{m_a}(b) \end{bmatrix} = \begin{bmatrix} E[W_f(a_1, b)^2] \\ E[W_f(a_2, b)^2] \\ \cdots \\ E[W_f(a_{m_a}, b)^2] \end{bmatrix} \tag{2.42}$$

求得对数系数矩阵 $[Q_{r,s}]$ 的各元素,并如下式所示:

$$Q_{r,s} = \int_{-\infty}^{+\infty} \mid \hat{\psi}(\omega a_r) \mid^2 \mid \hat{\psi}(\omega a_s) \mid^2 d\omega \tag{2.43}$$

2.4 非平稳风模拟

2.4.1 非平稳风的数值模拟

据现场实测可知,诸如热带气旋、龙卷风和下击暴流等非平稳风均表现出类似的特征,即:风速有一个峰值,从风速的上升到下降持续的时间较短;而脉动风速可认为是一个非平稳的随机过程。

运用进化谱理论,将实测拟合功率谱调制为考虑非平稳特性后的调制函数 $A(\omega, t)$,基于该调制函数采用谐波合成法生成非平稳风时程。其数值模拟过程如图 2-3 所示。

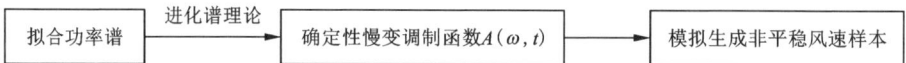

图 2-3 非平稳风数值模拟过程

为获得有效调制函数,将非平稳脉动风速离散成若干段在足够短时间 Δt 内可近似为平稳脉动风速的短时时间序列,并基于 Kaimal 谱推导出与时间、频率有关的非均匀调制函数。据推导可知,Kaimal 调制函数可表示为

$$A(\omega, t) = \sqrt{\frac{\tilde{U}_j(t)}{U_j} \left[\frac{1 + 50\dfrac{\omega z_j}{2\pi U_j}}{1 + 50\dfrac{\omega z_j}{2\pi \tilde{U}_j(t)}}\right]^{5/3}} \tag{2.44}$$

式中:ω 为圆频率;z_j 为空间某点垂直地面高度;$\tilde{U}_j(t)$ 为空间某点处时变平均风

速；U_j 为空间某点处非平稳风的统计平均风速，$U_j = \dfrac{1}{T} \displaystyle\int_0^T \tilde{U}_j(t)\,\mathrm{d}t$。

类似地，可得 Davenport 调制函数

$$A(\omega, t) = \left[\frac{1 + \left(\dfrac{1200\omega}{2\pi U_{10}} \right)^2}{1 + \left(\dfrac{1200\omega}{2\pi \tilde{U}_{10}(t)} \right)^2} \right]^{2/3} \tag{2.45}$$

根据进化谱理论，零均值非平稳随机过程 $f(t)$ 可表示为

$$f(t) = \int_{-\infty}^{+\infty} A(\omega, t) \mathrm{e}^{\mathrm{i}\omega t} \mathrm{d}Z(\omega) \tag{2.46}$$

式中：$Z(\omega)$ 为正交过程，且满足：

$$E[\mathrm{d}Z(\omega)] = 0 \tag{2.47}$$

$$E[\mathrm{d}Z^*(\omega)\mathrm{d}Z(\omega')] = J(\omega)\delta(\omega - \omega')\mathrm{d}\omega\mathrm{d}\omega' \tag{2.48}$$

式中：* 表示共轭；δ 为狄拉克函数。

非平稳随机过程均值为

$$E[f(t)] = \int_{-\infty}^{+\infty} A(\omega, t)\mathrm{e}^{\mathrm{i}\omega t} E[\mathrm{d}Z(\omega)] = 0 \tag{2.49}$$

相关函数为

$$\begin{aligned}
R_{ff}(t, \tau) &= E[f^*(t)f(t + \tau)] \\
&= \int_{-\infty}^{+\infty} \int_{-\infty}^{+\infty} A^*(\omega, t)A(\omega', t + \tau)\mathrm{e}^{-\mathrm{i}\omega t}\mathrm{e}^{\mathrm{i}\omega'(t+\tau)} E[\mathrm{d}Z^*(\omega)\mathrm{d}Z(\omega')] \\
&= \int_{-\infty}^{+\infty} A^*(\omega, t)A(\omega, t + \tau)\mathrm{e}^{\mathrm{i}\omega\tau} J(\omega)\mathrm{d}\omega
\end{aligned} \tag{2.50}$$

当 $\tau = 0$ 时

$$E[f^2(t)] = \int_{-\infty}^{+\infty} |A(\omega, t)|^2 J(\omega)\mathrm{d}\omega \tag{2.51}$$

因此，演变谱 $S(\omega, t)$ 可通过时频函数 $A(\omega, t)$ 表示功率谱非均匀调制，即

$$S(\omega, t) = |A(\omega, t)|^2 J(\omega) \tag{2.52}$$

据式（2.51）、式（2.52）可建立非平稳随机过程相关函数与时变功率谱间关系为

$$R_{ff}(t, \tau) = E[f^*(t)f(t + \tau)] = \int_{-\infty}^{+\infty} [S^*(\omega, t)]^{1/2} [S(\omega, t + \tau)]^{1/2} \mathrm{e}^{\mathrm{i}\omega\tau}\mathrm{d}\omega \tag{2.53}$$

本节基于李锦华等提出的线性滤波法的 AR 模型，进行非平稳脉动风的模拟。设 TAR（time-varying auto regressive）时变模型阶数为 p，非平稳随机过程模拟样板点数为 N，采样时间间隔为 Δt，运用 TAR(p) 时变模型：

$$f(t) = \sum_{i=1}^p A_i(t)f(t - i\Delta t) + L(t)\omega(t) \tag{2.54}$$

式中：$f(t)$ 为零均值非平稳随机过程；$A_i(t)$ 为时变自回归模型系数；$L(t)$ 为待定

时变模型系数；$\omega(t)$ 为方差为 1 的白噪声序列，且满足下式：

$$R_{ww}(i, j\Delta t) = E[\omega(t)\omega(t - j\Delta t)] = \begin{cases} 1, & j = 0 \\ 0, & j \neq 0 \end{cases}$$

TAR 时变模型建立的关键是确定时变模型系数 $A_i(t)$ 及 $L(t)$。

在 $t = t'$ 时刻，有

$$f(t') = \sum_{i=1}^{P} A_i(t')f(t' - i\Delta t) + L(t')\omega(t') \tag{2.55}$$

确定 $A_i(t')$。可将式(2.55)两边同时乘以 $f(t' - j\Delta t)$，并取数学期望，有

$$E[f(t')f(t' - j\Delta t)] =$$

$$E\left[\sum_{i=1}^{p} A_i(t')f(t' - i\Delta t)f(t' - j\Delta t)\right] + E[L(t')\omega(t')f(t' - j\Delta t)] \tag{2.56}$$

据相关函数定义得：左项 $= R_{ff}(t', j\Delta t)$，右一项 $= \sum_{i=1}^{p} A_i(t')R_{ff}(t' - i\Delta t, j\Delta t - i\Delta t)$；右二项 $= L(t')R_{wf}(t', j\Delta t)$，即

$$R_{ff}(t', j\Delta t) = \sum_{i=1}^{p} A_i(t')R_{ff}(t' - i\Delta t, j\Delta t - i\Delta t) + L(t')R_{wf}(t', j\Delta t) \tag{2.57}$$

对右二项，$R_{wf}(t', j\Delta t)$ 可理解为 $\omega(t')$ 与 $f(t' - j\Delta t)$ 的互相关函数。$\omega(t)$ 为系统输入，而 $f(t)$ 为系统输出。当前输出只依赖于当前与过去的输入，与将来的输入无关，因此 $\omega(t')$ 与 $f(t' - j\Delta t)$ 相互独立，故

$$R_{wf}(t', j\Delta t) = 0 \tag{2.58}$$

将式(2.58)代入式(2.57)，可确定 $A_i(t')$，即

$$R_{ff}(t', j\Delta t) = \sum_{i=1}^{p} A_i(t')R_{ff}(t' - i\Delta t, j\Delta t - i\Delta t) \tag{2.59}$$

展开式为

$$\begin{bmatrix} R_{ff}(t' - 1\Delta t, 0) & R_{ff}(t' - 2\Delta t, -1\Delta t) & \cdots & R_{ff}(t' - p\Delta t, (1 - p)\Delta t) \\ R_{ff}(t' - 1\Delta t, 1\Delta t) & R_{ff}(t' - 2\Delta t, -0\Delta t) & \cdots & R_{ff}(t' - p\Delta t, (2 - p)\Delta t) \\ \vdots & \vdots & \vdots & \vdots \\ R_{ff}(t' - 1\Delta t, (p-1)\Delta t) & R_{ff}(t' - 2\Delta t, (p-2)\Delta t) & \cdots & R_{ff}(t' - p\Delta t, 0) \end{bmatrix} \times$$

$$\begin{bmatrix} A_1(t') \\ A_2(t') \\ \vdots \\ A_p(t') \end{bmatrix} = \begin{bmatrix} R_{ff}(t', 1\Delta t) \\ R_{ff}(t', 2\Delta t) \\ \vdots \\ R_{ff}(t', p\Delta t) \end{bmatrix} \tag{2.60}$$

确定 $L(t')$。可将式(2.55)两边同时乘 $\omega(t')$，并取数学期望，有

$$R_{f\omega}(t', 0) = \sum_{i=1}^{p} A_i(t')R_{f\omega}(t' - i\Delta t, i\Delta t) + L(t')R_{\omega\omega}(t', 0) \tag{2.61}$$

当前输入 $\omega(t')$ 与过去输入 $f(t'-j\Delta t)$ 互相独立，则

$$R_{f\omega}(t'-i\Delta t,\ i\Delta t) = 0 \tag{2.62}$$

将式(2.62)代入式(2.61)得

$$R_{f\omega}(t',\ 0) = L(t')R_{\omega\omega}(t',\ 0) \tag{2.63}$$

据白噪声特性，有 $R_{f\omega}(t',\ 0) = 1$，则

$$R_{f\omega}(t',\ 0) = L(t') \tag{2.64}$$

将式(2.61)两边同时乘 $f(t')$，并取数学期望，有

$$R_{f\omega}(t',\ 0) = \sum_{i=1}^{p} A_i(t')R_{ff}(t'-i\Delta t,\ -i\Delta t) + L(t')R_{f\omega}(t',\ 0) \tag{2.65}$$

因

$$R_{f\omega}(t',\ 0) = E[\omega(t')f(t')] = E[f(t')\omega(t')] = R_{f\omega}(t',\ 0) \tag{2.66}$$

将式(2.64)、式(2.66)代入式(2.65)，有

$$R_{ff}(t',\ 0) = \sum_{i=1}^{p} A_i(t')R_{ff}(t'-i\Delta t,\ -i\Delta t) + L^2(t') \tag{2.67}$$

令 $A_0(t') = -1$，则

$$L(t') = \sqrt{\sum_{i=1}^{p} A_i(t')R_{ff}(t'-i\Delta t,\ -i\Delta t)} \tag{2.68}$$

因此，时变模型系数 $A_i(t')$、$L(t')$（$t'=1,\ 2,\ 3,\ \cdots$）可分别据式(2.59)、式(2.68)确定。

利用以上理论框架，模拟了典型下击暴流的风速时程，如图 2–4 所示。其中下击暴流竖向分布风速中最大风速为 80 m/s，模拟点所处高度为 67 m；风速场中某高度处径向最大风速为 47 m/s。

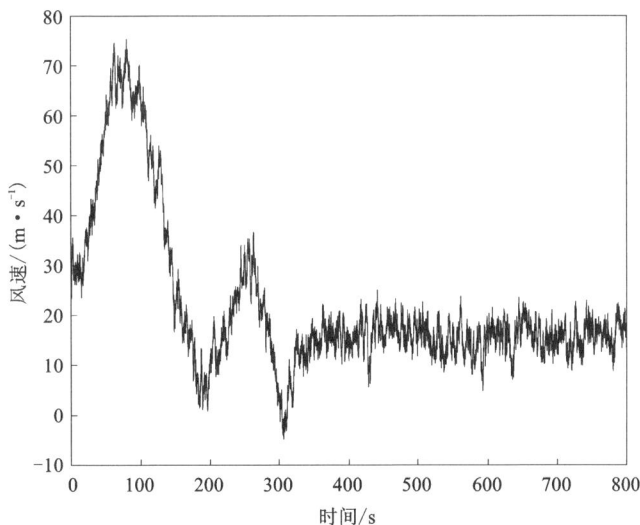

(a)风速时程

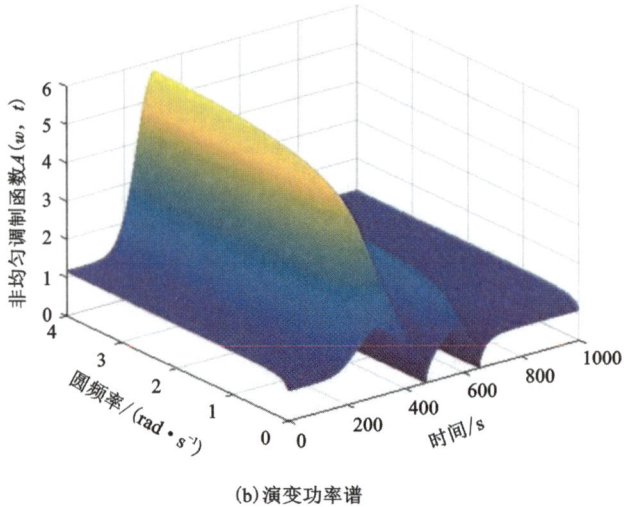

(b)演变功率谱

图 2 - 4　非平稳风速时程及其演变功率谱

2.4.2　非平稳风的风洞模拟

1. 中南大学风洞实验

中南大学风洞实验室始建于
2009 年, 于 2012 年完成验收并正式
投入使用。该风洞为闭口回流低速
风洞, 洞体为全钢结构。如图 2 - 5
所示, 该风洞具有两个试验段, 其中
低速试验段宽 12 m、高 3.5 m、长 18
m, 风速范围 0 ~ 20 m/s, 紊流度小
于 1%; 高速试验段宽 3 m、高 3 m、
长 15 m, 风速范围 0 ~ 94 m/s, 紊流

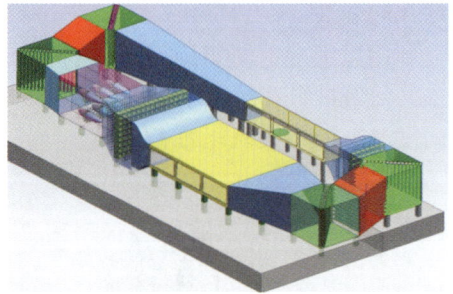

图 2 - 5　风洞效果图

度小于 0.5%。该风洞具有试验段尺寸大、设计风速高、流场品质好等特点。该
风洞双试验段错层布置, 其中高速试验段较低速试验段高 2 m, 低速试验段下壁
预留轨道安装接口, 为将来开展高速列车(自带动力)高速运行时承受侧向风载状
态下的气动特性试验留有发展余地。

2. 非平稳风发生装置研制

基于高速铁路风洞试验系统, 研发了一套常规风洞中模拟产生非平稳风的发
生装置。该装置模拟的基本原理为: 在风洞上游一定距离处安装一快门式机构,
该机构由电机控制实现开合, 通过它的突然关闭与打开实现下游处的气流突变,
开合速度可由电机调节以便控制气流突变速率。

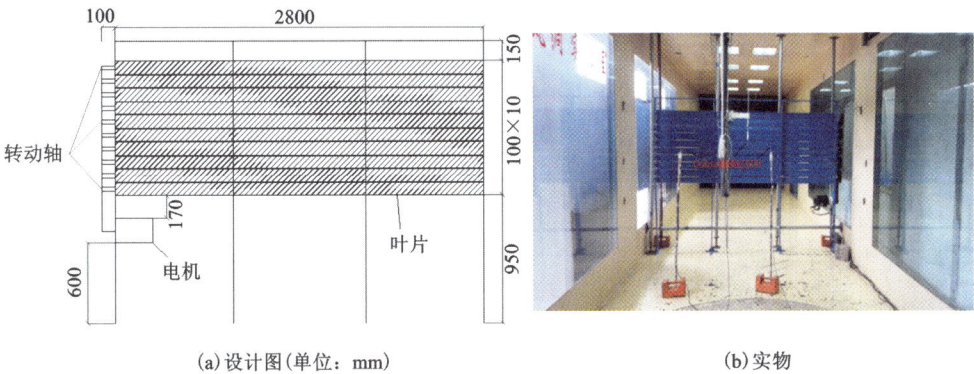

(a)设计图(单位：mm)　　　　　　　(b)实物

图 2 - 6　非平稳风发生装置

非平稳风发生装置的设计图与实物如图 2 - 6 所示。装置主要由支撑框架、叶片板、牵引履带、转动轴、动力电机组成，其通风间隙的大小和数量可根据叶片拆装进行调节，且底端设转动轴，通过转动轴来实现快门式机构的打开与关闭。转动轴与电机相连。电机的控制主要可以实现以下功能：控制转动轴的转动方向(正转与反转)；控制转动轴的转动速度，从而调节非平稳风发生装置打开或关闭过程的时间。考虑到实际结构尺寸以及风洞截面的实际情况，设计该装置几何尺寸为 2 m×2.8 m ×0.45 m(高×宽×长)，其中叶片宽度为 0.1 m。本装置采用优质钢材制作，保证装置具有足够的强度和刚度，在风洞试验中装置不会发生变形且不出现明显的振动现象，从而保证非平稳风模拟的精度。

非平稳风发生装置的控制系统主要由伺服驱动器和交流电机组成，速度控制主要采用变频调速。电机采用 ECMA 系列交流伺服电子换相式电机，主要参数如下：额定电压为 220 V，额定功率为 1.5 kW，额定转速为 2000 r/min。伺服驱动器采用 ASDA - A2 系列伺服驱动器，其额定输入功率为 1.5 kW，输入电压为 220 V。软件控制界面如图 2 -7 所示。

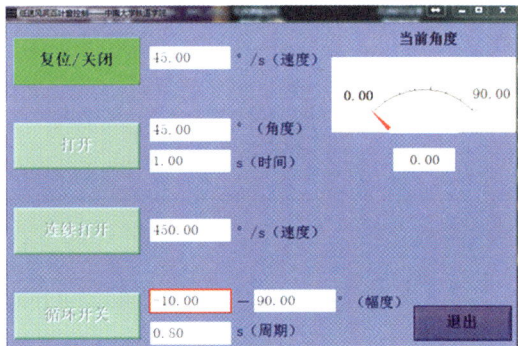

图 2 -7　软件界面

3.非平稳风的模拟

采用澳大利亚 Turbulence Flow Instrumentation 公司 Cobra probe 风速探针测量风速。非平稳风的特征是平均风速经过很短的时间从低风速增加到高风速，然后保持平稳的一个过程。本书采用"阶跃流法"来模拟这种非平稳风的加速过程。即首先在风洞中生成某一低风速的平稳气流，然后在较短的时间内"突然"令其平均风速增加到目标高风速，然后再保持该高风速直至平稳。

令 U_1 和 U_2 分别表示"非平稳风"加速前、后的平均风速，用 Δt 表示此加速过程的时间。为了在风洞中模拟非平稳风，首先在风洞中生成均匀流 U_1，待其平稳后，在尽可能短的时间内加速到 U_2，再次待其平稳，即可视为一个加速过程。其示意图如图 2-8 所示。加速过程的加速度用 a 表示：

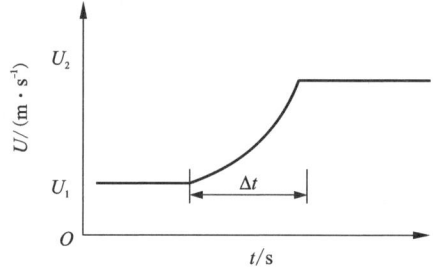

图 2-8　加速过程示意图

$$a = \frac{U_2 - U_1}{\Delta t} \tag{2.69}$$

下面重点介绍风速为 15 m/s 时非平稳风流场的测定（同样可类似测定不同风速下的非平稳风流场）。叶片从 0°至 90°开合，使非平稳风发生装置突然打开或突然关闭以完成风速的一次"突升"（图 2-9）或"突降"（图 2-10）。

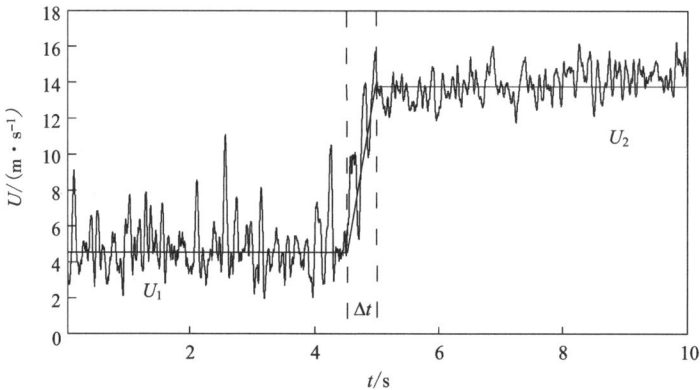

图 2-9　非平稳风"突升"流场主方向风速曲线

随着叶片的瞬时突然打开，主方向风速受到的影响剧烈，阶跃效果明显；同理，随着叶片的瞬时突然关闭，主方向风速受到的影响同样剧烈，减速的效果明显。

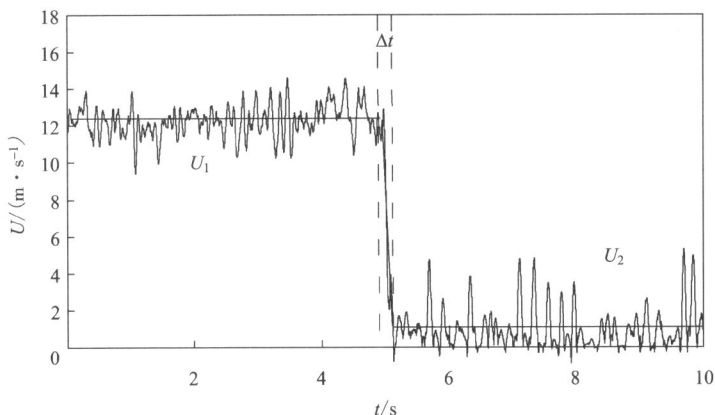

图 2 - 10　非平稳风"突降"流场主方向风速曲线

2.5　实测非平稳风分析

2.5.1　基于实测的台风样本非平稳分析

1. 实测台风演变功率谱分析

对某台风外围影响下某桥实测的 1 h 风速数据(图 2 - 11 虚线框内)开展演变功率谱分析。

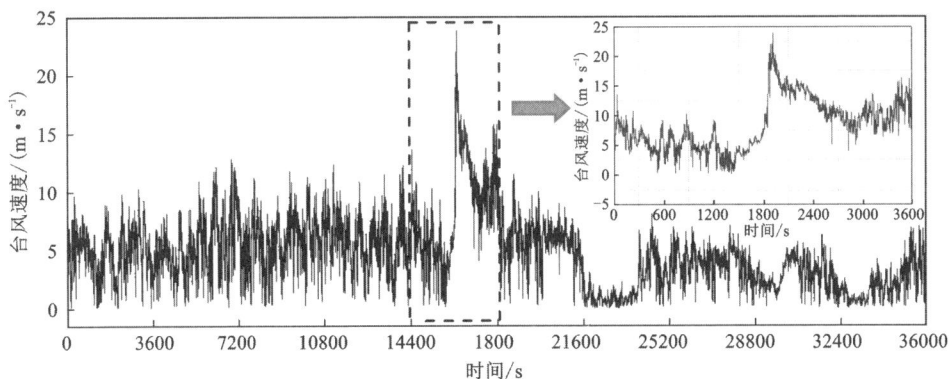

图 2 - 11　实测某台风鲸鱼 10 h 风速数据

2. 小波基函数的选取

选取在时域、频域均具有较好局部性的 Morlet 小波作为小波基函数,其在频域具有紧支撑特征,可有效避免频率间能量的交叉泄漏现象,从而保证较理想的频率分辨率。

    图 2 - 12 计算了复 Morlet 小波的模、实部及虚部在时域上的相对关系曲线，图 2 - 13 描述了不同尺度因子 a_j 条件下复 Morlet 小波频域分布。经多次试算，确定分析频率为 0.0006623 ~ 0.7304393 Hz 时能够覆盖信号的分析频率。

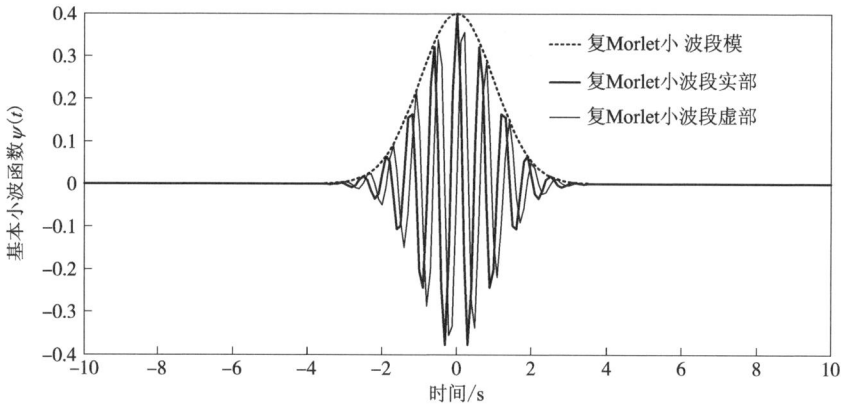

图 2 - 12　复 Morlet 小波的模、实部及虚部在时域上的相对关系

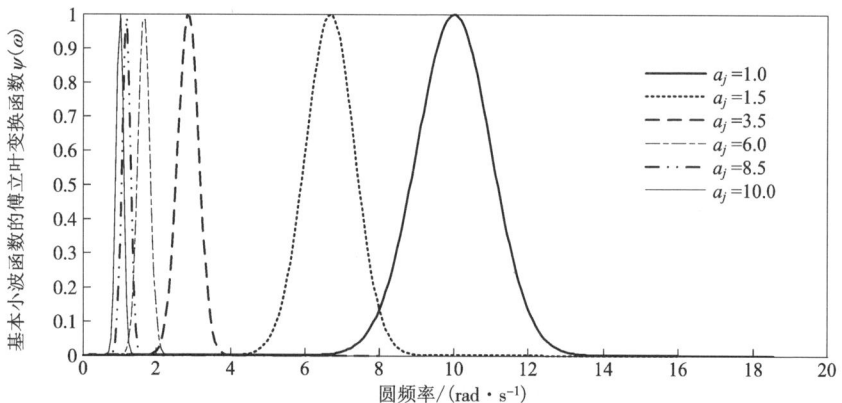

图 2 - 13　不同尺度因子 a_j 条件下复 Morlet 小波在频域内的相对关系

3. 演变功率谱分析

    由于实测台风过程的真实演变功率谱未知，需通过对比演变功率谱在整个时间范围的积分平均与实测台风风速过程的傅立叶变换谱，从而对估计的演变功率谱的准确性及可靠性进行验证。其对比结果如图 2 - 14 所示，两者之间具有良好的一致性，表明本书中的方法估计的演变功率谱在反映实测台风频谱特性方面是准确可信的。

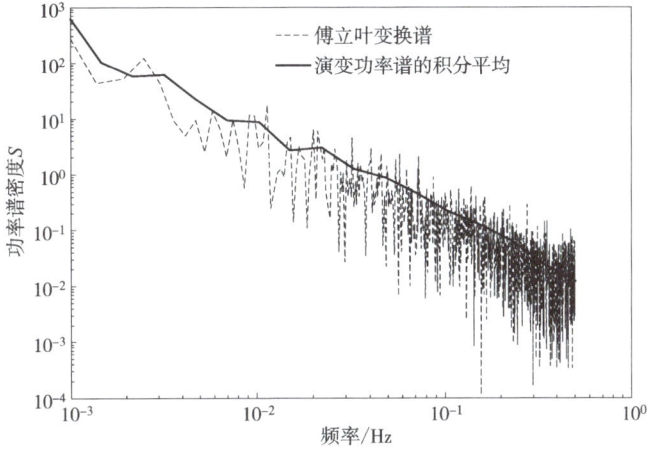

图 2 – 14　台风过程演变功率谱均值与傅立叶谱对比

计算得到的实测台风演变功率谱如图 2 – 15 所示。从频域上看，脉动风速能量主要集中在低频部分，这与现有基于平稳随机假设的风特性实测研究结果具有较好的一致性；脉动风速功率谱在时域内的变化非常明显，这与传统平稳随机过程假设存在较大差别，传统基于平稳随机过程的功率谱存在一定缺陷，无法估计脉动风能量随时间的变化，这同时也体现出开展演变功率谱分析的必要性。

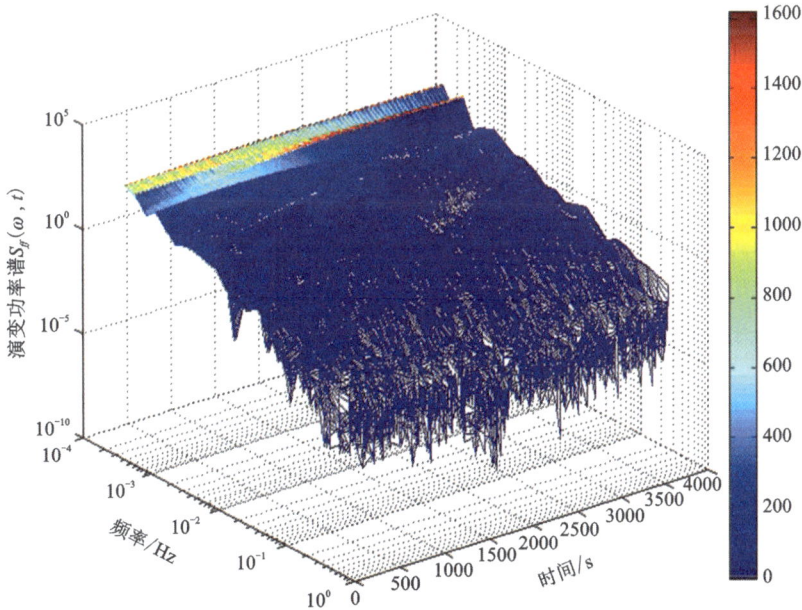

图 2 – 15　演变功率谱分析

图 2 - 16 给出了实测台风风速演变功率谱的时间切片。随着频率的升高,台风脉动能量逐渐降低,表明脉动风中低频成分贡献相对较大,这与平稳随机过程意义下的功率谱变化趋势一致。图 2 - 17 给出了 0.005 Hz、0.020 Hz 以及 0.300 Hz 三个特征频率点的时变功率谱随时间的变化曲线。风速峰值到达之前,风场的脉动能量相对较低;在此期间,风场的脉动能量急速升高,并维持在较高的水平直到峰值结束;峰值之后,脉动能量又恢复到之前较低的水平,且频率切片的特征频率越低,这一规律越为明显,表明本研究方法能有效地捕捉台风过程的非平稳特性。

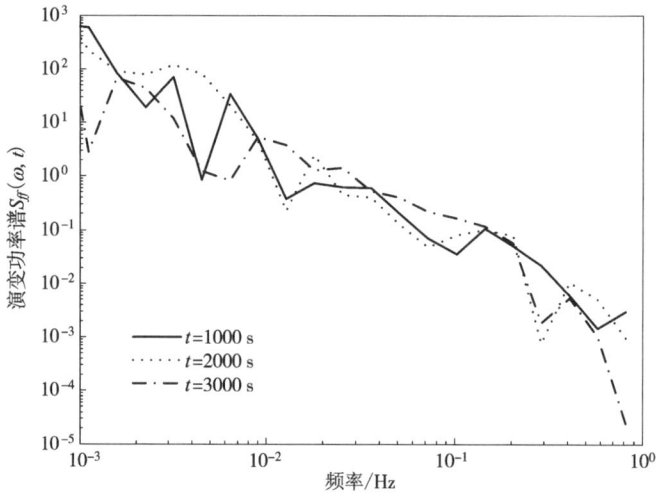

图 2 - 16　台风风速演变功率谱时间切片

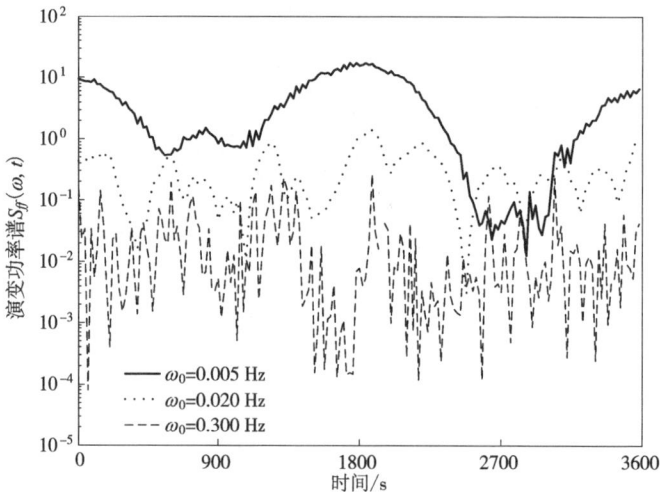

图 2 - 17　台风风速演变功率谱频率切片

需要特别说明的是，本书采用的台风实测数据并非通常意义上的典型台风，但其非平稳风特性仍可为类似研究提供一定的参考。

2.5.2　基于实测的强风样本非平稳分析

1. 风场时变特性

基于某桥实测的典型强风样本(1 h 风速)，计算基于小波分析(取 Daubechies 10 小波)的时变平均风速、基于 EMD 的时变平均风速、常数平均风速。图 2 - 18(a)、图 2 -18(b)分别表示某桥桥面和桥塔处风速仪记录的 1 h 风速信号时变风速。尽管基于小波分析和基于 EMD 方法计算的时变平均风速在数值上有所差别，但均表明桥面及桥塔风速具有明显的非平稳特性。

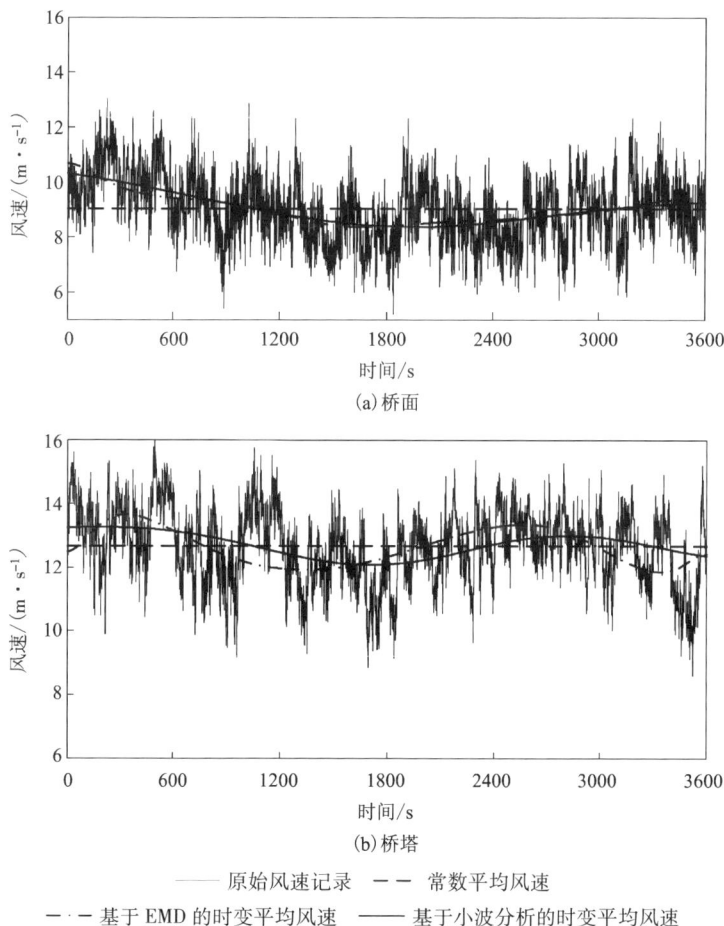

(a)桥面

(b)桥塔

—— 原始风速记录　— — 常数平均风速
— ·— 基于 EMD 的时变平均风速　—— 基于小波分析的时变平均风速

图 2 -18　1 h 实测风速和时变平均风比较

2. 紊流度

分别利用基于小波分析的非平稳风速模型、基于 EMD 的非平稳风速模型、传统平稳风速模型计算紊流度。计算时以 1 min 为基本时距，各模型的紊流度平均值列于表 2-4。基于小波分析的非平稳风速模型的桥面顺风向、横风向、竖向的紊流度平均值分别为 8.46%、8.15%、7.57%，均分别小于基于 EMD 的非平稳风速模型、传统平稳风速模型的相应结果，表明传统平稳风速模型确实高估了紊流度，符合相关研究结论。

表 2-4 基于不同模型的紊流度计算值比较/%

模型		桥面	桥塔
基于小波分析的 非平稳风速模型	I_u	8.46	5.87
	I_v	8.15	4.99
	I_w	7.57	6.84
基于 EMD 的 非平稳风速模型	I_u	9.16	6.55
	I_v	8.55	5.28
	I_w	7.88	7.47
传统平稳风速模型	I_u	11.47	6.89
	I_v	9.85	6.31
	I_w	8.71	7.97

3. 紊流积分尺度

运用基于小波分析的非平稳风速模型、基于 EMD 的非平稳风速模型、传统平稳风速模型计算的紊流积分尺度平均值列于表 2-5。整体而言，桥面紊流积分尺度小于塔顶紊流积分尺度；不同模型计算的三方向紊流积分尺度平均值的大小关系均为 $L_u^x > L_v^x > L_w^x$；三种模型中，运用基于小波分析的非平稳风速模型计算出来的结果最小，基于 EMD 次之，而传统平稳风速模型的计算值最大。运用基于小波分析和基于 EMD 的计算结果相差不大，平均差距 8%；而基于小波分析的非平稳风速模型与传统平稳风速模型的计算结果差距较大，最大差距甚至达 70%，平均差距为 45%。

表 2-5　基于不同模型的紊流积分尺度计算值比较/m

模型		桥面	桥塔
基于小波分析的非平稳风速模型	L_u^x	67	97
	L_v^x	22	41
	L_w^x	17	24
基于 EMD 的非平稳风速模型	L_u^x	75	110
	L_v^x	30	42
	L_w^x	19	29
传统平稳风速模型	L_u^x	98	165
	L_v^x	42	45
	L_w^x	29	34

4. 脉动风速功率谱

基于小波分析的非平稳风速模型和传统平稳风速模型计算的各样本风谱以及 Kaimal 谱的比较如图 2-19 所示。对于桥面风谱，在低频段（小于 0.01 Hz），基于小波分析的非平稳风速模型的计算结果小于传统平稳风速模型，其余频段两种模型计算结果较为吻合；对于塔顶风谱，两种模型计算结果仅在中间频段[0.02 Hz，0.1 Hz] 较吻合，其余频段差别较大。另外，由两种模型计算结果与 Kaimal 谱对比可知，实测谱与 Kaimal 谱仅在中间较小频段吻合，高频段及低频段均差别较大。

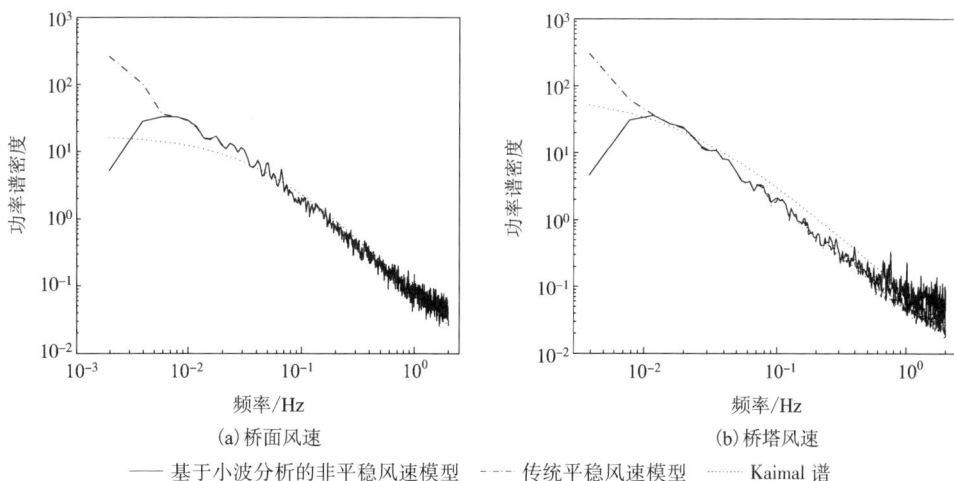

(a) 桥面风速　　　　　　　　　　(b) 桥塔风速

—— 基于小波分析的非平稳风速模型　--- 传统平稳风速模型　…… Kaimal 谱

图 2-19　不同风速模型下的顺风向风谱与 Kaimal 谱的比较

基于小波分析的非平稳风速模型和传统平稳风速模型计算的各样本风速竖向脉动风谱与 Panofsky 谱的比较如图 2 - 20 所示。除了在低频段(小于 0.01 Hz)外,两种模型计算的桥塔、桥面风谱吻合良好。对于桥面风谱,两种模型计算结果在高频段(大于 0.06 Hz)与 Panofsky 谱吻合良好,而桥塔风谱则只在中间频段[0.005 Hz, 0.12 Hz]较为吻合。

由脉动风谱分析结果表明,由于 Kaimal 谱、Panofsky 谱均不存在拐点,不能反映不同强风的功率谱密度,因此若要准确地模拟出桥址区强风的三维脉动风场,需要提出全新的谱曲线表达式。

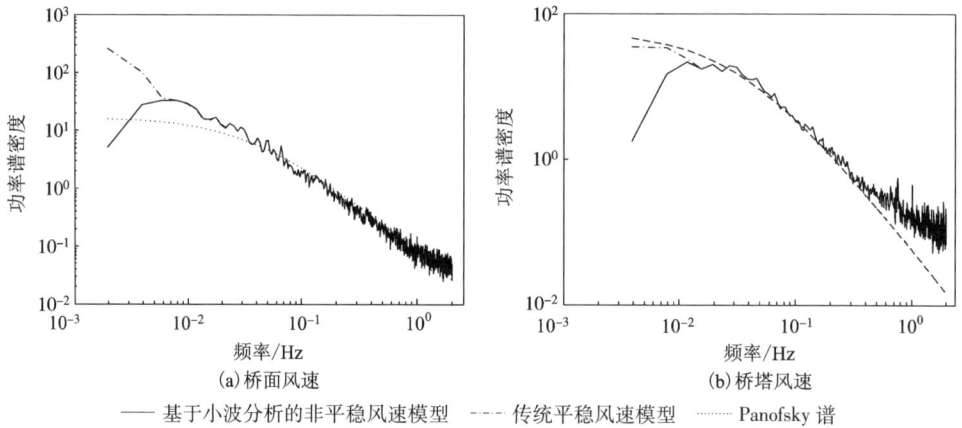

图 2 - 20　不同风速模型下的竖向风谱与 Panofsky 谱的比较

5. 桥塔、桥面脉动风相关性

桥塔及桥面的两个超声风速仪测点的空间距离约 117.8 m,采用平稳与非平稳风速模型对实测风速时程进行处理后,可计算得到两测点各方向脉动风速的相干函数曲线,应用最小二乘法拟合后即可得到 Davenport 相干函数模型的衰减系数 C 的值。实测的顺风向风速和竖向风速时程计算获得的两测点相干函数曲线如图 2 - 21 所示。在折减频率[0 Hz, 0.1 Hz]范围内,非平稳风速模型计算得到的顺风向脉动风速空间相关性比传统平稳风速模型值明显偏低,其他折减频率处两种模型相关性基本吻合,由此可以推测通常采用的传统平稳风速模型过高地估计了低折减频率处的脉动风空间相关性。对于竖向脉动风速,两种风速模型没有明显趋势性差别,原因可能是两测点空间距离过大,竖向脉动风速相关性本身微弱。

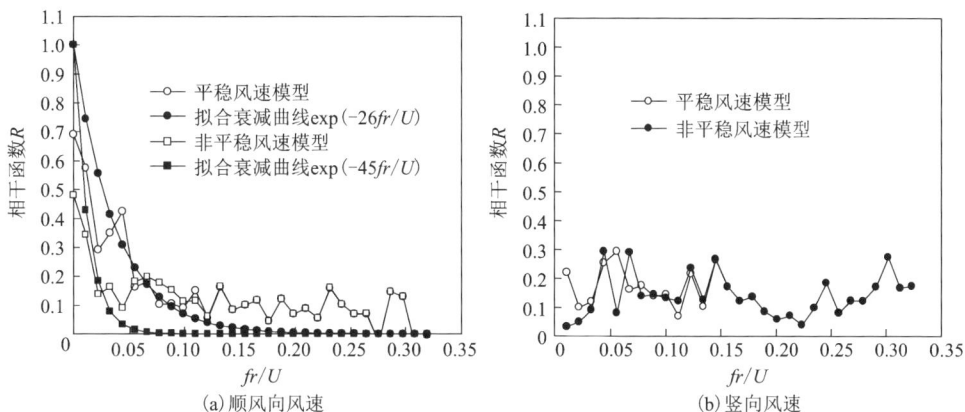

(a) 顺风向风速　　　　　　　　　(b) 竖向风速

图 2 - 21　不同风速模型下脉动风的相干函数

参考文献

[1]　陈政清. 桥梁风工程[M]. 北京：人民交通出版社，2005.

[2]　项海帆，葛耀君，朱乐东，等. 现代桥梁抗风理论与实践[M]. 北京：人民交通出版社，2005.

[3]　张相庭. 结构风工程[M]. 北京：中国建筑工业出版社，2006.

[4]　Holmes J D. 结构风荷载[M]. 全涌，李加武，顾明，译. 北京：机械工业出版社，2016.

[5]　Simiu E, Scanlan R H. Wind effects on structures：fundamentals and applications to design[M]. 3rd. John Wiley & Sons, Inc. , 1996.

[6]　He X H, Qin H X, Tao T Y, et al. Measurement of non-stationary characteristics of a landfall typhoon at the Jiangyin bridge site[J]. Sensors, 2017, 17(10)：2186.

[7]　He X H, Hua X G, Chen Z Q, et al. EMD-based random decrement technique for modal parameter identification of an existing railway bridge[J]. Engineering Structures, 2011, 33(4)：1348 - 1356.

[8]　He X H, Fang J, Scanlon A, et al. Wavelet-based nonstationary wind speed model in Dongting Lake cable-stayed bridge[J]. Engineering, 2010, 2(11)：895 - 903.

[9]　Huang N E, Shen Z, Long S R, et al. The empirical mode decomposition and the Hilbert spectrum for nonlinear and non-stationary time series analysis[J]. Proceedings of the Royal Society of London A, 1998, 454(1971)：903 - 995.

[10]　Matsumoto M. Drag forces on 2 - D cylinders due to sudden increase of wind velocity[C]//The 12th International Conference on Wind Engineering, Carins, 2017.

[11]　Xu Y L, Chen J. Characterizing nonstationary wind speed using Empirical Mode Decomposition[J]. Journal of Structural Engineering, 2004, 130(6)：912 - 920.

[12] Zhu L D. Buffeting response of long span cable-supported bridges under skew winds: field measurement and analysis[D]. Hong Kong: The Hong Kong Polytechnic University, 2002.

[13] 何旭辉, 陈政清, 李春光, 等. 斜拉索风雨振非平稳风场特性分析[J]. 振动与冲击, 2011, 30(10): 54 - 60.

[14] 何旭辉, 秦红禧, 邹云峰, 等. 台风外围影响下的大跨度拱桥桥址区近地风特性实测研究[J]. 湖南大学学报(自然科学版), 2017, 44(1): 23 - 31.

[15] 李锦华, 李春祥, 申建红. 非平稳脉动风速的数值模拟[J]. 振动与冲击, 2009, 28(1): 18 - 23, 192.

[16] 史康, 何旭辉, 邹云峰, 等. 西江大桥桥位处实测良态风非平稳特性[J]. 中南大学学报(自然科学版), 2017, 48(5): 1352 - 1359.

[17] 赵杨. 突变风实验模拟与荷载特性研究[D]. 哈尔滨: 哈尔滨工业大学, 2010.

[18] 中华人民共和国交通部. 公路桥梁抗风设计规范(JTG/TD 60 - 01 - 2004)[S]. 北京: 人民交通出版社, 2004.

[19] 邹云峰, 何旭辉, 李欢, 等. 常规风洞中模拟产生水平切变气流的快门式机构及方法: CN104458196A[P]. 2015 - 03 - 25.

第 3 章

高铁典型标准跨径桥梁 – 列车系统气动特性

　　强风作用下，桥梁的气动特性随列车的到达和离开而改变，桥上车辆则处于桥梁截面的绕流之中，因此桥梁 – 列车系统存在明显的相互的气动影响。为准确评估桥上行车的安全性和舒适性，需要准确获得列车和桥梁的气动特性。由于我国高速铁路标准跨径桥梁占比较大，因此准确了解标准跨径桥梁 – 列车系统气动特性具有重要的实际意义。本章以我国高铁典型标准跨径桥梁 – 列车系统为研究对象，通过大量风洞试验，主要探讨了不同跨径、雷诺数和紊流度下桥梁和车 – 桥系统的气动特性，为评估强风作用下桥上行车安全提供准确的风荷载输入。

3.1　风荷载参数定义

　　空气动力学中常用三分力系数(气动力系数)描述结构的气动特性，有体轴和风轴两种坐标系表达方式，二者可相互转换，本书仅给出体轴坐标系下桥梁、列车风荷载，如图 3 – 1 所示，阻力系数 C_d、升力系数 C_l 和力矩系数 C_m 的定义如下：

$$C_d = \frac{F_d}{0.5\rho U_H^2 HL} \quad (3.1)$$

$$C_l = \frac{F_l}{0.5\rho U_H^2 BL} \quad (3.2)$$

$$C_m = \frac{M}{0.5\rho U_H^2 B^2 L} \quad (3.3)$$

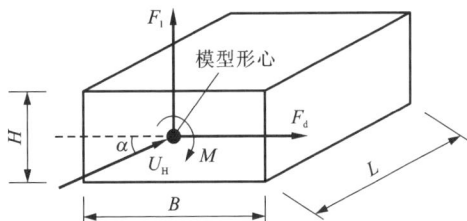

图 3 – 1　风荷载坐标系

式中：F_d、F_l、M 分别为体轴坐标系下模型受到的阻力、升力和力矩时程；α 为风攻角，试验中可通过模型的转动实现，本书规定以绕来流方向顺时针为正；H、B、L 分别为模型的高、宽、长；U_H 为参考点风速，参考点高度与主梁模型安装高度相当。ρ 为空气密度，取 $\rho = 1.225 \text{ kg/m}^3$。

测点 i 处的风压系数 C_{pi} 定义如下：

$$C_{pi} = \frac{P_i - P_0}{0.5\rho U_H^2} \qquad (3.4)$$

式中：P_i 为风洞试验中压力扫描阀测得的 i 点处风压时程，以压力作用方向指向结构表面为正；P_0 为无穷远处试验参考高度处的静压。

如无特殊说明，本书风荷载参数均按此约定。

3.2　高铁典型标准跨径桥梁气动特性

本节以跨径为 20 m、24 m 和 32 m 三种高铁典型标准跨径桥梁为研究对象，制作缩尺比为 1:25 的刚性节段模型（图 3-2）开展风洞试验，通过测压和数值积分的方法研究桥梁截面的气压分布和气动力系数，总结了不同跨径、雷诺数和紊流度下箱梁的气动特性。

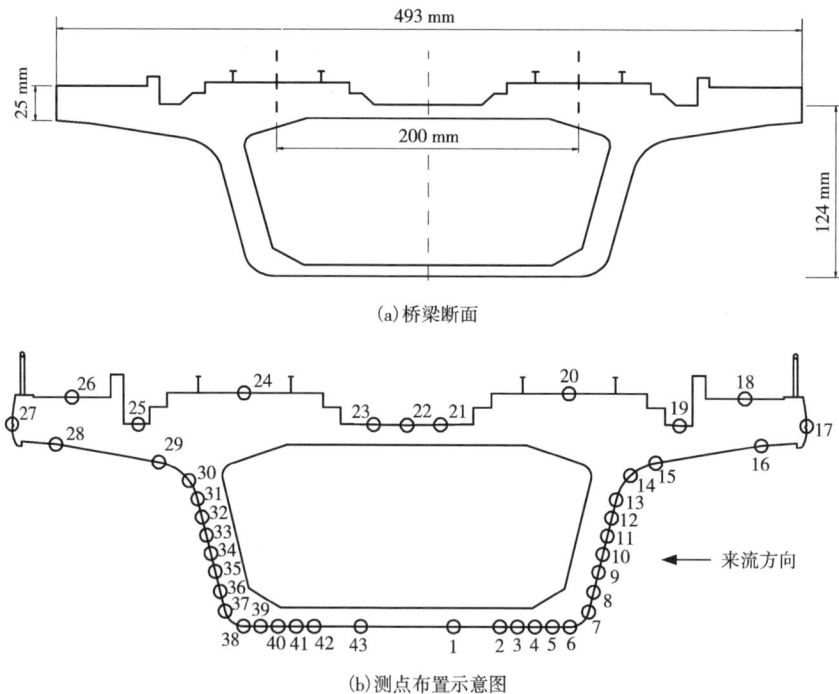

(a) 桥梁断面

(b) 测点布置示意图

图 3-2　高铁典型标准跨径箱梁模型及测点示意图

3.2.1　典型标准跨径箱梁气动特性

三种典型标准跨径箱梁的截面外形十分相似，仅梁高明显不同，跨径由小到大对应的宽高比分别为5.47、4.39和3.93;风洞试验在均匀流中进行,风速为14 m/s。

1. 气动力系数

图 3 – 3 为三种典型标准跨径箱梁在不同风攻角下的气动力系数。结果显示跨径为 20 m 和 24 m 的箱梁阻力系数随风攻角的增大而不断增大;跨径为 32 m 的箱梁阻力系数随着风攻角的增加变小而呈现微弱的降低趋势。当风攻角由 – 6° 增加到 6° 时,三种箱梁的阻力系数增幅分别为 126%、46.4% 和 – 6.7%。风攻角为负时跨径越小的混凝土箱梁阻力系数越小,例如在 – 6° 风攻角时,跨径为 20 m、24 m 和 32 m 箱梁的阻力系数分别为 0.51、0.81 和 1.21,而在 6° 风攻角时,三种箱梁的阻力系数基本相同,约为 1.2。跨径为 20 m 的箱梁升力系数随风攻角增大而一直增大;跨径为 24 m 和 32 m 的箱梁升力系数以 0° 风攻角为分界点,升力系数随风攻角的大小变化而呈现先增大后减小的趋势;在风攻角为负时,跨径越小的箱梁升力系数越小。在 6° 风攻角时,三种跨径箱梁升力系数基本相同,约为 0.35。三种跨径箱梁的力矩系数随风攻角的变化幅度很小。

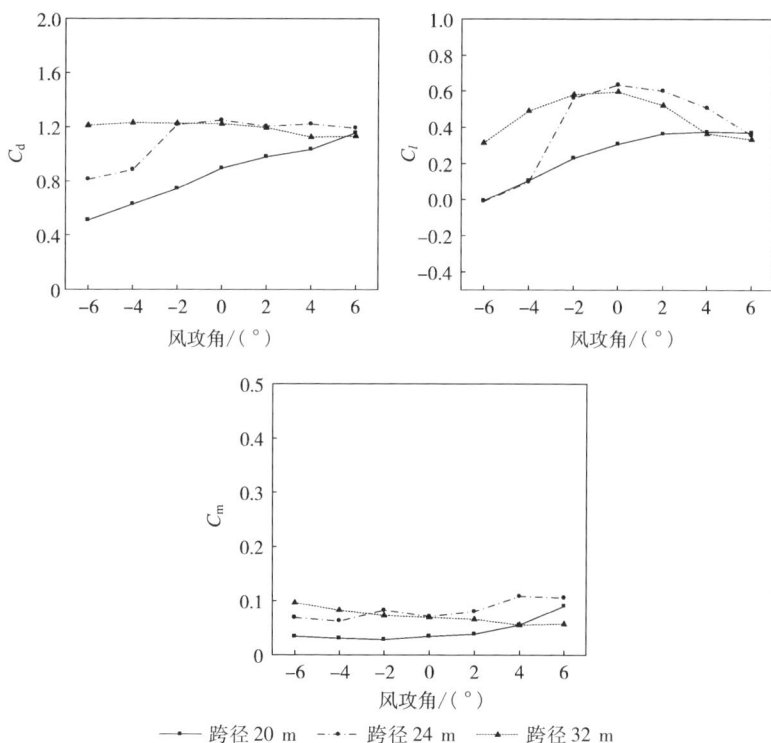

图 3 – 3　不同风攻角下三种跨径箱梁气动力系数

2. 表面风压系数

图 3 – 4 为三种箱梁平均风压系数 C_p 和脉动风压系数 C_p'。根据测压孔的布

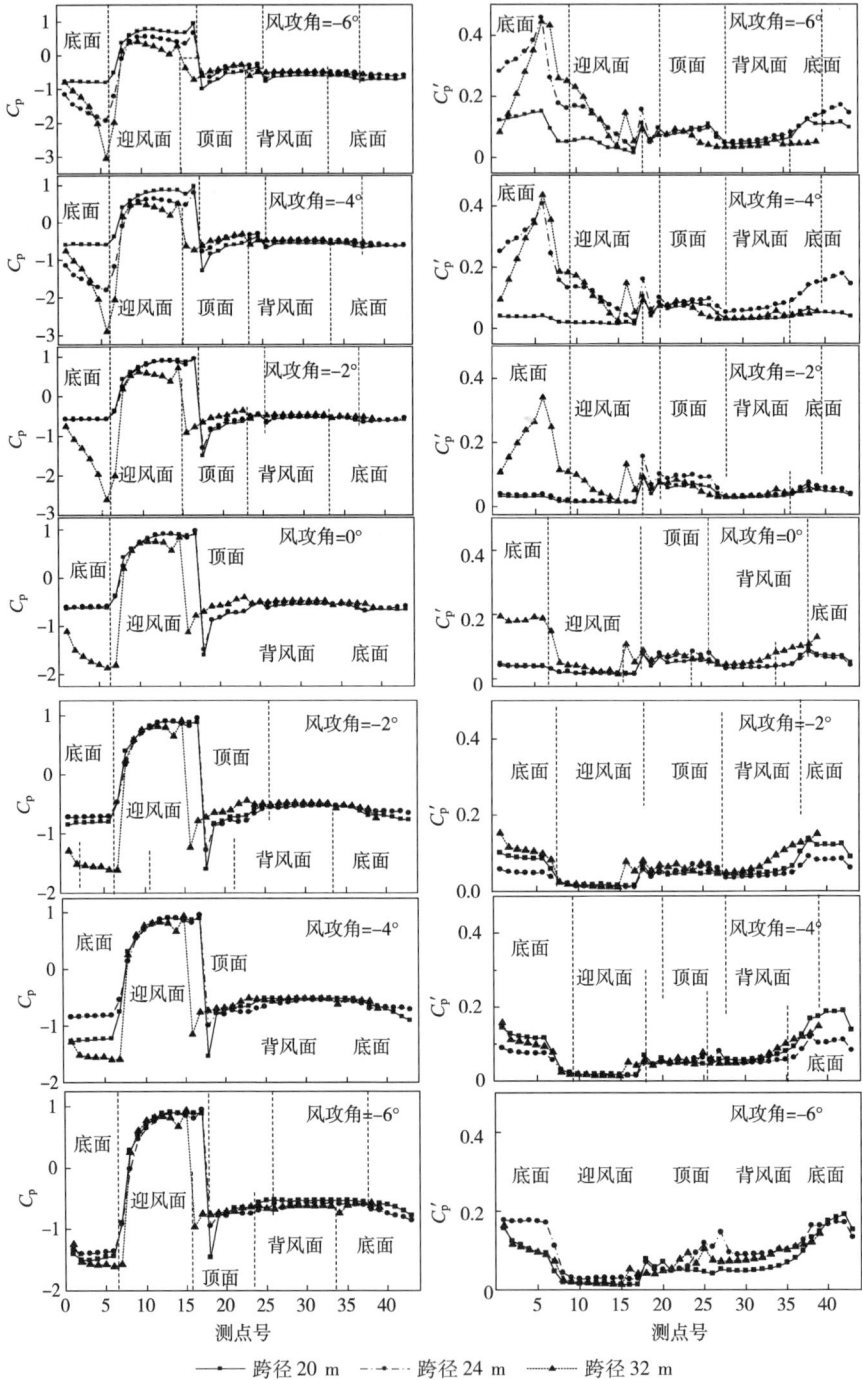

图 3-4　各风攻角下三种跨径箱梁的平均风压系数 C_p 和脉动风压系数 C_p'

置方式，并结合各测点的压力分布将桥梁截面划分为底面、迎风面、顶面和背风面。结果显示底面测点气压均为负值且相对稳定，在底面与迎风面分离点位置负压为最大值；迎风面测点处风压迅速由负转正，在迎风面与顶面分离点位置正压为最大值；背风面各点风压系数相对稳定于 – 0.5 左右。各面分离区域内脉动风压系数较大，并随着风攻角的增加而降低。不同跨径桥梁截面在底面分离点区域的表面压系数明显不同，当风攻角为负时，跨径越小的箱梁的平均风压系数和脉动风压系数越大。

3. 升力能谱

图 3 – 5 为三种跨径箱梁在各风攻角的升力系数功率谱，横坐标为折算频率 fD/U，纵坐标为归一化谱密度 $fS_n(f)/\sigma_{C_l}^2$，其中 f 为频率，D 为迎风向特征高度，U 为风速，$S_n(f)$ 为脉动升力系数功率谱，$\sigma_{C_l}^2$ 为脉动升力系数方差。结果表明，升力谱中折算频率随风攻角的增加而变得明显，说明旋涡脱落的周期性增强。经过分析发现，随着风攻角的增大，模型分离位置更加突出，来流经过分离点后旋涡的脱落更加规则、周期性更强。升力谱的峰值对应的折算频率为斯托罗哈数 St。跨径为 20 m、24 m 和 32 m 的箱梁的斯托罗哈数 St 分别为 0.137、0.136 和 0.117，十分接近，这说明此种箱梁的宽高比对涡脱频率的影响较小。

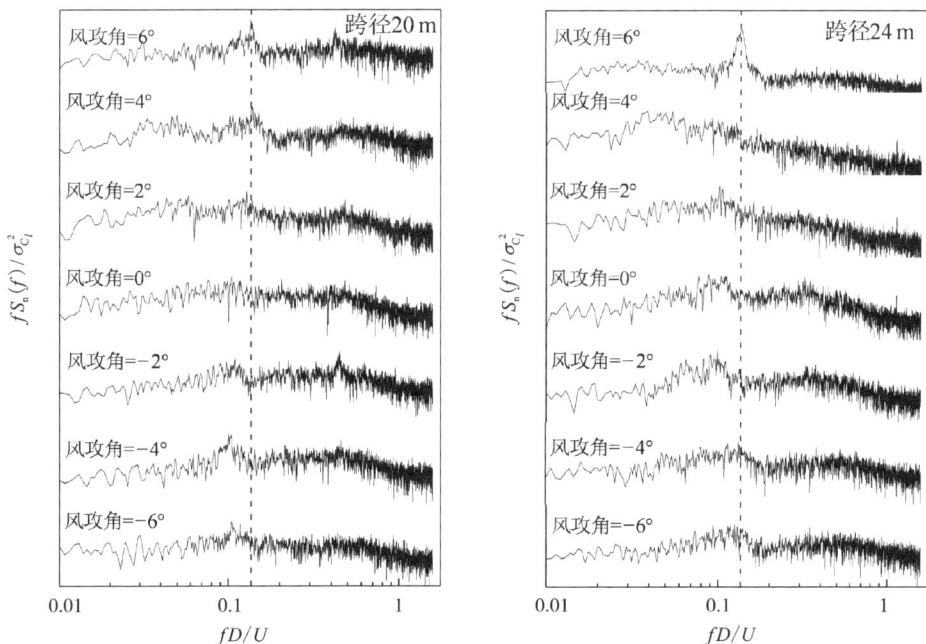

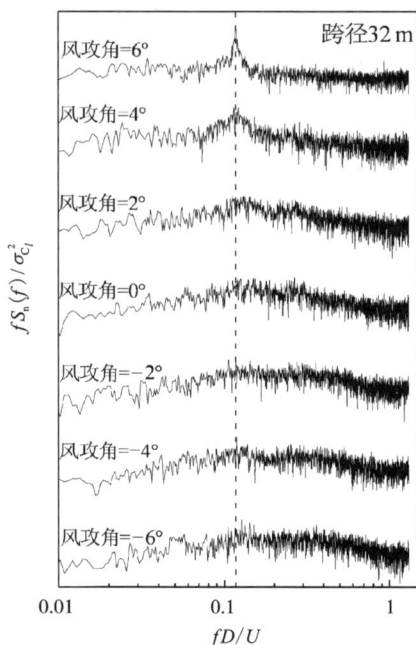

图 3 − 5   各风攻角时三种跨径箱梁升力能谱

3.2.2   紊流场中箱梁气动特性

实际上，桥梁往往处于紊流场中，需要研究紊流条件下桥梁气动特性。本次试验以跨径为 24 m 的箱梁为研究对象，通过设置三种尺寸的格栅来改变来流紊流度（表 3 − 1），从而研究紊流度对混凝土箱梁气动特性的影响（图 3 − 6）。

表 3 − 1   格栅方案与紊流度

格栅方案	紊流度/%
6 × 6B15(10)	13.45
5 × 5B20(10)	16.25
4 × 4B25(10)	23.26

图 3 – 6　紊流场中风洞试验示意图

1. 紊流场中箱梁气动力系数

图 3 – 7 对比了紊流场（16.25％）和均匀流场中各风风攻角的箱梁气动力系数。结果表明，紊流场中阻力系数明显降低，随风攻角而变化的趋势也与均匀流场时不同。均匀流场中阻力系数随风攻角的增加而略有降低，从 1.24 降低至

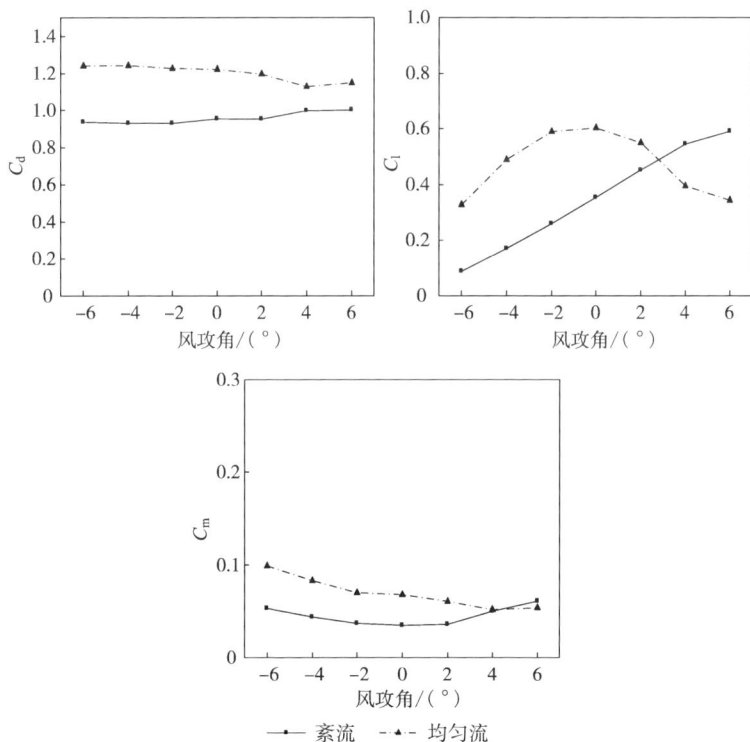

图 3 – 7　各风攻角下紊流场与均匀流场中桥梁气动力系数对比

1.13；紊流场中阻力系数随风攻角的增加而略有增加，从 0.94 增加至 1.00。均匀流场中升力系数以 0°风攻角为分界点，阻力系数先增大后减小，0°风攻角升力系数最大，为 0.60，-6°风攻角升力系数最小，为 0.33；紊流场中升力系数随风攻角的增加而持续增大，-6°风攻角升力系数最小，为 0.09，6°风攻角升力系数为 0.59。在 -6°~2°风攻角时紊流场中力矩系数小于均匀流场，在 4°和 6°风攻角时与均匀流场接近，这是桥梁阻力和升力综合效应的体现。

2. 紊流场中箱梁表面风压系数

图 3-8 为紊流度 16.25% 时各风攻角下的平均风压系数和脉动风压系数。结果表明，各风攻角下桥梁截面各测点的风压系数变化规律一致：底面越靠近迎风面处风压负值绝对值越大，脉动风压也随之增加，并在底面与迎风面分离点处负压最大，脉动风压也达到最大；迎风面测点均为正压，随风攻角的增加而增大，

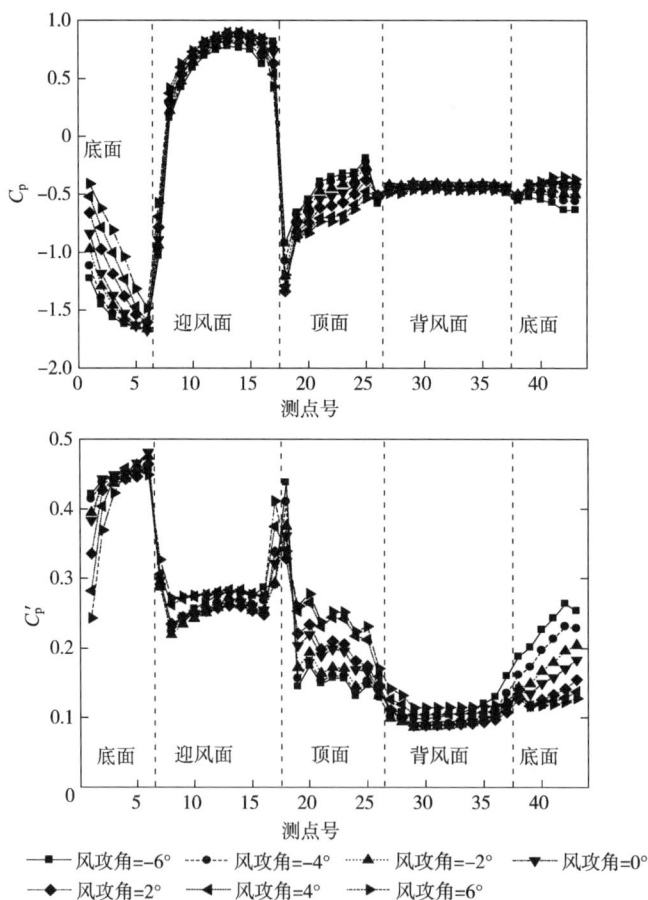

图 3-8　紊流场中桥梁的平均风压系数 C_p 和脉动风压系数 C'_p

在测点 13 处正压最大, 其后各点正压依次降低; 顶面与迎风面分离点处负压最大, 脉动风压也达到极值, 其后各点负压依次减小, 脉动风压也依次减小; 背风面处于桥梁尾流中, 负压为 – 0.5 左右, 脉动风压系数也较小且稳定。

底面负压绝对值随风攻角的增加而减小, 迎风面正压随风攻角的增加而增大, 顶面负压系数和脉动风压系数随风攻角的增加而增大, 背风面风压基本不随风攻角变化。

3. 紊流场中箱梁升力能谱

图 3 – 9 为紊流度 16.25% 时混凝土箱梁截面各风攻角下的升力系数能谱图, 与均匀流场相比, 紊流场中桥梁的升力能谱峰值频带明显变宽, 旋涡脱落的周期性减弱, 没有观察到明显的能谱峰值, 这说明紊流对桥梁升力能谱产生较大影响, 紊流作用明显降低桥梁的涡脱强度和周期性。

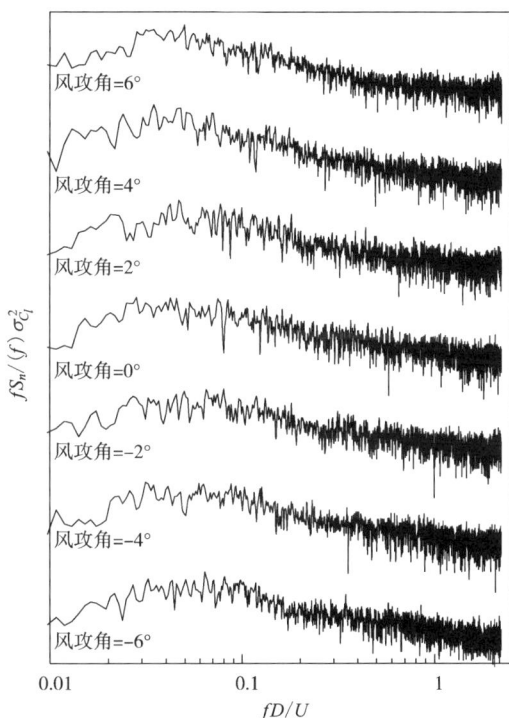

图 3 – 9　各风攻角下桥梁升力能谱

3.2.3　不同雷诺数下箱梁气动特性

本节以跨径为 32 m 的箱梁为研究对象, 研究了气动力系数、表面风压系数和升力能谱曲线随雷诺数的变化规律。风洞试验风速范围为 5 ~ 30 m/s, 对应的雷诺数 Re 为 $4.71 \times 10^4 ~ 2.82 \times 10^5$ (表 3 – 2)。

表 3 - 2　桥梁雷诺数工况表

风速/(m·s⁻¹)	雷诺数	风速/(m·s⁻¹)	雷诺数
5	4.71×10^4	20	1.88×10^5
8	7.53×10^4	22	2.07×10^5
10	9.41×10^4	24	2.26×10^5
12	1.13×10^5	26	2.45×10^5
14	1.32×10^5	28	2.64×10^5
16	1.51×10^5	30	2.82×10^5
18	1.69×10^5		

1. 雷诺数对气动力系数的影响

图 3 - 10 给出了风攻角为 -6°、-4°、-2°、0°、2°、4°、6°时桥梁的气动力系数随雷诺数 Re 的变化规律。结果表明，当风攻角为 -2° ~ 6°时，雷诺数 Re 对气动力系数的影响较小，阻力系数基本为定值 1.2；升力系数在 0.4 ~ 0.6 波动；力矩系数较小，基本为定值 0.08。当风攻角等于 -4°和 -6°时，气动力系数分别在 $Re = 2.26 \times 10^5$ 和 $Re = 1.51 \times 10^5$ 处突然降低，降低幅度达到 25%。随风攻角的减小，桥梁上表面的迎风面积增加，风流过截面上表面时没有明显的分离点，在一定程度上削弱了桥梁截面的钝体程度，降低了其气动力系数。在正风攻角下，流动分离点固定出现在上下表面的边缘，基本不受雷诺数 Re 的影响；在负风攻角下，流场的分离减小。

2. 雷诺数对表面风压每当的影响

图 3 - 11 为 0°风攻角下表面风压在典型雷诺数工况下的平均风压系数和脉动风压系数。从截面平均风压可以看出，在 0°风攻角下，雷诺数对桥梁截面的风压基本没有影响，仅当雷诺数较低时($Re = 7.53 \times 10^4$)，桥梁迎风面的脉动风压系数增大，但增加程度有限，脉动变化较小(为 0 ~ 0.1)。

3. 雷诺数对升力能谱的影响

图 3 - 12 给出了 6°风攻角下桥梁模型在典型雷诺数下的升力能谱图。随着雷诺数的增大，截面的升力能量小幅度地向高频移动，但增长幅度有限，折算频率由低雷诺数($Re = 7.53 \times 10^4$)时的 0.136 增长到高雷诺数($Re = 2.82 \times 10^5$)时的 0.141，增长了 3.7%，这说明斯托罗哈数 St(描述桥的涡脱特性)在研究范围内受雷诺数的影响较小。

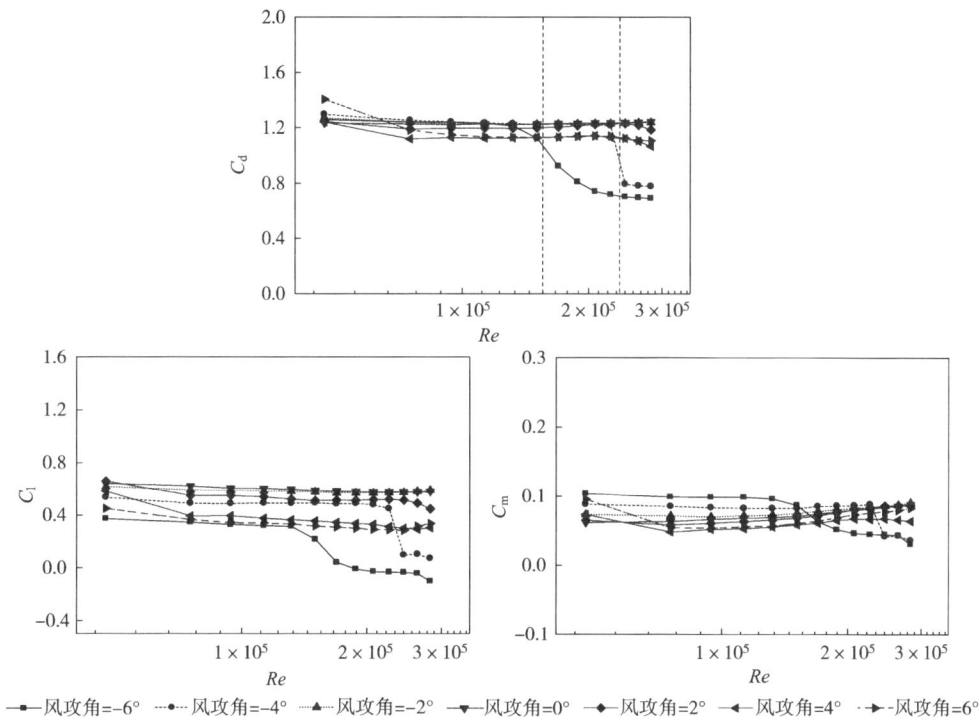

图 3 – 10　雷诺数对桥梁气动力系数的影响

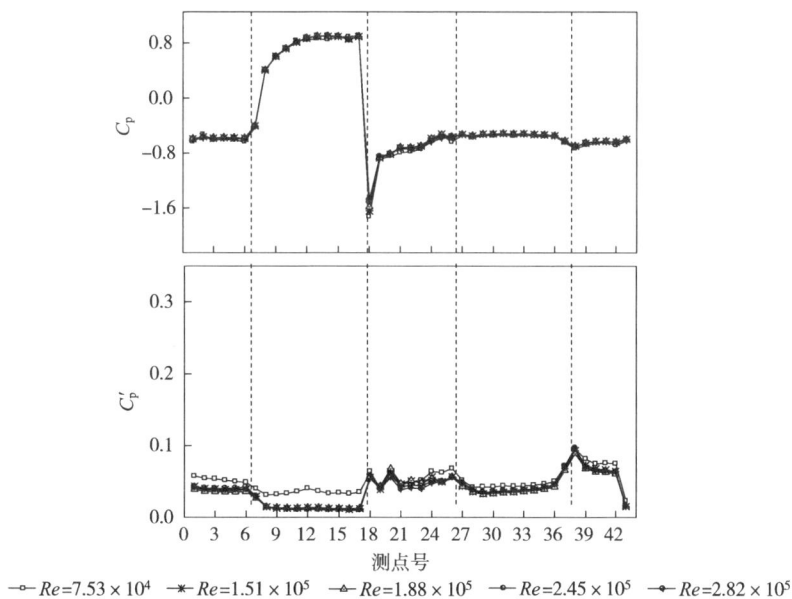

图 3 – 11　桥梁截面在典型雷诺数时的平均风压系数 C_p 和脉动风压系数 C_p'

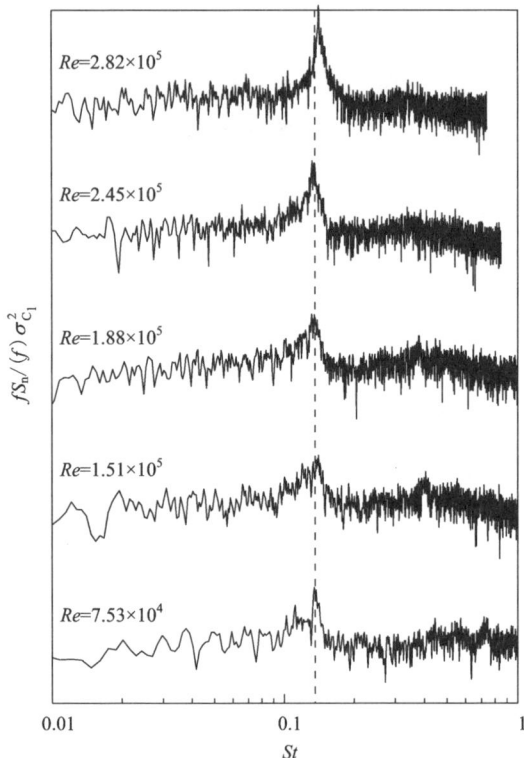

图 3 – 12   桥梁模型在典型雷诺数时的升力能谱

3.3   高铁典型标准跨径箱梁 – 车头系统气动特性

为了探究车 – 桥组合状态下的箱梁 – 车头系统的气动特性，选取如图 3 – 13 所示的两种车 – 桥组合工况开展风洞试验。试验采用 CRH2 型高速动车组列车和跨径为 24 m 的箱梁，模型缩尺比为 1:25，与桥梁缩尺比一致。图 3 – 14 为风洞试验示例图。

工况1：测试车迎风侧车头与背风侧车头交会   工况2：测试车迎风侧车头与背风侧车身交会

图 3 – 13   车 – 桥系统气动特性风洞试验典型工况

图 3 – 14　车 – 桥系统气动特性风洞试验

由于头车各截面变化极其复杂且具有较高的流线性，故在进行车 – 桥系统气动特性分析时将头车划分为变化复杂的车头部分(1 ~ 9 截面)和截面恒定的车身部分(10 ~ 13 截面)，如图 3 – 15 所示。图 3 – 15 中 1 ~ 9 截面分别位于距离列车鼻尖对应位置 $x = 30$、60、105、120、135、165、225、285、360 mm 处，头车总长 $L = 1028$ mm，对应截面位置 x/L 分别为 0.03、0.06、0.10、0.12、0.13、0.16、0.22、0.28、0.35。距离列车鼻尖最近的 $x = 0.03L$ 处截面形状接近圆弧。桥梁部分则为三个相同的测试截面，距桥梁端部距离分别为 $x = 650$、850、1300 mm 处，节段总长为 $L = 1500$ mm，对应截面位置 x/L 分别为 0.43、0.57、0.87。在 $x = 0.43L$ 截面处，桥梁在工况 1 时有迎风侧车头和背风侧车头干扰，在工况 2 时有迎风侧车头和背风侧车身干扰；在 $x = 0.57L$ 截面处，桥梁在工况 1 时有迎风侧车头尾部干扰，在工况 2 时均有迎风侧和背风侧车身干扰；$x = 0.87L$ 截面处，桥梁在工况 1 时有迎风侧车身干扰，在工况 2 时有迎风侧车身和背风侧车头有干扰。

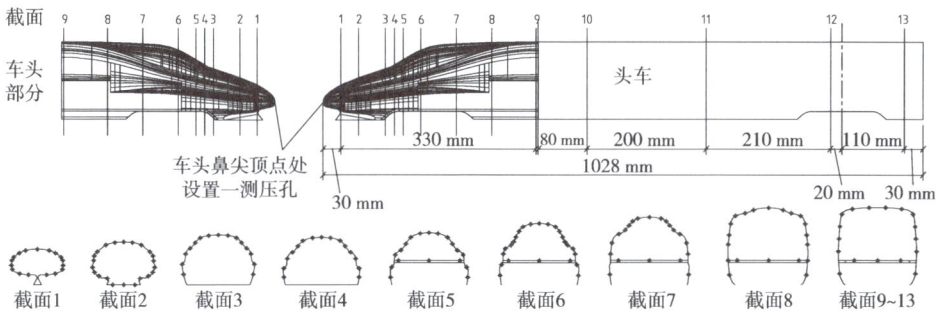

图 3 – 15　列车表面风压测试截面

开展风洞试验的同时测量各截面的表面风压，通过积分计算得到各个截面的气动力系数；车头部分的气动力系数通过 9 个截面的加权平均获得。

3.3.1 箱梁－车头系统气动特性

1. 箱梁－车头系统气动力系数

图3－16给出了工况1的车头和桥梁气动力系数随风攻角的变化曲线。车头由于具有较强的流线性，其阻力系数随风攻角的变化很小，等于0.6左右，明显小于其他钝体结构的阻力系数；桥梁阻力系数随风攻角的增大而增大，当风攻角由－6°增加到6°时，阻力系数由0.45增加到1.35。并且通过与3.1.1节的结果对比发现列车的存在明显降低了桥梁的阻力系数。车头部分的升力系数总体上受风攻角的影响不大，以0°风攻角为分界点，负风攻角时升力系数基本保持稳定，正风攻角时升力系数随风攻角的增大而略微降低。由于车头的干扰，桥梁截面的升力系数由正变为负，经过分析，这是因为在列车与迎风桥面间形成了涡旋，增加了桥梁顶面的正压，且来流风经过列车截面分离，作用于桥梁背风面的负压减小，所以降低了桥梁的升力。桥梁升力系数随风攻角的增大而缓慢增大，当风攻角由－6°增加到6°时，升力系数由－0.45增加到0.05。车头和桥梁的力矩系数受风攻角的影响较小，车头的力矩系数约为－1.0，桥梁的力矩系数约为0.2。

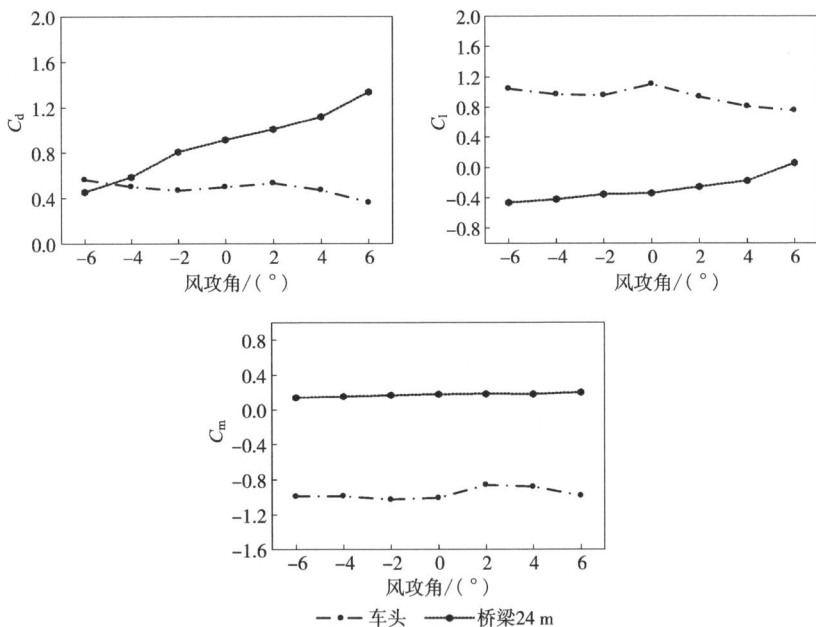

图3－16　车头和桥梁气动力系数随风攻角的变化曲线

为了更好地解释车－桥系统的气动特性，需对车－桥系统中的车头、桥梁气动特性进行独立分析。

2. 车头气动特性

图 3 – 17 总结了车头各截面、各风攻角下的气动力系数。在 x 为 0.03L 时截面阻力系数为负值，随着截面的钝化程度加深，在 x 为 $(0.06 \sim 0.16)L$ 时截面阻力系数逐渐增大；当截面钝化程度进一步加深，在 x 为 $(0.22 \sim 0.35)L$ 时截面阻力系数基本一致。各截面升力系数的变化规律较复杂，在 x 为 0.10L 时截面升力系数大于其他截面；总体来看各截面升力系数以 0° 分攻角为分界点，随风攻角的增大而先增大后减小。列车倾覆力矩系数是以轨道接触点为力矩中心而求得的，主要由阻力系数与升力系数决定。所有截面倾覆力矩系数均为负值，在 x 为 $(0.12 \sim 0.16)L$ 时截面倾覆力矩系数受风攻角的影响较小；在 x 为 0.03L 和 0.06L 时截面在负风攻角下倾覆力矩系数绝对值随风攻角的增大而增大，分别在 0° 和 –2° 风攻角时取得极值；$x = 0.28L$ 和 0.35L 时截面倾覆力矩系数绝对值在 2° 和 4° 风攻角时明显降低，在 2° 风攻角时取得最小值。

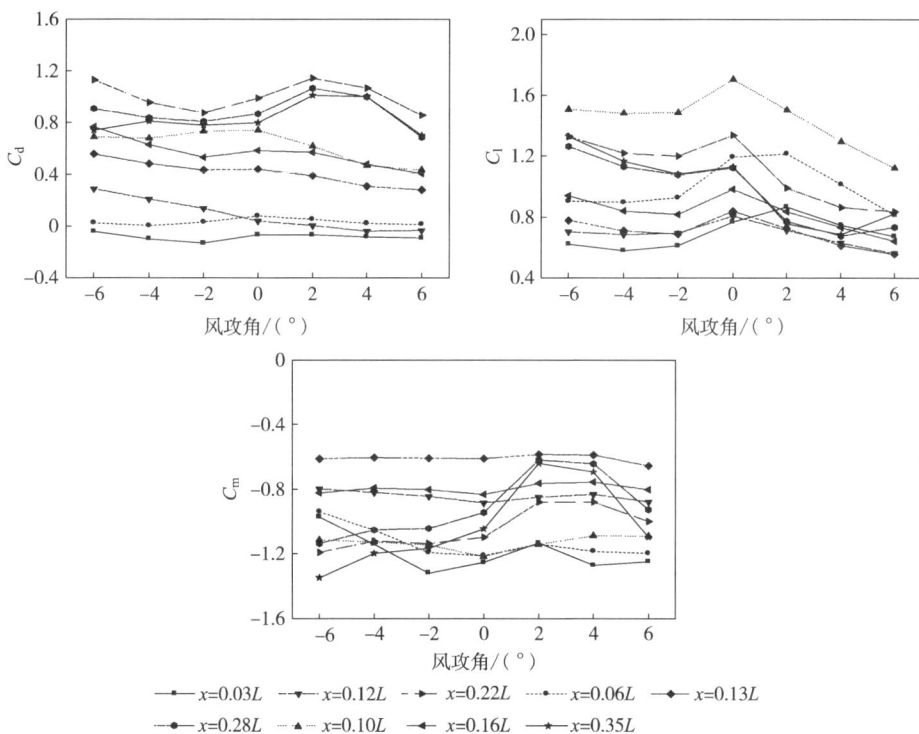

图 3 – 17　各风攻角下车头各截面气动力系数

图 3 – 18 为车头各截面、各风攻角下的平均风压系数。由于车头各截面形状的差异，致使各面平均风压分布不同，风压的差异是气动特性不同的原因。距离列车鼻尖最近的 $x = 0.03L$ 截面处，正风攻角下整个截面各点风压为负值；仅负风

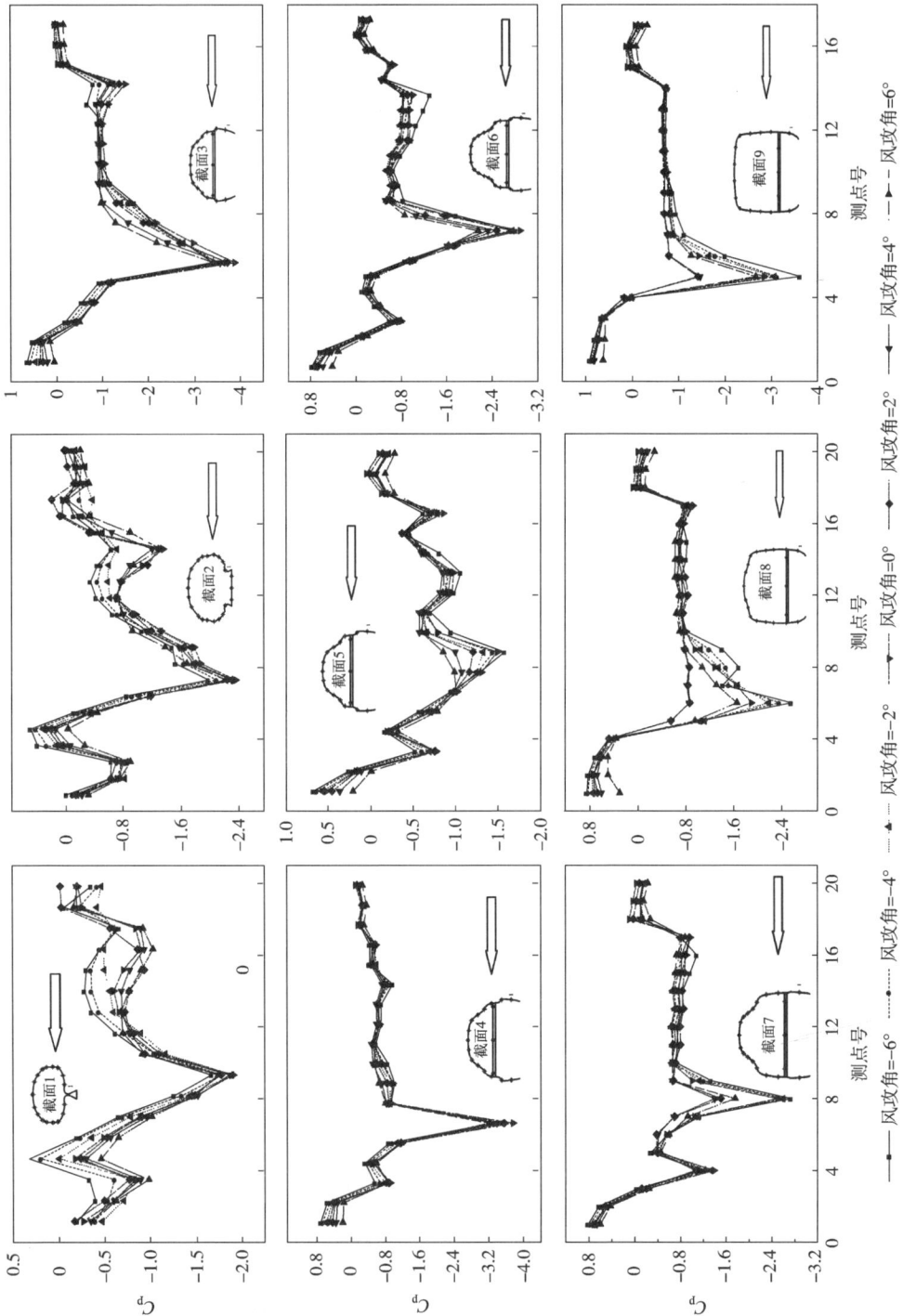

图3-18 车头各截面各攻角下的平均风压系数

攻角时位于列车迎风区与来流刚好垂直的测点有正压出现，负压极值出现在接近列车弧顶的转折点。在 x 为 $(0.06 \sim 0.22)L$ 时截面正压区域在迎风列车裙板位置，之后迅速由正转负，负压极值均出现于弧顶前点和截面凹槽处，此处为气流分离位置。在 x 为 $(0.28 \sim 0.35)L$ 时截面已经形成了稳定的迎风正压区、分离区、弧顶负压区、背风负压区及车底负压区，此时截面接近规则钝体，有固定的分离点，风压变化较为均匀，且随风攻角增加分离点处负压的绝对值减小。产生这种变化的原因是在风攻角增大过程中，列车迎风面与顶面的分离区域面积增加，分离点的位置略向下移动，负压减小。各截面平均风压系数的差异是导致图 3 - 16 中各截面气动力系数不同的原因。

图 3 - 19 给出了典型风攻角下车头迎风面、顶面、背风面和底面的平均风压系数等值线。

迎风面：正压区主要集中在中下部区域，裙板位置正压系数超过 0.9，随风攻角增大而正压区域缩小、数值降低；负压区位于列车鼻尖及中上部区域，鼻尖的负压区随风攻角的增大逐步而向车头中部扩散，负压极值集中于车头尾部的顶部区域和车头中部截面曲率较大的转折处，来流分离较为剧烈的区域负压较大，随风攻角增大而负压绝对值减小。

顶面：正压区位于车头靠近鼻尖的很小的区域范围内，随风攻角增加而面积减小；负压区位于顶面，极值区集中在车头曲率转折处（截面 3），且在风攻角为 0°时负压最大。

背风面：全部为负压区，车头鼻尖位置处负压最小，随风攻角增大而负压区域缩小、绝对值减小；负压极值位于列车底部靠近车轮位置，随风攻角增大而负压区域缩小、绝对值减小。

底面：正压区集中在车头尾部靠近迎风面区域，以风攻角 0°为分界点，正压数值与区域先增大后减小；负压区刚好相反，以风攻角 0°为分界点，负压绝对值先减小后增大。

3. 桥梁气动特性

图 3 - 21 为受列车干扰后桥梁各截面气动力系数随风攻角的变化情况。阻力系数、升力系数和力矩系数均随风攻角的增加而增大。受列车的干扰，桥梁表面的平均风压系数和脉动风压系数如图 3 - 20 所示，与单桥状态下的结果（3.2.1节）不同。

桥梁底面负压绝对值随风攻角增大而减小；迎风面正压随风攻角的增大而增大；脉动风压随风攻角的增大而减小，在底面与迎风面的分离位置达到最大值。

4. 三种跨径箱梁 - 车头系统气动力系数

图 3 - 22 为三种跨径桥梁在各风攻角下的桥 - 车头系统气动力系数。车头各个截面的阻力系数受桥梁的影响很小，各风攻角下的阻力系数均为 0.6 左右，且

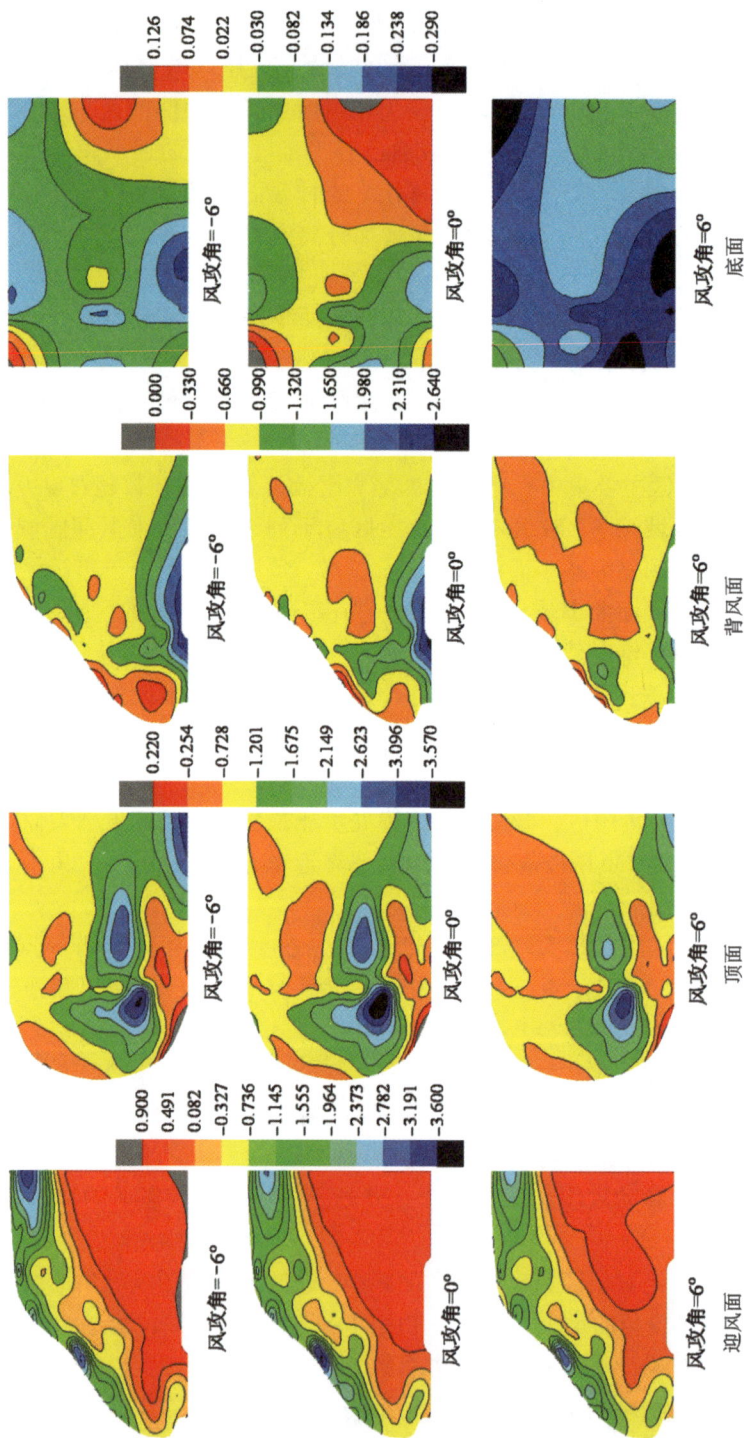

图 3 – 19　车头各面典型风攻角下的平均风压系数等值线

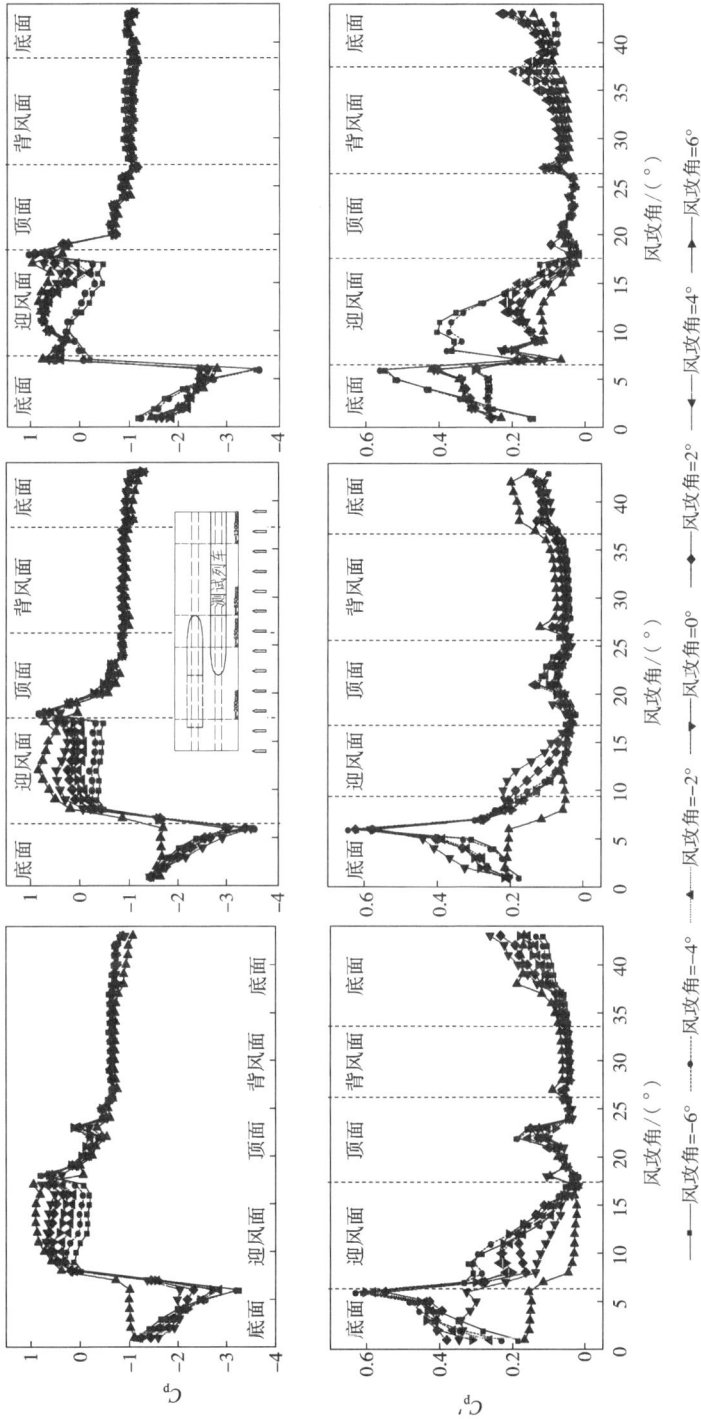

图 3 – 20　各风攻角下桥梁截面平均风压系数与脉动风压系数

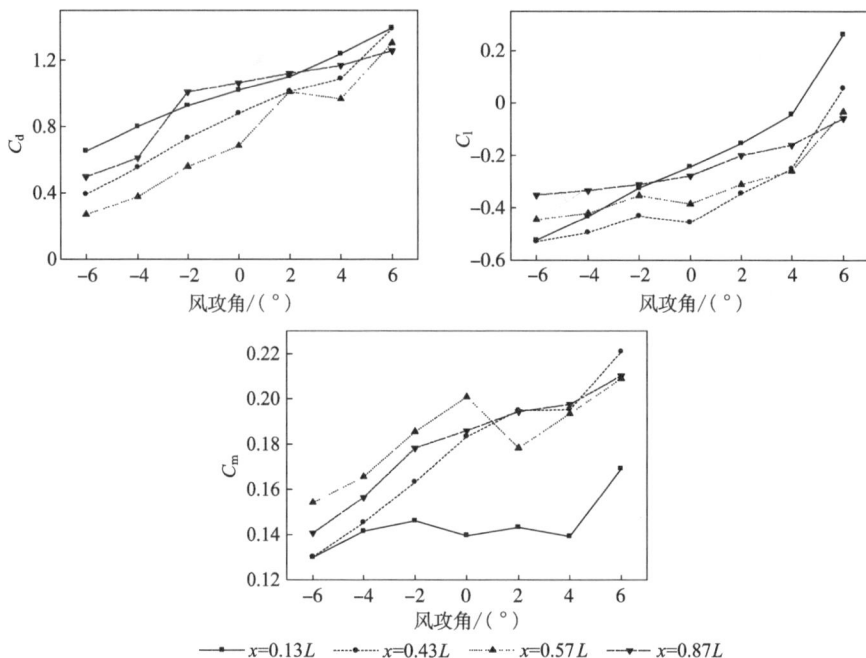

图 3-21　各风攻角下桥梁截面气动力系数

明显小于其他钝体阻力系数。桥梁阻力系数则与之不同，随风攻角的增加而明显增大，随跨径的减小而先增加后急剧降低，并通过与 3.2.1 节对比，发现列车的存在明显降低了桥梁的阻力系数。车头部分的升力系数基本不随桥梁的改变而变化，但是随风攻角的增大而略微减小；由于列车的存在，桥梁的升力系数由单桥的正值变为负值，经过分析，是因为在列车与迎风桥面间形成了涡旋，增加了桥梁顶面的正压，且来流风经过列车截面分离，作用于桥梁背风面的负压减小，总体上降低了桥梁的升力。桥梁升力系数随风攻角的增大而缓慢增大，随跨径的增加而增大。力矩系数受风攻角的影响很小。由此可知，不同跨径桥梁对车-桥系统气动特性的影响较小。

3.3.2　紊流度对箱梁-车头系统气动特性的影响

在紊流度分别为 13.45%、16.25% 和 23.26% 的紊流场中，对 0° 风攻角的车-桥组合工况 2 开展风洞试验，对比分析紊流度对箱梁-车头系统气动特性的影响。

1. 箱梁-车头系统气动力系数

紊流度对车头各截面气动力系数的影响曲线如图 3-23 所示，车头各截面阻力系数随着与车头距离的增加而增加，远小于均匀流各个截面的阻力系数。列车

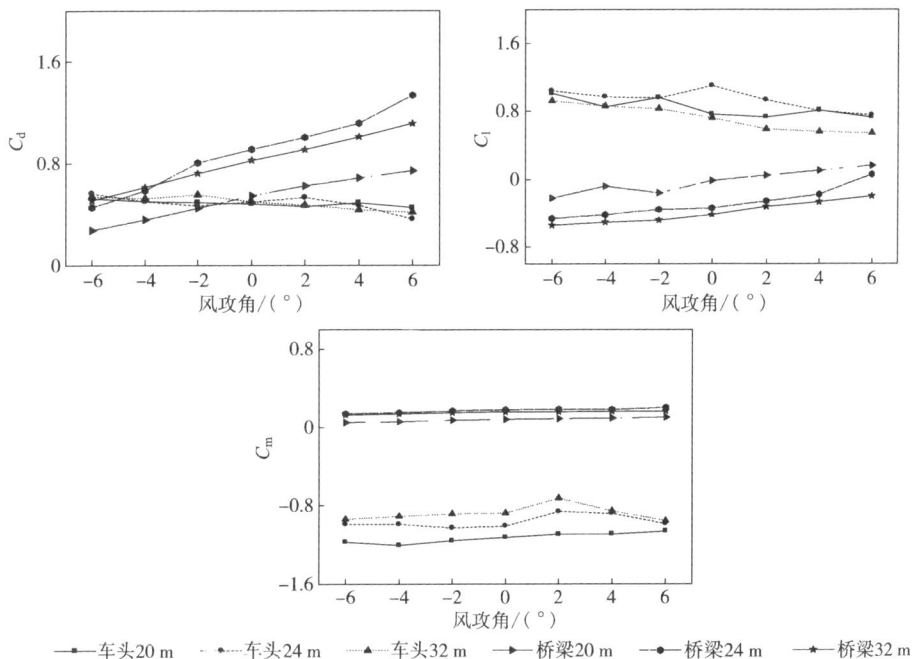

图 3 – 22　不同跨径桥梁车 – 桥系统在各风攻角下的气动力系数

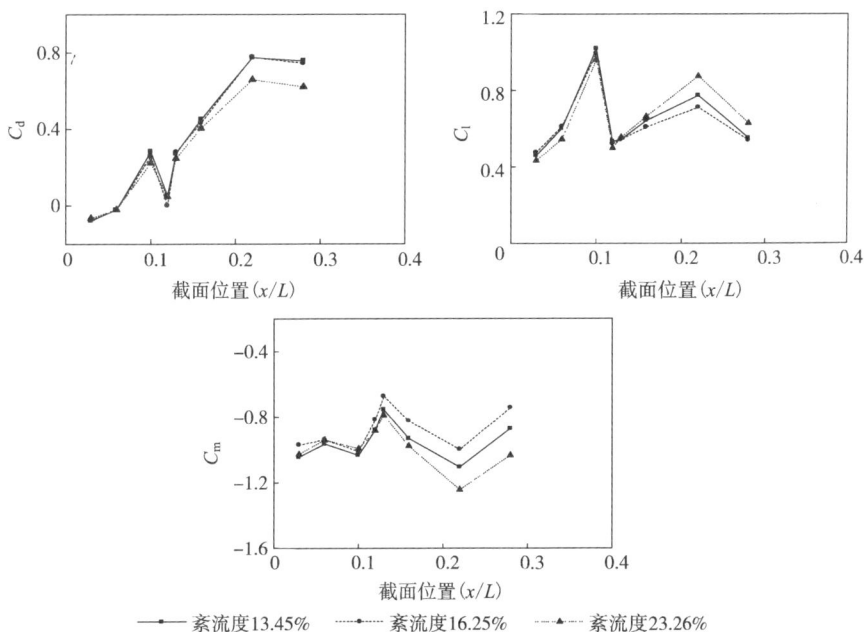

图 3 – 23　紊流度对车头各截面气动力系数的影响

的阻力系数随着紊流度的增加而降低，紊流度由 13.45% 增加到 23.26%，阻力系数由 0.75 降低至 0.62，降低幅度达到 17.9%。列车各截面最大升力系数为 1.02，小于均匀流中该截面的升力系数 1.70。紊流度为 13.45% 和 16.25% 时列车升力系数基本相同，当紊流度增加到 23.26% 时，各截面的升力系数也随之增加。列车倾覆力矩系数均为负值，随紊流度增加呈先减小后增大的趋势。

紊流度对桥梁各截面气动特性有较大影响，改变了阻力系数的值，没有改变桥梁各截面阻力系数的变化趋势。紊流度为 16.25% 的紊流场下桥梁受车头干扰截面的阻力系数为 1.11，超过了均匀流场的数值，表明特定强度紊流场有可能增加桥梁的阻力系数。随着紊流度的增加，桥梁受车头干扰，截面阻力系数先增大后减小，说明随着紊流度的增加，桥梁截面的阻力系数不是无限增大，而是达到某特定的紊流度后阻力系数将降低。受车头干扰桥梁截面升力系数均为负值，各截面升力系数变化较小，且随着紊流度的增大，升力系数绝对值降低。桥梁倾覆力矩系数基本均维持在 0.13 左右，随着紊流度的增加，力矩系数基本没有变化。

2. 箱梁－车头系统平均风压系数与脉动风压系数

图 3-24 为不同紊流度的紊流场下的列车车头各截面平均风压系数。结果表明紊流度没有改变车头平均风压系数的变化趋势，但对压力大小有一定的影响。紊流度对车头各截面测点的影响幅度各不相同，主要是因为各截面的形状变化导致其本身特征紊流不相同，影响区域也不相同。

对于车头正压区，正压数值随紊流度的增长呈现先增大后减小的趋势，而对于车头负压区，负压绝对值随紊流度的增长呈现先减小后增大的趋势。变化幅度较大的区域基本集中在迎风面正压区和顶部分离负压区域，不同截面处测点的增大或减小的幅度不同：在 $x = 0.03L$ 时截面迎风面测点 3，随着紊流度由 13.45% 增大到 16.25% 再到 23.26%，平均负压绝对值先减小 25.5% 后增大 58.9%；当 $x = 0.06L$ 时截面迎风面测点 4，正压先减小 6.8% 接着又减小 28.7%；在 $x = 0.22L$ 时截面顶部分离负压区测点 8，负压绝对值先减小 13.6% 再增大 26.1%；$x = 0.28L$ 时截面迎风面正压区测点 2 正压先增大 26.2% 后减小 43.3%，迎风面与顶面相接的分离负压区测点 5，负压绝对值先减小 10.4% 后增大 44.8%；在 $x = 0.35L$ 时截面分离负压区变化最为明显，测点 5 的负压绝对值先减小 3.9% 后迅速增大 57.3%，经过分析，是因为随着车头截面向尾部发展，其截面形式越来越简单，来流正压区和分离点较为固定，对紊流度更加敏感，风压随紊流度变化的幅度更大。

3. 车头风压分布

列车车头各面的平均风压等值线如图 3-25 所示。车头各面风压受紊流度的变化影响较小。随着紊流度由 13.45% 增大到 16.25%，车头迎风面中部正压数值增加，顶部负压绝对值降低，顶面的负压区绝对值降低，以及背风面顶部及头

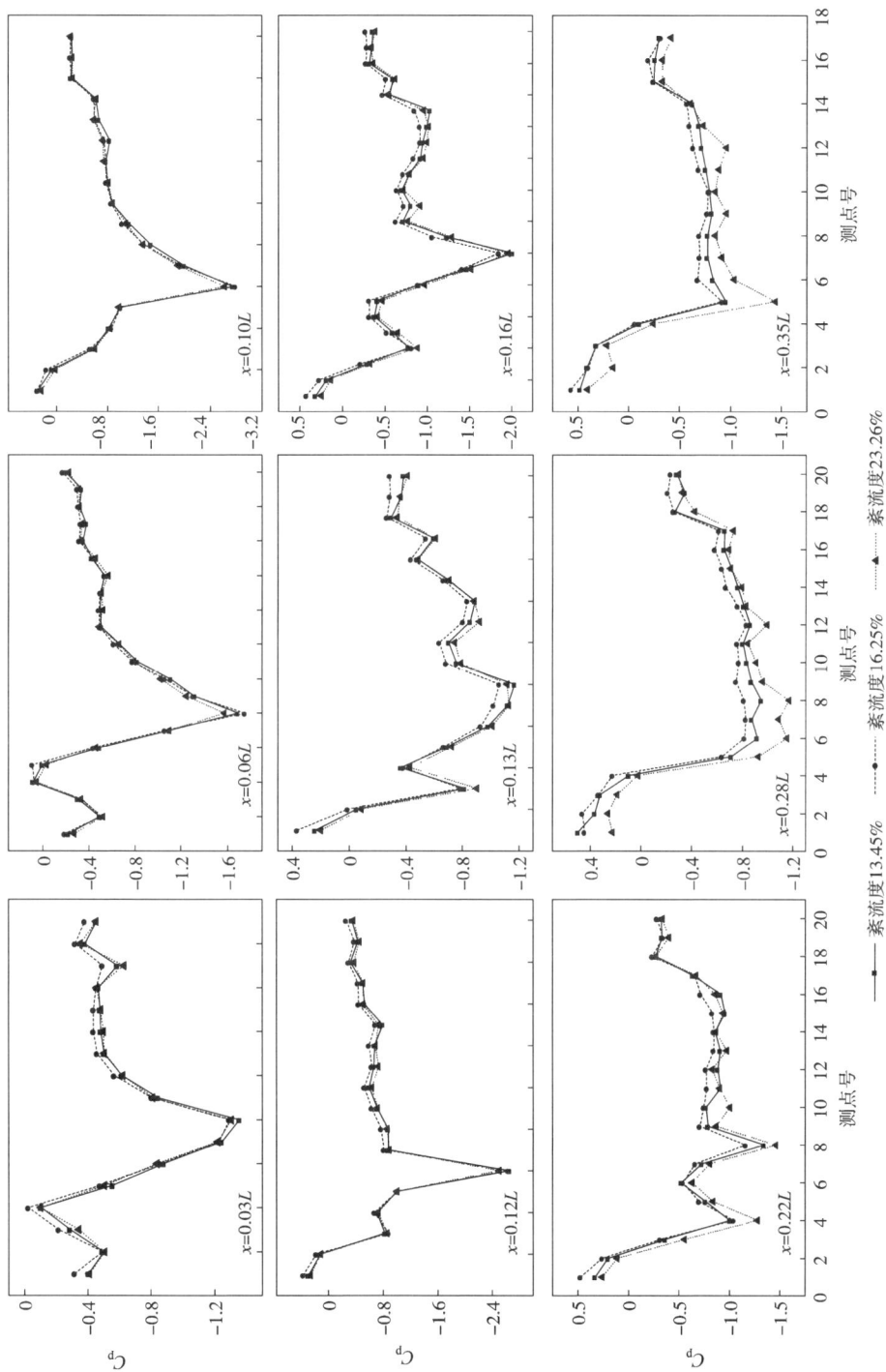

图 3 – 24　不同紊流度的紊流场下列车车头平均风压系数

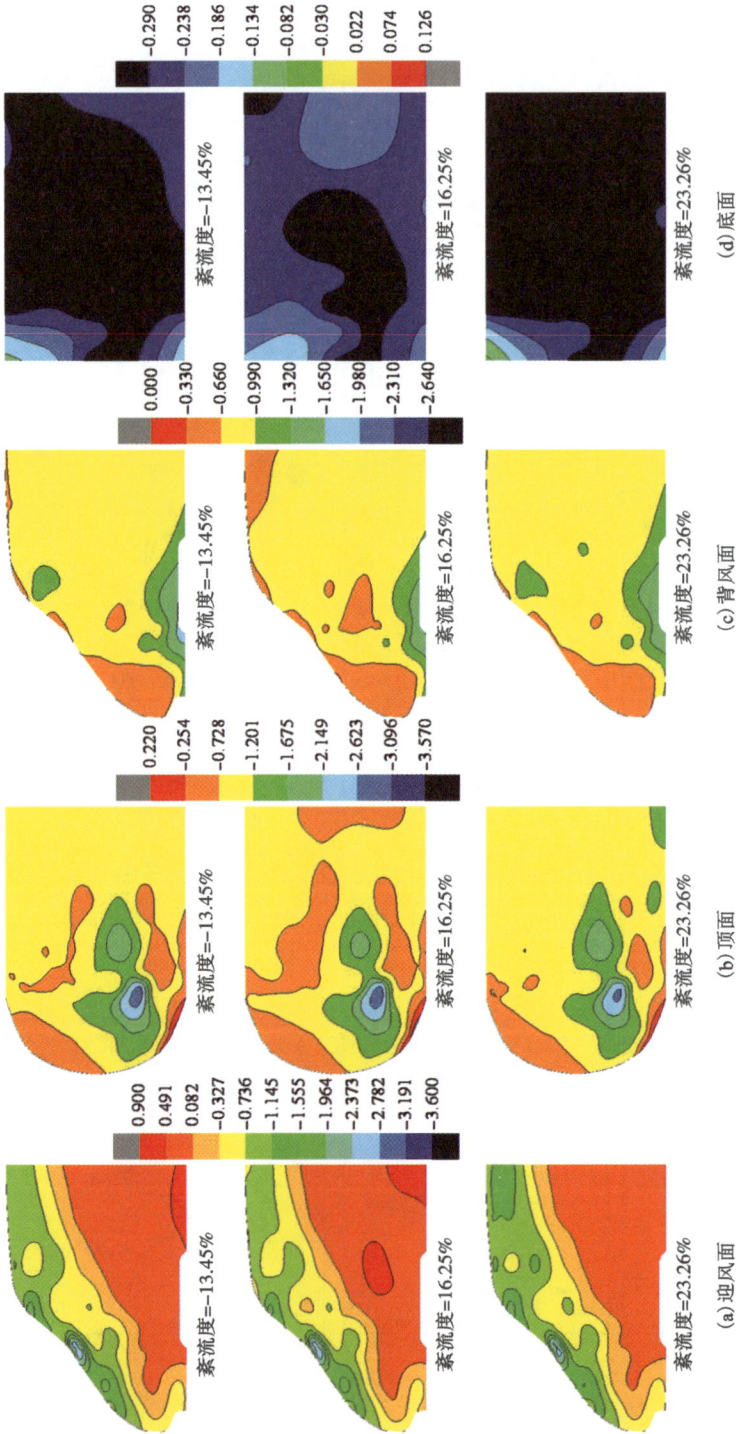

图 3 - 25 列车车头各面的平均风压等值线

部负压区负压绝对值降低，底面车头中部区域负压绝对值降低；随着紊流度由
16.25%增长至23.26%，迎风面中部正压数值减小，顶部负压区负压绝对值增
加，顶面中尾部负压区负压绝对值增加，背风面中部和尾部负压区负压绝对值增
加，底面整个负压区负压绝对值增加。

3.3.3　雷诺数对箱梁 – 车头系统气动特性的影响

采用车 – 桥组合工况1开展风洞试验，研究雷诺数对箱梁 – 车头系统气动特
性的影响，风速为 5~30 m/s，由于车 – 桥组合增大了相对来流的特征高度，此时
雷诺数 Re 是 $8.81 \times 10^4 \sim 5.28 \times 10^5$，车 – 桥系统雷诺数工况见表 3 – 3。

表 3 – 3　车 – 桥系统雷诺数工况表

风速/(m·s⁻¹)	雷诺数	风速/(m·s⁻¹)	雷诺数
5	8.81×10^4	20	3.52×10^5
8	1.41×10^5	22	3.88×10^5
10	1.76×10^5	24	4.23×10^5
12	2.11×10^5	26	4.58×10^5
14	2.47×10^5	28	4.93×10^5
16	2.82×10^5	30	5.28×10^5
18	3.17×10^5		

1. 箱梁 – 车头系统气动力系数

图 3 – 26 给出了不同风攻角下列车车头、桥梁气动力系数随雷诺数的变化规
律。由于车头的外形复杂且流线性较大，具有明显的三维绕流效应，其阻力系数
明显小于车身。车头的阻力系数随雷诺数的增加而降低，升力系数随雷诺数增加
而升高，阻力系数与升力系数均在风攻角由负转正的过程中降低，这主要是因为
随着风攻角向正方向转动，桥梁迎风面积减小，来流正压面减小，降低了迎风面
与背风面的压力差，从而降低了阻力。倾覆力矩是阻力与升力共同作用的结果，
其随雷诺数的增加而降低说明了阻力系数对倾覆力矩系数的贡献占主导地位。

与列车不同，桥梁的阻力系数与升力系数随风攻角的增加而增大，对雷诺数非
常敏感，在雷诺数 $Re < 3 \times 10^5$ 的范围内，随雷诺数的增加而显著降低，最大降幅达
到45%左右；当 $Re > 3 \times 10^5$ 后基本稳定。由于列车的干扰改变了桥梁上部的外形，
将尖锐棱角的钝体转化到具有弧形表面的钝体，来流分离点向下游移动，尾流区域
变窄，阻力系数发生骤降。力矩系数与阻力系数、升力系数的变化规律相同。

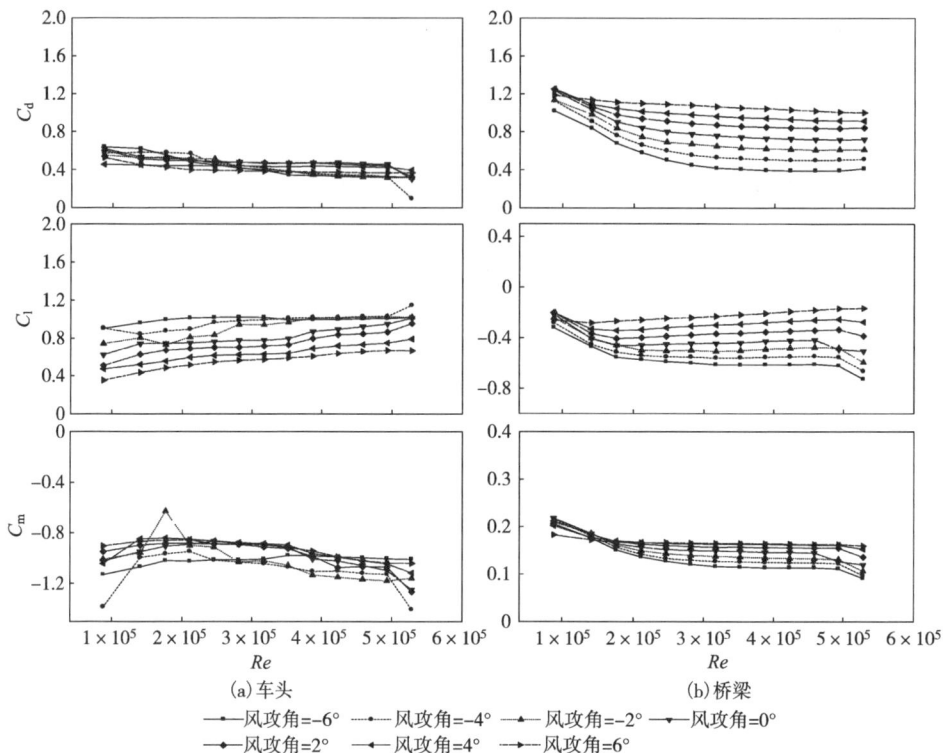

图 3 - 26　不同风攻角下雷诺数对车头和桥梁气动力系数的影响

由于车头与桥梁在不同风攻角下随雷诺数的变化规律一致，故仅取一个风攻角下车头和桥梁的气动特性进行分析。

图 3 - 27(a)雷诺数对桥梁气动力系数的影响。迎风侧车头气动力系数对雷诺数的敏感程度明显高于背风侧工况，背风侧列车的气动特性较为稳定，基本不随雷诺数改变。

图 3 - 27(b) 给出了车头和桥梁的气动特性随雷诺数的变化规律。单桥气动力系数基本不随雷诺数发生改变，当桥梁上有列车干扰时，在 $Re < 3 \times 10^5$ 的范围内，桥梁阻力系数随雷诺数的增加而显著降低，之后趋于稳定，升力系数较阻力系数变化幅度要小。

2. 箱梁 - 车头系统平均风压系数与脉动风压系数

车头部分的截面变化比较复杂，应对每一个截面进行详细分析。图 3 - 28 和图 3 - 29 给出了列车车头各截面的平均风压系数和脉动风压系数。

由于车头截面的复杂性及流线性，在 x 为 $(0.03 \sim 0.35)L$ 时截面风压变化呈现不同的变化规律。雷诺数的影响主要体现在迎风面与顶面交界的来流分离位

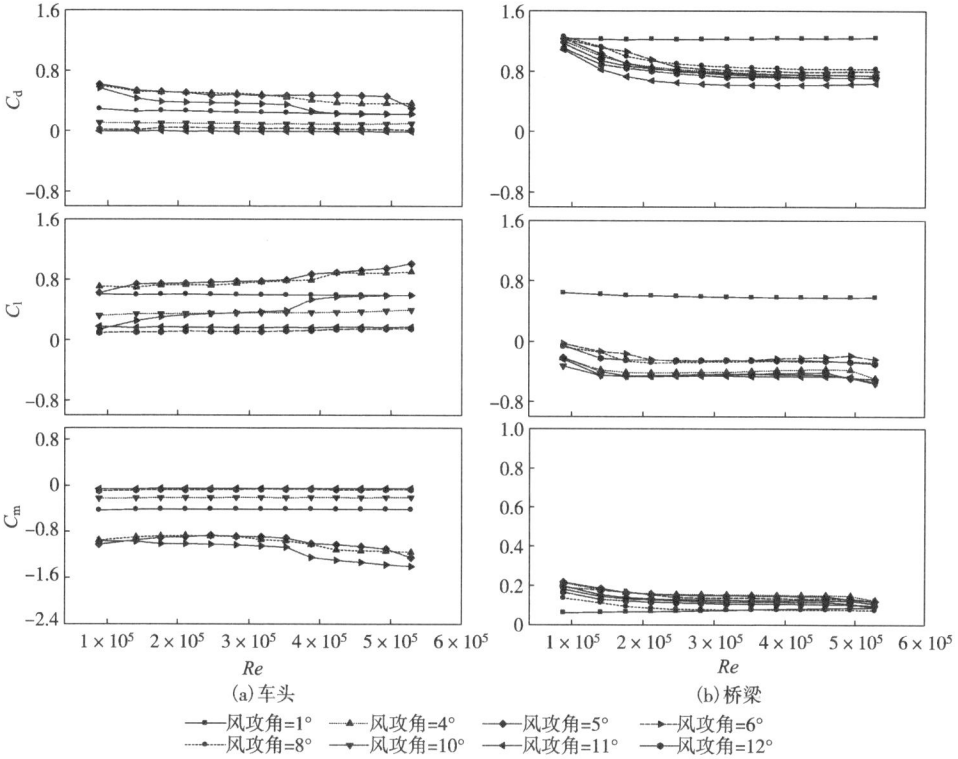

图 3 – 27　不同典型车 – 桥组合状态下雷诺数对车头和桥梁气动力系数的影响

置。随着雷诺数的增大，分离位置处的流速增大，测点负压升高；分离点脉动风压随雷诺数的增大而增大。

图 3 – 30 和图 3 – 31 为迎风侧车头与干扰中车交会的情况下，桥梁截面在典型雷诺数工况中的平均风压系数和脉动风压系数。

雷诺数对桥梁截面的影响主要集中于桥梁的底面，由于迎风面底部的分离作用，桥梁底面与迎风面交界的测点区域为最强负压区，随着雷诺数增大，其负压增强，脉动特性增强。

3. 车头风压分布

图 3 – 32 给出了测试车头迎风面、背风面及顶面的平均风压系数分布等值线。雷诺数对迎风面风压的影响主要体现在增大了迎风底侧正压和迎风顶侧负压。雷诺数对背风面风压的影响体现在增大了背风中部和底部的负压。

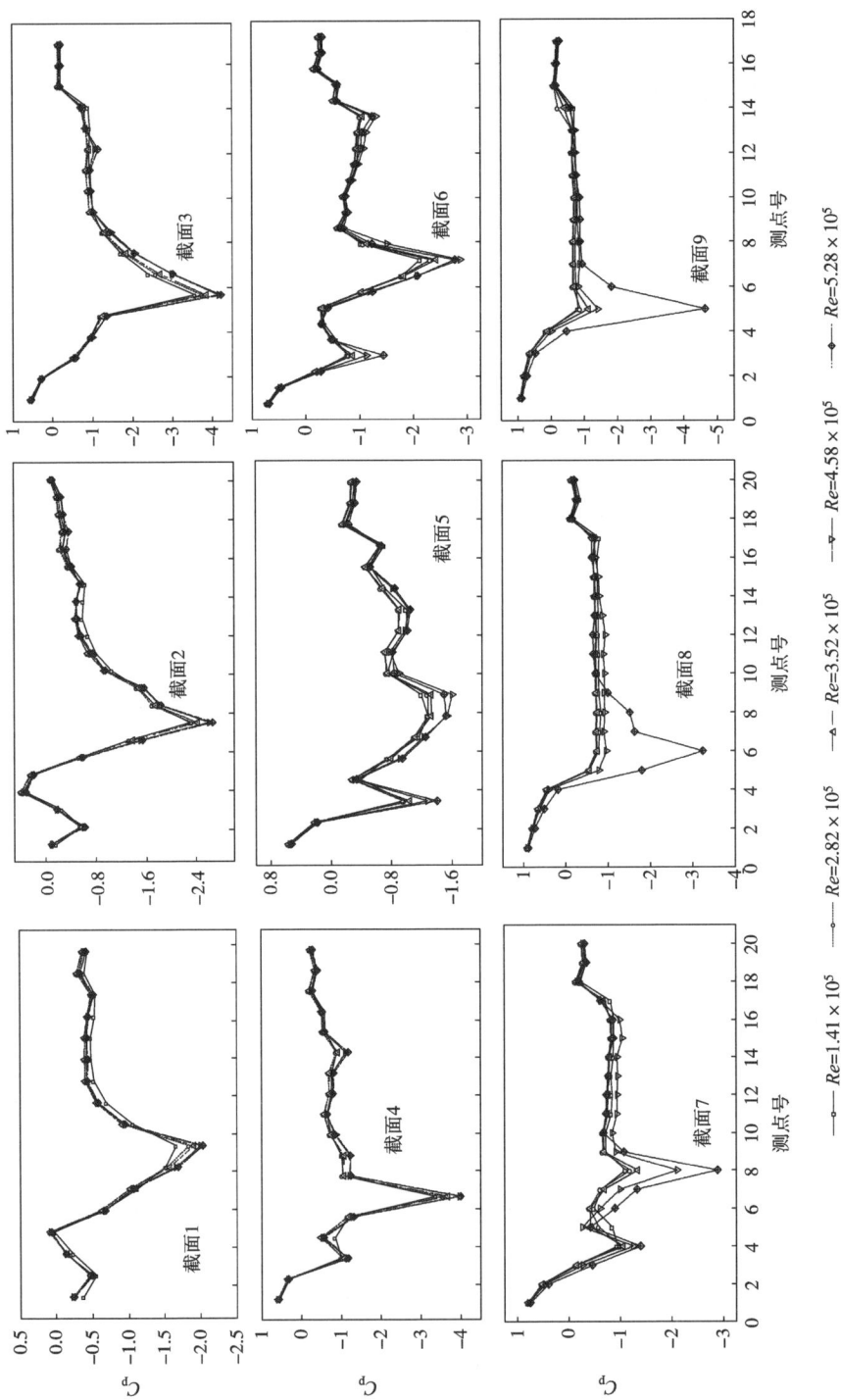

图 3 - 28 车桥组合列车车头各截面在典型雷诺数下的平均风压系数

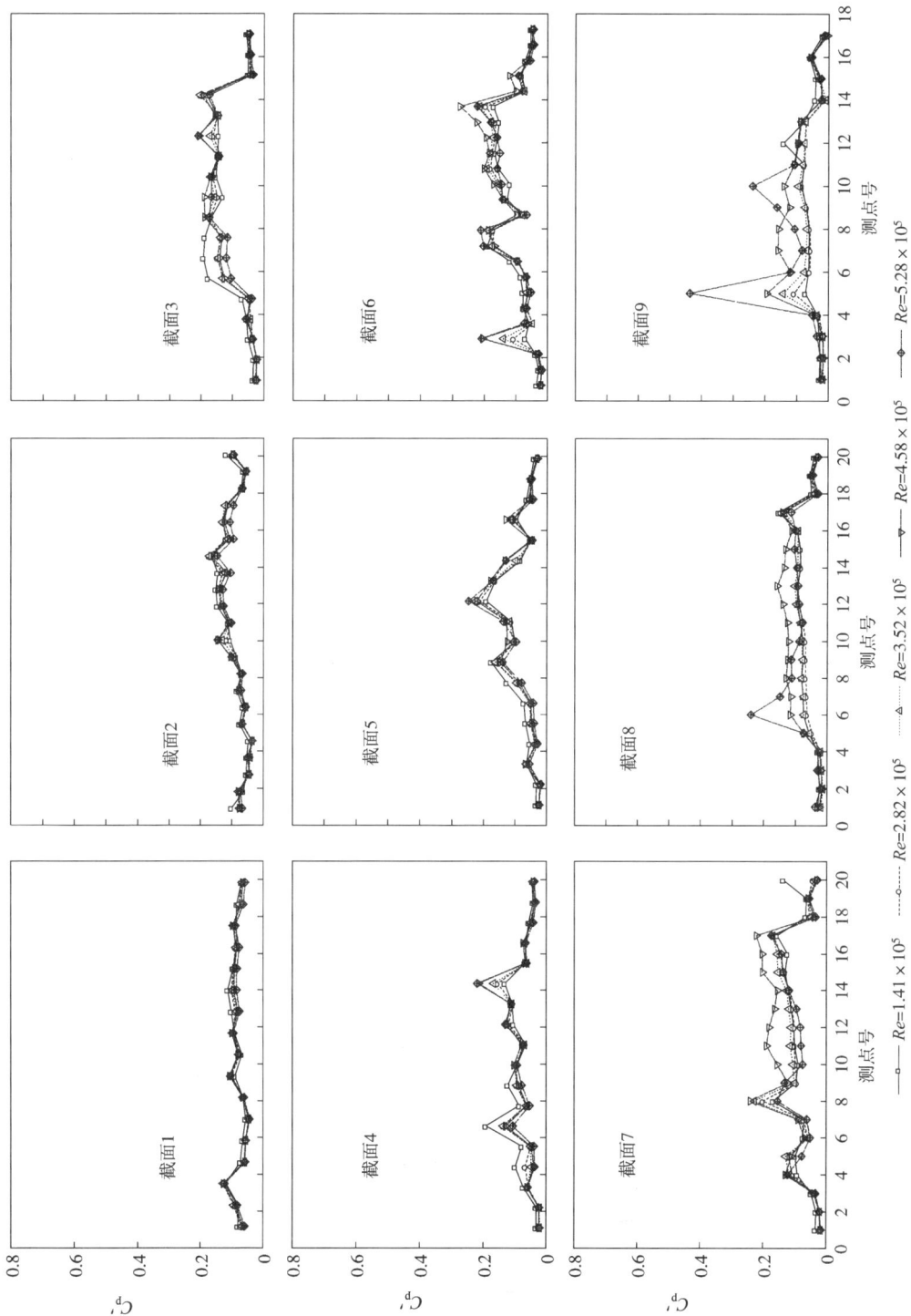

图 3 – 29　车桥组合列车车头各截面在典型雷诺数下的脉动风压系数

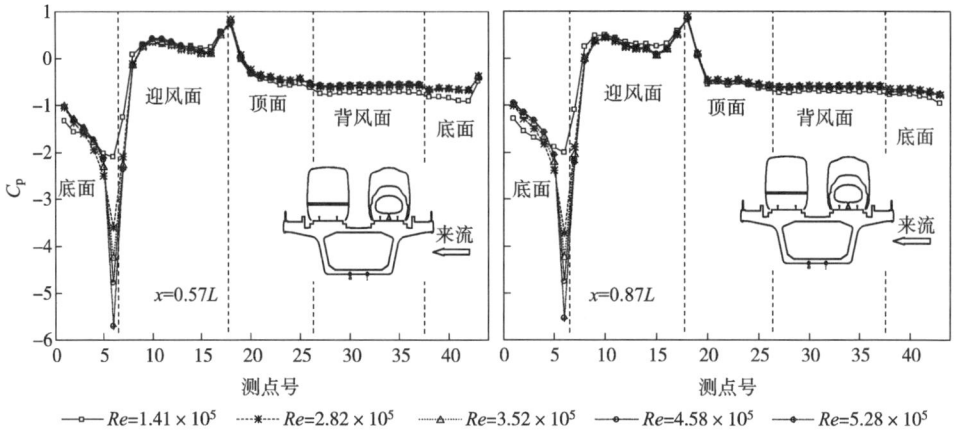

图 3 - 30　桥梁截面在典型雷诺数下的平均风压系数

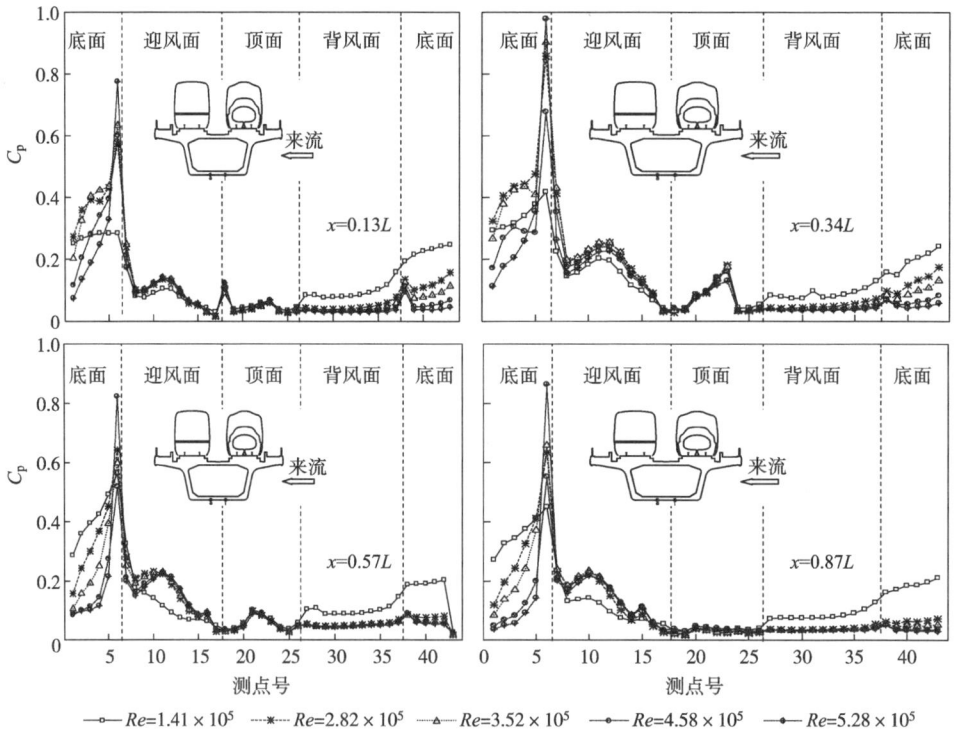

图 3 - 31　桥梁截面在典型雷诺数下的脉动风压系数

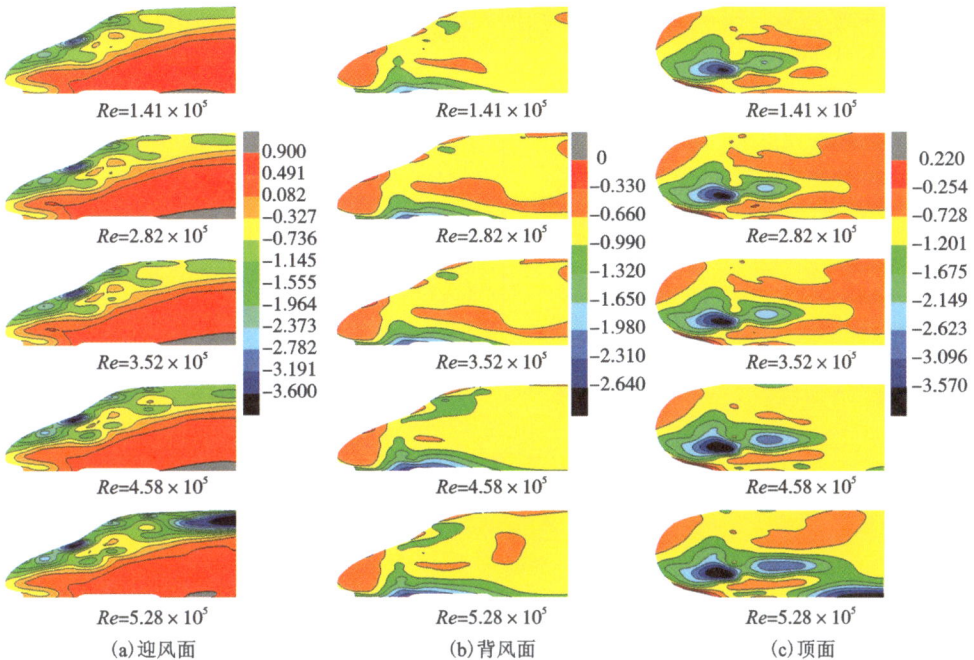

图 3 – 32　列车车头各面在典型雷诺数下的平均风压系数分布等值线等值线

3.4　高铁典型标准跨径箱梁 – 车身系统气动特性

为了探究车 – 桥组合状态下的箱梁 – 车身系统的气动特性，对 3.3 节所述风洞试验中的车身及对应桥梁截面的气动力系数及风压分布进行详细分析。

3.4.1　箱梁 – 车身系统气动特性

1. 箱梁 – 车身系统气动力系数

图 3 – 33 给出了箱梁 – 车身系统在各风攻角下的气动力系数。车身阻力系数受风攻角影响较小，等于 1.2 左右，明显高于 3.3.1 节中车头部分阻力系数；桥梁阻力系数随风攻角的增加而增大，当风攻角由 – 6°增加到 6°时，桥梁阻力系数由 0.4 增加至 1.15，与箱梁 – 车头系统十分接近。当风攻角为 0°时，由于列车的存在，桥梁的阻力系数明显降低。整体来看车身截面的升力系数略小于车头截面升力系数，当风攻角由 – 6°增加至 – 4°时，车身升力系数降低约 35%，之后随风攻角的变化很小。桥梁升力系数与 3.3.1 节箱梁 – 车头系统中桥梁升力系数十分接近，随风攻角的增加缓慢增大，而且由于列车的存在，桥梁的升力系数由单桥

的正值变为负值。桥梁力矩系数几乎不受风攻角的影响，为 $0.15 \sim 0.2$，车身力矩系数全部为负，在 $-6°$ 和 $6°$ 风攻角时取得最大值约为 -0.7，在其他风攻角时力矩系数为 $-0.6 \sim -0.6$。

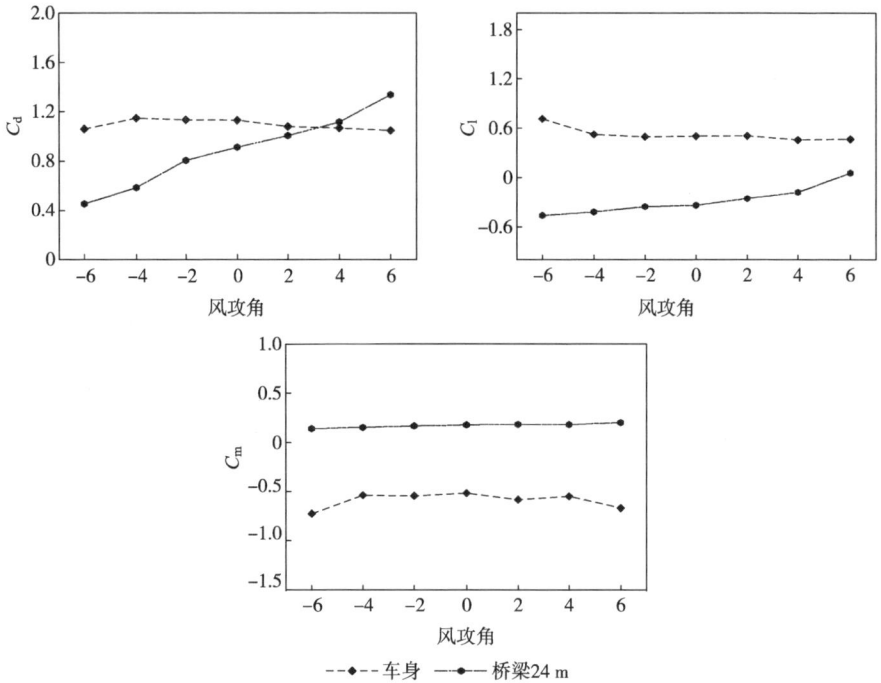

图 3-33 箱梁-车身系统气动力系数随风攻角的变化曲线

2. 车身气动特性

车身各截面气动力系数随风攻角的变化曲线如图 3-34 所示，列车各截面阻力系数基本不随风攻角变化而变化，为 $1.0 \sim 1.2$。靠近车头的 $x = 0.43L$ 截面升力系数随风攻角的增加而降低，截面受到背风侧干扰列车头部绕流的影响，升力系数较大，其余截面升力系数不随风攻角变化。力矩受阻力和升力的影响，在 $x = 0.43L$ 截面随风攻角的增加而增大，其数值小于其他截面；其他截面力矩系数基本保持不变。

各截面平均风压系数和脉动风压系数如图 3-35 所示。车身部分截面分离点较为固定，可以将各测点分为迎风面、顶面、背风面和底面。迎风面均为正压且随高度的增加略有减小，在迎风面与顶面相接的分离处，风压迅速由正转负达到负压极值，此时的脉动风压系数也达到极值，此后顶面各点负压绝对值降低并稳定在 -0.7 左右。背风面负压较为稳定，底面负压绝对值较小。风攻角对平均风

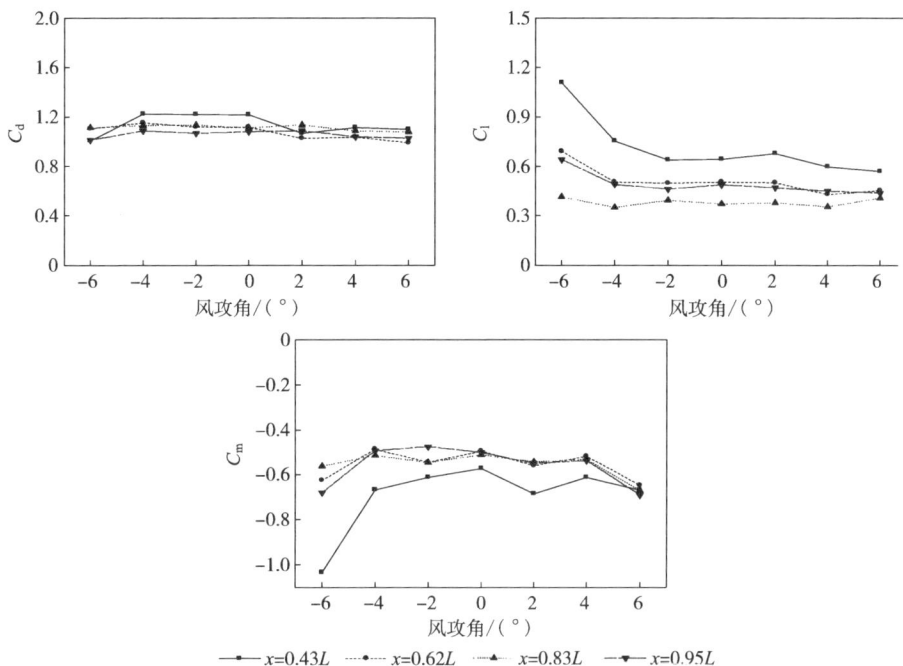

图 3 – 34　各风攻角下车身各截面气动力系数

压及脉动风压的影响较小，仅在 – 6°风攻角迎风面与顶面的交界位置变化较大。

3. 桥梁气动特性

图 3 – 36 为有车身干扰的情况下，桥梁各截面气动力系数随风攻角的变化情况。桥梁各截面的气动力系数随风攻角的变化趋势十分一致。

图 3 – 37 为桥梁各截面在各个风攻角下的平均风压系数与脉动风压系数。各截面底面测点负压随风攻角增大而减小；迎风面正压随风攻角增大而增加。各截面的脉动风压随风攻角的增加而减小，且在桥梁各面的分离点达到极值。在 $x = 0.43L$ 截面，由于存在上游与下游两个列车车头，负风攻角下桥梁迎风面正压下降；在 $x = 0.57L$ 截面，桥梁迎风面正压随风攻角增大而增大。

4. 三种跨径箱梁 – 车身系统气动力系数

图 3 – 38 为三种跨径桥梁在各风攻角下车身和桥梁的气动力系数。与箱梁 – 车头系统类似，车身阻力系数受桥梁跨径的影响很小，阻力系数均为 1.0 ~ 1.2，而且基本不随风攻角改变而变化；桥梁的升力系数为负值，升力系数绝对值随桥梁跨径的增加而减小。

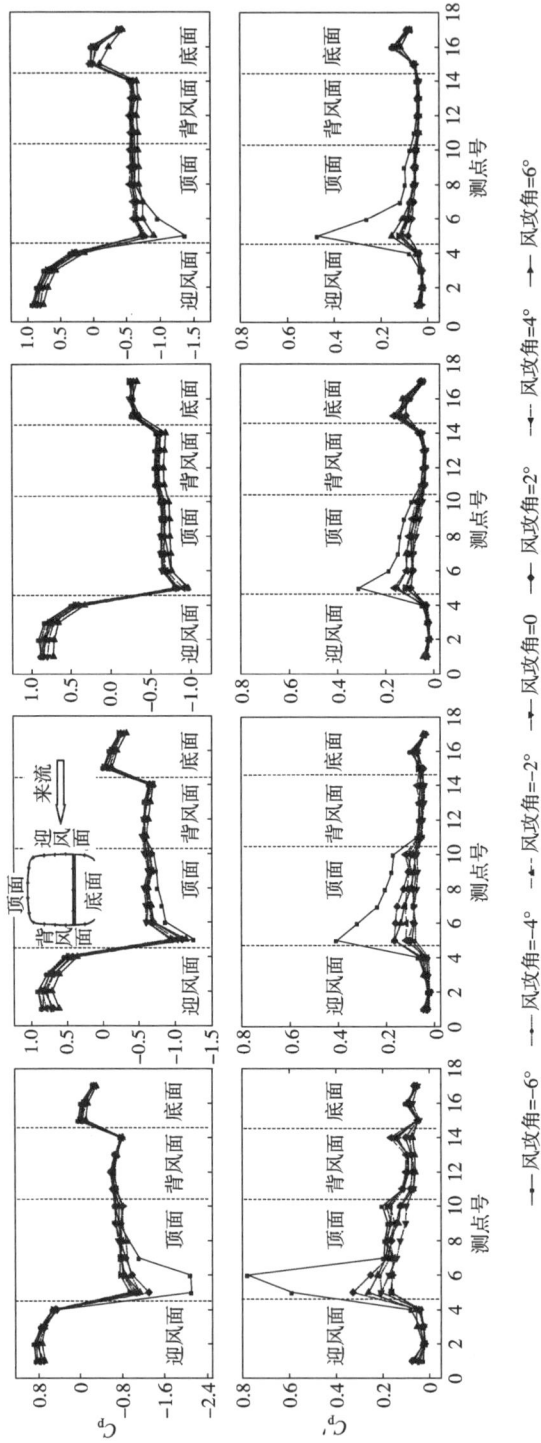

图 3 - 35 各风攻角下车身各截面平均风压系数和脉动风压系数

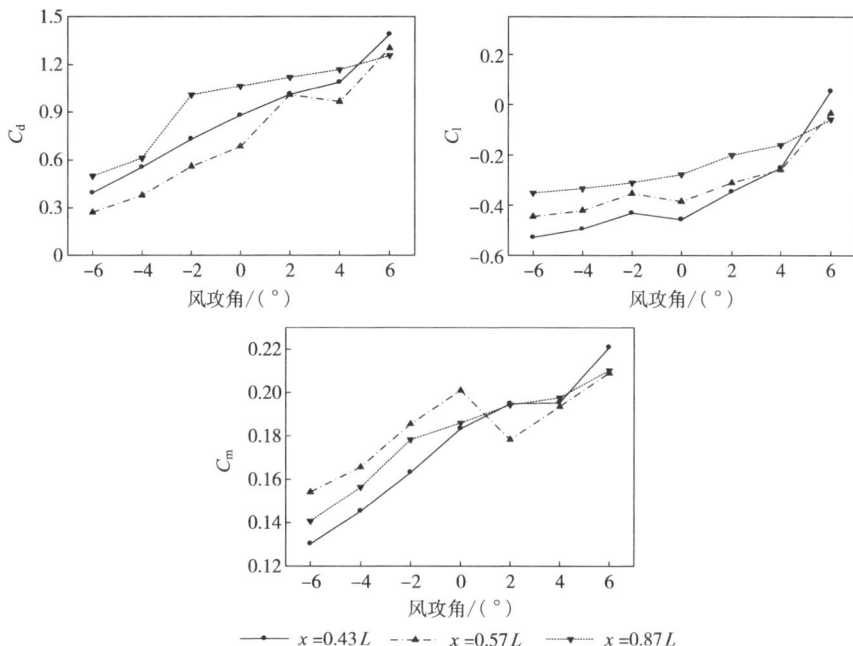

图 3 – 36　各风攻角下桥梁截面的气动力系数

3.4.2　紊流度对箱梁 – 车身系统气动特性的影响

在紊流度分别为 13.45% 、16.25% 和 23.26% 的紊流场中对 0°风攻角的车 – 桥组合工况 2 开展风洞试验,对比分析紊流度对箱梁 – 车身系统气动特性的影响。

1. 箱梁 – 车身系统气动力系数

图 3 – 39 和图 3 – 40 为紊流度对车身和桥梁各截面气动特性的影响曲线。随着截面与车头距离的增加,车身各截面的阻力系数基本保持不变;三种紊流度下车身阻力系数为 0.68 ~ 0.87,小于均匀流下的阻力系数。车身的阻力系数随紊流度增加而降低,例如在 $x = 0.62L$ 截面,当紊流度由 13.45% 增加到 23.26% 时,阻力系数由 0.80 降低至 0.68,降低幅度达到 15% 。紊流场中列车各截面升力系数小于均匀流场中的升力系数。紊流度为 13.45% 和 16.25% 的紊流场中列车的升力系数基本相同,随着紊流度增加到 23.26% ,各截面的升力系数也随之增加。车身倾覆力矩系数均为负值,其随紊流度增大呈现先减小后增大的趋势。

均匀流场下桥梁阻力系数在 $x = 0.43L$ 截面为 0.84,在 $x = 0.57L$ 截面为 0.67,在 $x = 0.87L$ 截面为 1.2。紊流场改变了桥梁各截面的阻力系数,例如,在紊流度为 16.25% 的紊流场下,桥梁在这三个截面的阻力系数分别为 0.96、0.85、0.88,前两个截面阻力系数超过了均匀流场,后一个截面阻力系数小于均匀流

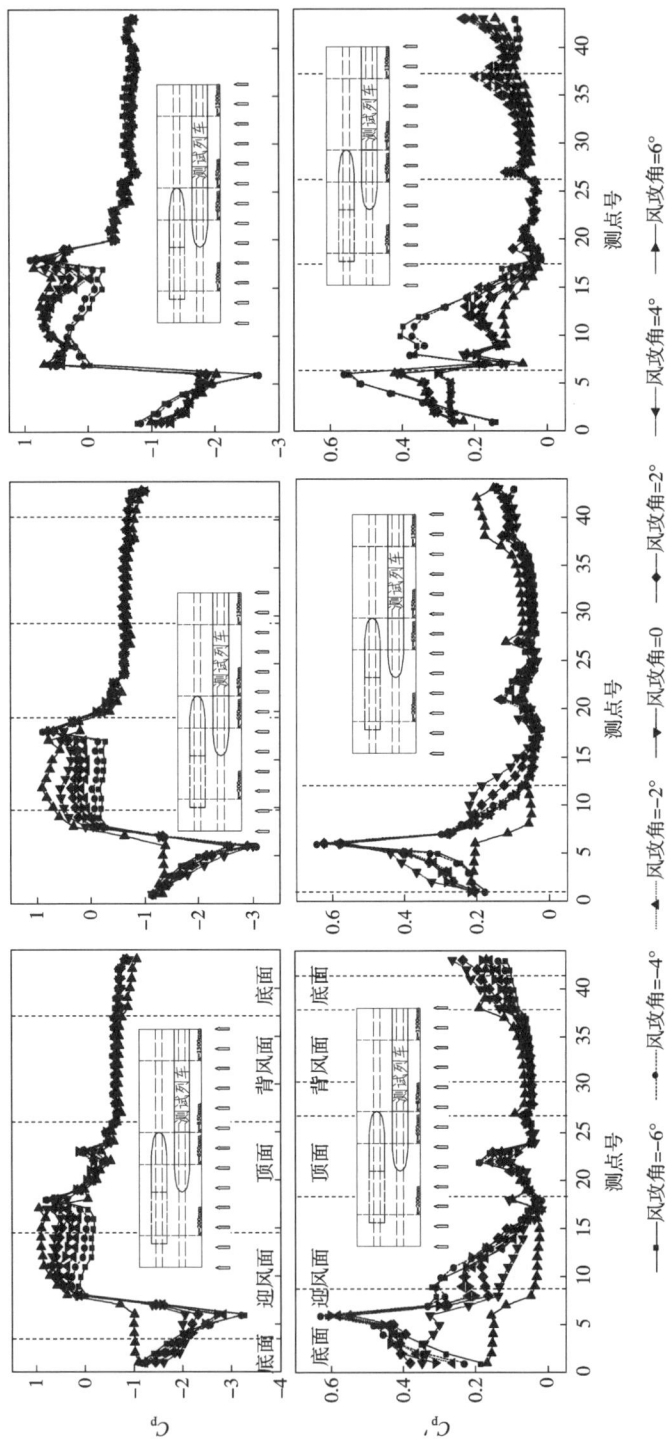

图 3 - 37　各风攻角下桥梁各截面平均风压系数与脉动风压系数

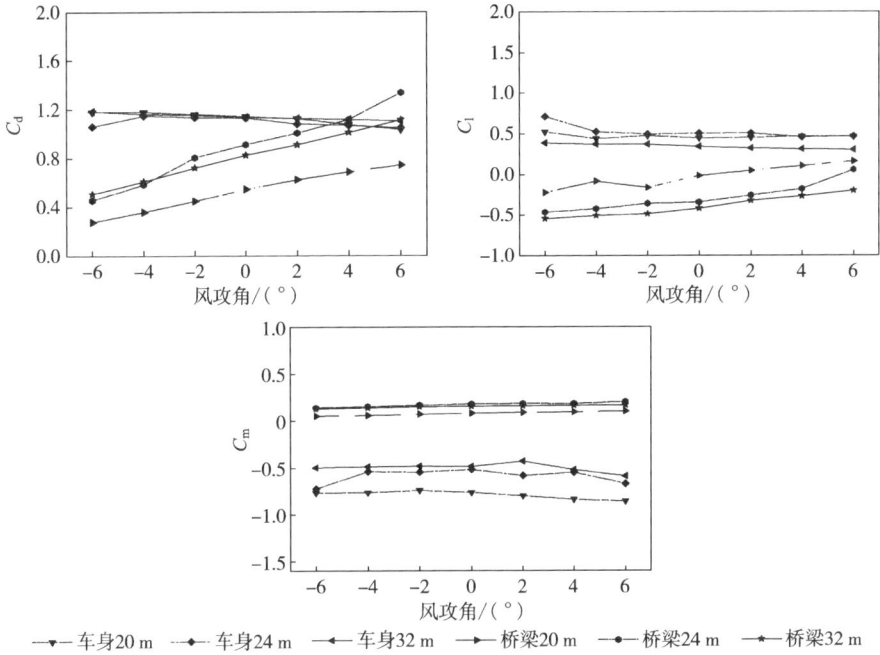

—▼— 车身20 m　—◆— 车身24 m　—◀— 车身32 m　—▶— 桥梁20 m　—●— 桥梁24 m　—★— 桥梁32 m

图 3－38　各风攻角下桥梁和车身气动力系数

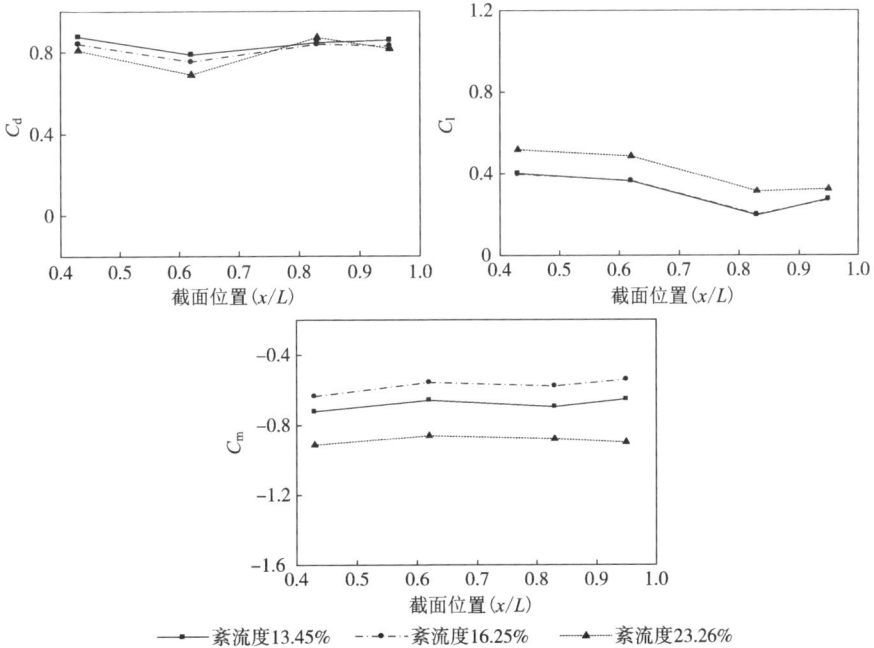

—■— 紊流度13.45%　—·■·— 紊流度16.25%　······▲······ 紊流度23.26%

图 3－39　紊流度对列车各截面气动特性的影响

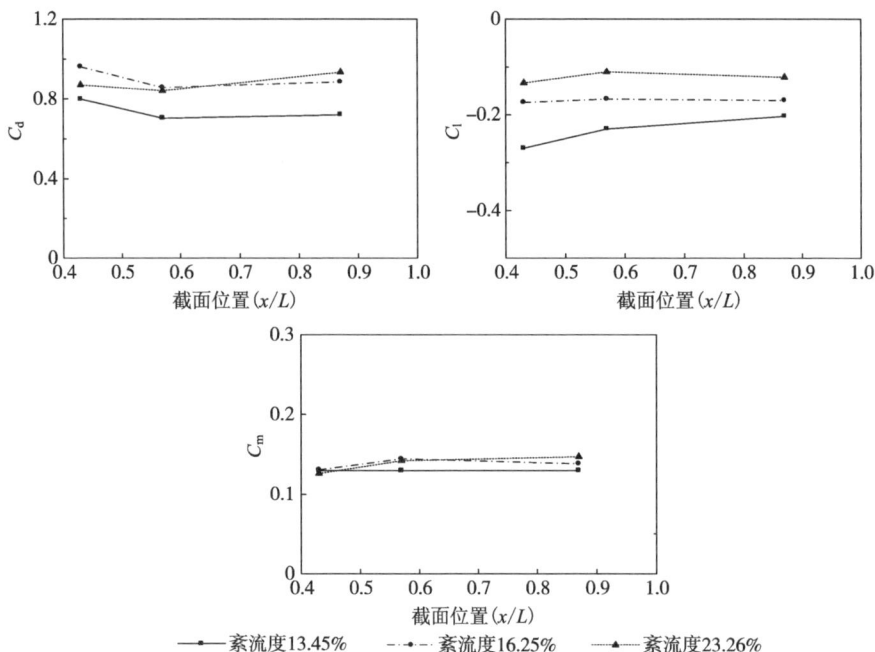

图 3 - 40   紊流度对桥梁各截面气动特性的影响

场。随着紊流度的增加，桥梁前两个截面阻力系数先增大后减小，后一个截面阻力系数一直减小。桥梁各截面升力系数均为负值，且随着紊流度增大而降低。桥梁各截面力矩系数在 0.13 左右，随着紊流度的增加，力矩系数的变化很小。

2. 箱梁 - 车身系统平均风压系数与脉动风压系数

图 3 - 41 给出了不同紊流强度下列车车身的平均风压系数与脉动风压系数。与车头不同，车身各截面随紊流度的变化波动较大，而且车身各截面受紊流度的影响区域基本相同。

随着紊流度由 13.45% 增至 16.25% 再增至 23.26%，各截面各区域正压均先增大后减小，负压均先减小后增大。如在 $x = 0.62L$ 时截面迎风面正压区测点 1 正压先增大 7.3% 再减小 31.0%，在 $x = 0.83L$ 时截面顶面分离负压区测点 5 负压先减小 11.2% 再增大 56.7%。

紊流度由 13.45% 增至 16.25%，车身迎风区的脉动风压随紊流度增大而增大，在分离点处的脉动风压十分接近。随着紊流度增加到 23.26%，脉动风压系数远大于其他两个紊流度下的数值，尤其是迎风面与顶面的分离点位置，脉动风压最大增幅达到 148.9%。

图 3 - 42 给出了不同紊流度下桥梁的平均风压系数与脉动风压系数。与列车平均风压变化规律类似，桥梁截面各区域测点正压均先增大后减小，负压均先减

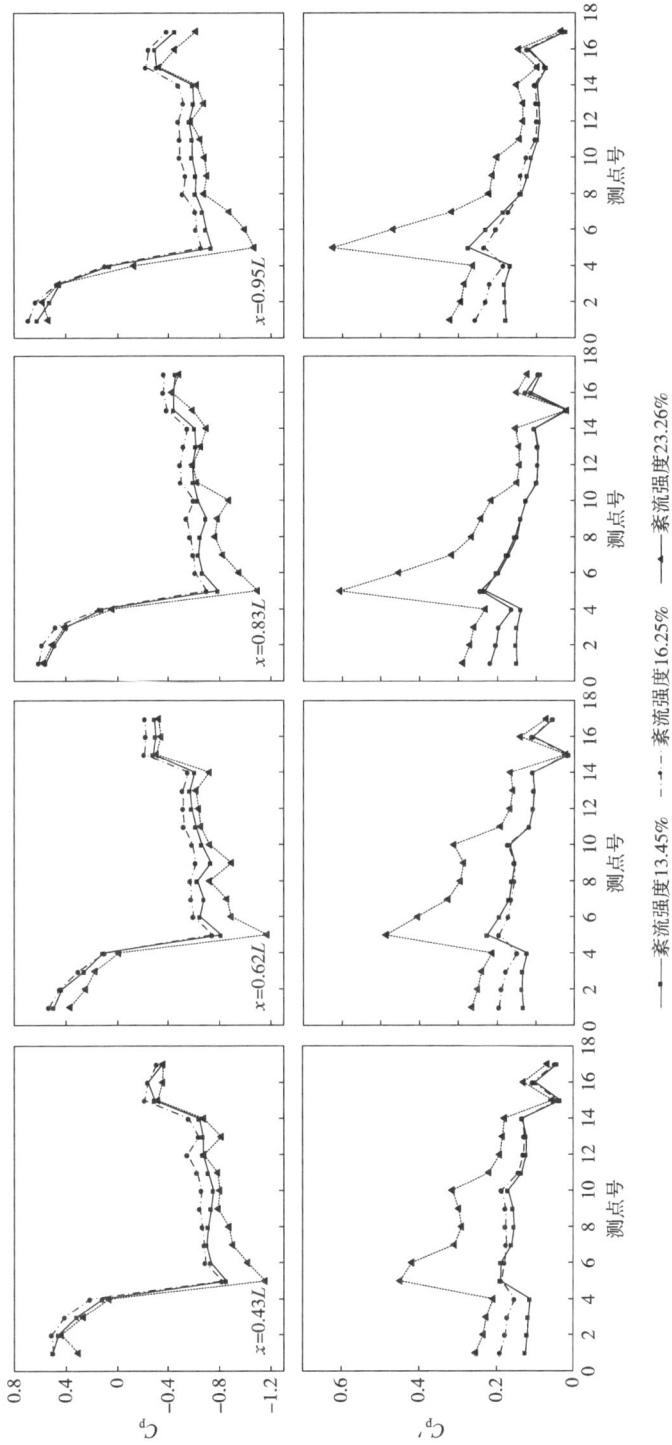

图 3 – 41　列车车身平均风压系数与脉动风压系数

素流强度13.45%　- - - 素流强度16.25%　⋯⋯ 素流强度23.26%

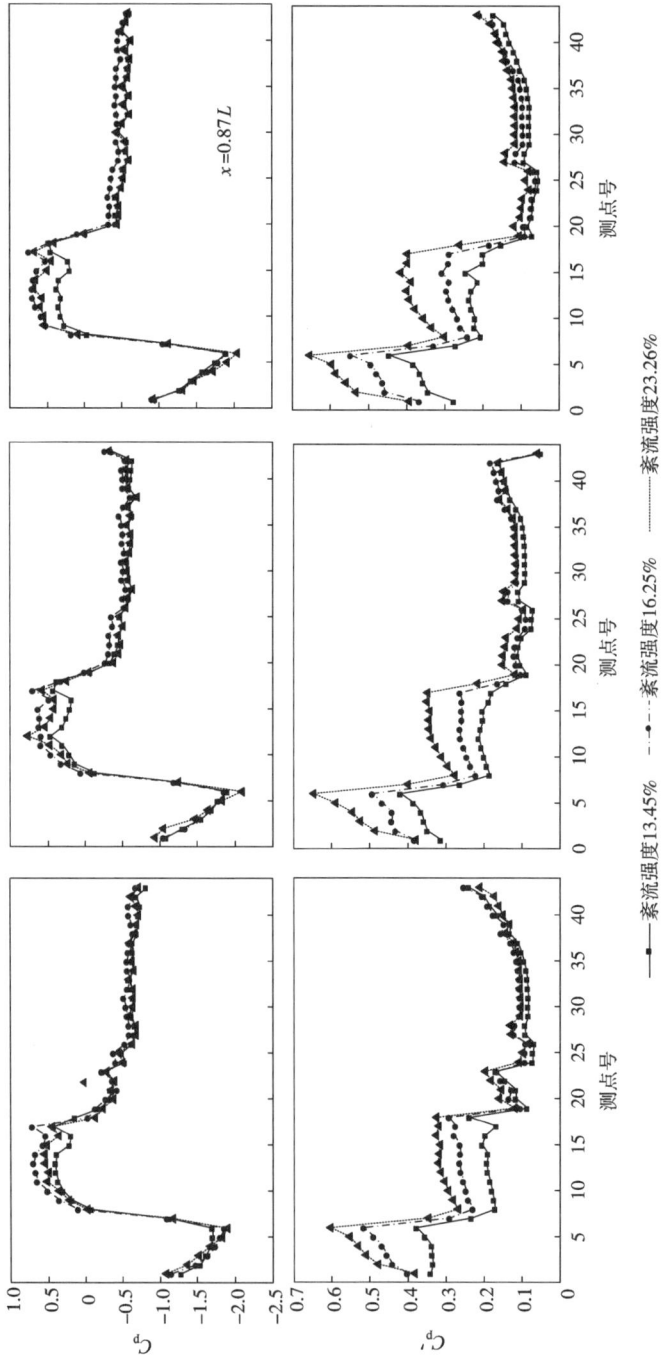

图 3 - 42 桥梁平均风压系数与脉动风压系数

小后增大。与列车脉动风压规律不同,桥梁各截面脉动风压随紊流度增大而增大。与平均风压相比,脉动风压受紊流度的影响更大。

3.4.3　雷诺数对箱梁 – 车身系统气动特性的影响

采用车 – 桥组合工况 1 开展风洞试验,研究雷诺数对箱梁 – 车身系统气动特性的影响,风速范围为 5 ~ 30 m/s,车 – 桥系统雷诺数工况见表 3 – 3。

1. 箱梁 – 车身系统气动力系数

图 3 – 43 给出了不同风攻角下列车车身、桥梁气动力系数随雷诺数的变化规律。车身阻力系数随雷诺数增加而减低,升力系数随雷诺数增加而升高;阻力系数与升力系数均在风攻角由负变正的过程中降低。倾覆力矩为阻力与升力共同作用的结果,随雷诺数增加而降低。

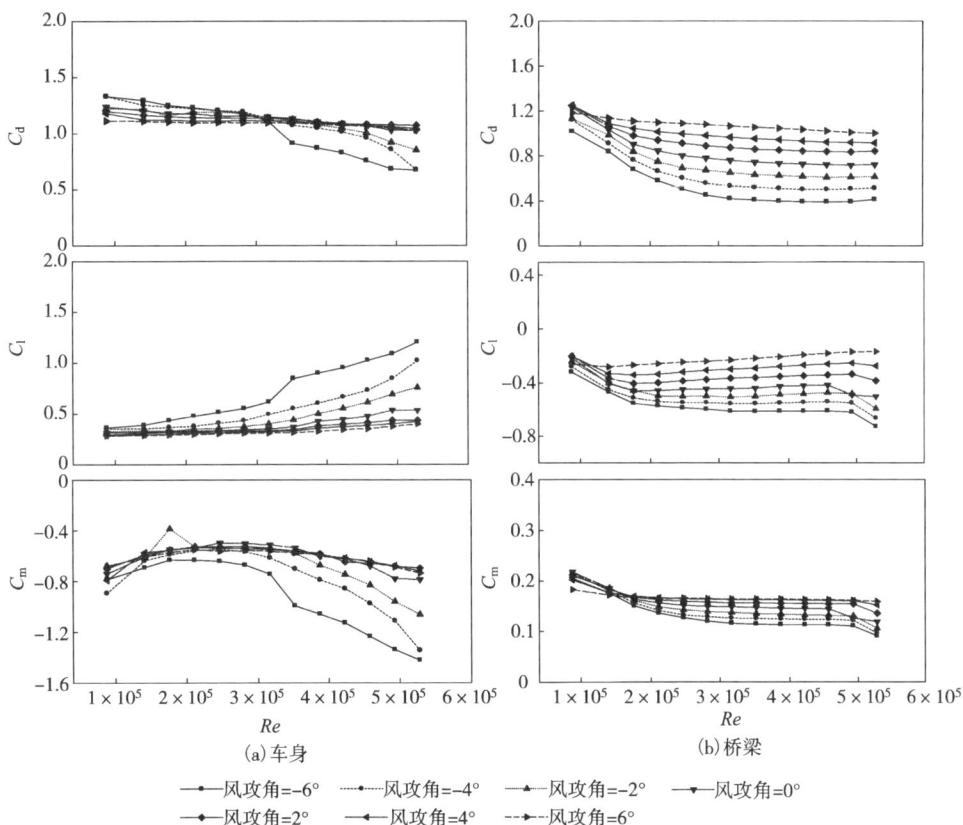

(a) 车身　　　　　　　　　　(b) 桥梁

——风攻角=-6°　·····风攻角=-4°　—▲—风攻角=-2°　—▼—风攻角=0°
—◆—风攻角=2°　—◀—风攻角=4°　--▶--风攻角=6°

图 3 – 43　不同风攻角下雷诺数对列车车身和桥梁气动力系数的影响

桥梁由于车身的干扰对雷诺数变得非常敏感,阻力系数与升力系数在雷诺数

$Re < 3 \times 10^5$ 的范围内，随雷诺数增加而显著降低，最大降幅达 45% ，当 $Re > 3 \times 10^5$ 后基本稳定。倾覆力矩系数与阻力系数和升力系数的变化规律相同。

2. 箱梁-车身系统平均风压系数与脉动风压系数

图 3-44 和图 3-45 为迎风侧车身与车头交会的情况下，桥梁截面在典型雷诺数工况中的平均风压系数和脉动风压系数。雷诺数对桥梁截面风压的影响主要集中于桥梁的底面，负压极值随雷诺数的增大而增大；雷诺数对桥梁其他位置的风压影响很小。

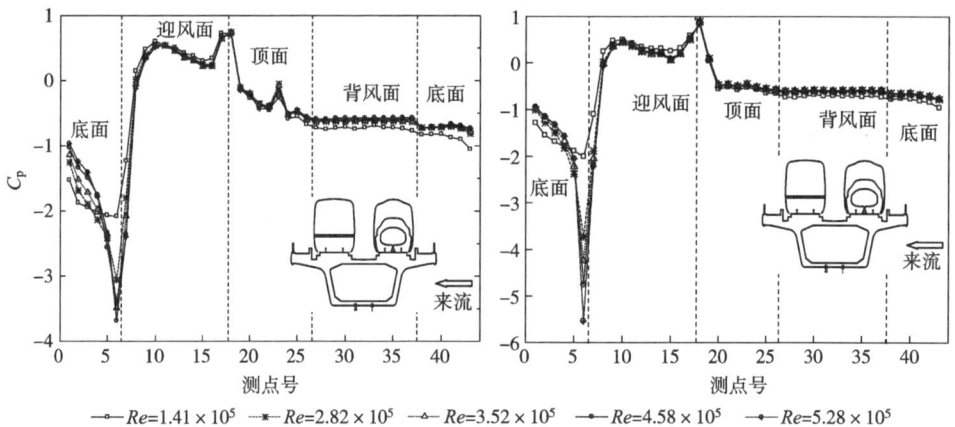

$\quad\quad\quad$ —○— $Re=1.41 \times 10^5$ $\quad$ —✳— $Re=2.82 \times 10^5$ $\quad$ —△— $Re=3.52 \times 10^5$ $\quad$ —●— $Re=4.58 \times 10^5$ $\quad$ —◆— $Re=5.28 \times 10^5$

图 3-44 车-桥组合桥梁截面在典型雷诺数下的平均风压系数

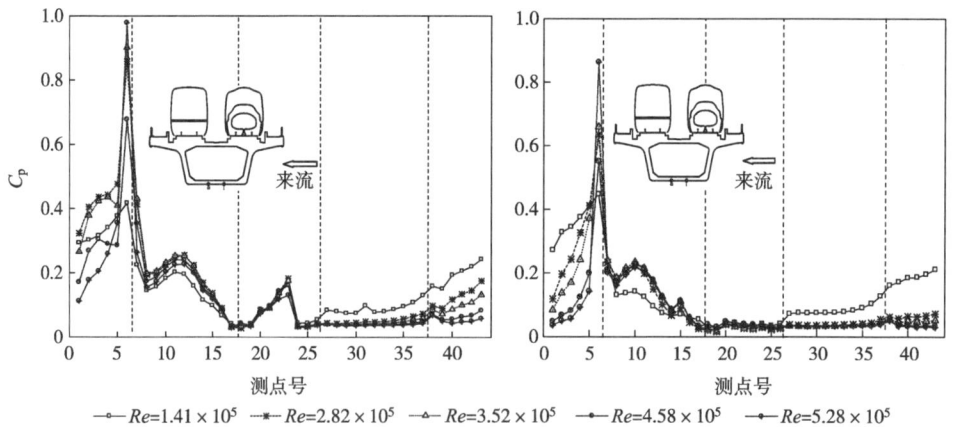

$\quad\quad\quad$ —○— $Re=1.41 \times 10^5$ $\quad$ —✳— $Re=2.82 \times 10^5$ $\quad$ —△— $Re=3.52 \times 10^5$ $\quad$ —●— $Re=4.58 \times 10^5$ $\quad$ —◆— $Re=5.28 \times 10^5$

图 3-45 车-桥组合桥梁截面在典型雷诺数下的脉动风压系数

图 3-46 为典型雷诺数工况下车身的脉动风压系数。分离点负压区的脉动风压对雷诺数十分敏感，随雷诺数增大而增大，例如在截面 12，分离区内测点 5 的

脉动风压由雷诺数 $Re = 1.41 \times 10^5$ 的 0.05 增长到 $Re = 5.28 \times 10^5$ 的 0.67。

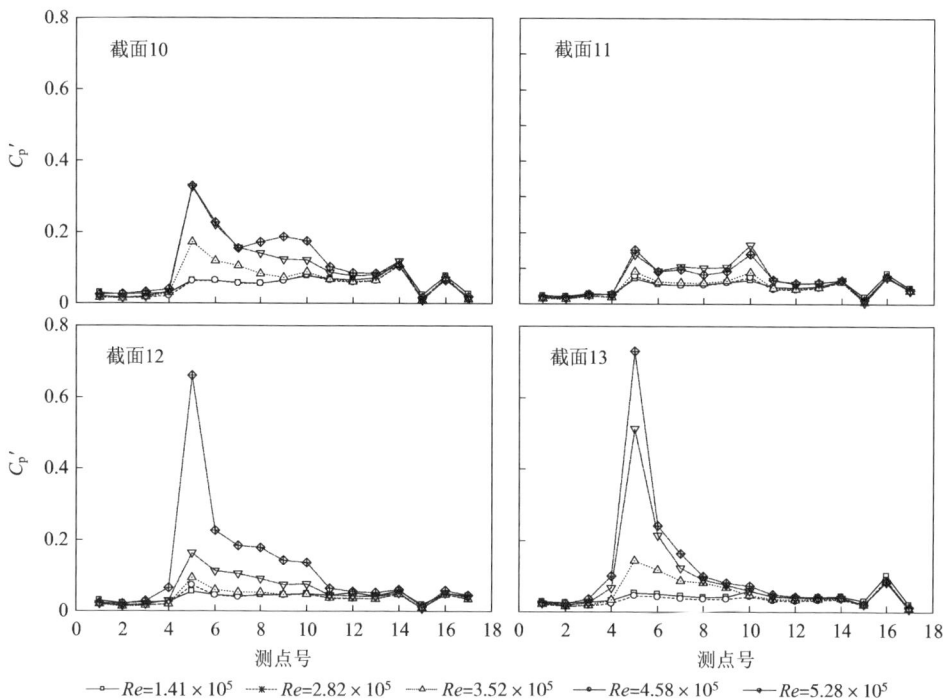

图 3 – 46　车 – 桥组合列车车身各截面在典型雷诺数下的脉动风压系数

参考文献

［1］　何旭辉，邹云峰，周佳，等. 运行车辆风环境参数对其气动特性与临界风速的影响［J］.
铁道学报，2015，37(5)：15 – 20.

［2］　李永乐，廖海黎，强士中. 车桥系统气动特性的节段模型风洞试验研究［J］. 铁道学报，
2004，26(3)：71 – 75.

［3］　韩艳，蔡春声. 风 – 车 – 桥耦合系统的车桥气动特性［J］. 长沙理工大学学报(自然科学
版)，2009，6(4)：21 – 26.

［4］　周佳. 非定常因素对高速铁路车 – 桥系统气动性能影响的风洞试验研究［D］. 长沙：中
南大学，2016.

［5］　杜风宇. 强风下车 – 桥系统气动特性及挡风墙的影响风洞试验研究［D］. 长沙：中南大
学，2014.

［6］　周立，葛耀君. 上海长江大桥节段模型气动三分力试验［J］. 中国公路学报，2007，
20(5)：48 – 53.

［7］ 李加武. 桥梁截面雷诺数效应及其研究控制［D］. 上海：同济大学，2003.

［8］ Cheli F，Corradi R，Rocchi D，et al. Wind tunnel tests on train scale models to investigate the effect of infrastructure scenario［J］. Journal of Wind Engineering and Industrial Aerodynamics，2010，98（6 － 7）：353 － 362.

［9］ Cheli F，Corradi R，Rocchi D，et al. Safety investigation on rail and road vehicles exposed to cross-wind：Wind tunnel tests and multi-body simulations［J］. WIT Transactions on Engineering Sciences，2007，58：59 － 70.

［10］ 何旭辉，邹云峰，杜风宇，等. 车桥组合状态下 CRH2 列车气动特性试验研究［C］//第十六届全国结构风工程会议，成都，2013.

［11］ He X H，ZouY F，Wang H F，et al. Aerodynamic characteristics of a trailing rail vehicles on viaduct based on still wind tunnel experiments［J］. Journal of Wind Engineering & Industrial Aerodynamics，2014（135）：22 － 33.

［12］ 韩艳，胡揭玄，蔡春声，等. 横风下车桥系统气动特性的风洞试验研究［J］. 振动工程学报，2014，27（1）：67 － 74.

［13］ Schewe G. Reynolds number effects in flow around more － or － less bluff bodies［J］. Journal of Wind Engineering and Industrial Aerdynamic，2001（89）.

［14］ Larsen A，Schewe G. Reynolds number effects in the flow around a bluff bridge cross section ［J］. Journal of Wind Engineering and Industrial Aerodynamic，1998（74 － 76）.

［15］ 陈政清. 桥梁风工程［M］. 北京：人民交通出版社，2005.

［16］ 项海帆. 现代桥梁抗风理论与实践［M］. 北京：人民交通出版社，2005.

［17］ 中华人民共和国交通部. 公路桥梁抗风设计规范［S］. 北京：人民交通出版社，2004.

第 4 章

高速铁路典型大跨桥梁 – 列车系统气动特性

强风作用下高速列车和桥梁之间存在明显的气动干扰效应，大跨度桥梁更为显著。桁架和扁平箱梁是目前我国大跨度高速铁路桥梁广泛采用的主梁形式。桥梁和列车之间的气动干扰主要表现为桥面板对列车底部流动分离的抑制作用。除此之外，桁架对运行在其内部的列车有明显的遮挡效应，同时会增大列车运行区域气流的湍流度。因此，本章以这两种主梁形式为例，系统开展了高速铁路典型大跨桥梁 – 列车系统气动特性的试验研究。

4.1　桁架桥梁气动特性

为满足高速列车对轨道平顺性的要求，刚度较大的桁架桥梁在我国高速铁路的建设中得到了广泛的应用，尤其是大跨度桥梁，例如武汉天兴洲长江大桥，芜湖长江二桥、沪通长江大桥等。桁架桥梁气动外形复杂，各构件的几何参数较多，相互之间往往存在耦合作用。精确预测主梁气动特性十分困难。近年来各国规范仅给出了桁架主梁平均阻力系数的估算方法。很多学者对桁架桥梁抗风性能也进行了详细的研究，但研究结果的通用性较差。笔者对国内既有和在建大跨度高速铁路桁架桥梁的几何参数进行了详细的统计，在此基础上通过参数化的风洞试验研究，获得适应我国工程实际的桁架桥梁气动特性。

4.1.1　典型钢桁架桥梁几何参数统计

目前我国高速铁路中使用的桁架桥梁按照桁架截面形式可以分为三类：两榀桁架、三榀桁架和倒梯形桁架。依据上述分类形式，对国内既有和在建大跨度高速铁路桁架桥梁的几何参数进行了详细的统计，统计结果见表 4 – 1 ~ 表 4 – 3。由统计结果可知：桁架实面积比的变化范围为 20% ~ 40%，主梁宽高比的变化范围为 1.0

~2.3，且主要采用三角形桁架(warren truss)和 N 形桁架(pratt truss)两种形式。

表 4-1　两榀桁架主梁几何参数统计结果

桥名	桥型	类别	跨度/m	主梁宽高比	腹杆实面积比/%	桁架形式
郁江特大桥	斜拉桥	单层铁路	228	1.07	32.4	三角形桁架
裕溪河特大桥	斜拉桥	单层铁路	324	1.17	—	N 形桁架
明月峡长江大桥	斜拉桥	双层铁路	425	1.21	35.7	N 形桁架
新白沙沱长江大桥	斜拉桥	双层铁路	432	1.61	—	N 形桁架
韩家沱长江大桥	斜拉桥	单层铁路	432	1.29	30.4	N 形桁架

表 4-2　三榀桁架主梁几何参数统计结果

桥名	桥型	类别	跨度/m	主梁宽高比	腹杆实面积比/%	桁架形式
三门峡黄河公铁两用大桥	连续梁	公铁两用	108	1.73	29.7	三角形桁架
南京大胜关长江大桥	连续桁架拱桥	公铁两用	336	1.88	—	N 形桁架
武汉天兴洲长江大桥	斜拉桥	公铁两用	504	1.97	32.8	N 形桁架
安庆铁路长江大桥	斜拉桥	铁路	580	1.87	34.2	N 形桁架
芜湖长江二桥	斜拉桥	公铁两用	588	2.11	—	三角形桁架
铜陵公铁两用长江大桥	斜拉桥	公铁两用	630	2.26	28/34.5	N 形桁架
沪通长江大桥	斜拉桥	公铁两用	1092	2.19	35.5	N 形桁架

表 4-3　倒梯形桁架主梁几何参数统计结果

桥名	桥型	类别	跨度/m	主梁宽高比	腹杆实面积比/%	桁架形式
郑州黄河公铁两用大桥	斜拉桥	公铁两用	168	1.21/1.71	—	N 形桁架
芜湖长江大桥	斜拉桥	公铁两用	312	0.93/1.73	—	三角形桁架
平潭海峡公铁两用大桥	斜拉桥	公铁两用	364	1.11/2.64	36.1	N 形桁架
公安公铁两用长江大桥	斜拉桥	公铁两用	518	1.08/2	33.6	三角形桁架
黄冈公铁两用长江大桥	斜拉桥	公铁两用	567	1.03/1.77	—	N 形桁架
郭家沱长江大桥	悬索桥	公铁两用	720	1.48/3.41	36.4	三角形桁架

4.1.2　桁架形式对桥梁气动特性的影响

在桥梁风工程领域所关注的风攻角(– 12° ~ 12°)范围内，依据以上统计资料，采用控制变量的方法研究了三角形和 N 形两种桁架形式对桁架桥梁气动特性的影响。试验模型如图 4 – 1 所示。

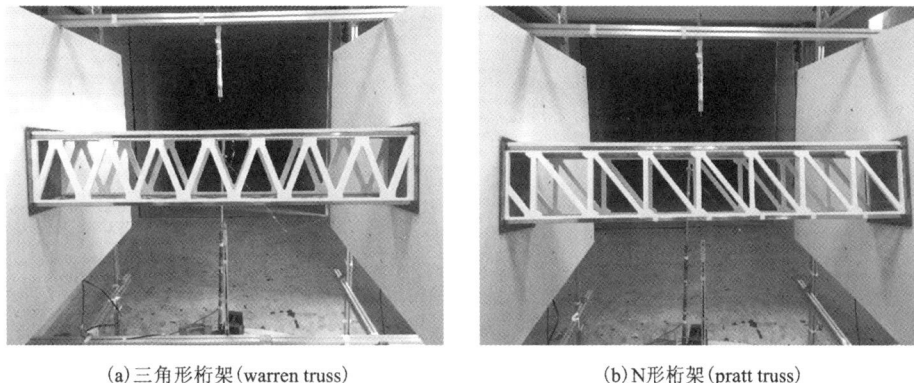

　　(a)三角形桁架(warren truss)　　　　　　　　(b)N形桁架(pratt truss)

图 4 – 1　典型桁架形式

桁架形式对桥梁气动特性影响的试验工况见表 4 – 4。试验风攻角的变化范围为 – 12° ~ 12°、梯度 Δ 为 2°。共计加工了 6 组桁架主梁节段模型，桁架实面积比分别为 28%、34% 和 40%，涵盖了目前我国高速铁路大跨度桁架桥梁常用的实面积比变化范围。

表 4 – 4　桁架形式对桥梁气动特性影响试验工况

模型	风攻角/(°)	实面积比	来流风速/(m·s⁻¹)
三角形桁架	– 12 ~ 12, Δ = 2	28%、34%、40%	10
N 形桁架			

三角形和 N 形两种桁架形式对桥梁气动特性的影响结果如图 4 – 2 所示。在目前我国高速铁路常用的实面积比范围内(20% ~ 40%)，两种桁架形式对主梁的平均阻力系数 C_d^b、平均升力系数 C_l^b 和平均力矩系数 C_m^b 的影响较小。因此，在开展两榀桁架桥梁平均气动特性参数化研究时，可以不作为关键几何参数。

4.1.3　关键参数对桁架桥梁气动特性的影响

我国高速铁路桁架主梁可以简化为上下桥面系和桁架，如图 4 – 3 所示，其主要几何参数分别为实面积比、宽高比和腹杆截面形状等。然而 Nakayama 等人统

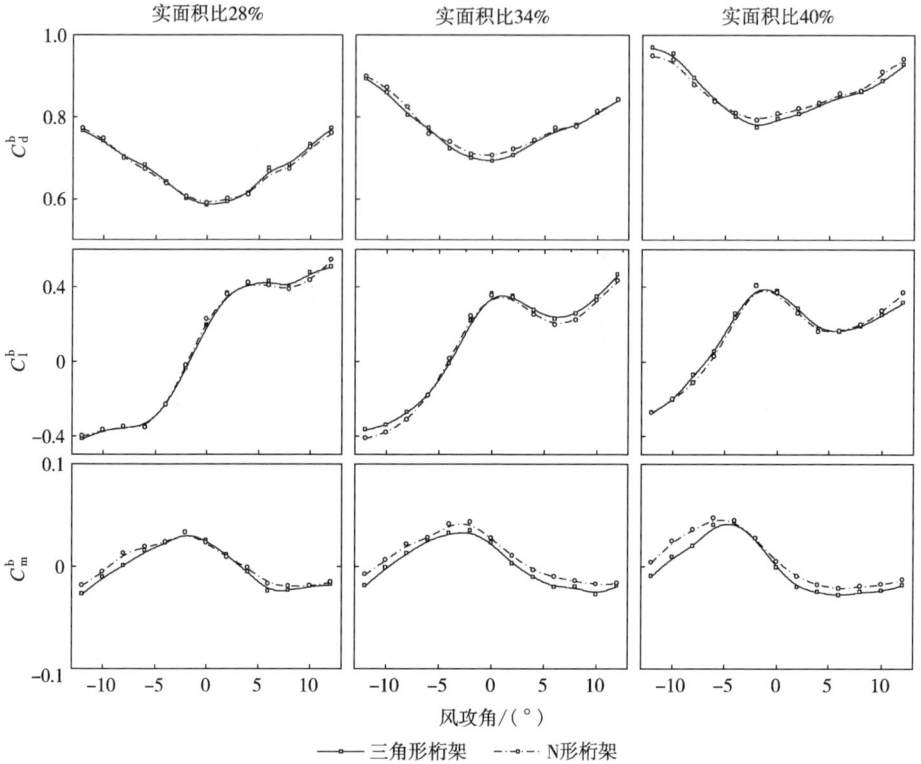

图 4 - 2　桁架形式对桁架气动力系数的影响

计结果表明桁架腹杆截面形状(常用的有矩形截面和 H 形截面)对腹杆本身气动力系数的影响较小,但宽高比的影响十分显著。因此,采用与 Nakayama 等人所做试验相同宽高比为 1 的矩形腹杆,通过调整腹杆截面的宽度获得实面积比为 20%、25%、30%、35%、40% 的 1 ~ 5 号桁架模型。在此基础上,通过调整上下桥面系的间距获得实面积比为 30%,宽高比为 1.0、1.3、1.6、1.9、2.2 的 6 ~10 号桁架模型。值得注意的是,试验模型的节间长度保持不变为 220 mm,且模型长为 1540 mm。试验风攻角范围为 -6°~6°、梯度为 3°。由于桁架截面对雷诺数不敏感,试验为均匀来流,风速为 10 m/s。详细试验工况见表 4 -5。

　　风攻角、实面积比和宽高比三个关键参数对桁架梁气动力系数的影响结果如图 4 -4 所示。由图 4 -4(a)可知,阻力系数 C_d^b 的最小值出现在风攻角为 0°的位置;当风攻角偏离 0°时,C_d^b 随风攻角的增大而增大。在测试风攻角范围内 (-6°~6°),升力系数 C_l^b 随风攻角的增大从 -0.5 增加到 0.5。力矩系数 C_m^b 受风攻角的影响较小。图 4 -4(b)表明随桁架实面积比的增大,C_d^b 从 0.55 平稳增大到 0.86,而 C_l^b 和 C_m^b 对实面积比的变化不敏感。采用英国 BS 5400 规范和我国

《公路桥梁抗风设计规范》JTG/T D60－1—2014 对桁架主梁阻力系数的估算结果如图 4－4(b)中的。和。所示。随着实面积比的增大，规范估算结果与试验结果的总体变化规律基本一致，但估算结果在数值上较试验结果大 34% ~40%。宽高比对桁架主梁的气动特性的影响如图 4－4(c)所示，随宽高比的增大，主梁 C_d^b 小幅度增大，在宽高比为 1.9 时达到极值 0.83；当宽高比进一步增大时，C_d^b 逐渐减小。而 C_l^b 和 C_m^b 对宽高比的变化同样不太敏感，仅 C_l^b 在宽高比大于 1.9 时有减小的趋势。

表 4－5　关键参数对桁架桥梁气动特性影响试验工况

模型	风攻角/(°)	模型编号	实面积比	宽高比	主梁高度/mm	腹杆宽度/mm
		1	0.20	1.0	400	10
		2	0.25	1.0	400	16
		3	0.30	1.0	400	22
		4	0.35	1.0	400	28
	$-6 \sim 6$, $\Delta = 3$	5	0.40	1.0	400	34
		6	0.30	1.0	400	22
		7	0.30	1.3	308	19
		8	0.30	1.6	250	15
		9	0.30	1.9	211	12
		10	0.30	2.2	182	8

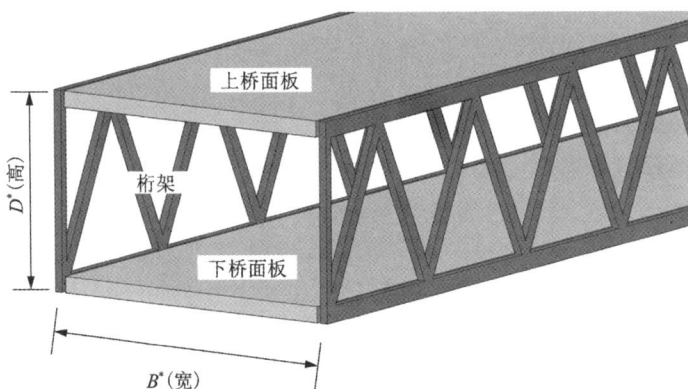

图 4－3　铁路桁架主梁简化模型

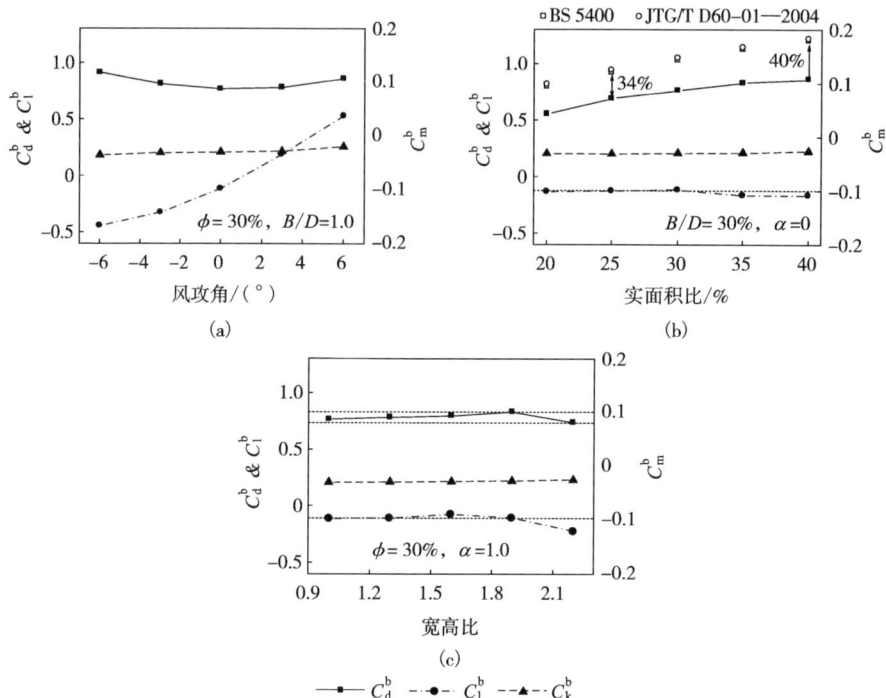

图 4 - 4　关键参数对桥梁气动力系数影响

4.2　桁架桥梁－列车系统气动干扰特性

CRH380BL 列车是由我国长春轨道客车有限责任公司和唐山轨道客车有限责任公司共同在德国西门子 CRH3C 型电力动车组基础上改进的高速电力长编动车组，设计时速为 380 km/h，采用了 8 动 8 拖的编组方式。列车总长为 399. 27 m，车体高 3. 69 m（不含车轮）。该型列车长细比为 108. 20，远超目前我国最长高速铁路桥梁沪通长江大桥（其长细比为 1096/16 = 68. 5）。根据 T. W. Chiu 等人的研究结果可知，横风下列车车头和车尾对列车的总体气动特性影响较小。在探明了风攻角、实面积比和宽高比三个关键参数对桁架梁气动特性的影响后，本书采用 CRH380BL 标准截面开展了桁架桥梁－列车系统气动干扰特性的研究。

试验工况见表 4 - 6。首先开展了 CRH380BL 标准截面的气动特性随风攻角在 - 12°~ 12°范围内的变化规律；然后采用 4.1.3 节中的桁架桥梁模型，研究了风攻角、实面积比、宽高比以及桥梁列车相对位置对桥梁－列车系统各自气动特性的影响，并与单独列车、单独桥梁进行了对比分析，从而揭示桁架桥梁列车之间的气动干扰规律。值得注意的是，试验来流与 4.1.3 节相同，即 10 m/s 均匀来流，相应的基于列车高度的雷诺数为 5.85×10^4。

表 4 - 6　桁架桥梁 - 列车系统气动干扰试验工况

工况	模型	风攻角/(°)	模型编号	实面积比	高宽比	主梁高度/mm	腹杆宽度/mm
单独列车	列车	$-12 \sim 12$, $\Delta = 2$	—	—	—	—	—
列车迎风	列车　主梁	$-6 \sim 6$, $\Delta = 3$	1	0.20	1.0	400	10
			2	0.25	1.0	400	16
			3	0.30	1.0	400	22
			4	0.35	1.0	400	28
			5	0.40	1.0	400	34
列车背风	主梁　列车		6	0.30	1.0	400	22
			7	0.30	1.3	308	19
			8	0.30	1.6	250	15
			9	0.30	1.9	211	12
			10	0.30	2.2	182	8

4.2.1　相对位置对桁架桥梁 - 列车系统气动特性的影响

　　列车与桥梁的相对位置（列车运行在迎风侧轨道或背风侧轨道）对桥梁 - 列车系统气动特性的影响受到了诸多研究者的关注。本书采用 CRH380BL 列车和我国高速铁路桁架主梁简化模型，如图 4 - 5 所示，研究了列车运行在双线桁架桥梁内部不同轨道对车 - 桥系统气动特性的影响，并与 CRH380BL 标准截面（单独列车）的气动特性进行了对比。

　　车 - 桥气动干扰下，列车与桥梁相对位置对列车气动力系数的影响如图 4 - 6 所示。由图 4 - 6 可知，列车与桥梁相对位置的变化对列车的 C_d^l 和 C_m^l 的影响随风攻角的增大而增大，但其影响较小（小于 8%）；然而列车升力系数 C_l^l 受列车与桥梁相对位置的影响较大（大于 28%），且该影响基本不随风攻角的改变而改变。与单独列车气动特性对比分析表明：桁架桥梁对列车具有明显的遮挡效应，尤其是列车的阻力系数 C_d^l，相同风攻角下，C_d^l 减小了 50% 以上。值得注意的是，桁架

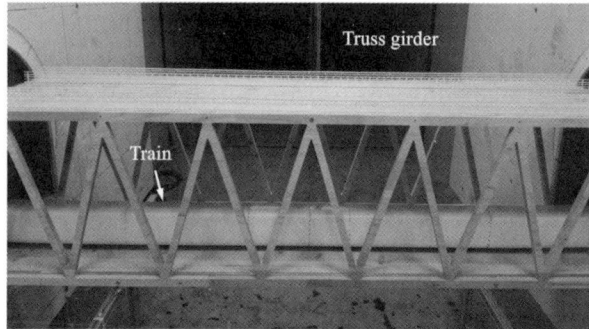

图 4 – 5 桁架桥梁 – 列车模型

桥梁的气动干扰作用使得列车的力矩系数 C_m^t 大幅度增大，特别是在负风攻角时：当风攻角为 $-6°$ 时，C_m^t 增大了约 42%，这对高速运行列车的横向稳定性是十分不利的。

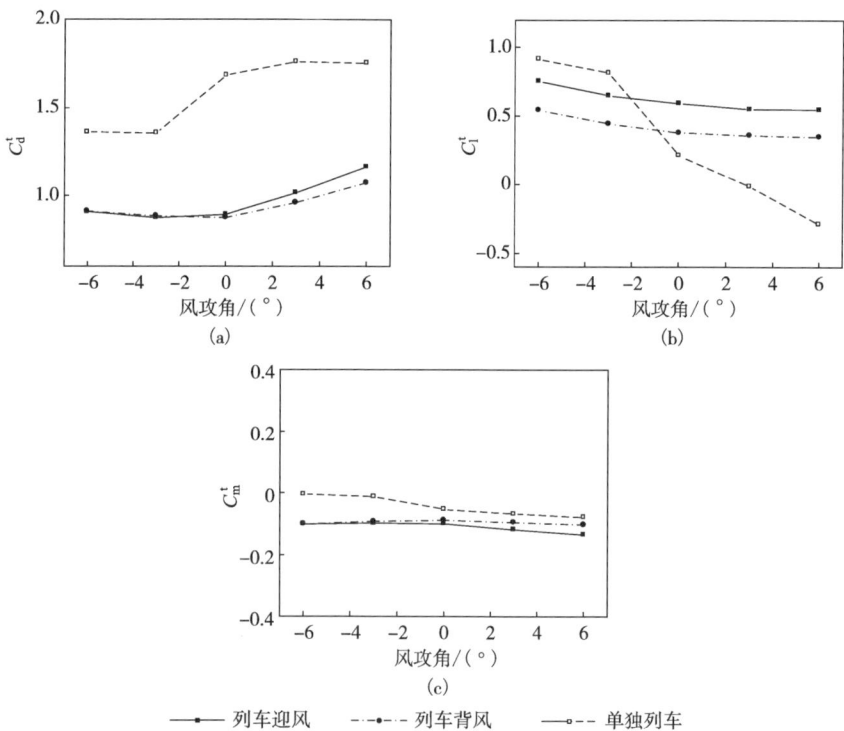

图 4 – 6 列车位置对列车气动力系数的影响

车 – 桥气动干扰下，列车与桥梁相对位置对桁架桥梁气动力系数的影响如图 4 – 7 所示。由图可知，在测试风攻角范围内（ – 6°~6°），列车与桥梁相对位置对桥梁气动特性的影响几乎可以忽略。由于列车的干扰效应，桁架桥梁的平均阻力系数 C_d^b 减小了 30% 以上；与列车不同的是，受扰后的桥梁 $|C_m^b|$ 在负风攻角区明显减小，正风攻角区基本保持不变。

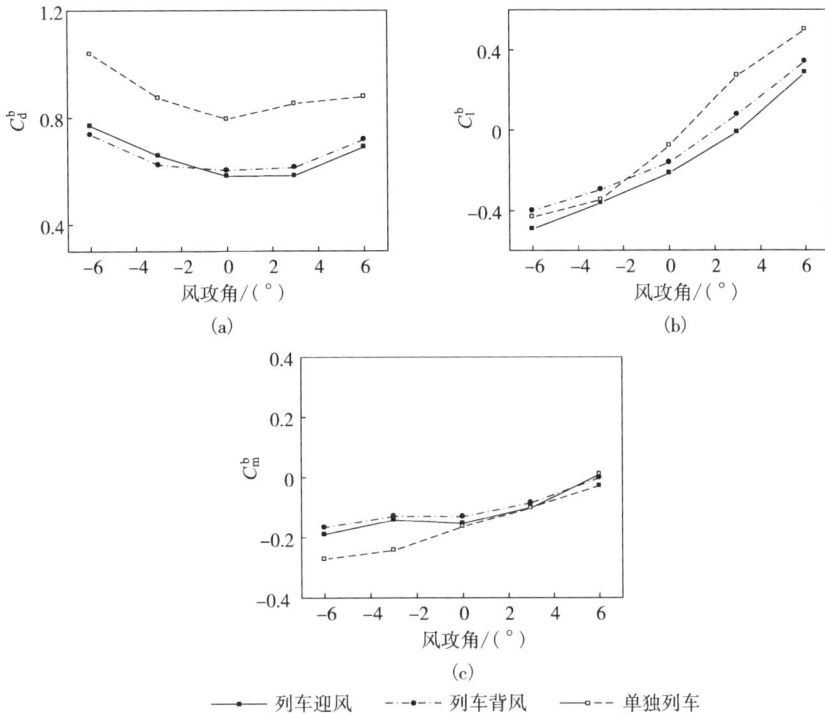

图 4 – 7 列车位置对桥梁气动力系数的影响

4.2.2　桁架桥梁 – 列车系统气动干扰特性

根据表 4 – 1 ~ 表 4 – 3 的统计结果，详细研究了风攻角（ – 6°~6°）、实面积比（20%~40%）和宽高比（1.0~2.2）等关键参数对桁架桥梁 – 列车系统气动干扰特性的影响。图 4 – 8 为在各关键参数影响下单独桥梁气动特性，车 – 桥系统的总体气动特性，以及桁架主梁和列车分别测试且结果相加之和的对比结果。图 4 – 8 的所有结果均采用桥梁的特征参数（与我国《公路桥梁抗风设计规范》一致）对桥梁 – 列车的总体气动特性进行无量纲处理，且归一化到桥梁截面几何形心。

由图 4 – 8(a)、图 4 – 8(b)、图 4 – 8(c) 可知，当风攻角为 0°时，桥梁 – 列车系统的阻力系数比桥梁本身增大约 14%，列车和桥梁分别测试的阻力系数之和比

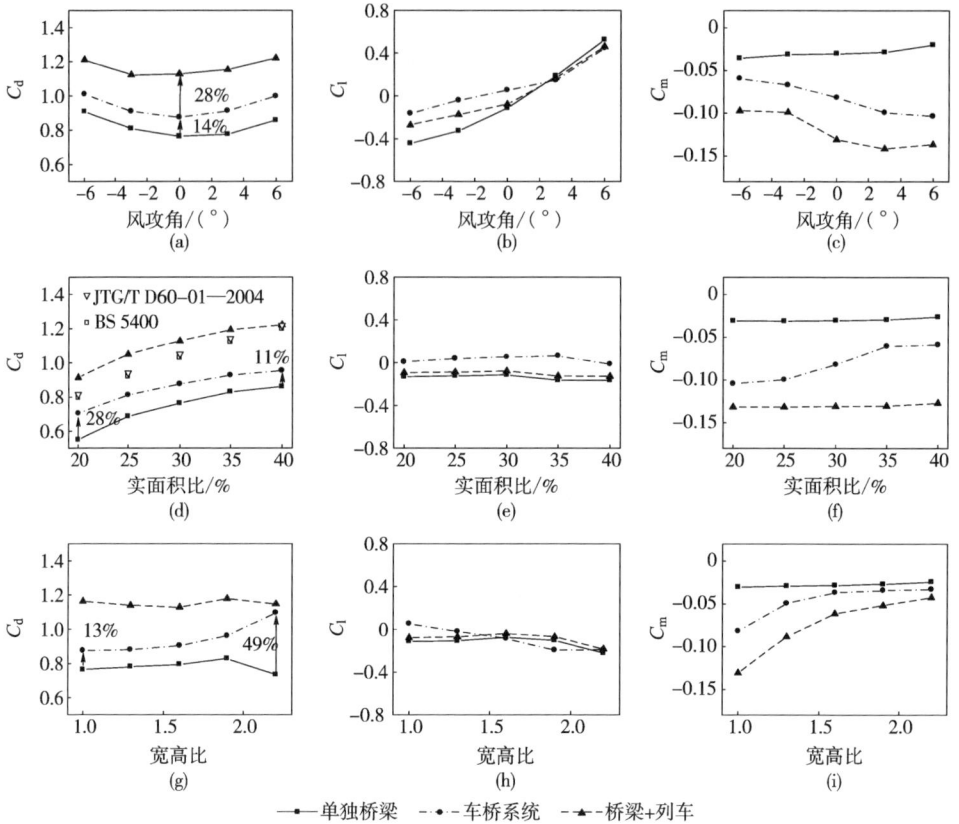

图 4-8 关键参数对桁架桥梁 – 列车系统气动干扰特性的影响

桥梁本身增大约 42%；且随风攻角的增大，上述两种差异逐渐增大。阻力系数差异表明：桥梁 – 列车系统中存在明显的遮挡效应，且该遮挡效应随风攻角的增大而减小。三种组合工况的升力系数差异随风攻角的增大而逐渐减小；在风攻角为 3°~6° 时，上述差异逐渐减小。力矩系数与升力系数呈现出相反的规律，三种组合工况力矩系数的差异随风攻角的增大而增大；且桥梁 – 列车系统的力矩系数比桥梁本身增大约 419%。因此，列车 – 桥梁系统之间复杂的气动干扰，使得列车和桥梁 – 列车系统的力矩系数的绝对值均明显增大，这与已有文献的研究结果是一致的，应引起高度重视。

桁架实面积比对桁架主梁的气动特性，车 – 桥系统的总体气动特性以及桁架主梁和列车分别测试结果相加之和等三种组合工况气动特性的影响如图 4-8(d)、图 4-8(e)、图 4-8(f) 所示。由于列车单独测试结果不受桁架实面积比的影响，因此桥梁本身与列车和桥梁分别测试的气动特性之和是两条完全平行的曲线，两者之间的差异不再做比较分析。规范 JTG/TD60 – 01—2014 与 BS 5400 对三种组合工况阻力系数的估算结果如图 4 – 8(d)所示。由图可知，随实面积比的增大，列车和桥梁分别测试的阻力系数之和与规范估算结果逐渐吻合，然而桥梁 – 列车系统的阻力系数与规范估算结果相差较大，但与桥梁本身阻力系数的差异从 28% 减小到 11%。上述结果表明：采用现有规范进行阻力系数估算时能够较好地满足大跨度桁架桥梁抗风设计要求，但随着桁架实面积比的增大，估算结果趋于保守；桁架实面积比增大时，桥梁的遮挡效应越来越明显，列车在气动干扰中的作用逐渐减弱。三种组合工况结构的升力系数对实面积比的变化不敏感。同理，车 – 桥系统的力矩系数较桥梁本身明显增大。然而，随着实面积比的增大，车 – 桥系统与桥梁本身力矩系数的差异大幅减小。

与桁架实面积比类似，宽高比对三种组合工况气动特性的影响主要表现在阻力系数和力矩系数上，升力系数对宽高比的变化不敏感。由图 4 – 8(g)可知，当宽高比较小时，车 – 桥系统阻力系数随宽高比的增大而缓慢增大；当宽高比增大到 1.9 后，车 – 桥系统阻力系数迅速增大，在数值上接近桁架主梁和列车分别测试阻力系数且结果相加之和；车 – 桥系统阻力系数较桥梁本身也大幅增长，最大涨幅为 49%。由图 4 – 8(i)可知，车 – 桥系统力矩系数随宽高比的增大而大幅减小。

综上所述，桁架主梁与列车之间存在明显的气动干扰效应，车 – 桥系统阻力系数和力矩系数位于桥梁本身与桁架主梁和列车分别测试且结果相加之和之间，且易受到风攻角、实面积比和宽高比的影响。

4.3　扁平箱梁气动特性

4.3.1　静力气动特性

流线型扁平箱梁因卓越的综合抗风性能在世界桥梁建设中广泛使用，然而随着跨度的增大，桥梁刚度和阻尼都大幅降低，抗风稳定性减弱。随着我国第一座设计时速为 350 km/h 的高速铁路扁平箱梁大跨度(主跨 300 m)斜拉桥的合龙(2018 年 8 月 31 日)，扁平箱梁在我国高速铁路建设中的应用正式拉开序幕。因此，详细开展几何参数对大跨度流线型扁平箱梁气动影响的研究具有重要的意义。

这里重点研究截面宽高比(B^*/D^*，B^* 为截面宽度，D^* 为截面高度)和风嘴形状对流线型扁平箱梁气动特性的影响。扁平箱梁截面几何参数如图 4 – 9 所示。在研究过程中采用控制变量的方法，即控制风嘴角度(θ)、风嘴顶点位置(H^*/h^*，其中 H^* 和 h^* 分别为风嘴顶点到箱梁上下表面的距离)或截面宽高比三者中某一因素按照一定的规律变化，而保证其他因素不变，仅仅研究这一因素变化所带来的影响，从而避免多几何参数耦合作用的影响。研究结果可为流线型扁平箱梁在高速铁路大跨度桥梁的推广应用以及截面气动特性优化提供科学依据。

如图 4－9 所示，扁平箱梁模型由三部分组成，即在矩形截面两端安装不同的风嘴。通过这种方式共组合出 21 组扁平箱梁模型。对每一个箱梁模型，测试风攻角范围为 －12°～12°，风攻角梯度为 2°。试验工况见表 4－7。均匀来流风速为 10 m/s。

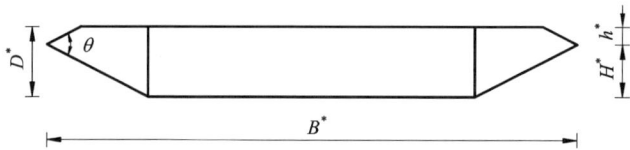

图 4－9 扁平箱梁截面几何参数

表 4－7 扁平箱梁气动特性试验工况

风攻角/(°)	B^*/D^*	H^*/h^*	$\theta/(°)$	来流风速/(m·s^{-1})
$-12 \sim 12, \Delta = 2$	6、9、12	1、2、3、4	45、55、65、75	10

扁平箱梁截面高宽比（B^*/D^*），风嘴顶点位置（H^*/h^*）和风嘴角度（θ）对扁平箱梁气动特性的影响如图 4－10 和图 4－11 所示。其他因素保持不变时，B^*/D^* 对箱梁平均阻力系数 C_d^b 的影响主要表现在风攻角 $|\alpha| > 4°$ 的区域。当 $|\alpha| > 4°$ 时，C_d^b 随 B/D 的增大而近似成比例增长。例如，在 $H/h = 1$ 和 $\theta = 65°$，风攻角为 －12° 时 C_d^b 分别是 2.03、2.52、3.20，对应三种箱梁截面的宽高比为 6、9、12；其中阻力系数同比增大约 25%。当 $|\alpha| < 4°$ 时，箱梁截面的平均阻力系数 $C_d^b \approx 0.5$，仅仅是同宽高比的矩形截面平均阻力系数的一半，这意味着安装风嘴能够显著减小箱梁截面的平均阻力系数。B^*/D^* 对箱梁平均升力系数和平均力矩系数的影响类似，主要表现在较大风攻角区（$|\alpha| > 4°$）。例如，$H^*/h^* = 4$ 和 $\theta = 65°$ 的扁平箱梁截面，宽高比为 6 的截面，其平均升力系数首先改变原有变化规律，经过 －2° 到 －6° 的过渡段后，升力系数随风攻角的变化规律转变成另外一种状态。当其他因素保持不变时，风嘴顶点位置 H^*/h^* 对箱梁平均阻力系数 C_d^b 的影响同样主要表现在风攻角 $|\alpha| > 4°$ 的区域。例如，$B^*/D^* = 12$ 和 $\theta = 65°$ 的扁平箱梁截面，C_d^b 发生大幅增长所对应的风攻角随 H^*/h^* 的增大而从负向正移动；且在 H^*/h^* 为 2～3 时，C_d^b 发生大幅增长所对应的风攻角范围较小。H^*/h^* 对箱梁 C_l^b 和 C_m^b 的影响类似，在 H^*/h^* 为 2～3 时，升力系数和力矩系数随风攻角的变化较小。

其他因素保持不变时，风嘴角度 θ 对箱梁气动特性的影响与 H^*/h^* 类似，主要表现在风攻角 $|\alpha| > 4°$ 的区域。然而随着 θ 的增大，C_d^b 发生大幅增长所对应的风攻角越大，C_l^b 和 C_m^b 转变变化状态所对应的风攻角也越大。

综上所述，在进行扁平箱梁截面气动选型时应综合考虑截面宽高比（B^*/D^*），

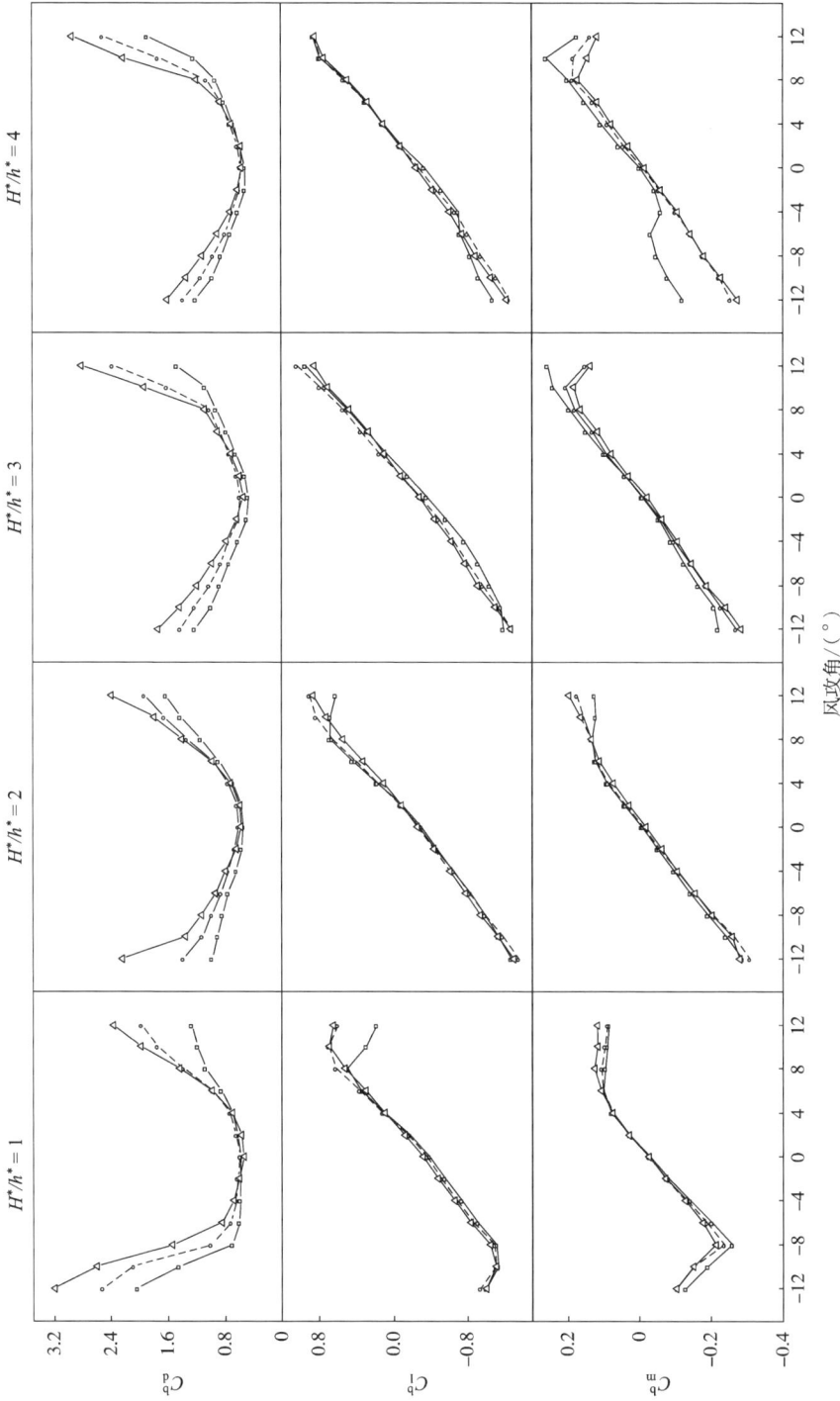

图 4 – 10　B^*/D^* 和 H^*/h^* 对风攻角风嘴角度 $\theta=65°$ 的扁平箱梁气动力系数的影响

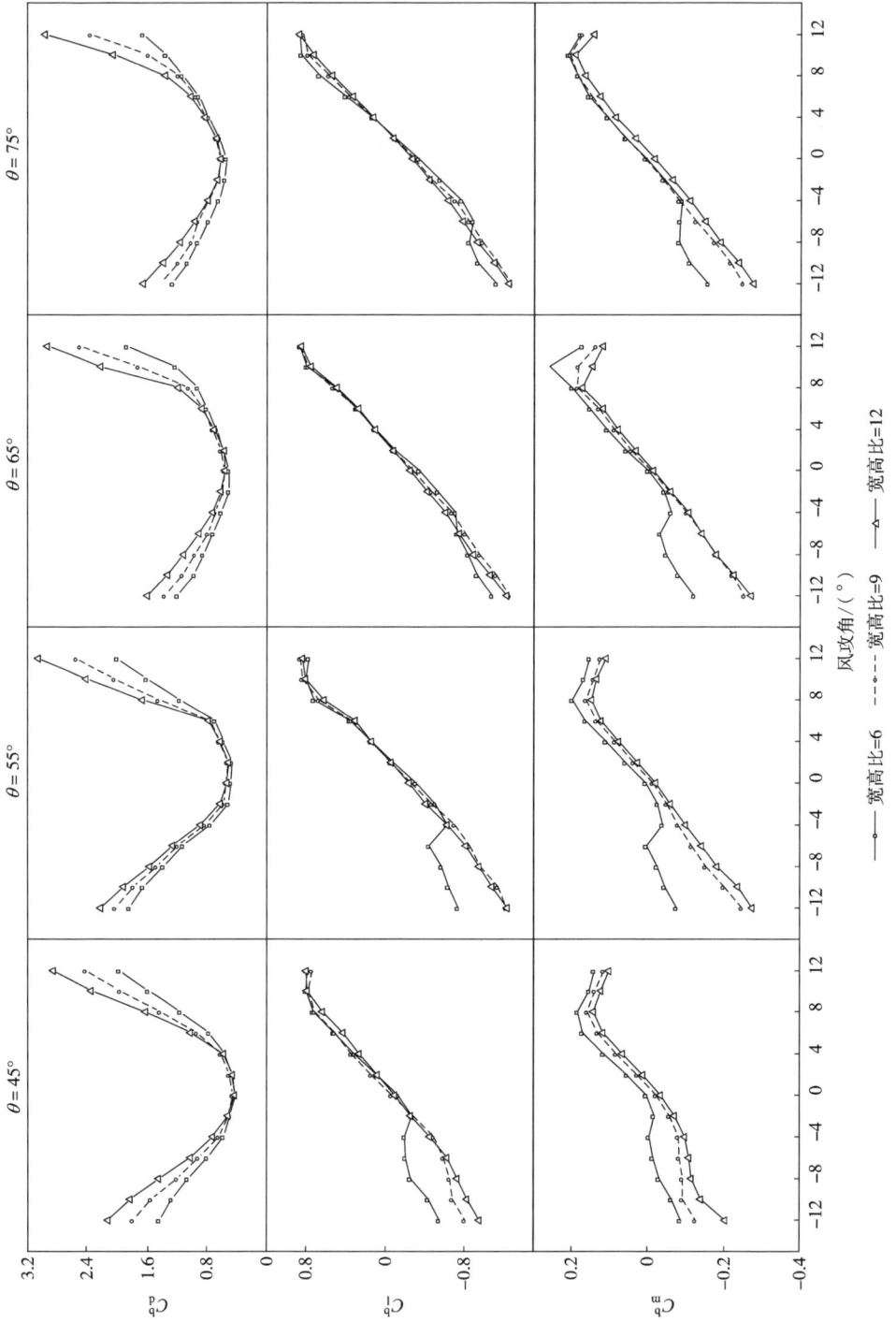

图 4 - 11 B^*/D^*和 θ 对风嘴顶点位置 $H^*/h^*=4$ 的扁平箱梁气动力系数的影响

风嘴顶点位置(H^*/h^*)和风嘴角度(θ)等多种因素的影响。同时应结合当地风场特性,确定可能的风攻角范围。在当地风攻角$|\alpha| < 4°$时,B^*/D^*,H^*/h^* 和 θ 等因素的影响可忽略不计;在当地风攻角$|\alpha| \geqslant 4°$时,其他因素不变的情况下,B^*/D^* 和 θ 较大以及 H^*/h^* 为 $2 \sim 3$ 的扁平箱梁截面气动特性更优。

4.3.2　斯托罗哈数(St)及其机理

流线型扁平箱梁截面宽高比较大,前缘脱落的旋涡会再次附着在截面上,从而引起多个 St 数。本书根据无量纲升力频谱峰值得到扁平箱梁截面的 St 数,如图 4 – 12 所示。限于篇幅有限,这里仅给出宽高比为 $B^*/D^* = 9$ 的三个箱梁截面,其他结果与此类似。

由图 4 – 12 可知,扁平箱梁截面在测试风攻角范围内存在两个 St 数,分

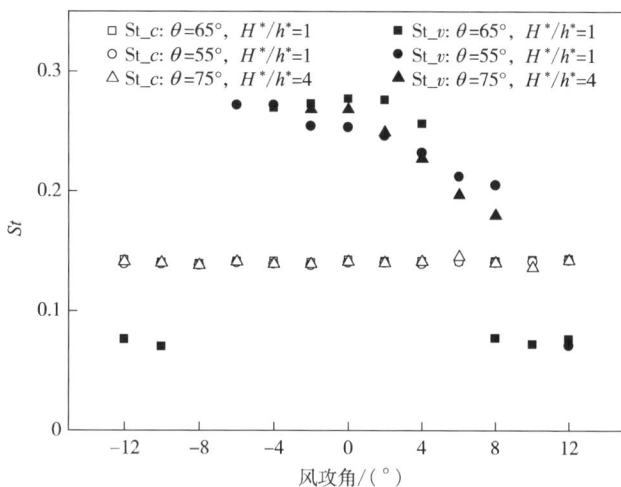

图 4 – 12　扁平箱梁截面 St 数

别命名为St_c和St_v。其中不随风攻角变化的为St_c,其大小保持在 0.14 左右,如图中空心点所示;而随风攻角显著变化的为St_v,如图 4 – 12 中实心点所示。

为探讨上文观测到的两个 St 数的产生机理,选取 $B^*/D^* = 9$,$H^*/h^* = 1$ 和 $\theta = 65°$的主梁截面,采用 POD 方法对箱梁截面周围压力场进行分析。前八节脉动压力模态和对应 POD 系数的功率谱如图 4 – 13 所示。

当风攻角为 0°时,如图 4 – 13(a)所示。模态 1 表明箱梁尾部存在显著的压力脉动,且其对应的 POD 系数归一化功率谱峰值为 0.28,这与 St_v 大小一致。模态 2 中箱梁周围均存在较强的压力脉动,对应的 POD 系数归一化功率谱存在两个明显的峰值,分别为 0.14 和 0.28,与上文中观察到的两个 St 数大小是一致的。

当风攻角为 – 6°时,如图 4 – 13(b)。模态 1 – 7 的 POD 系数归一化功率谱峰值为 0.14,且箱梁周围压力脉动主要集中在截面前缘。这与图 4 – 12 的随风攻角变化较大的 St_v 在风攻角为 – 6°时消失的情形是一致的。

当风攻角为 – 12°时,如图 4 – 13(c)所示。箱梁上表面脉动压力几乎消失,下表面脉动压力呈波浪状。此时,模态 1 ~ 8 的 POD 系数归一化功率谱均能观察到大小为 0.14 的峰值,即不随风攻角发生改变的 St_c。其中模态 1 和模态 2 脉动

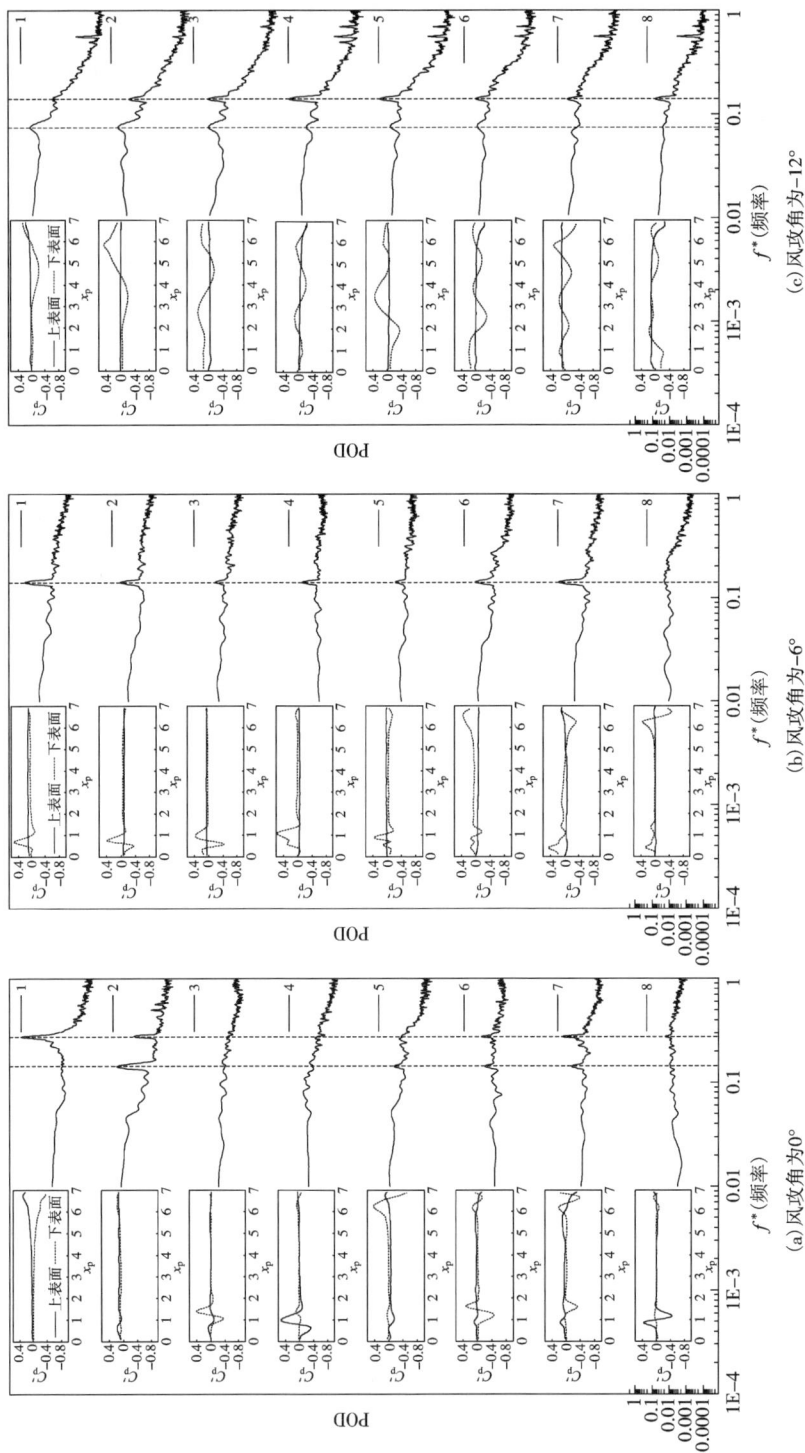

图 4 - 13 扁平箱梁截面周围压力场分析结果

压力主要集中在箱梁尾部，其对应的 POD 系数归一化功率谱峰值为 0.072，这与随风攻角变化较大的 St_v 相吻合。

综上所述，扁平箱梁截面存在两个 St 数。箱梁周围压力场 POD 分析结果表明：这两个 St 数是由箱梁不同位置的旋涡脱落造成的，其中随风攻角变化较大的 St 数是由尾部旋涡脱落造成的，不随风攻角发生改变的 St 数是由前缘旋涡脱落造成的。

4.4　扁平箱梁桥梁 – 列车系统气动干扰特性

根据 4.3 节研究结果，选取宽高比为 7、风嘴角度为 75° 和风嘴顶点位置为 1 的扁平箱梁截面开展了扁平箱梁桥梁 – 列车系统气动干扰特性的研究。列车为长细比为 91.94 的 CRH380BL 标准截面。扁平箱梁桥梁 – 列车干扰模型如图 4 – 14 所示。采用实验室独立开发的组合节段模型系统气动特性同步分离测试装置如图 4 – 15 所示。该装置可同步测试车 – 桥组合模型中列车和桥梁各自的气动特性，且风攻角调节精度易得到保证。

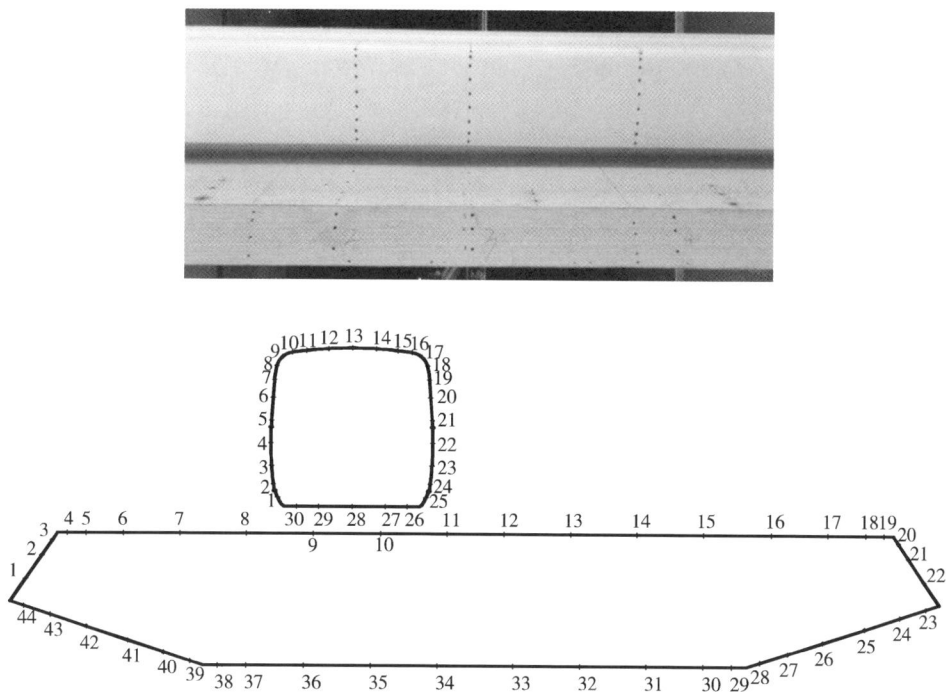

图 4 – 14　扁平箱梁桥梁 – 列车干扰模型(图中数字为测点号)

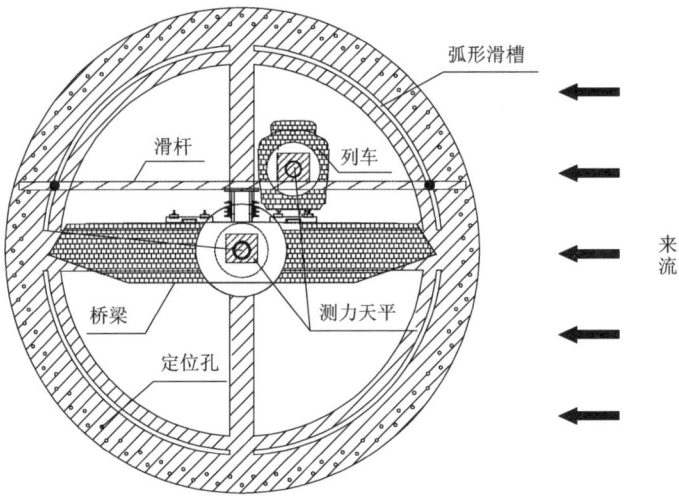

(a)测试装置

(b)实验照片

图 4 – 15　组合节段模型系统气动特性同步分离测试装置

扁平箱梁桥梁 – 列车系统气动干扰试验工况见表 4 – 8。在 – 12° ~ 12° 风攻角范围内测试了列车位于迎背风侧轨道时组合模型各自的气动特性。试验来流同样为均匀流，风速为 20 m/s，相应的基于列车高度的雷诺数为 1.17×10^5。

表 4 – 8　扁平箱梁桥梁－列车系统气动干扰试验工况

工况	模型	风攻角/(°)	均匀来流风速 /(m·s^{-1})
列车迎风	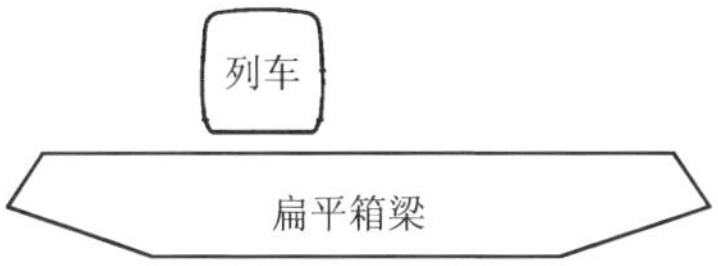 列车　扁平箱梁	$-12 \sim 12$, $\Delta = 2$	20
列车背风	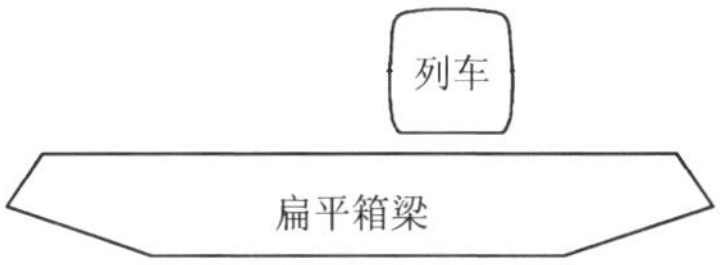 列车　扁平箱梁		

4.4.1　相对位置对扁平箱梁桥梁－列车系统气动特性的影响

　　扁平箱梁列车在气动干扰下，车－桥相对位置对列车气动力系数的影响如图 4 – 16 所示。当风攻角 α 为 $-12°\sim0°$ 时，车－桥相对位置对列车气动特性的影响较小，特别是阻力系数 C_d^t 和力矩系数 C_m^t。然而随风攻角的增大（$\alpha > 0°$），列车 C_d^t 突然下降，C_l^t 和 C_m^t 突然跃起；在 $\alpha > 6°$ 时，列车气动特性突变现象消失。此时，均匀来流所对应的雷诺数为 1.17×10^5，仍属于亚临界区。该现象是由风攻角所引起的类似雷诺数效应造成的。因此，在进行桥梁－列车系统气动特性测试的风洞试验中，应合理选取模型缩尺比，避开该区域，从而得出适用于工程实际的试验结果。车－桥干扰下列车气动特性较单独列车发生了很大的变化。由此可以看出，列车和桥梁之间存在明显的气动干扰。

　　图 4 – 17 为车－桥在气动干扰下，扁平箱梁气动力系数随风攻角变化的结果。由图可知，列车－桥梁相对位置的变化对扁平箱梁 C_d^b 的影响主要表现在 $-12°\leqslant\alpha<-4°$ 区域，与图 4 – 16(a) 相比，车－桥气动干扰对桥梁气动特性的影响较小。扁平箱梁 C_l^b 对箱梁周围流场变化较为敏感。因此，列车－桥梁相对位置对 C_l^b 的影响较大。列车－桥梁相对位置的变化对扁平箱梁 C_m^b 的影响主要表现在 $0°\leqslant\alpha<12°$ 区域，这与 C_d^b 的变化规律是相反的。

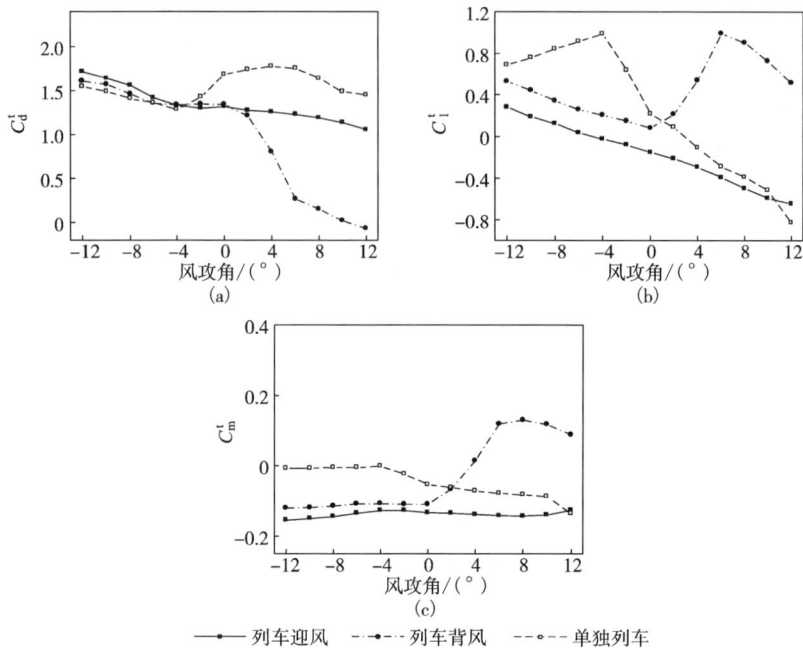

图 4 – 16　列车位置对列车气动力系数的影响

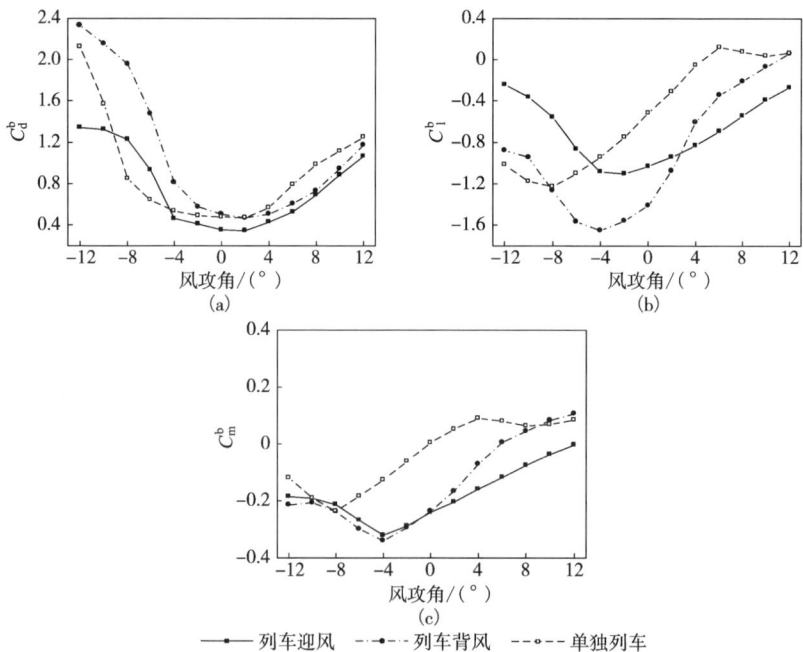

图 4 – 17　列车位置对桥梁气动力系数的影响

4.4.2　扁平箱梁桥梁 – 列车系统气动干扰特性

为避免由风攻角引起的类似雷诺数效应对扁平箱梁桥梁 – 列车系统气动干扰特性的影响，本书以列车位于扁平箱梁迎风侧轨道为例，对扁平箱梁桥梁 – 列车系统气动力系数进行阐述，结果如图 4 – 18 所示。同理，图 4 – 18 的所有结果均采用我国《公路桥梁抗风设计规范》JTG/T D60 – 01—2014 的无量纲方法，且换算到桁架桥梁截面几何形心。

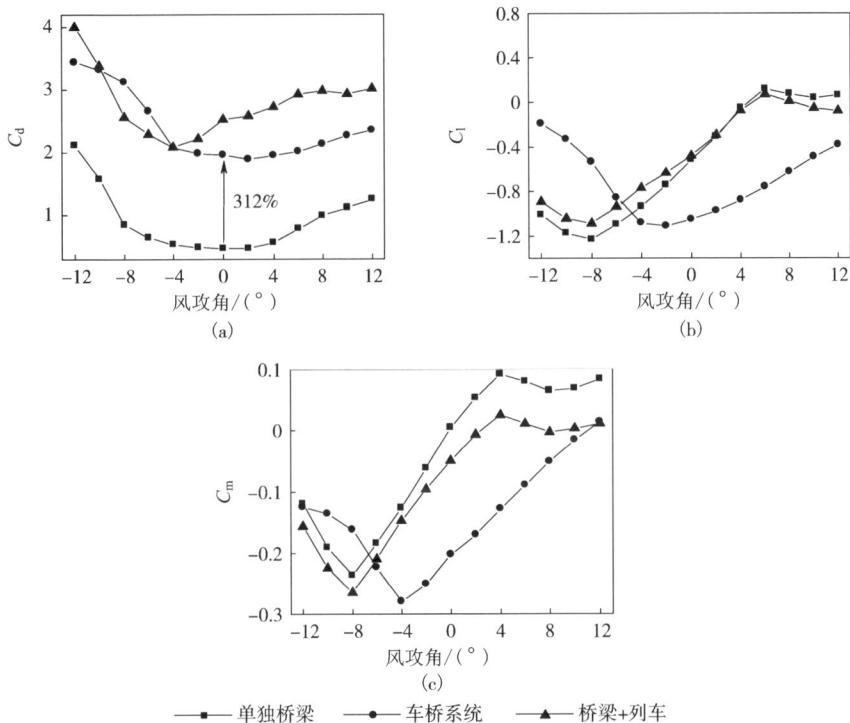

图 4 – 18　扁平箱梁车 – 桥系统气动力系数

与图 4 – 8 相比，扁平箱梁桥梁 – 列车系统气动干扰特性与桁架桥梁 – 列车系统有显著的不同，尤其是阻力系数和力矩系数。此时，车 – 桥系统的阻力系数和力矩系数的测试结果不再落在桥梁本身与列车和桥梁分别测试且结果相加之和之间。例如，车 – 桥系统阻力系数 C_d 在 $-10° < \alpha < -4°$ 时，就会超过列车和桥梁分别测试阻力系数且结果相加之和。

由图 4 – 18 可知，车 – 桥在气动干扰下，车 – 桥系统阻力系数较桥梁本身明显增大，当 $\alpha = 0°$ 时，C_d 增大了 312%；车 – 桥系统升力系数和力矩系数随风攻角的变化规律也发生了显著的变化；然而目前我国《公路桥梁抗风设计规范》JTG/T D60-01—2014 及相关高速铁路规范均未对此做出明确的说明。因此，在进行大跨度高速铁路扁平箱梁设计时，应对车-桥气动干扰下高速列车横向稳定性进行详细的研究。

4.4.3　桥梁-列车系统尾流特征

烟线流场显示试验能够清晰地反映结构物周围复杂的流动分离与再附，且可以定量或定性提供结构物的尾流特征。通常情况下，试验风速局限于数米范围内，相应的试验雷诺数往往小于 10^4。因此，该方法的适用对象为随雷诺数变化不敏感的结构物。

本节选用气动外形较钝地标 A 形车与流线型扁平箱梁，开展了低风速下桥梁-列车系统的流场显示试验，对扁平箱梁桥梁-列车系统气动干扰特性的机理做进一步的分析。实验在中南大学开口直流式小型风洞中进行[图4-19(a)]，试验段尺寸为高×宽×长=0.45 m×0.45 m×1.0 m，风速范围为0~42 m/s，湍流度小于0.6%。实验采用的流场显示仪器为航华烟线仪[图4-19(b)]，利用 ATMEGA 单片机对电容的充、放电和相机拍照进行控制，具有电流大、时间和电流控制精确等特点。通过不同大小模型、风速下流场显示结果对比（模型长度与风洞宽度保持一致，为0.45 m），发现几何缩尺比为1:150、试验风速为4 m/s时效果最佳。为简化流场以更为显著的对比车-桥间绕流场的气动干扰，试验中未考虑栏杆等主梁附属物对流场的影响，并只考虑0°风攻角。

(a)中南大学小型风洞　　　　　　　　(b)航华烟线仪

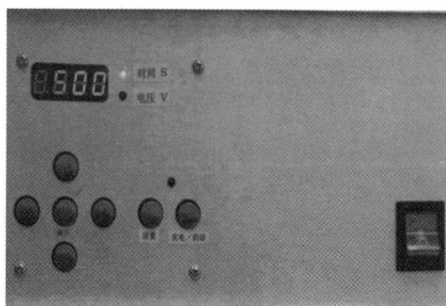

图4-19　烟线流场显示试验仪器

流场显示结果如图4-20所示。宽高比较小的地标 A 形车近尾流宽度较大，在距离列车形心下游1.5倍尾流宽度处达到了最大值，为列车高度的2倍。随着尾流的进一步发展，不稳的 K-H 涡逐渐形成，最终形成周期性的旋涡脱落。值得注意的是列车下半部分前缘旋涡脱落较上半部分更加显著。宽高比较大的流线型扁平箱梁近尾流较窄，最大尾流宽度约为箱梁高度的 1.5 倍，且出现在箱梁尾部。该桥风嘴角度为 75°，风嘴顶点距离桥梁上下顶面的比值约为 1。由于风嘴下斜腹板较长，前缘分离的气流未在箱梁下表面发生再附现象；和箱梁下表面不同的是，前缘分离的气流在上表面形成了再附，并且形成了碰撞剪切层。

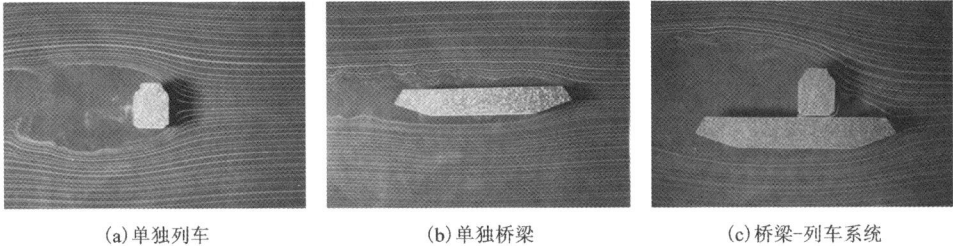

(a)单独列车　　　　　(b)单独桥梁　　　　　(c)桥梁-列车系统

图 4 – 20　扁平箱梁桥梁 – 列车系统尾流特征

桥梁 – 列车系统尾涡结构如图 4 – 20(c)所示。对比分析可知，桥梁 – 列车系统最大尾流宽度同样出现在桥梁尾部，且约为桥梁高度的 4.4 倍；但小于单独桥梁和单独列车最大尾流宽度相加之和(约为桥梁高度的 4.6 倍)。气流经过前缘风嘴形成的剪切层正好打在列车的"肩膀"处，之后气流以更大的角度从列车上表面脱落，从而形成了较宽的尾流。由于上表面列车的遮挡效应，使得气流经过前缘风嘴后立即在风嘴下斜腹板处发生了流动分离，形成了分离泡；这与单独桥梁有明显的不同。进一步分析表明，桥梁和列车的相互干扰效应抑制了列车下表面的流动分离和箱梁上表面碰撞剪切层的形成。

参考文献

[1]　He X H, Wu T, Zou Y F, et al. Recent development of high-speed railway bridges in China[J]. Structure and Infrastructure Engineering, 2017, 13(12): 1584 – 1595.

[2]　Guidelines for electrical transmission line structural loading. American Society of Civil Engineers, 2010.

[3]　EN, B. 2: 2003 Eurocode 1: Actions on structures—part 2: Traffic loads on bridges. ICS, 1991. 93.040.

[4]　BSI, 2000. BS 5400 – 3: 2000: Steel, concrete and composite bridges – Part 3: Code of practice for design of steel bridges.

[5]　李永乐，廖海黎，强士中. 车桥系统气动特性的节段模型风洞试验研究[J]. 铁道学报，2004, 26(3): 71 – 75.

［6］ He X H, Qin H X, Liu W S, et al. Design, analysis and construction of a steel truss cable – stayed bridge for high-speed railway in China[J]. Structural Engineering International, 2016, 26(4): 381 –388.

［7］ Nakayama A, Okamoto D, Takeda H. Large-eddy simulation of flows past complex truss structures[J]. Journal of Wind Engineering and Industrial Aerodynamics. 2010, 98 (3): 133 –144.

［8］ 高宗余. 沪通长江大桥主桥技术特点[J]. 桥梁建设, 2014, 44(2): 1 –5.

［9］ Chiu T W. A two-dimensional second-order vortex panel method for the flow in a cross – wind over a train and other two – dimensional bluff bodies[J]. Journal of Wind Engineering and Industrial Aerodynamics. 1991, 37(1): 43 –64.

［10］ He X H, Shi K, Wu T, et al. Aerodynamic performance of a novel wind barrier for train – bridge system[J]. Wind and Structures, 2016, 23(3): 171 –189.

［11］ He X H, Zou Y F, Wang H F, et al. Aerodynamic characteristics of a trailing rail vehicles on viaduct based on still wind tunnel experiments[J]. Journal of Wind Engineering and Industrial Aerodynamics, 2014(135): 22 –33.

［12］ 李欢, 何旭辉, 王汉封, 等. 宽高比对大跨度扁平箱梁气动特性的影响[C]//"第十八届全国结构风工程学术会议", 长沙, 2017 –8 –19.

［13］ 邹云峰, 何旭辉, 郭向荣, 等. 横风下流线箱型桥 – 轨道交通车辆气动干扰风洞实验研究[J]. 振动与冲击, 2017, 36(5): 95 –101.

［14］ 邹云峰, 何旭辉, 李欢, 等. 风屏障对车桥组合状态下中间车辆气动特性的影响[J]. 振动工程学报, 2016, 29(1): 156 –165.

［15］ 何旭辉, 邹云峰, 周佳, 等. 运行车辆风环境参数对其气动特性与临界风速的影响[J]. 铁道学报, 2015, 37(5): 15 –20.

［16］ O A. Flow around a rectangular cylinder with a section of various width/height ratios[J]. Journal of Wind Engineering and Industrial Aerodynamics, 1983(17): 1 –9.

［17］ Shimada K, Ishihara T. Application of a modified $k – \varepsilon$ model to the prediction of aerodynamic characteristics of rectangular cross – section cylinders[J]. Fluids Struct, 2002. 16(4), 465 –485.

［18］ Li H, He X H, Wang H F, et al. Cross wind aerodynamic performance of high-speed train on a streamlined flat box girder[J]. Journal of Fluids and Structures.

［19］ He X H, Li H, Wang H F, et al. Effects of geometrical parameters on the aerodynamic characteristics of a streamlined flat box girder[J]. Journal of Wind Engineering & Industrial Aerodynamics, 2017(170): 56 –67.

［20］ 李欢, 何旭辉, 邹云峰, 等. 用于组合节段模型气动力同步分离的模拟装置: CN204301962U[P]. 2015.

［21］ 贺俊, 何旭辉, 邹云峰, 王汉封. 风 – 车 – 桥系统流场显示的应用探究, 第十七届全国结构风工程学术会议"暨"第三届全国风工程研究生论坛", 武汉, 2015. 8. 14 – 16.

第 5 章

移动列车－桥梁系统气动特性

目前多数针对车－桥系统气动特性的研究，是通过设置来流风攻角模拟车辆运动的影响，这种方法在风洞试验方面较易实现，且试验数据可方便获取，同时在数值计算时也可降低计算量以及建模难度，便于参数化研究。而实际上，这种方法显然与真实情况不符。为得到更加符合实际的列车经过桥梁时的气动特性，本章将针对移动车－桥系统气动特性识别技术，开展计算流体力学（Computational Fluid Dynamics，CFD）数值模拟方法与风洞试验技术的研究与探索。

5.1　计算流体力学基本理论

流体力学作为力学学科的一个重要分支，其研究内容是当流体与物体之间存在相对运动时流体本身运动的基本规律及流体与物体之间的相互作用力。实际工程中的许多流体力学问题难以获得解析解，须借助计算机技术，运用数值模拟对流体力学方程进行离散，此过程即为计算流体力学的研究内容。计算流体力学离不开求解域的空间离散问题，而高速铁路列车与桥梁的气动外形相对复杂，如何有效处理其复杂边界并生成高质量的计算网格是利用计算流体力学研究车－桥系统气动特性的关键内容。

5.1.1　基本控制方程

自然科学中存在三大守恒定律：动量守恒定律、质量守恒定律和能量守恒定律。流体力学中运用这三大守恒定律推导出了三个基本方程：连续性方程、运动方程和能量守恒方程。

1. 质量守恒方程(连续性方程)

物理流场中,提取控制体微元,设经过面积 dA 的质量流量微元为 $\rho u \cdot n dA$,则经过控制面 A 流出的质量净流量为 $\iint\limits_{A} \rho V dA$。控制体内质量流量改变的时间变化率为 $-\dfrac{\partial}{\partial t}\iiint\limits_{V} \rho dV$。应用向量分析中的散度定理,得到连续性方程的微分形式:

$$\frac{\partial \rho}{\partial t} + \nabla(\rho V) = 0 \qquad (5-1)$$

式中:$V = ui + vj + wk$,$\nabla = i\dfrac{\partial}{\partial x} + j\dfrac{\partial}{\partial y} + k\dfrac{\partial}{\partial z}$;$u$、$v$、$w$ 分别为 x、y、z 方向的风速。

一般而言,将低速流动的空气当作黏性不可压缩流体,密度 ρ 为常数,连续性方程可简化为:

$$\frac{\partial u}{\partial x} + \frac{\partial v}{\partial y} + \frac{\partial w}{\partial z} = 0 \qquad (5-2)$$

2. 动量守恒方程(运动方程)

流体运动时应遵循动量守恒定律,其物理意义为作用于一个流体系统上的外力总和应等于其动量的时间变化率。其数学表达式即为动量守恒方程,又称为运动方程或 Navier – Stokes(N – S)方程。根据导数定义,可以得到动量守恒方程:

$$\begin{cases} \dfrac{\partial(\rho u)}{\partial t} + \nabla \cdot (\rho u V) = \rho f_x + \left(\dfrac{\partial \tau_{xx}}{\partial x} + \dfrac{\partial \tau_{yx}}{\partial y} + \dfrac{\partial \tau_{zx}}{\partial z}\right) \\[3mm] \dfrac{\partial(\rho v)}{\partial t} + \nabla \cdot (\rho v V) = \rho f_y + \left(\dfrac{\partial \tau_{xy}}{\partial x} + \dfrac{\partial \tau_{yy}}{\partial y} + \dfrac{\partial \tau_{zy}}{\partial z}\right) \\[3mm] \dfrac{\partial(\rho w)}{\partial t} + \nabla \cdot (\rho w V) = \rho f_z + \left(\dfrac{\partial \tau_{xz}}{\partial x} + \dfrac{\partial \tau_{yz}}{\partial y} + \dfrac{\partial \tau_{zz}}{\partial z}\right) \end{cases} \qquad (5-3)$$

式中:f_x、f_y、f_z 分别为单位质量流体上的质量力在三个方向上的分量;τ 为作用在体积元上的黏性应力分量。

对于不可压缩牛顿流体,以及应力和应变张量的本构关系可得:

$$\begin{cases} \dfrac{\partial(\rho u)}{\partial t} + \nabla \cdot (\rho u V) = \rho f_x + \dfrac{\partial}{\partial x}\left(\mu\dfrac{\partial u}{\partial x}\right) + \dfrac{\partial}{\partial y}\left(\mu\dfrac{\partial u}{\partial y}\right) + \dfrac{\partial}{\partial z}\left(\mu\dfrac{\partial u}{\partial z}\right) - \dfrac{\partial p}{\partial x} \\[3mm] \dfrac{\partial(\rho v)}{\partial t} + \nabla \cdot (\rho v V) = \rho f_y + \dfrac{\partial}{\partial x}\left(\mu\dfrac{\partial v}{\partial x}\right) + \dfrac{\partial}{\partial y}\left(\mu\dfrac{\partial v}{\partial y}\right) + \dfrac{\partial}{\partial z}\left(\mu\dfrac{\partial v}{\partial z}\right) - \dfrac{\partial p}{\partial y} \\[3mm] \dfrac{\partial(\rho w)}{\partial t} + \nabla \cdot (\rho w V) = \rho f_z + \dfrac{\partial}{\partial x}\left(\mu\dfrac{\partial w}{\partial x}\right) + \dfrac{\partial}{\partial y}\left(\mu\dfrac{\partial w}{\partial y}\right) + \dfrac{\partial}{\partial z}\left(\mu\dfrac{\partial w}{\partial z}\right) - \dfrac{\partial p}{\partial z} \end{cases} \qquad (5-4)$$

式中:μ 为动力黏性系数;p 为作用在体积元上的压力。

3. 能量守恒方程

将热力学第一定律应用于流体运动,可得到能量方程。如式(5 – 5)所示。

$$\frac{\partial(\rho e)}{\partial t} + \nabla \cdot (\rho e \boldsymbol{V}) = \frac{\partial}{\partial x}\left(k\,\frac{\partial T}{\partial x}\right) + \frac{\partial}{\partial y}\left(k\,\frac{\partial T}{\partial y}\right) + \frac{\partial}{\partial z}\left(k\,\frac{\partial T}{\partial z}\right) + S_{\text{T}} \qquad (5-5)$$

式中：e 为单位质量内能；k 为流体的有效热传导系数；T 为流体温度；S_{T} 为包括化学过程中的反应热以及体积热源项。虽然能量守恒方程是流体力学的基本控制方程，但对于不可压缩均质流，如果热交换量很小以至于可以忽略不计时，可以不考虑能量守恒方程，只需要联立连续性方程和运动方程进行求解。

5.1.2　湍流模型

流体湍流现象在自然界中普遍存在且高度复杂，而求解 N – S 方程的关键之一是对湍流的有效模拟。目前流体湍流的数值模拟（图 5 – 1）主要包括直接数值模拟（direct numerical simulation，DNS）、大涡数值模拟（large eddy simulation，LES）和雷诺平均法（Reynolds average Navier – Stokes，RANS）等三种。

在涡黏模型方法中，引入湍动黏度，也称之为黏度系数。该系数的提出是根据 Boussineseq 的涡黏假定，通过该假定建立了 Reynolds 应力和相对平均速度梯度之间的关系，即

$$-\rho\,\overline{u_i' u_j'} = \mu_{\text{t}}\left(\frac{\partial u_i}{\partial x_j} + \frac{\partial u_j}{\partial x_i}\right) - \frac{2}{3}\left(\rho k + \mu_{\text{t}}\,\frac{\partial u_i}{\partial x_j}\right)\delta_{ij} \qquad (5-6)$$

式中：μ_{t} 为湍动黏度；u_i 为时均速度；δ_{ij} 为当 $i = j$ 时 $\delta_{ij} = 1$，当 $i \neq j$ 时 $\delta_{ij} = 0$；k 为湍动能，$k = \dfrac{\overline{u_i' u_j'}}{2} = \dfrac{1}{2}(\overline{u'^2} + \overline{v'^2} + \overline{w'^2})$。

只要确定了湍动黏度 μ_{t} 就能对湍流流动进行计算，涡黏模型为将 μ_{t} 与湍流时均的参数联系到一起的函数关系式。涡黏模型根据确定 μ_{t} 所需的微分方程的个数分为零方程模型、一方程模型以及两方程模型。目前，两方程模型在工程中的应用最为广泛，最基本的两方程模型就是标准 k – ε 模型，此模型是引入湍动能 k 和耗散率 ε 的方程。除了该模型以外，还有很多改进的 k – ε 模型，例如 RNG k – ε 模型和 Realizable k – ε 模型等。此外，两方程模型是模拟高速列车最常用的湍流模型，在土木工程中的钝体绕流中得到公认，计算精度相对较为精确，在现有计算条件下，计算量适宜，得到了广泛应用。

本书数值模拟采用雷诺平均方法，即把 N – S 方程中的瞬时变量分解成平均量和脉动量两部分。采用 SST（shear stress transport）k – ω 湍流模型，可以利用 k – ω 模型在壁面区域附近的准确性和 k – ε 模型不依赖自由流动的特点，在靠近壁面的区域采用相对精确的 k – ω 模型，而其他边界层和自由流采用 k – ε 模型，更适合对流体减压区的计算。其方程为：

$$\frac{\partial}{\partial t}(\rho k) + \frac{\partial}{\partial x_i}(\rho k u_i) = \frac{\partial}{\partial x_j}\left[\left(\mu + \frac{\mu_{\text{t}}}{\sigma_k}\right)\frac{\partial k}{\partial x_j}\right] + G_k - Y_k + S_k \qquad (5-7)$$

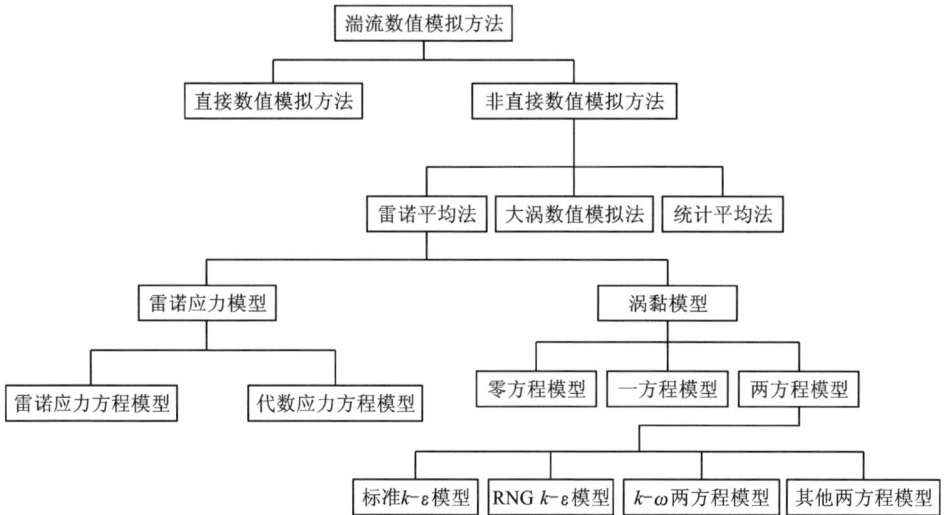

图5-1 三维湍流模型数值模拟方法分类及湍流模型

$$\frac{\partial}{\partial t}(\rho\omega) + \frac{\partial}{\partial x_i}(\rho\varepsilon u_i) = \frac{\partial}{\partial x_j}\left[\left(\mu + \frac{\mu_t}{\sigma_\omega}\right)\frac{\partial\omega}{\partial x_j}\right] + G_\omega - Y_\omega + D_\omega + S_\omega \qquad (5-8)$$

SST 模型中的黏度系数为：

$$\mu_t = \alpha^s\rho a_1 \frac{k}{\max(a_1, \omega, \Omega, F_2)} \qquad (5-9)$$

式中：$a_1 = 0.31$；Ω 为旋涡状态的绝对值；F_2 为在壁面附近为 1，在自由剪切层为 0。

5.2 移动列车-桥梁系统 CFD 数值模拟

5.2.1 模拟方法

1. 合成风攻角法（静态模拟）

无论是在风洞试验中还是在数值模拟中，由于列车的运动较难实现，常通过改变车-桥组合模型的风攻角来模拟车辆运动对系统的影响。合成风攻角法（以下简称风尚角）的基本原理如图 5-2 所示。该方法能够有效地预测运动车辆的气动特性。

2. 动态网格生成技术（动态模拟）

实现流场中物体的运动是计算流体力学中的一项关键技术。列车流场的

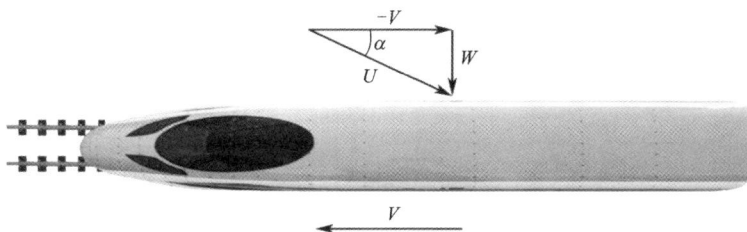

图 5－2 合成风攻角法的基本原理
V—车速；U—车速；W—合成风速；α—风攻角

CFD 模拟中，具有相对运动的列车流场如列车交会、列车进出风挡装置等都是比较突出的问题。解决此类问题的主要方法包括动网格法和滑移网格法。其中，动网格技术中的网格更新频率过快，网格质量不易控制，并且时间步长控制严格，对计算机的计算空间要求大。而滑移网格法同样可以实现物体的运动模拟，且计算过程易于控制，计算时间更短，计算精度满足要求。笔者对列车的高速运动采用滑移网格技术模拟，将流场进行分区，分为列车运动区域和静止区域。两个计算区域内的数据信息可通过交换面进行交换，其关键是将静止区域和列车运动区域之间的界面定义为交换面。通过交换面进行的滑移网格技术可以实现整个计算域内的流动传播。

5.2.2 数值计算模型

CRH2 车体中间截面如图 5－3（a）所示，车头形状如图 5－3（b）所示，选取三节列车模型，即只考虑两节动车一节拖车（已有研究表明高速列车的各节拖车车辆在列车运动过程中具有相似的气动特性，在模拟时可只取一节考虑）。简化后的列车长度为（25.7＋25＋25.7）m，头车、中车和尾车直接相连，选取我国高速铁路中 32 m 标准跨度简支箱梁作为研究对象，模型缩尺比为 1∶25。

在 ANSYS ICEM CFD 中以车－桥系统简化后的几何模型为对象，建立三维数值分析模型。数值模拟中 CRH2 型列车，车－桥组合模型如图 5－4 所示。

1. 计算区域

在建立车－桥模型之后首先需要确定计算域大小。已知在计算域内的阻塞率小于 5%，且结构物摆放合理情况下，数值模拟计算能够取得较为可信的结果。以不影响研究物体附近的流动为原则，经过多次试算，本书确定车－桥组合截面前来流长度为 6B，区域上边界距组合截面表面为 5B，组合截面后尾流区域长 12B（B 为简支梁横截面的宽度）。

2. 网格划分

在确定了列车、桥梁模型以及计算域大小的基础上，合理划分网格是数值计

(a) 中车截面

(b) 头车截面

(c) 桥梁截面

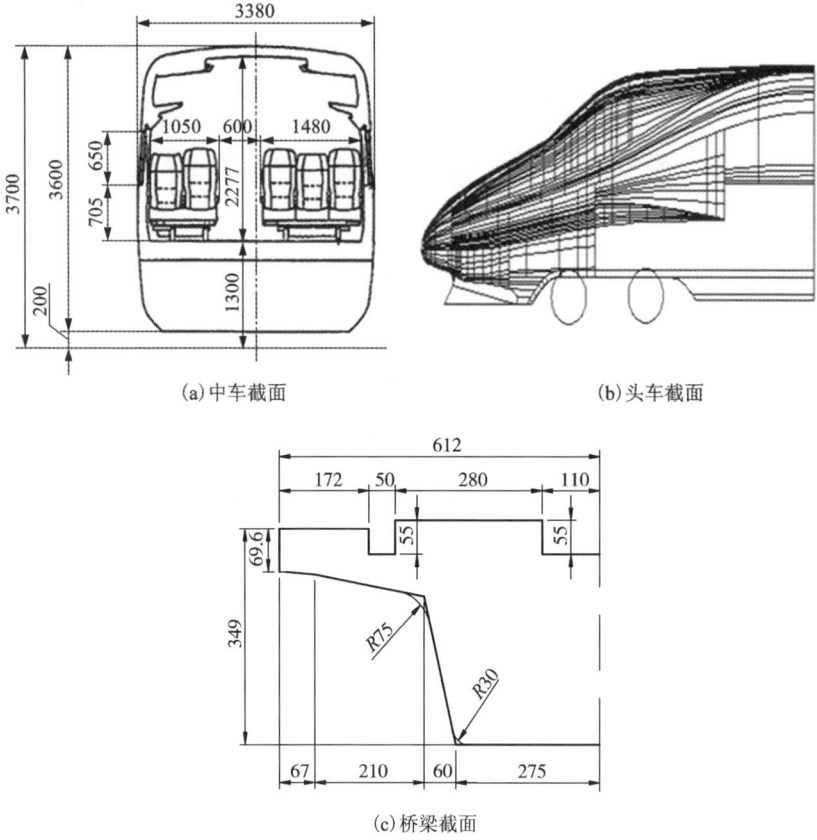

图 5-3 车辆与简支梁截面气动轮廓示意图(cm)

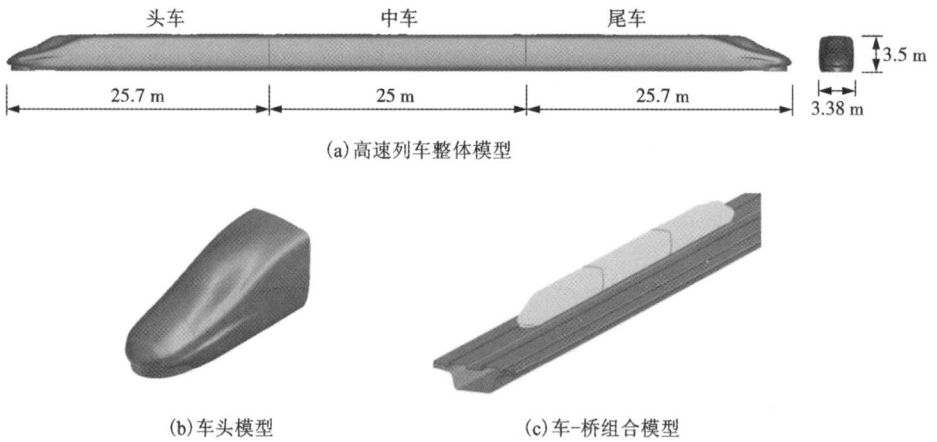

头车   中车   尾车

25.7 m   25 m   25.7 m   3.5 m   3.38 m

(a) 高速列车整体模型

(b) 车头模型

(c) 车-桥组合模型

图 5-4 车-桥系统模型图

算的前提。流体计算网格主要分为结构网格和非结构网格两类。这里网格划分采用 ANSYS ICEM CFD，由于高速列车 – 桥梁系统几何形状较复杂，本研究采用非结构化的四面体网格对流场进行划分。

精细的网格划分一方面有利于捕捉流场的细微变化，另一方面，在相同的计算域中，越细的网格意味着越多的网格数量，计算量越大。本书的所有计算均基于三维模拟，计算域大，因此需要严格控制网格数量，选取既能满足精度要求，又能提高计算效率的网格划分策略。本书在列车周围划分较密的网格，逐步过渡到远离列车区域相对较稀疏的网格。

本书在网格的划分过程中借鉴已有的研究成果，通过进一步试算最终确定，1:25 缩尺列车模型表面最大网格尺寸为 0.008 m，桥梁表面最大网格尺寸为 0.016 m。图 5 – 5 给出了车体及桥梁网格划分情况。

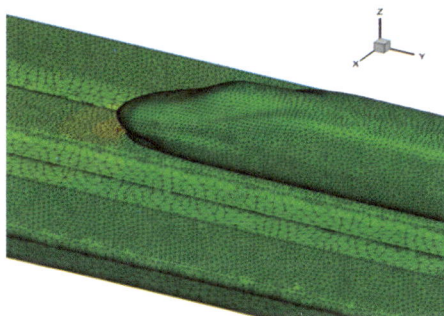

图 5 – 5　车体及桥梁网格局部详图

3. 边界条件

数值计算时取有限空间进行计算，所以必须在区域的边界给定符合实际的边界条件才能得出理想的数值模拟结果。现对本书中边界条件进行简单介绍：①速度入口边界条件（velocity – inlet），用于定义入口流体速度和入口流动属性相关标量（本书中主要涉及湍流度及湍流积分尺度）。本书中用其模拟车 – 桥系统来流风环境。根据需要，可在模拟不同工况时设置相应的速度大小及方向。②压力出口边界条件（pressure – outlet）；用于在流场出口面给定静压和其他标量变量值。③壁面边界条件（wall）；用于限制流体和固体区域。本书中主要用于车 – 桥系统及地面的定义。④对称边界条件（symmetry），常用于实现流场镜像对称效果。本书中主要用于区域边界的定义。⑤交界面边界条件（interface），用来连接两个紧密接触计算区域，是把两个重合或部分重合的面配对，实现流场数据的传递。在利用滑移网格技术的关键之一即设置列车运动区域与静止区域的交接面，使得数据在两个区域之间得以交换，实现运动区域与静止区域在每个时间步内成为一个连通的整体。当两个配对的交接面在重叠区域就可以实现数据交换,而非重叠区域自动转化为壁面边界条件。图 5 - 6 分别给出了合成法和滑移网格法的计算区域及边界条件定义。

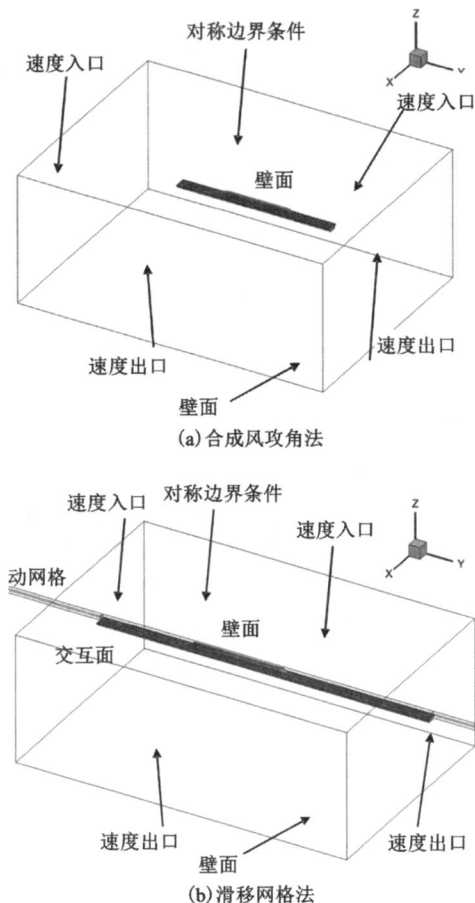

(a) 合成风攻角法

(b) 滑移网格法

图 5 - 6　两种方法的计算区域及边界条件定义

5.2.3　结果分析

1. 三分力

表 5 - 1 给出工况 1 时列车气动力系数的计算结果。由表 5 - 1 中的数据可以看出合成风攻角模拟的阻力系数的绝对值大于滑移网格模拟。其中,尾车的阻力系数差值绝对值最大,为 15.4%;而对于升力系数,头车的升力系数的差值最大,为 18.8%;力矩是阻力和升力共同作用的结果,头车和中车的差值都小于 5%;而尾车由于其力矩很小,其差值百分比相对而言比较大。通过对两种网格建模形式的对比

分析，可以看出两者的列车气动力系数计算结果比较一致，无明显差异。

表 5 – 1　列车气动力系数结果对比

计算方法	阻力系数			升力系数			力矩系数		
	头车	中车	尾车	头车	中车	尾车	头车	中车	尾车
滑移网格	0.08	0.027	− 0.011	0.019	0.029	0.028	0.039	0.02	0.001
合成风攻角	0.088	0.028	− 0.013	0.016	0.034	0.03	0.041	0.021	5×10^{-3}
差值/%	− 9.1	− 3.6	− 15.4	18.8	− 14.7	− 6.7	− 4.9	− 4.8	100.0

注：差值 =（滑移网格结果 – 合成风攻角结果）/合成风攻角结果

图 5 – 7 ~ 图 5 – 9 为用滑移网格法和合成风攻角法模拟梁段升力、阻力和力矩计算结果由图可知，行驶在桥梁上的高速列车对桥梁节段的气动特性影响很大，主要是因为列车运行影响了桥面轨道板处和腹板处的压强导致的结果。两种不同的模拟方法得到的桥梁截面的阻力、升力和力矩规律基本一致，但数值差异明显。

由升力（图 5 – 7）的数值可以看出，由于列车的高速运行，头车车前梁段出现升力为负的区域，离头车车鼻位置较远处，升力约为 0。头车覆盖的区域出现升力为正的区域。在距离头车车鼻 4 m 左右的位置升力达到最大值。其后随着远离头车车鼻位置，升力下降，后逐渐趋于平稳。尾车车尾梁段也出现与头车类似的升力正值区域和负值区域。总体而言，头车附近区域的升力极值绝对值大于尾车附近区域的升力极值绝对值。另外，头车及尾车附近的升力极小值的绝对值略大于升力极大值的绝对值。综合比较可知，滑移网格模拟得到的梁段升力大于合成风攻角模拟得到的梁段升力。利用合成风攻角法研究梁段升力，结果偏于不安全。表 5 – 2 给出两种计算方法各升力极值点的比较，由比较可知，升力极大值相差较大，尤其尾车附近梁段的升力极大值差值最大，为 42.8%。

表 5 – 2　两种计算方法升力极值及差值

计算方法	头车附近/kN		尾车附近/kN	
	升力极大值	升力极小值	升力极大值	升力极小值
滑移网格	13	− 15	10	− 11.5
合成风攻角	11	− 16	7	− 12
差值/%	18.2	− 6.7	42.8	− 4.3

注：差值 =（滑移网格结果 – 合成风攻角结果）/合成风攻角结果

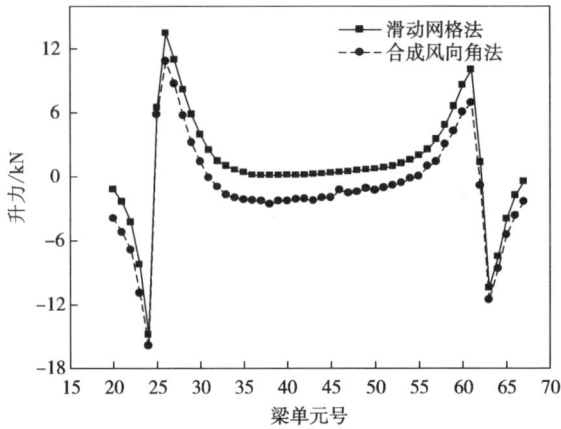

图 5 - 8　梁段升力计算结果

由阻力(图 5 - 8)的数值可以看出,由于列车的高速运行,头车附近梁段出现阻力极大值,尾车附近梁段出现阻力极小值。列车覆盖区域在离头车及尾车较远处阻力趋于平稳。另外,合成风攻角计算结果的中间梁段的阻力波动较大。合成风攻角模拟得到的梁段阻力大于滑移网格模拟阻力,利用合成风攻角研究梁段阻力,结果偏于安全。表 5 - 3 给出两种计算方法各阻力极值点绝对值的比较,两种不同计算方法阻力极小值差值最大。

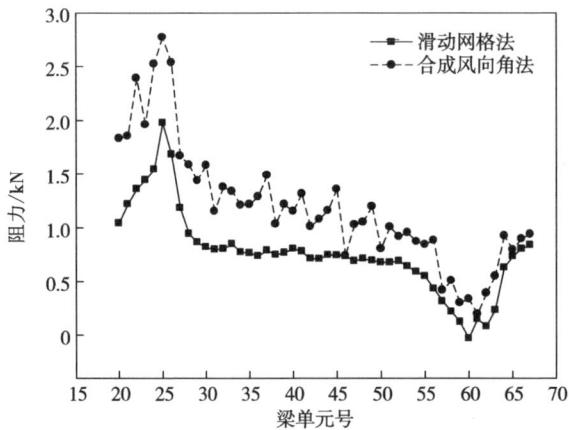

图 5 - 9　梁段阻力计算结果

表 5 – 3　两种计算方法阻力极值及差值

计算方法	阻力极大值/kN	阻力极小值/kN
滑移网格	2.0	0.2
合成风攻角	2.8	− 0.03
差值/%	− 28.6	10000

注：差值 =（滑移网格结果 – 合成风攻角结果）/合成风攻角结果

由力矩（图 5 – 9）的数值可以看出，两者的结果非常的一致，力矩受阻力、升力及矩心影响，各工况中矩心一定，力矩便由阻力和升力共同决定。由已知结果，相对于合成风攻角模拟，滑移网格模拟升力的结果偏大，模拟阻力的结果偏小，两者综合，力矩的结果便达到一致。另外对比力矩和升力的结果，可以看出两者的变化趋势一致。

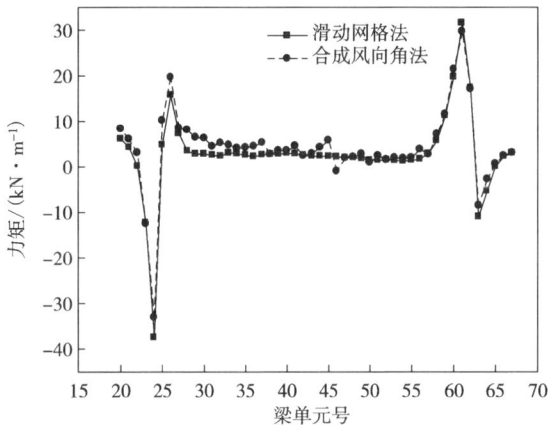

图 5 – 9　梁段力矩计算结果

2. 列车表面风压

气动特性反映的是列车和桥梁节段整体受力情况；压力分布反映的则是结构各点的受力情况，侧风环境下，运动车辆头车及尾车附近的压力分布比较复杂，下面给出该区域车辆的表面风压分布。

图 5 – 10 给出了两种不同模拟方法时的列车头车和尾车的表面压力。从图 5 – 10 可知，在两种模拟方法下，列车的表面风压规律一致。头车的车鼻处出现很大的正压，头车的迎风侧出现正压区，而头车的顶面及背风面压力则始终表现为负压，负压极值出现在头车背风凸出位置及车鼻的区域。尾车在车鼻附近出现小范围正压，其他位置为负压，负压极值出现在尾车迎风侧凸出位置。

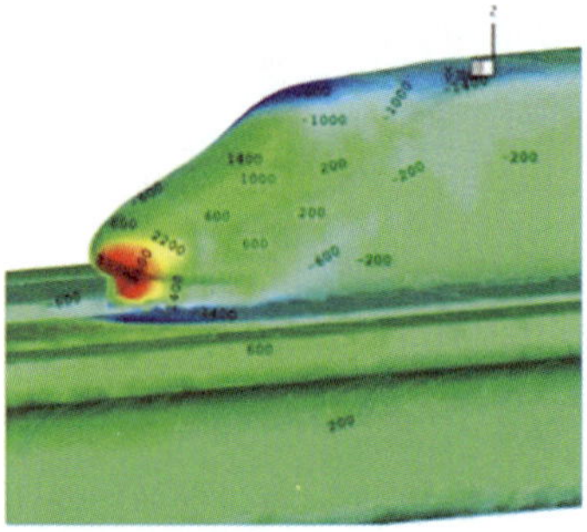

（a）头车迎风侧表面风压分布（合成风攻角法） 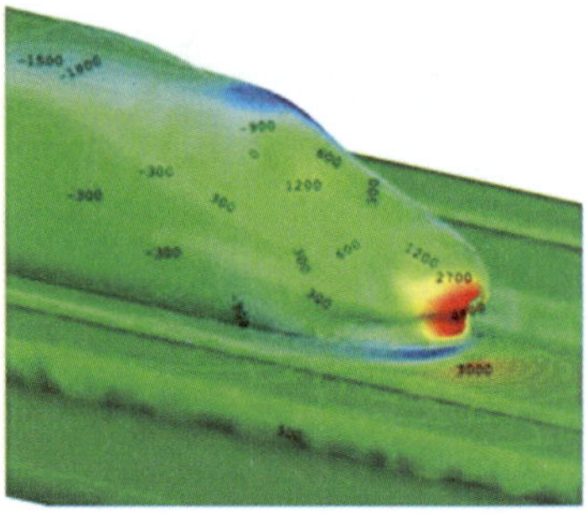　　（b）头车迎风侧表面风压分布（滑移网格法）

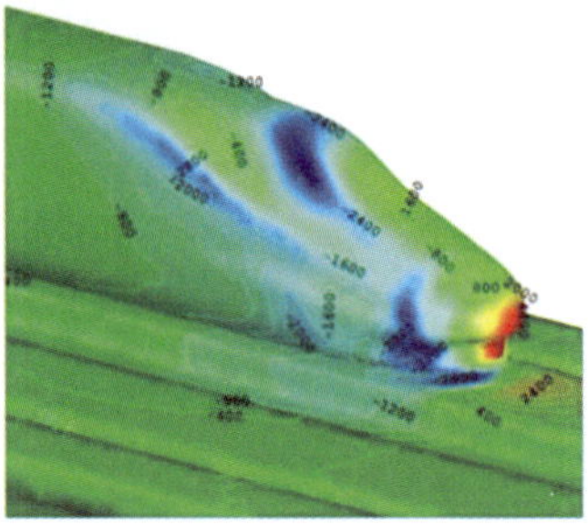

（c）头车背风侧表面风压分布（合成风攻角法） 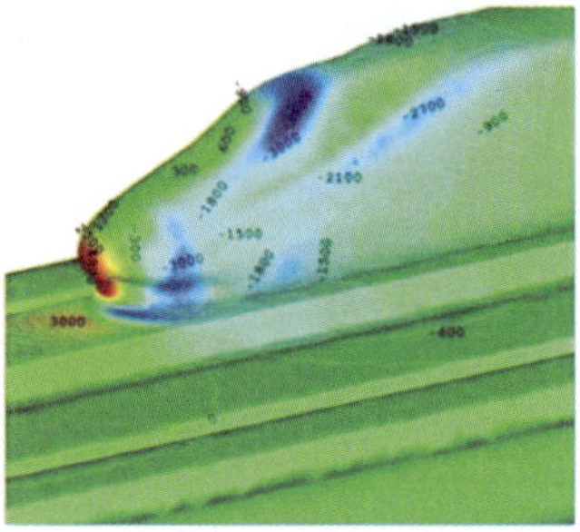　　（d）头车背风侧表面风压分布（滑移网格法）

（e）尾车迎风侧表面风压分布（合成风攻角法） 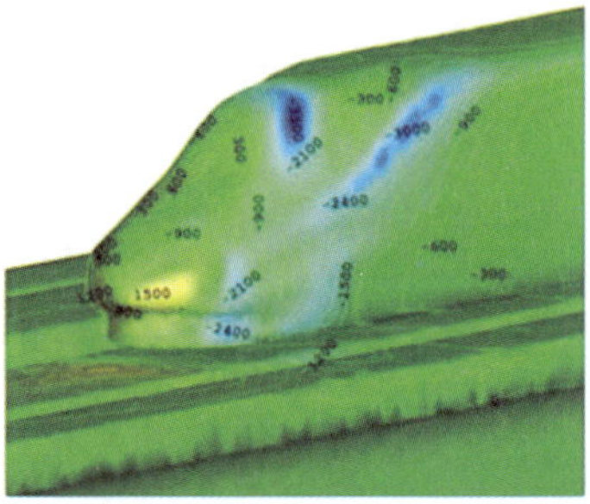　　（f）尾车迎风侧表面风压分布（滑移网格法）

（g）尾车背风侧表面风压分布（合成风攻角法） 　　（h）尾车背风侧表面风压分布（滑移网格法）

图 5 – 10　不同模拟方法时列车头车和尾车的表面压力（Pa）

5.3　移动列车－桥梁试验系统风洞试验

5.3.1　U 形滑道加减速装置

移动车－桥试验系统为自行研究设计的一套移动车辆模型风洞试验装置——U 形滑道系统，装置基于势能转换为动能的原理，试验列车模型在桥上运行距离为 5×1.28 m，试验总体布置如图 5－11 所示。试验在中南大学风洞试验室低速段内完成，风洞实验室低速段宽 12 m、高 3.5 m、长 18 m。为满足风洞阻塞比的要求，车－桥系统模型缩尺比为 1∶25，阻塞率为 3.4%。

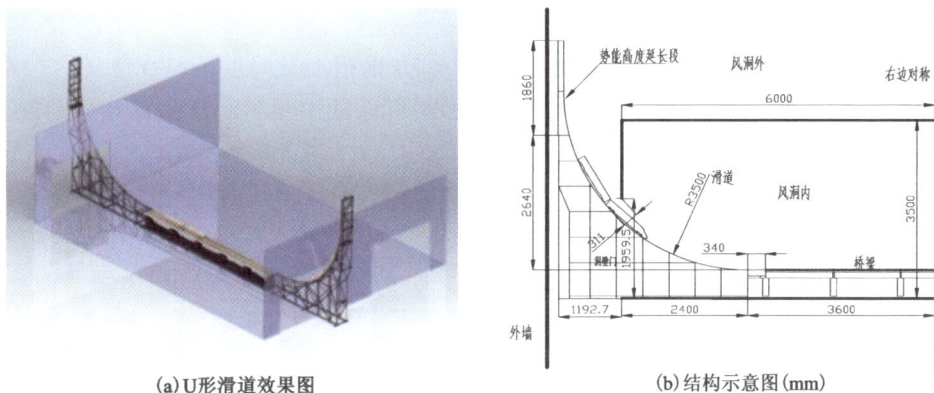

(a)U形滑道效果图　(b)结构示意图(mm)

图 5－11　U 形滑道试验系统

试验中列车的动力来自于重力势能，列车从轨道滑落，获得运行速度。将列车沿轨道向上拖拽，达到预定试验高度时，进行释放，同时可根据不同的高度，实现列车不同车速的目的。通过 U 形滑道可实现列车短时间内的加速与减速，可重复性强，有效地缩短了测试时间，提高了实验效率，图 5－12 为 U 形滑道风洞试验系统示意图。

图 5－12　U 形滑道风洞试验系统

数据采集系统采用自主研制的无线风压测试系统,系统位于中车车身内部,通过测压管与列车表面测压孔相接,因此可直接获取中车的表面风压,并实时将采集到的风压数据通过无线的方式传输到远程计算机上,有效地避免了传统压力扫描阀等带来的拖线问题,使该测试系统可承载且适用于此种类似移动物体气动特性的测试,采样频率为 2 kHz,列车测试结果仅考虑列车在桥梁上运行时的气动特性,桥梁气动特性由 DSM3400 压力扫描阀测得,采样频率为 625 Hz。

5.3.2　试验模型

以我国高速铁路 CRH2 型列车为研究对象,实际列车头车长 25.7 m,中车长 25.0 m,宽度和高度分别为 3.38 m、3.7 m,车头鼻尖长度为 8.35 m(图 5 – 13)。研究模拟移动车辆的各种工况时,由于受到空间和技术条件的限制,目前模型只考虑了头车 + 中间车的情况,以往的研究结果表明,运行中的列车,前端列车安全系数最差,因此对于头车与中间头车 + 中间车的模型试验也是很有意义的,试验时,此时头车相当于中间车的气动过渡段,可保证中间车的气动特性稳定性,用于模拟头车真实的扰流现象。

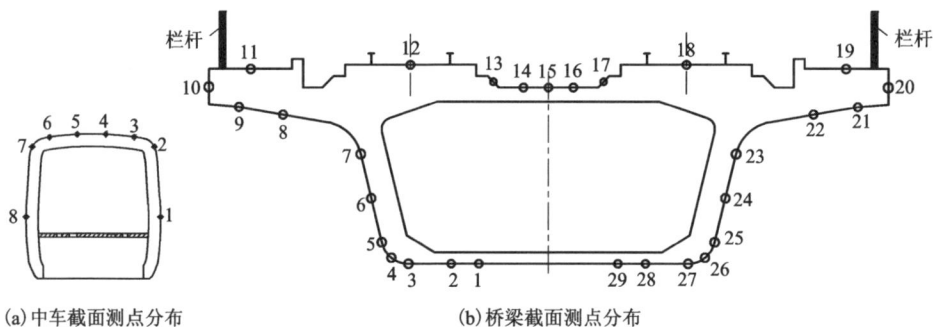

图 5 – 13　车 – 桥组合状态下中车与桥梁各截面测点位置及编号

京沪高铁桥梁占全线总长 80% 以上,其中尤以 32 m 简支梁所占比例最大。因此,本试验选取京沪高速铁路 32 m 简支梁(五跨)为模型具有重大意义,实际桥梁宽 12.24 m,高 3.628 m,桥墩高度为 10 m。梁体由特殊木材制作而成,在每片箱梁模型里安装了固定钢板,以增强结构的刚度以及能与桥墩可靠地相连。桥墩用钢材制作,钢板底面四周有一定弧度可自然过渡到风洞地面,减小对风场的干扰。

5.3.3 试验工况

为更好地得到列车气动特性，试验针对中车模型进行了表面风压测试，截面测点分布如图 5 - 13(a) 所示。同时为探究列车移动对桥梁气动特性的影响，试验中在桥梁截面位置布置了压力测点，测点位置如图 5 - 13(b) 所示。为分析动、静模型在模拟侧风作用下车 - 桥系统气动特性的差异，试验分别针对不同风速、车速以及车辆位置对车 - 桥系统进行气动特性测试，分析各因素对车 - 桥系统气动特性的影响。试验在中南大学风洞实验室低速段进行(风洞参数可参考第 2 章的风洞试验介绍说明)。为分析桥梁和列车相互之间的气动特性的影响，每种工况考虑 5 m/s、6 m/s、7 m/s、8 m/s、9 m/s、10 m/s 六个试验风速。如图 5 - 14 所示为车 - 桥组合状态运动方向以及位置示意，试验通过静止与移动列车模型试验对比分析进行，所以分别设置列车速度为 0 m/s、4 m/s、6 m/s 三种车速。为减少动态试验数据的误差并兼顾试验效率，保证试验结果的精度以及准确度，对移动列车每一个工况重复进行 10 次。

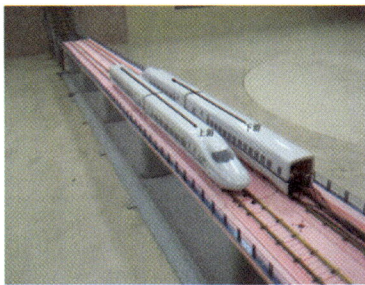

图 5 - 14 车 - 桥组合状态
运动方向以及位置示意

5.3.4 静、动态列车表面风压

图 5 - 15 和图 5 - 16 分别为列车在桥梁上游和下游运行时获得的表面风压分布，图中移动模型测试结果分别采用 6 种风速和 3 种车速进行试验(含静止状态)。从总体上看，列车在桥梁轨道下游运行时，当风速为 5 ~ 8 m/s 时，各测点因车速的差异而不明显；当风速为 9 ~ 10 m/s 时，静止模型的测试结果要大于移动模型的测试结果，且出现显著差异，对于各测点而言，3 ~ 6 号点影响比较剧烈，这种差异是列车移动时侧风绕流所引起的。而列车在桥梁上游运行时，当风速为 5 ~ 7 m/s 时，静止模型列车与移动模型列车之间的差异不明显；而当风速为 8 ~ 10 m/s 时，测点之间的差异逐渐增大，且总体上静态模型的测试结果小于移动模型的测试结果。同时从列车在上游运行与下游运行的情况来看，由于列车在下游时处于桥梁的绕流之中，此时来流会一部分在桥梁顶面发生再附，一部分与列车表面再次分离，列车在桥梁下游运行时列车表面风压整体波动比在上游运行时大，且在列车表面气流分离区域所受到的负压远大于列车在上游运行时，但在迎风侧列车在上游运行时风压远远大于列车在桥梁下游运行时的结果。从各个工况总体来看，静止列车表面平均风压系数大于移动列车的测试结果，这一结论和已有研究对列车动静模型测试差异的结果基本吻合。

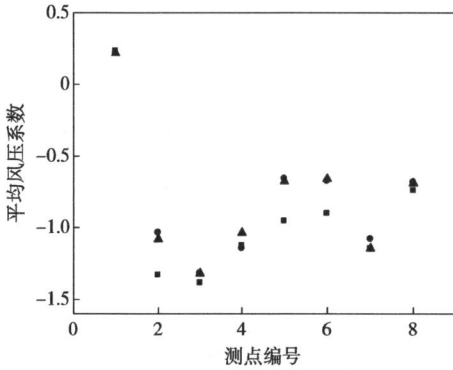

(a) 试验风速 5 m/s

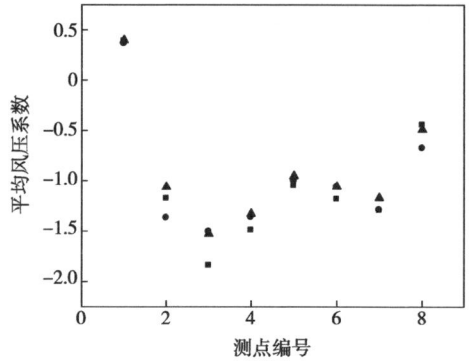

(b) 试验风速 6 m/s

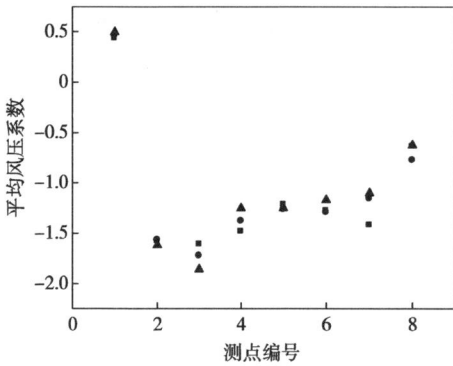

(c) 试验风速 7 m/s

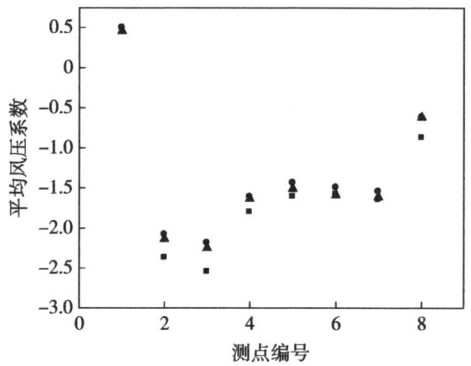

(d) 试验风速 8 m/s

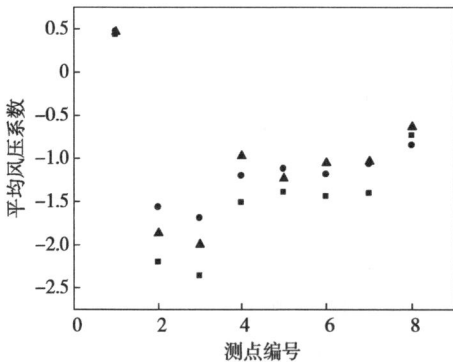

(e) 试验风速 9 m/s

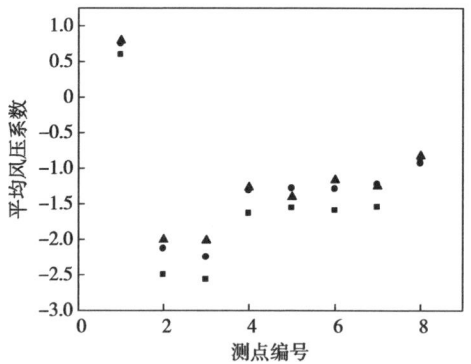

(f) 试验风速 10 m/s

■ 静态　● 4 m/s　▲ 6 m/s

图 5-15　不同试验风速列车表面平均风压系数的比较(下游)

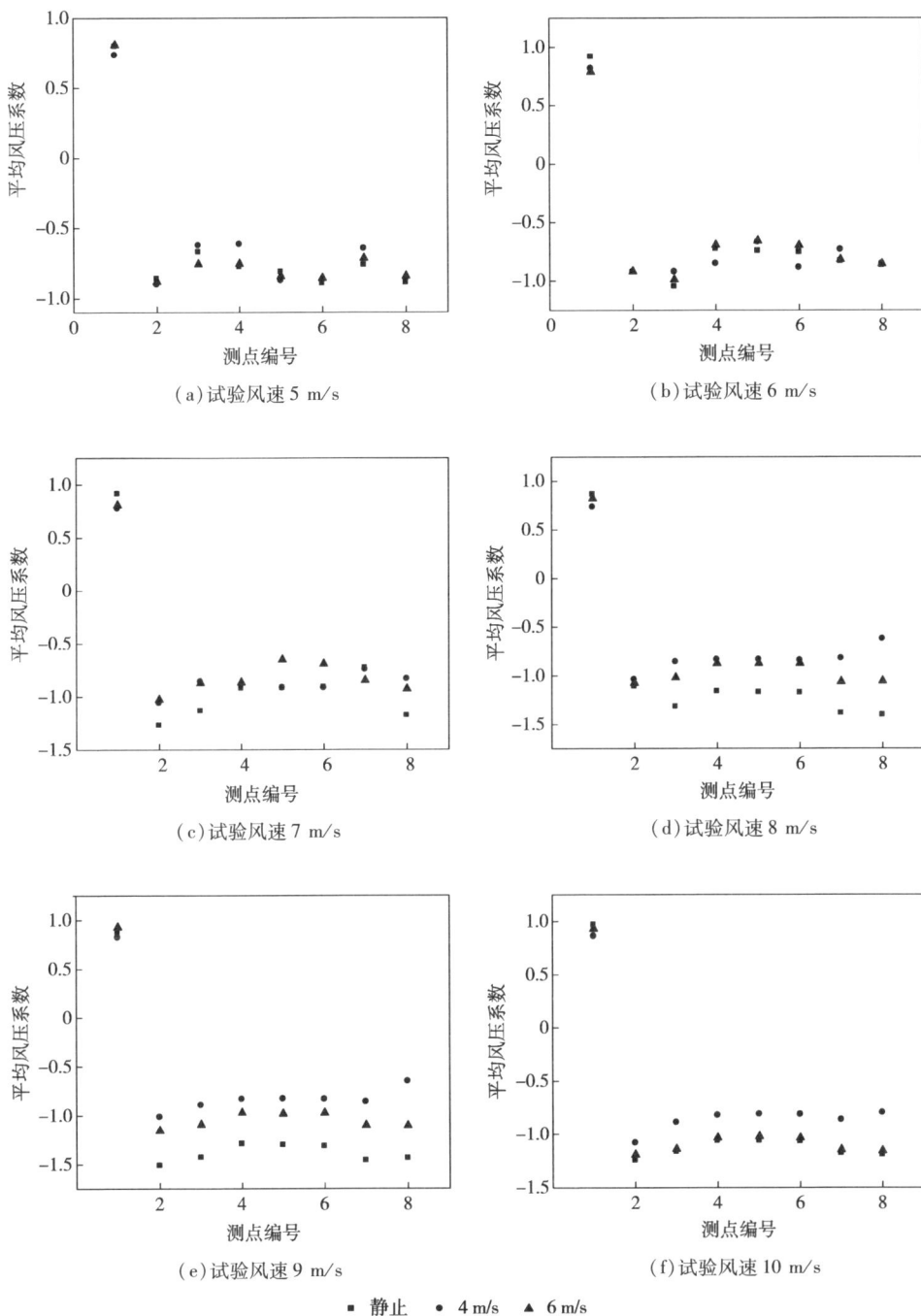

（a）试验风速 5 m/s

（b）试验风速 6 m/s

（c）试验风速 7 m/s

（d）试验风速 8 m/s

（e）试验风速 9 m/s

（f）试验风速 10 m/s

■ 静止　　● 4 m/s　　▲ 6 m/s

图 5－16　不同试验风速列车表面平均风压系数的比较（上游）

5.3.5 静、动态列车对桥梁风压影响

通过对比列车静止与移动状态下的桥梁表面风压系数,来探究在横风作用下移动列车与静止列车对桥梁气动特性的影响。如图 5 – 17 所示,桥梁截面各测点平均风压系数会发生变化,除 5 m/s 风速下桥梁平均风压系数较小以外,其他风速工况下桥梁平均风压系数均随风速增大;而列车位于桥梁上游时,桥梁平均风压系数均存在较大差异,桥梁截面的顶部仅仅存在上游列车的干扰,迎风面以及分离区平均风压系数均减小,在截面顶面中部形成涡团再附于桥梁表面,使得桥梁下表面负压减小,迎风面出现正压。而当列车位于桥梁下游时,与处于桥梁上游的结果不同,桥梁上部有下游列车车身存在,车身的阻挡作用使得桥面绕流于

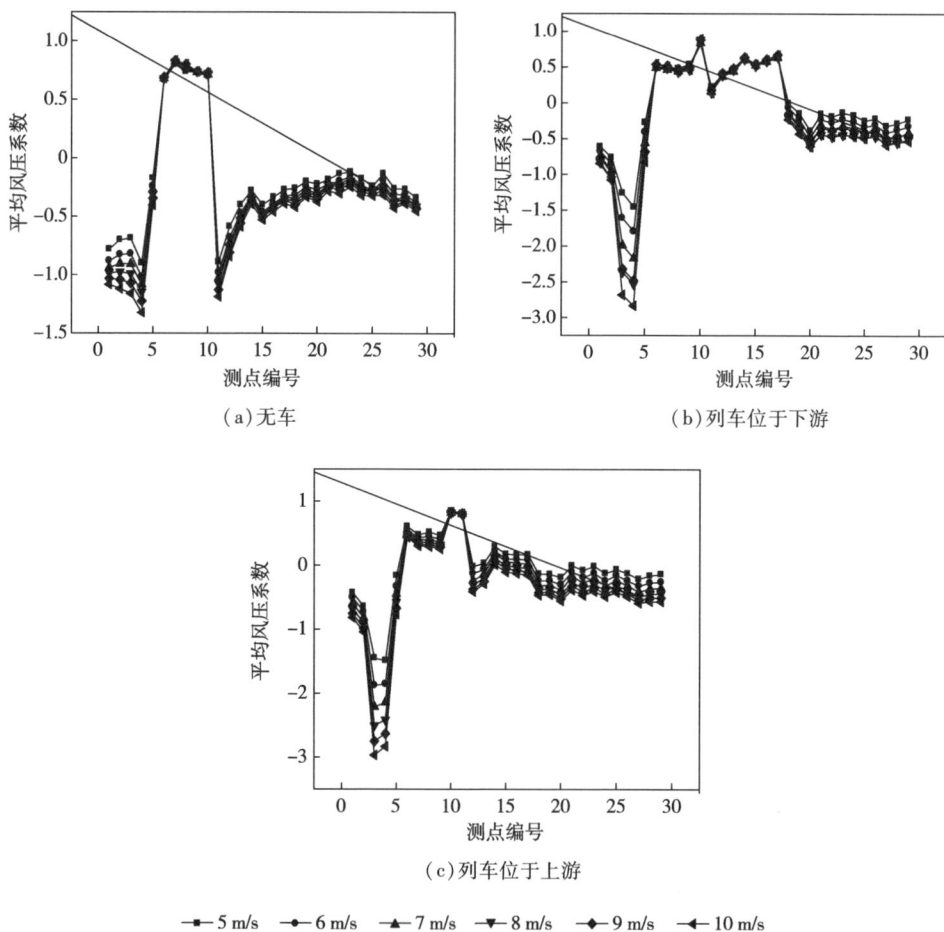

(a)无车   (b)列车位于下游

(c)列车位于上游

—■—5 m/s —●—6 m/s —▲—7 m/s —▼—8 m/s —◆—9 m/s —◀—10 m/s

图 5 – 17 列车静态模型桥梁表面平均风压系数

桥面中心产生再附涡团,桥面中心出现正压。从图 5 - 17 还可看出,静态列车位于桥上时,桥梁各测点平均风压系数在桥梁迎风侧底部、迎风侧及顶部受列车的影响较大。

脉动风压系数如图 5 - 18 所示,脉动风压系数随风速增大而增大,除 5 m/s 风速外,桥梁脉动风压系数随风速变化均稳定。同时可以看出,列车对桥梁脉动风压系数的影响规律与平均风压系数类似。当有列车静止在桥上时,脉动风压系数在桥梁迎风侧底部以及前端出现了较大差异,波动较大,顶部与背风侧及背风侧底部基本变化不大,仅绝对值略有减小。列车位于下游时,桥梁迎风侧底部及前端比列车在上游时波动更大,且绝对值大于列车位于上游时。列车位于下游时,脉动风压系数较大,其中在桥梁迎风侧底部的测点所受风压系数可达约 0.5。

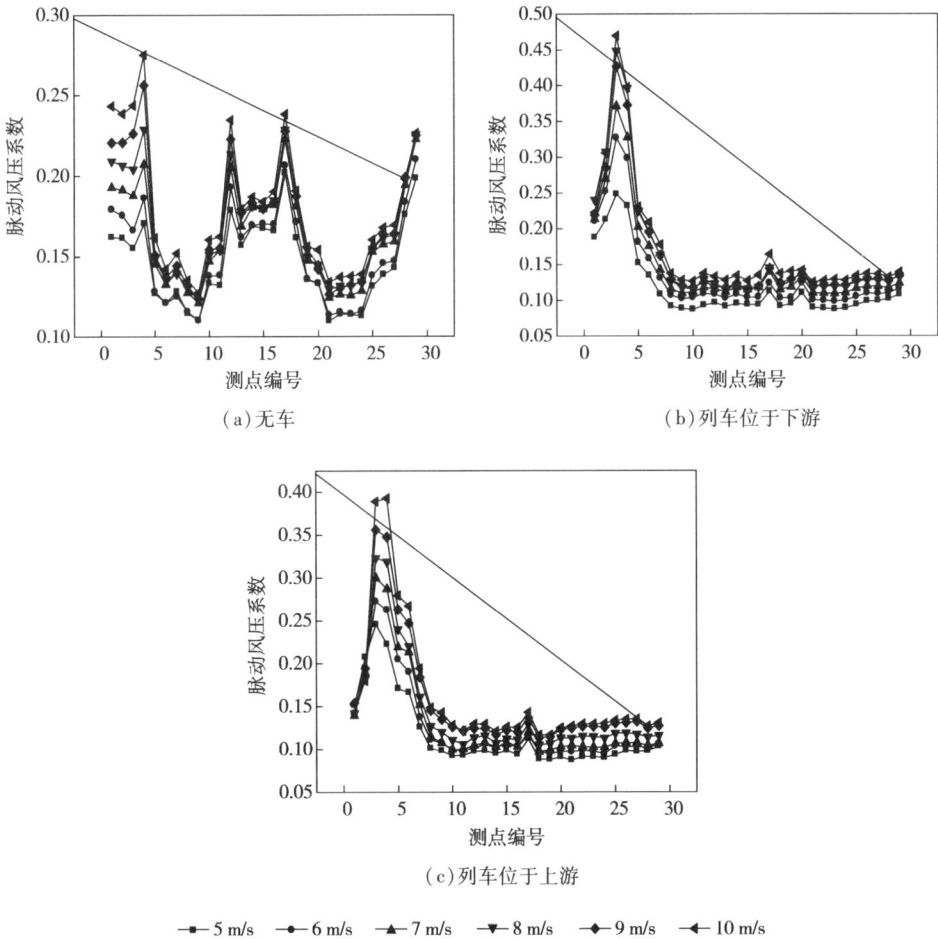

(a)无车

(b)列车位于下游

(c)列车位于上游

■— 5 m/s　●— 6 m/s　▲— 7 m/s　▼— 8 m/s　◆— 9 m/s　◀— 10 m/s

图 5 - 19　列车静态模型桥梁表面脉动风压系数

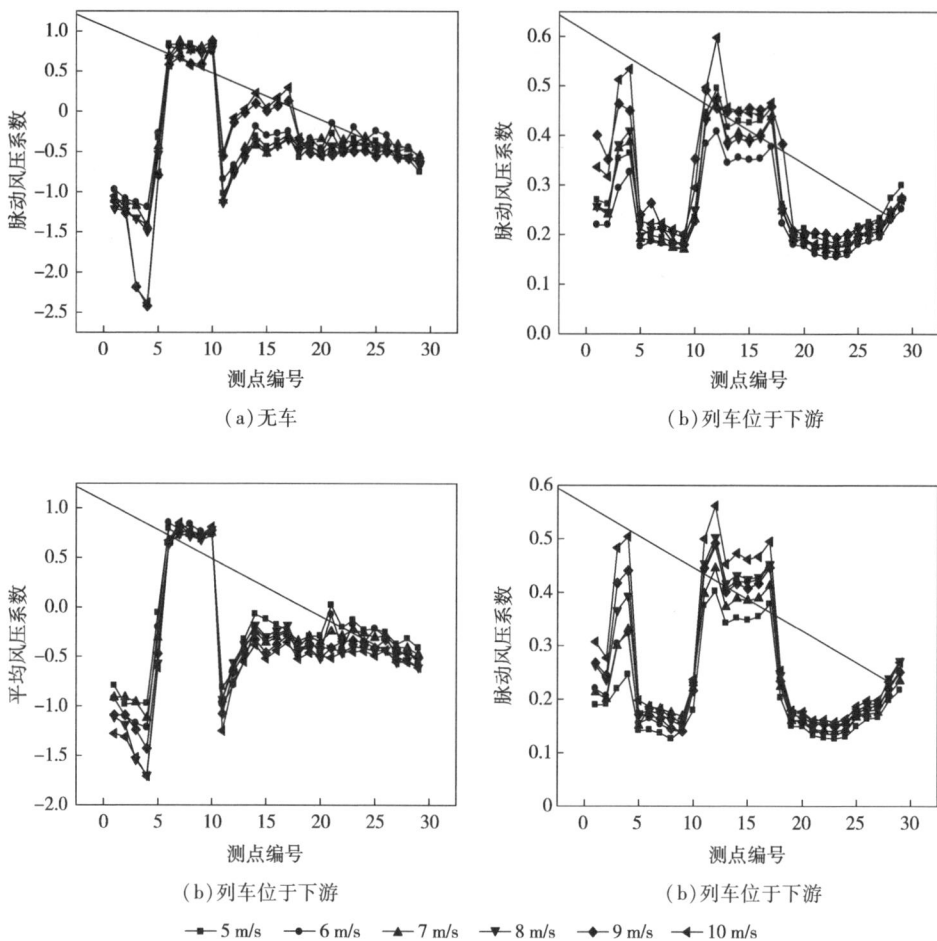

图 5 - 19 下游列车移动时桥梁表面压力系数

如图 5 - 19 所示，对比静态列车位于下游时，可发现平均风压系数变化趋势大致相同，平均风压系数波动较大区域仍为迎风侧底部及迎风侧，且其他区域在风速较低时波动较大。列车的移动使桥梁平均风压系数的绝对值发生了变化，在桥梁底部以及迎风侧，相对静止列车而言，桥梁平均风压系数变小，列车的移动速度越快其降低越明显。而对于桥梁顶部测点而言，列车移动使顶部测点出现了负压，列车移动速度越快，在桥梁迎风侧与顶部交接处测点出现的差异越大，且绝对值出现了大幅增加。而当列车静止在桥梁下游时，桥梁脉动风压系数发生大幅变动，列车的移动对桥梁脉动风压系数产生了较大影响，脉动风速波动较大的位置除迎风侧底部与迎风侧外，桥梁顶部也出现了较大波动。列车在下游移动时在桥梁迎风前沿底部以及顶部产生了湍流。

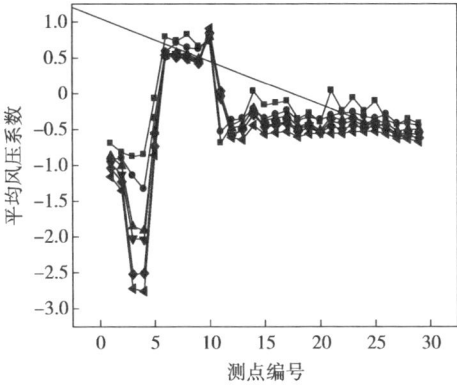

（a）车速为 4 m/s 时平均风压系数　　　（b）车速为 4 m/s 时脉动风压系数

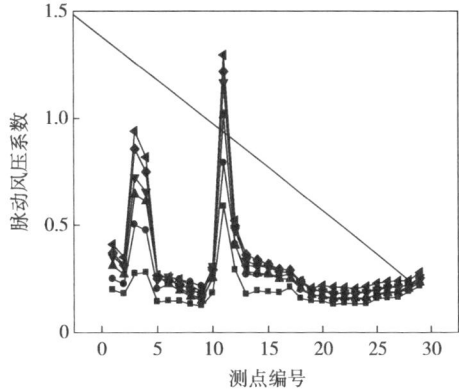

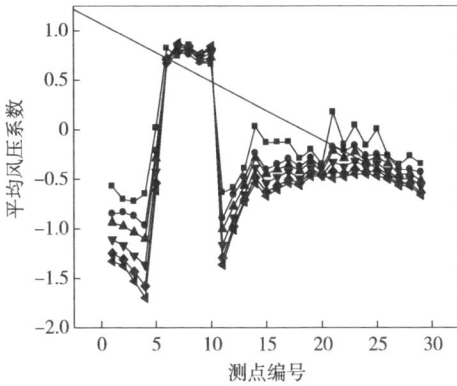

（c）车速为 6 m/s 时平均风压系数　　　（d）车速为 6 m/s 时脉动风压系数

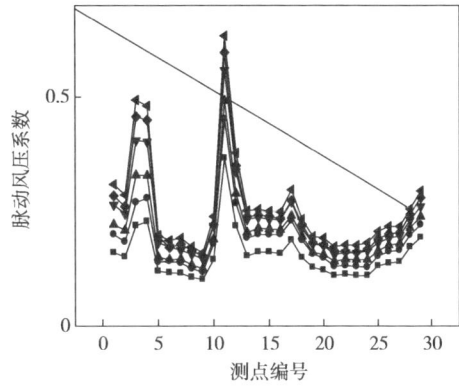

—■— 5 m/s　—●— 6 m/s　—▲— 7 m/s　—▼— 8 m/s　—◆— 9 m/s　—◀— 10 m/s

图 5－20　上游列车移动时桥梁表面压力系数

如图 5－20 所示，对比静态列车位于上游时，可发现平均风压系数变化趋势大致相同，平均风压系数波动较大区域仍为迎风侧底部以及迎风侧，且其他区域在风速较低时波动较大。列车的移动使桥梁平均风压系数的绝对值发生了变化，在桥梁底部以及迎风侧，相对静止列车而言，桥梁平均风压系数变小，列车的移动速度越快其降低越明显。而对于桥梁顶部测点而言，列车以 4 m/s 速度移动和静态列车相差不大，而列车以 6 m/s 速度移动时，在桥梁迎风侧与顶部交接处测点出现很大差异，且绝对值出现了大幅增加。列车以 6 m/s 移动时在交接处产生了涡旋，产生较大的负压。而当列车静止在桥梁上游时，脉动风压系数发生大幅变动，列车的移动对桥梁脉动风压系数产生了较大影响，脉动风速波动较大的位置除迎风侧底部与迎风侧外，在桥梁迎风侧顶部区域也产生了较大波动，车速越快,脉动风压系数在底部、迎风侧及桥梁顶部相对越小。

5.4 CFD 数值模拟与风洞试验对比

由图 5 - 21 可知,各截面各点压力系数基本一致。由图 5 - 21(a)图中压力系数可知,正压最大值出现在迎风面 1 号点,负压最大值出现在分离区 3 号点,可发现滑移网格在整体风压趋势上与风洞试验相比更为接近。而在 6 m/s 时可知,由图 5 - 22(b)图中压力系数可知,风速为 5 m/s 时,车体顶部和背风侧各有一个峰值,形成"双峰"特征。正压最大值出现在迎风面顶部靠前位置。总体而言,在研究车 - 桥系统气动特性时,滑移网格与移动列车风洞试验更为接近,可为后期开展车 - 桥系统气动力研究的列车表面压力研究提供参考。

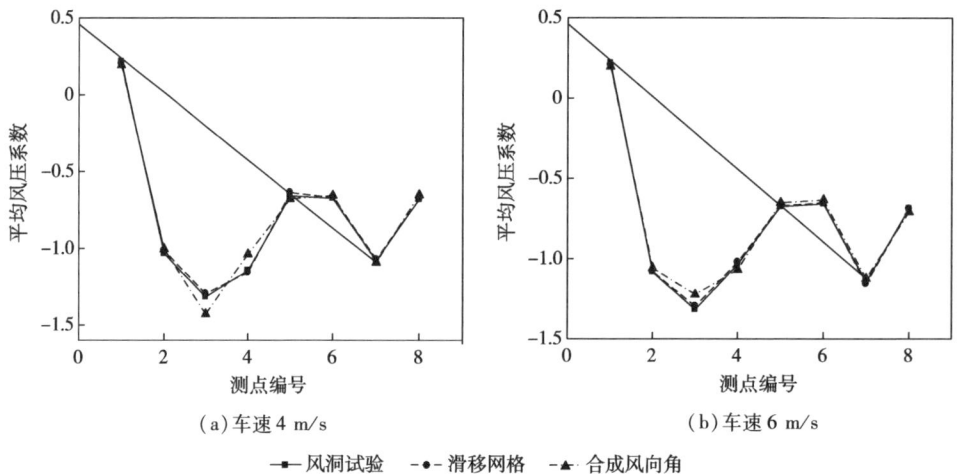

(a)车速 4 m/s   (b)车速 6 m/s

—■— 风洞试验   -●- 滑移网格   -▲- 合成风向角

图 5 - 21   截面各点压力系数

5.5 弹射试验系统研发

中南大学风洞实验室低速段风洞截面宽度虽达 12 m,但 U 形滑道加减速装置在除去加速滑道和减速滑道后,列车在桥梁上运行并保持相对平稳的距离较短,以及由于场地高度的限制,该装置可模拟的列车速度有限。后期工作将针对列车以更高速度在桥上运行时的气动特性,以及不同桥梁断面形式对列车气动力的影响等开展进一步研究,为此,中南大学风洞实验室研发了一套高速列车弹射试验系统(图见 5 - 22),可满足 0 ~ 20 m/s 横风来流及 0 ~ 35 m/s 列车移动速度,相关研究工作正在逐步开展。

图 5 - 22　风洞试验弹射系统

参考文献

［1］ 田红旗.列车空气动力学［M］.北京：中国铁道出版社，2007.

［2］ 王福军.计算流体动力学分析——CFD 软件原理与应用［M］.北京：清华大学出版社，2014.

［3］ 李鹏飞，徐敏义，王飞飞. 精通 CFD 工程仿真与案例实战［M］. 北京：人民邮电出版社，2011.

［4］ 黄本才.结构抗风分析原理及应用［M］.上海：同济大学出版社，2001.

［5］ Zou S M, He X H, Wu T, Zou Y F, et al. Numerical simulation of aerodynamic characteristics of vehicle - bridge system under strong wind［C］. 1st International Conference on Rail Transportation, Chengdu, China, 2017.

［6］ Zou S M, He X H, Wang H F, et al. Aerodynamic characteristics of vehicle - bridge system to cross wind［C］. The 4th Symposium on Fluid Structure Sound Interaction and Control（FSSIC 4），Tokyo, 2017.

［7］ 邹思敏，何旭辉，邹云峰.侧风作用下行车对桥气动特性数值模拟［R］.第十八届全国结构风工程学术会议暨第四届全国风工程研究生论坛，长沙，2017.

［8］ 邹云峰，何旭辉，邹思敏，等. 一种测试移动列车－桥梁系统气动特性的 U 形滑道和方法［J］. 铁道科学与工程学报，2018，15（7）：1747 - 1753.

［9］ 赖慧蕊. 侧风作用下高速铁路 CRH2 列车－简支梁桥系统仿真分析［D］.长沙：中南大学，2015.

［10］杜风宇. 强风下车－桥系统气动特性及挡风墙的影响风洞试验研究［D］. 长沙：中南大学, 2014.

［11］叶剑. 高速铁路新型风屏障及其横风气动性能数值模拟研究［D］. 长沙：中南大学, 2014.

［12］冉瑞飞. 侧风下 CRH－2 列车－简支梁桥风洞模型设计及数值模拟研究［D］. 长沙：中南大学, 2013.

［13］何艳丽. 空间结构风工程［M］. 上海：上海交通大学出版社, 2012.

［14］Schetz J A. Aerodynamics of high-speed trains［J］. Annual Review of Fluid Mechanics, 2001：371－414.

［15］何旭辉, 邹云峰, 邓宏贵, 等. 基于无线传输的移动列车气动三分力测试装置 CN203811351U［P］. 2014－09－03.

［16］何旭辉, 邹云峰, 余志武, 等. 基于风压积分的移动列车气动特性测试系统 CN203350053U［P］. 2013－12－18.

［17］何旭辉, 邹云峰, 余志武, 等. 基于风压积分的移动列车气动特性测试系统及其测试方法 CN103389216A［P］. 2013－11－13.

［18］何旭辉, 刘应龙, 余志武, 等. 一种移动列车无线动力测试系统 CN203053717U［P］. 2013－07－10.

［19］何旭辉, 余志武, 李玲瑶, 等. 一种 U 形风洞试验列车加速系统 CN202994486U［P］. 2013－06－12.

［20］何旭辉, 刘应龙, 余志武, 等. 一种移动列车无线动力测试系统 CN103063452A［P］. 2013－04－24.

［21］何旭辉, 余志武, 李玲瑶, 等. 一种 U 形风洞试验列车加速系统 CN102944434A［P］. 2013－02－27.

第6章

移动荷载作用下桥梁振动分析理论与试验

本章由简到繁依次介绍了不同移动车辆模型和求解车－桥系统振动的理论与方法，可为刚进入车－桥振动领域的研究者参考。首先推导了移动力作用下简支梁振动的解析解和连续梁振动的近似解析解，然后给出了移动簧上质量模型的全系统运动方程和数值解并与移动力模型的解析解进行了对比，比较了简支梁和两跨连续梁的振动响应规律；最后建模求解了一个实验小车和一座四跨连续板结构的耦合振动，展示了数值模态和迭代法的运用，并与实验结果进行了对比，分析了结构的响应规律。

6.1　移动集中力引起的梁桥振动

6.1.1　移动集中力引起的简支梁振动

当列车与桥梁的质量比很小时，列车的惯性力可以忽略，列车荷载可以简化成移动力。图 6-1 展示了一个移动竖向常力 f 以匀速 v 在一个简支梁上运行的示意图。研究表明车辆阻尼对桥梁振动响应的作用很小，可被忽略。梁的振动方程可表示为

$$\rho A\, \ddot{w} + EI\, w'''' = -f\delta(x - x_{\mathrm{v}}) \tag{6.1}$$

式中：ρ、E、A、I 分别为梁的密度、弹性模量、截面面积、惯性矩；δ 为 Dirac 函数；w 上方两点表示其对 t 的两阶导数；w 右上方四撇表示其对 x 的四阶导数；x_{v} 为移动力的位置，$x_{\mathrm{v}} = vt$。

式(6.1)可用模态叠加法求解，桥梁变形可表达为其模态与模态坐标乘积的总和，表达式为

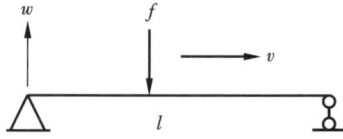

图 6 - 1 移动力作用下简支梁模型

$$w(x, t) = \sum_{i=1}^{\infty} \varphi_i(x) q_i(t) \tag{6.2}$$

模态满足下面的关系式

$$-\omega^2 \rho A \varphi + EI \frac{\partial^4 \varphi}{\partial x^4} = 0 \tag{6.3}$$

式中：ω 为梁的固有圆频率。式(6.3)是一个关于 φ 的常微分方程，其解为

$$\varphi = C_1 \sin\left(\frac{\lambda}{l}x\right) + C_2 \cos\left(\frac{\lambda}{l}x\right) + C_3 \sinh\left(\frac{\lambda}{l}x\right) + C_4 \cosh\left(\frac{\lambda}{l}x\right) \tag{6.4}$$

式中：λ 为非量纲参数，$\lambda = \sqrt[4]{\dfrac{\omega^2 \rho A\, l^4}{EI}}$。$\lambda$、$C_1$、$C_2$、$C_3$、$C_4$ 根据梁的边界条件确定，模态具有以下正交特性

$$\int_0^l \rho A \varphi_i \varphi_j dx = M_{ii}\delta_{ij}, \quad \int_0^l EI\varphi_i \frac{\partial^4 \varphi_j}{\partial x^4}dx = \omega_i^2 M_{ii}\delta_{ij}, \quad i, j = 1, 2, 3, \cdots \tag{6.5}$$

式中：δ_{ij} 为 Kronecker delta 函数，当 $i = j$ 时等于 1，否则等于 0；M_{ii} 是待定系数。

将式(6.2)带入式(6.1)，将得到的方程两边同时乘以 φ_i，并沿梁长积分，可以得到如下表达式

$$\ddot{q}_i + \omega_i^2 q_i = -\frac{f}{M_{ii}}\varphi_i(vt) \tag{6.6}$$

式中：$\ddot{q}_i$ 为 ε_i 对时间的二阶导数。

简支梁的模态和振动圆频率可表达为

$$\varphi_i = \sin\left(\frac{i\pi x}{l}\right), \quad i = 1, 2, 3\cdots \tag{6.7}$$

$$\omega_i = \sqrt{\frac{EI}{\rho A}}\left(\frac{i\pi}{l}\right)^2, \quad i = 1, 2, 3\cdots \tag{6.8}$$

将式(6.7)代入式(6.5)可得到 $M_{ii} = \dfrac{\rho Al}{2}$。

式(6.6)变换成

$$\ddot{q}_i + \omega_i^2 q_i = -\frac{2f}{\rho Al}\sin\left(\frac{i\pi v}{l}t\right) \tag{6.9}$$

代入梁的初始条件 $q(0) = 0$，$\dot{q}_i(0) = 0$，通过 Duhamel 积分，可得到式(6.9)的解为

$$q_i(t) = -\frac{1}{\omega_i^2 - \left(\dfrac{i\pi v}{l}\right)^2} \frac{2f}{\rho A l} \sin\left(\frac{i\pi v}{l}t\right) + \frac{\dfrac{i\pi v}{l\,\omega_i}}{\omega_i^2 - \left(\dfrac{i\pi v}{l}\right)^2} \frac{2f}{\rho A l} \sin(\omega_i t) \qquad (6.10)$$

式中：$\dfrac{i\pi v}{l}$ 为移动荷载产生的 i 阶激励频率。

定义如下参数：

$$W_{si} = -\frac{f}{M_{ii}\omega_i^2} \qquad (6.11)$$

$$S_i = \frac{i\pi v}{l\,\omega_i} \qquad (6.12)$$

式(6.10)可以表达为

$$q_i(t) = \frac{W_{si}}{1 - S_i^2}\left[\sin\left(\frac{i\pi v}{l}t\right) - S_i\sin(\omega_i t)\right] \qquad (6.13)$$

将式(6.7)和式(6.13)带入式(6.2)可得到简支梁的位移响应

$$w(x, t) = \sum_{i=1}^{\infty} \frac{W_{si}}{1 - S_i^2}\sin\left(\frac{i\pi x}{l}\right)\left[\sin\left(\frac{i\pi v}{l}t\right) - S_i\sin(\omega_i t)\right] \qquad (6.14)$$

从式(6.14)可以看出桥梁的变形响应包含两种频率：一种是激励频率，另一种是桥梁的固有频率。这两种 i 阶频率对桥梁 i 阶模态位移响应的贡献分别为 $\left|\dfrac{W_{si}}{1 - S_i^2}\sin\left(\dfrac{i\pi x}{l}\right)\right|$ 和 $\left|\dfrac{S_i W_{si}}{1 - S_i^2}\sin\left(\dfrac{i\pi x}{l}\right)\right|$。

简支梁的加速度响应为

$$a(x, t) = \sum_{i=1}^{\infty} \varphi_i(x)\ddot{q}_i(t) \qquad (6.15)$$

将式(6.13)对时间求二阶导数并代入式(6.15)，可得到

$$a(x, t) = \sum_{i=1}^{\infty} \frac{W_{si}}{1 - S_i^2}\sin\left(\frac{i\pi x}{l}\right)\left[-\left(\frac{i\pi v}{l}\right)^2\sin\left(\frac{i\pi v}{l}t\right) + S_i\omega_i^2\sin(\omega_i t)\right]$$

$$(6.16)$$

从式(6.16)可以看出 i 阶激励频率和桥梁固有频率对 i 阶模态加速度响应的贡献分别为 $\left|\dfrac{W_{si}i^2\pi^2 v^2}{(1 - S_i^2)l^2}\sin\left(\dfrac{i\pi x}{l}\right)\right|$ 和 $\left|\dfrac{W_{si}S_i\omega_i^2}{1 - S_i^2}\sin\left(\dfrac{i\pi x}{l}\right)\right|$。

6.1.2　移动集中力引起的连续梁振动

1. 连续梁的近似模态

连续梁的模态不连续导致连续梁的振动解析解复杂。本小节使用整个桥长的

简支梁模态拟合连续梁的模态。如图 6-2 所示，连续梁中间支撑可以看成是刚度很大的弹簧支撑，中间支撑对连续梁的作用可以看成是外力。

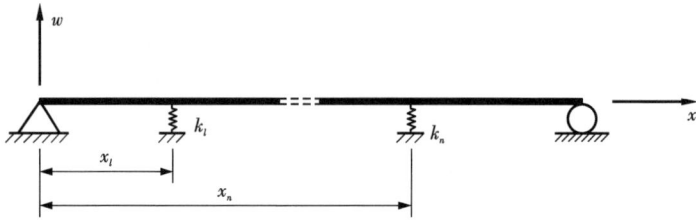

图 6-2　连续梁模型示意图

连续梁的自由振动方程可表达成

$$\rho A \, \ddot{w} + EI \, w'''' = - \sum_{i=1}^{n} k_i w(x_i, t) \delta(x - x_i) \tag{6.17}$$

式中：k_i 是第 i 个弹簧的刚度。

假定

$$w(x, t) = \sum_{j=1}^{m} \overline{\varphi}_j(x) q_j(t) \tag{6.18}$$

式中：$\overline{\varphi}_j(x)$ 为无中间支撑连续梁（这种情况下变成了简支梁）的 j 阶模态；$q_j(t)$ 为相应的模态坐标，m 为计算中所采用的简支梁模态数量。

将式（6.18）带入式（6.17），将得到的方程两边同时乘以 $\overline{\varphi}_j$，并沿梁长积分，将得到的 n 个方程写成如下向量表达式

$$\ddot{\boldsymbol{q}}(t) + \operatorname{diag}(\overline{\omega}_j^2) \boldsymbol{q}(t) = - \sum_{i=1}^{n} k_i \, \overline{\boldsymbol{\varphi}}(x_i) \, \overline{\boldsymbol{\varphi}}(x_i)^T \boldsymbol{q}(t) \tag{6.19}$$

式中：$\overline{\omega}_j$ 为简支梁的固有频率。

引入如下关系式

$$\boldsymbol{q}(t) = \boldsymbol{p} e^{i\omega t} \tag{6.20}$$

式中：$\boldsymbol{p}$ 为系数向量；ω 为连续梁的固有频率。将式（6.20）带入式（6.19）可得

$$\left[\operatorname{diag}(\overline{\omega}_j^2) + \sum_{i=1}^{n} k_i \, \overline{\boldsymbol{\varphi}}(x_i) \, \overline{\boldsymbol{\varphi}}(x_i)^T - \operatorname{diag}(\omega^2) \right] \boldsymbol{p} = 0 \tag{6.21}$$

式（6.21）是一个特征值问题，未知变量是 ω 和 $\boldsymbol{p}$。求解式（6.21）后可得到连续梁的模态如下列表达式

$$\varphi_j(x) = \sum_{k=1}^{m} \overline{\varphi}_k(x) p_k^{(j)} \tag{6.22}$$

式中：$p_k^{(j)}$ 为 $\boldsymbol{p}^{(j)}$ 的元素；ω_j^2 和 $\boldsymbol{p}^{(j)}$ 分别为式（6.19）的特征值和特征向量。

取 $k_i = 1 \times 10^{13}$，模拟连续梁的中间支撑，运用上面求解连续梁近似模态的方

法可得到两跨连续梁的近似模态表达式如下

$$\varphi_i = \sum_{n=1}^{14} C_i^n \sin\left(\frac{n\pi}{L}x\right) \tag{6.23}$$

式中：C_i^n 是 i 阶模态下 $\sin\left(\dfrac{n\pi}{L}x\right)$ 前面的系数，C_i^n 的值见表 6-1；L 为整个连续梁的长度，$L = 2l$。

表 6-1　C_i^n 的值

连续梁模态	简支梁模态						
	1	2	3	4	5	6	7
1	0	1	0	0	0	0	0
2	-1	0	-0.90907	0	0.06502	0	-0.01613
3	0	0	0	-1	0	0	0
4	-0.51942	0	0.64507	0	1	0	-0.10723
5	0	0	0	0	0	1	0
6	0.33417	0	-0.34972	0	0.51165	0	1
7	0	0	0	0	0	0	0
8	-0.23900	0	0.24267	0	-0.27094	0	0.43718

连续梁模态	简支梁模态						
	8	9	10	11	12	13	14
1	0	0	0	0	0	0	0
2	0	0.00584	0	-0.00261	0	0.00134	0
3	0	0	0	0	0	0	0
4	0	0.03469	0	-0.01499	0	0.00758	0
5	0	0	0	0	0	0	0
6	0	-0.12626	0	0.04681	0	-0.02246	0
7	-1	0	0	0	0	0	0
8	0	1	0	-0.13540	0	0.05439	0

注：由于表格宽度限制，表中只显示了小数点后五位（实际取到小数点后七位）

数值计算表明，运用简支梁前 14 阶模态可以精确拟合两跨连续梁前 8 阶模态。图 6-3 展示了两跨连续梁 5~8 阶模态，三种方法得到的模态非常相近。

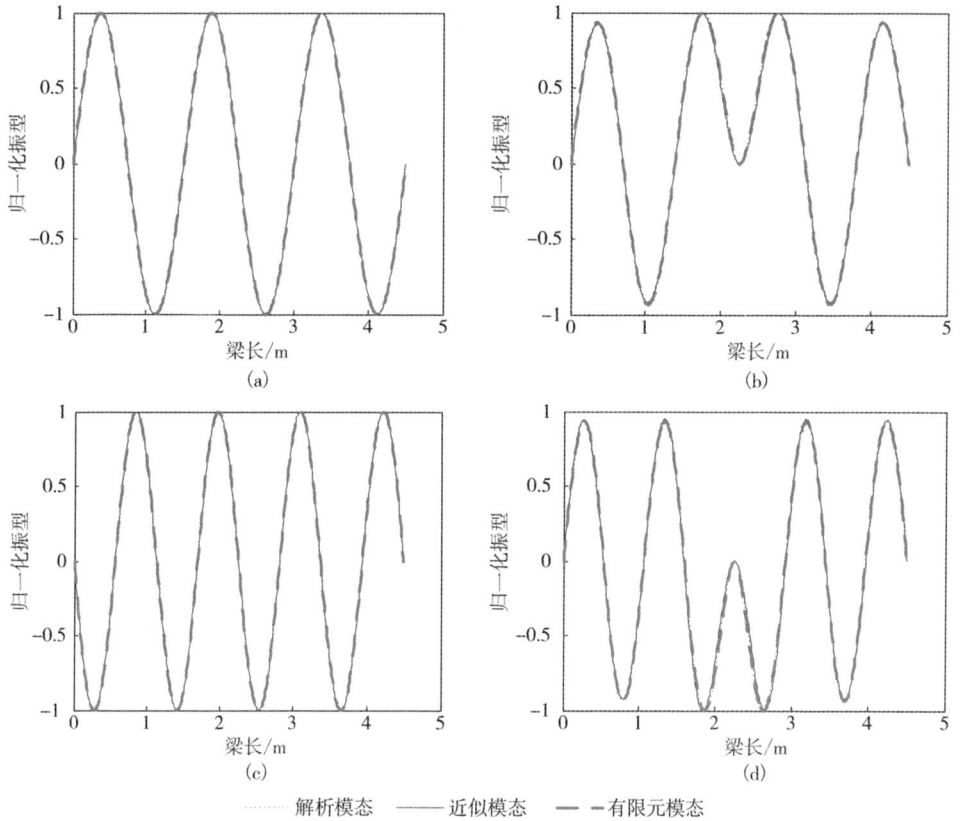

图 6 - 3   两跨连续梁 5 ~ 8 阶模态对比

2. 移动常力引起的两跨连续梁振动

将式(6.23)代入式(6.6)可以得到如下表达式

$$\ddot{q}_i + \omega_i^2 q_i = -\frac{f}{M_{ii}} \sum_{n=1}^{14} C_i^n \sin\left(\frac{n\pi v}{L}t\right) \tag{6.24}$$

式中：ω_i 为两跨连续梁的固有频率。

代入梁的初始条件 $q(0) = 0$，$\dot{q}_i(0) = 0$，通过 Duhamel 积分，可得到式(6.24)的解为

$$q_i(t) = \sum_{n=1}^{14} \frac{W_{si}}{1 - (S_i^n)^2} C_i^n \left[\sin\left(\frac{n\pi v}{L}t\right) - S_i^n \sin(\omega_i t)\right] \tag{6.25}$$

式中：W_{si} 和 S_i^n 见式(6.11)和式(6.12)。

两跨连续梁的位移响应可表达如下

$$w(x, t) = \sum_{i=1}^{\infty} \sum_{j=1}^{14} C_i^j \sin\left(\frac{j\pi}{L}x\right) \sum_{n=1}^{14} \frac{W_{si}}{1 - (S_i^n)^2} C_i^n \left[\sin\left(\frac{n\pi v}{L}t\right) - S_i^n \sin(\omega_i t) \right]$$

(6.26)

从式(6.26)可以看出连续梁 i 阶频率 ω_i 对 i 阶模态位移响应的贡献为

$$D_i = \left| \sum_{j=1}^{14} C_i^j \sin\left(\frac{j\pi}{L}x\right) \sum_{n=1}^{14} \frac{W_{si}}{1 - (S_i^n)^2} C_i^n S_i^n \right|$$

(6.27)

二跨连续梁的加速度响应可以表达为

$$a(x, t) = \sum_{i=1}^{\infty} \sum_{j=1}^{14} C_i^j \sin\left(\frac{j\pi}{L}x\right) \sum_{n=1}^{14} \frac{W_{si} C_i^n}{1 - (S_i^n)^2} \left[-\left(\frac{n\pi v}{L}\right)^2 \sin\left(\frac{n\pi v}{L}t\right) + S_i^n \omega_i^2 \sin(\omega_i t) \right]$$

(6.28)

从式(6.28)可以看出连续梁 i 阶频率 ω_i 对 i 阶模态加速度响应的贡献为

$$A_i = \left| \sum_{j=1}^{14} C_i^j \sin\left(\frac{j\pi}{L}x\right) \sum_{n=1}^{14} \frac{W_{si} \omega_i^2}{1 - (S_i^n)^2} C_i^n S_i^n \right|$$

(6.29)

考虑一个简支梁和两跨连续梁在移动常力下的振动响应。简支梁的长度 $l = 30$ m，两跨连续梁的长度 $L = 2l = 60$ m。简支梁和两跨连续梁的参数相同，见表 6-2。列车质量 $m_v = 4.255 \times 10^4$ kg，移动力 $f = m_v g$。

表 6-2　桥梁参数

密度/(kg·m⁻³)	截面面积/m²	弹性模量/GPa	截面惯性矩/m⁴
5400	7.73	28.25	7.84

采用解析解和数值积分得到的两跨连续梁在移动力作用下响应结果对比如图 6-4 所示。从图 6-4 可以看出，两种结果很接近，验证了解析解的可靠性。图 6-4(a)位移比定义为第一跨跨中动力位移与静力荷载作用在跨中产生的跨中挠度的比值。

由式(6.27)和式(6.29)可以得到两跨连续梁频率对第一跨跨中模态位移和模态加速度的贡献，如图 6-5 所示。由图 6-5 可知，两跨连续梁的前两阶模态均对其响应产生显著贡献。

由式(6.12)定义速度比

$$S_1 = \frac{\pi v}{l\omega_1}$$

(6.30)

定义动力放大系数(dynamic amplitude factor, DAF)为移动荷载作用下跨中位移最大值与静载作用在跨中产生的跨中挠度的比值。

由图 6-6 可以看出，两跨连续梁第一跨跨中响应比简支梁跨中响应小。当

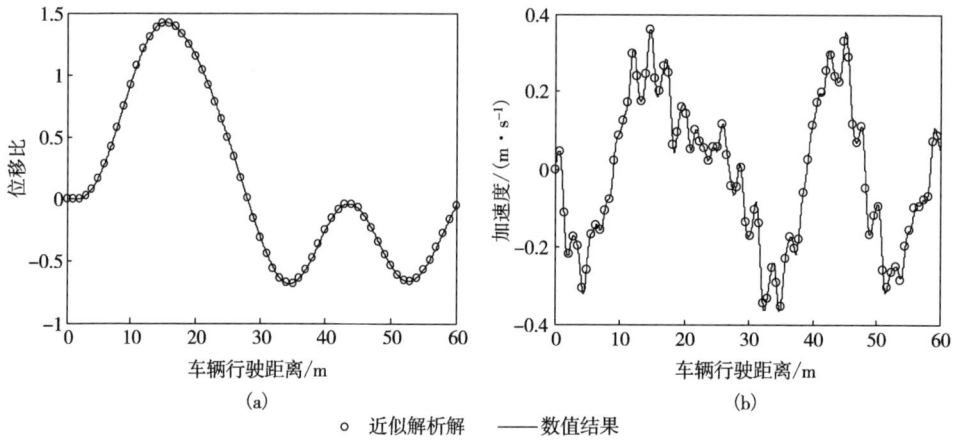

(a)

(b)

o　近似解析解　——数值结果

图6-4　两种方法求解的移动力作用下两跨连续梁
第一跨跨中(a)位移响应和(b)加速度响应

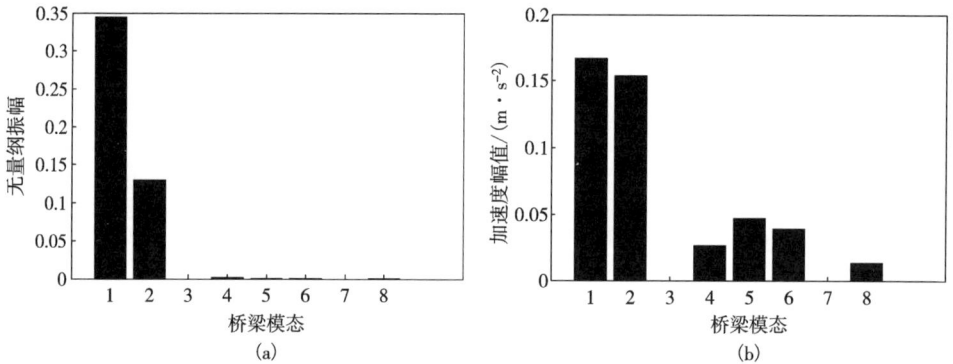

(a)

(b)

图6-5　两跨连续梁频率对第一跨跨中(a)模态位移比和(b)模态加速度的贡献

速度比小于等于0.5时,第二跨跨中响应比简支梁跨中响应小,但当速度比大于等于0.55时,第二跨跨中响应显著增大,最大动力放大系数可达到3.21(速度比0.85)。产生这一规律的原因是两跨连续梁的前两阶模态均对其响应产生显著贡献,而简支梁只有第一阶模态对其响应产生显著贡献。值得注意的是以上结果为单个移动力作用下桥梁响应,没有考虑列车的惯性力作用和多个轮轴作用。

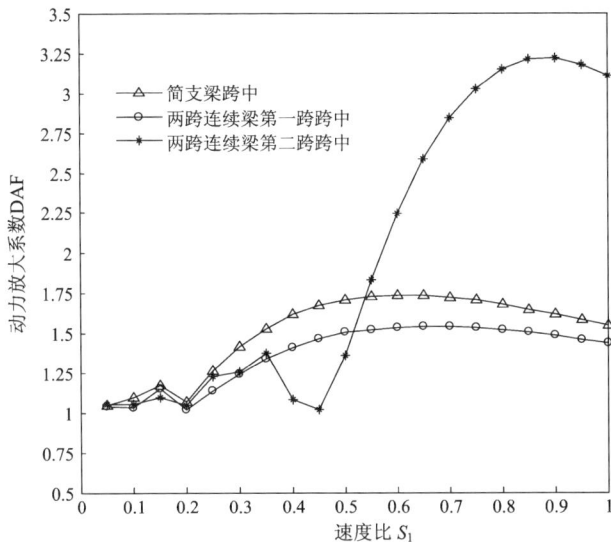

图 6 - 6　简支梁和两跨连续梁动力放大系数与速度比的关系图

6.2　移动简谐力引起的梁桥振动

在移动简谐力作用下 Euler – Bernoulli 梁的振动方程可表达为

$$\ddot{q}_i + \omega_i^2 q_i = -\frac{f}{M_{ii}}\sin(\omega_0 t)\varphi_i(vt) \tag{6.31}$$

式中：ω_0 为移动简谐力频率。

6.2.1　移动简谐力引起的简支梁振动

将简支梁的模态式(6.7)代入式(6.31)可得

$$\ddot{q}_i + \omega_i^2 q_i = -\frac{2f}{\rho Al}\sin(\omega_0 t)\sin\left(\frac{i\pi v}{l}t\right) \tag{6.32}$$

通过三角函数变换，式(6.32)可转换为

$$\ddot{q}_i + \omega_i^2 q_i = -\frac{f}{\rho Al}\left[\cos\left(\omega_0 - \frac{i\pi v}{l}\right)t - \cos\left(\omega_0 + \frac{i\pi v}{l}\right)t\right] \tag{6.33}$$

式(6.33)的特解为

$$q_{pi}(t) = A_i\cos\left(\omega_0 - \frac{i\pi v}{l}\right)t + B_i\cos\left(\omega_0 + \frac{i\pi v}{l}\right)t \tag{6.34}$$

将式(6.34)代入式(6.33)，可求得

$$A_i = -\frac{f}{\rho Al}\frac{1}{\omega_i^2 - \left(\omega_0 - \dfrac{i\pi v}{l}\right)^2} \tag{6.35}$$

$$B_i = \frac{f}{\rho Al} \frac{1}{\omega_i^2 - \left(\omega_0 + \frac{i\pi v}{l}\right)^2} \tag{6.36}$$

式(6.33)的通解为

$$q_{hi}(t) = C_i \sin(\omega_i t) + D_i \cos(\omega_i t) \tag{6.37}$$

式(6.33)的全解为

$$q_i(t) = A_i \cos\left(\omega_0 - \frac{i\pi v}{l}\right)t + B_i \cos\left(\omega_0 + \frac{i\pi v}{l}\right)t + C_i \sin(\omega_i t) + D_i \cos(\omega_i t) \tag{6.38}$$

将梁的初始条件 $q(0) = 0$，$\dot{q}_i(0) = 0$ 代入式(6.38)和其对时间的一阶导数，可得到

$$D_i = -(A_i + B_i), \quad C_i = 0 \tag{6.39}$$

$$q_i(t) = -\frac{f}{\rho Al} \frac{1}{\omega_i^2 - \left(\omega_0 - \frac{i\pi v}{l}\right)^2} \cos\left(\omega_0 - \frac{i\pi v}{l}\right)t +$$

$$\frac{f}{\rho Al} \frac{1}{\omega_i^2 - \left(\omega_0 + \frac{i\pi v}{l}\right)^2} \cos\left(\omega_0 + \frac{i\pi v}{l}\right)t -$$

$$\frac{f}{\rho} \frac{4\,\omega_0 \frac{i\pi v}{l}}{\left[\omega_i^2 - \left(\omega_0 - \frac{i\pi v}{l}\right)^2\right]\left[\omega_i^2 - \left(\omega_0 + \frac{i\pi v}{l}\right)^2\right]} \cos(\omega_i t) \tag{6.40}$$

定义如下频率比

$$S_i' = \frac{\omega_0}{\omega_i} \tag{6.41}$$

将式(6.11)、式(6.12)和式(6.41)代入式(6.40)可得

$$q_i(t) = \frac{W_{si}}{2} \frac{1}{1 - (S_i' - S_i)^2} \cos\left(\omega_0 - \frac{i\pi v}{l}\right)t - \frac{W_{si}}{2} \frac{1}{1 - (S_i' + S_i)^2} \cos\left(\omega_0 + \frac{i\pi v}{l}\right)t +$$

$$\frac{2\,W_{si} S_i S_i'}{\left[1 - (S_i' - S_i)^2\right]\left[1 - (S_i' + S_i)^2\right]} \cos(\omega_i t) \tag{6.42}$$

简支梁的位移响应可以写成

$$w(x,t) = \sum_{i=1}^{\infty} \sin\left(\frac{i\pi}{l}x\right)\left[\frac{W_{si}}{2} \frac{1}{1 - (S_i' - S_i)^2} \cos\left(\omega_0 - \frac{i\pi v}{l}\right)t - \right.$$

$$\frac{W_{si}}{2} \frac{1}{1 - (S_i' + S_i)^2} \cos\left(\omega_0 + \frac{i\pi v}{l}\right)t +$$

$$\frac{2W_{si}\,S_i\,S'_i}{\left[\,1-(S'_i-S_i)^2\,\right]\left[\,1-(S'_i+S_i)^2\,\right]}\cos(\omega_i t)\,\big]\qquad(6.43)$$

从式(6.43)可以看出有三种频率存在于简支梁的位移响应中，分别是 $\omega_0-\dfrac{i\pi v}{l}$，$\omega_0+\dfrac{i\pi v}{l}$ 和 ω_i。它们对 i 阶模态位移响应的贡献分别是

$$\left|\,\sin\left(\frac{i\pi}{l}x\right)\frac{2\,W_{si}S_i S'_i}{\left[\,1-(S'_i-S_i)^2\,\right]\left[\,1-(S'_i+S_i)^2\,\right]}\,\right|,\quad\left|\,\sin\left(\frac{i\pi}{l}x\right)\frac{W_{si}}{2}\frac{1}{1-(S'_i-S_i)^2}\,\right|$$

和 $\left|\,\sin\left(\dfrac{i\pi}{l}x\right)\dfrac{W_{si}}{2}\dfrac{1}{1-(S'_i-S_i)^2}\,\right|$。

6.2.2　移动简谐力引起的连续梁振动

本小节以两跨连续梁为例讨论移动简谐力引起的连续梁振动。将两跨连续梁的模态表达式(6.23)代入式(6.31)，可得到如下表达式

$$\ddot{q}_i+\omega_i^2 q_i=-\frac{f}{M_{ii}}\sin(\omega_0 t)\sum_{n=1}^{14}C_i^n\sin\left(\frac{n\pi v}{L}t\right)\qquad(6.44)$$

结合初始条件 $q(0)=0$，$\dot{q}_i(0)=0$，式(6.44)的解析解为

$$q_i(t)=\sum_{n=1}^{14}C_i^n\Big[\frac{W_{si}}{2}\frac{1}{1-(S'_i-S_i^n)^2}\cos\Big(\omega_0-\frac{n\pi v}{L}\Big)t-$$

$$\frac{W_{si}}{2}\frac{1}{1-(S'_i+S_i^n)^2}\cos\Big(\omega_0+\frac{n\pi v}{L}\Big)t+$$

$$\frac{2\,W_{si}\,S_i^n\,S'_i}{\left[\,1-(S'_i-S_i^n)^2\,\right]\left[\,1-(S'_i+S_i^n)^2\,\right]}\cos(\omega_i t)\,\Big]\qquad(6.45)$$

两跨连续梁的位移响应为

$$w(x,t)=\sum_{i=1}^{\infty}\sum_{j=1}^{14}C_i^j\sin\Big(\frac{j\pi}{L}x\Big)\sum_{n=1}^{14}C_i^n\Big[\frac{W_{si}}{2}\frac{1}{1-(S'_i-S_i^n)^2}\cos\Big(\omega_0-\frac{n\pi v}{L}\Big)t-$$

$$\frac{W_{si}}{2}\frac{1}{1-(S'_i+S_i^n)^2}\cos\Big(\omega_0+\frac{n\pi v}{L}\Big)t+$$

$$\frac{2W_{si}S_i^n S'_i}{\left[\,1-(S'_i-S_i^n)^2\,\right]\left[\,1-(S'_i+S_i^n)^2\,\right]}\cos(\omega_i t)\,\Big]\qquad(6.46)$$

从式(6.46)可以看出连续梁固有频率 ω_i 对桥的 i 阶模态位移响应为

$$D_i=\left|\,\sum_{j=1}^{14}A_i^j\sin\Big(\frac{j\pi}{L}x\Big)\sum_{n=1}^{14}\frac{2\,A_i^n\,W_{si}\,S_i^n\,S'_i}{\left[\,1-(S'_i-S_i^n)^2\,\right]\left[\,1-(S'_i+S_i^n)^2\,\right]}\,\right|\qquad(6.47)$$

两跨连续梁的加速度响应为

$$a(x,t)=\sum_{i=1}^{\infty}\sum_{j=1}^{14}C_i^j\sin\Big(\frac{j\pi}{L}x\Big)\sum_{n=1}^{14}C_i^n\Big[-\frac{W_{si}}{2}\frac{\Big(\omega_0-\dfrac{n\pi v^2}{L}\Big)}{1-(S'_i-S_i^n)^2}\cos\Big(\omega_0-\frac{n\pi v}{L}\Big)t+$$

$$\frac{W_{si}}{2} \frac{\left(\omega_0 + \frac{n\pi v}{L}\right)^2}{1 - (S'_i + S_i^n)^2} \cos\left(\omega_0 + \frac{n\pi v}{L}\right)t -$$

$$\left. \frac{2 W_{si} S_i^n S'_i \omega_i^2}{[1 - (S'_i - S_i^n)^2][1 - (S'_i + S_i^n)^2]} \cos(\omega_i t) \right] \qquad (6.48)$$

从式(6.48)可以看出连续梁固有频率 ω_i 对桥的 i 阶模态加速度响应为

$$A_i = \left| \sum_{j=1}^{14} C_i^j \sin\left(\frac{j\pi}{L}x\right) \sum_{n=1}^{14} \frac{2 C_i^n W_{si} S_i^n S'_i \omega_i^2}{[1 - (S'_i - S_i^n)^2][1 - (S'_i + S_i^n)^2]} \right| \qquad (6.49)$$

6.3 移动质量引起的梁桥振动

当列车与桥梁质量比足够大时,列车对桥梁的惯性力不能忽略,考虑列车惯性力最简单的模型是移动质量块模型,本节采用图 6-7 展示的移动簧上质量模型来讨论车-桥耦合作用。车辆质量为 m_v,车-桥接触刚度为 k_v。

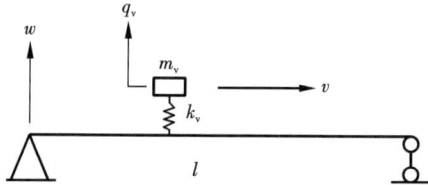

图 6-7 移动簧上质量与简支梁相互作用模型

桥梁与列车在移动簧上质量作用下的振动方程可表达如下

$$\rho A \ddot{w} + EI w'''' = -f\delta(x - x_v) \qquad (6.50)$$

$$m_v \ddot{q}_v + k_v q_v = k_v w(x_v, t) \qquad (6.51)$$

式中: x_v 为列车与桥梁接触点位置的坐标。轮轨接触力 f 可以表示为

$$f = m_v g + k_v(w[x_v, t] - q_v) \qquad (6.52)$$

值得注意的是列车零点位置定义为列车静平衡位置,式(6.50)~(6.52)对任何边界条件的梁桥均成立。

假定列车与桥梁不产生分离,将式(6.52)代入式(6.50),运用模态叠加法对得到的方程进行变换可以得到

$$\ddot{q}_i + \omega_i^2 q_i + \frac{k_v}{M_{ii}} \varphi_i(x_v) \sum_{j=1}^{\infty} \varphi_j(x_v) q_j - \frac{k_v}{M_{ii}} q_v \varphi_i(x_v) = -\frac{m_v}{M_{ii}} g \varphi_i(x_v) \quad (i = 1, 2, \cdots)$$

$$(6.53)$$

运用模态叠加法对式(6.51)进行变换可以得到

$$\ddot{q}_{\mathrm{v}} + \omega_{\mathrm{v}}^2 q_{\mathrm{v}} = \omega_{\mathrm{v}}^2 \sum_{j=1}^{\infty} \varphi_j(x_{\mathrm{v}}) q_j \tag{6.54}$$

式中：ω_{v} 为列车的振动频率，表示如下

$$\omega_{\mathrm{v}} = \sqrt{\frac{k_{\mathrm{v}}}{m_{\mathrm{v}}}} \tag{6.55}$$

将式（6.53）和式（6.54）联合写成如下矩阵形式

$$\boldsymbol{M}\ddot{\boldsymbol{q}} + \boldsymbol{K}\boldsymbol{q} = \boldsymbol{F} \tag{6.56}$$

式中：

$$\boldsymbol{M} = \begin{bmatrix} \boldsymbol{I}_{n \times n} & 0 \\ 0 & m_{\mathrm{v}} \end{bmatrix},$$

$$\boldsymbol{K} = \begin{bmatrix} \mathrm{diag}\!\left(\dfrac{k_{\mathrm{v}}}{M_{ii}}\right)\boldsymbol{\varphi}(x_{\mathrm{v}})\boldsymbol{\varphi}^T(x_{\mathrm{v}}) + \mathrm{diag}(\omega_i^2) & -\mathrm{diag}\!\left(\dfrac{k_{\mathrm{v}}}{M_{ii}}\right)\boldsymbol{\varphi}(x_{\mathrm{v}}) \\ -k_{\mathrm{v}}\,\boldsymbol{\varphi}^T(x_{\mathrm{v}}) & k_{\mathrm{v}} \end{bmatrix},$$

$$\boldsymbol{F} = \begin{bmatrix} -\mathrm{diag}\!\left(\dfrac{m_{\mathrm{v}}g}{M_{ii}}\right)\boldsymbol{\varphi}(x_{\mathrm{v}}) \\ 0 \end{bmatrix},$$

$$\boldsymbol{q} = \begin{bmatrix} q_1 q_2 \cdots q_n q_{\mathrm{v}} \end{bmatrix}^T,$$

$$\boldsymbol{\varphi}(x_{\mathrm{v}}) = \begin{bmatrix} \varphi_1(x_{\mathrm{v}}) \varphi_2(x_{\mathrm{v}}) \cdots \varphi_n(x_{\mathrm{v}}) \end{bmatrix}^T$$

式中：$\boldsymbol{\varphi}^T(x_{\mathrm{v}})$ 是 $\boldsymbol{\varphi}(x_{\mathrm{v}})$ 的转置矩阵；$\mathrm{diag}(\omega_i^2)$ 为对角元素是 ω_i^2 的对角矩阵，$\mathrm{diag}\!\left(\dfrac{k_{\mathrm{v}}}{M_{ii}}\right)$ 和 $\mathrm{diag}\!\left(\dfrac{m_{\mathrm{v}}g}{M_{ii}}\right)$ 与 $\mathrm{diag}(\omega_i^2)$ 类似。

式（6.56）可以采用多种数值积分方法求解，如 Runge – Kutt 积分法和 Newmark – Beta 积分法等。车 – 桥接触力可以表达为

$$f(t) = m_{\mathrm{v}}g + k_{\mathrm{v}}\Big[\sum_{i=1}^{n} \varphi_i(x_{\mathrm{v}}) q_i(t) - q_{\mathrm{v}}\Big] \tag{6.57}$$

如果列车以匀速行驶，则 $x_{\mathrm{v}} = vt$；如果列车速度以一定加速度变化，则 $x_{\mathrm{v}} = v_0 t + \dfrac{1}{2}at^2$。

6.3.1　移动质量引起的简支梁振动

本小节通过两个算例对比了移动力模型与移动簧上质量模型，讨论了速度比和接触刚度对动力响应的影响。

1. 算例 1

本算例考虑如下性质的 Euler – Bernoulli 简支梁：梁长 4.5 m，截面刚度 63000 Nm²，每单元长度质量 20.245 kg/m。轮轨接触刚度 $k_{\mathrm{v}} = 1 \times 10^7$ N/m，采用

Newmark – Beta 积分法和积分步长 $\Delta t = 1 \times 10^{-4} s$。此积分步长小于移动簧上质量

$1/4$ 的振动周期 $\dfrac{T}{4} = \dfrac{\pi}{2\,\omega_v} = \dfrac{\pi}{2\sqrt{\dfrac{k_v}{m_v}}} = 1.1 \times 10^{-3} s$（车辆与桥梁质量比为 0.05），可

获得足够精度的簧上质量的振动响应。

定义位移比为桥梁跨中位移动力响应与质量块静止在梁跨中产生的跨中挠度的比值，速度比为车辆速度与梁的临界速度比值，其中梁的临界速度为单个移动力在梁上移动时激起梁以一阶频率共振的速度。由图 6 – 8 可以看出当车 – 桥质量比为 0.05 时，采用移动力模型和移动簧上质量模型得到的计算结果相差不大。对比图 6 – 8 和图 6 – 9 可知，随着质量比的增大，移动力模型与移动簧上质量模型的结果差异增大，说明随着质量比的增大，车 – 桥耦合加强。速度比与车 – 桥耦合振动的关系呈现相同的规律。此外，移动簧上质量引起的桥梁响应滞后于移动力引起的桥梁响应。这种现象在质量比和速度比增大时更明显。

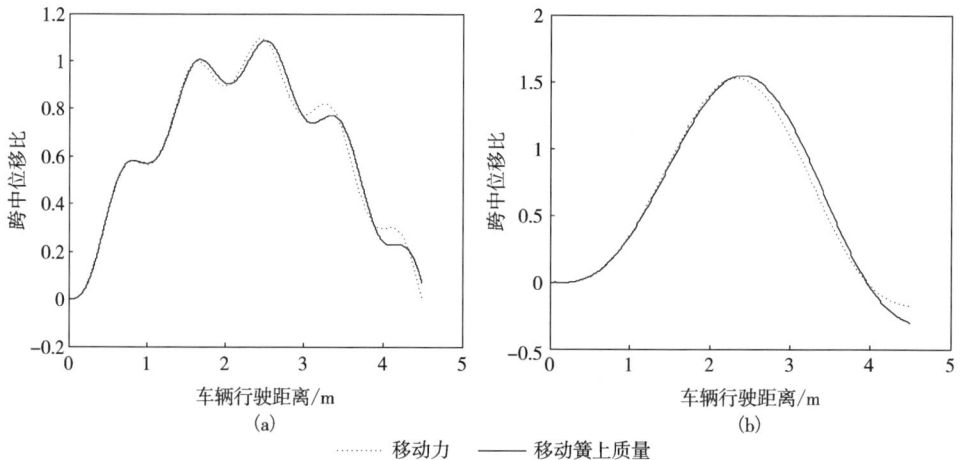

图 6 – 8　质量比为 0.05、速度比为 (a)0.1 和 (b)0.35 时跨中位移动力比时程

定义车 – 桥接触力比为车 – 桥动态接触力与静态接触力的比值。如图 6 – 10 和图 6 – 11 所示，在质量比和速度比较大的情况下，车 – 桥接触力的比值变化更明显，验证了前文所得出的结论，即随着质量比和速度比的加剧，车 – 桥耦合程度加剧。另一个有趣的现象是，当速度比为 0.35 时，当车移动到跨中区域时，接触力幅值增大。这种现象解释了图 6 – 7 和图 6 – 8 中所示，在速度比为 0.35 的情况下，当车辆或者集中力移动到梁跨中区域时，由移动簧上质量引起的桥梁位移比要大于由移动力引起的位移比。

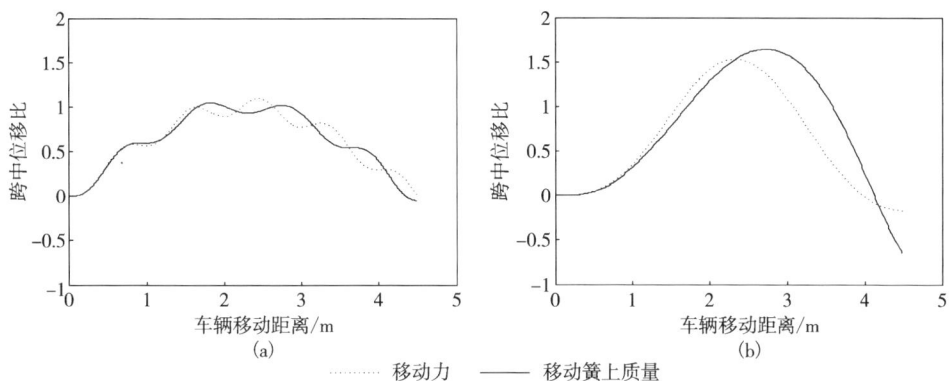

图 6 - 9　质量比为 0.3、速度比 (a) 0.1 和 (b) 0.35 时跨中位移动力响应比时程

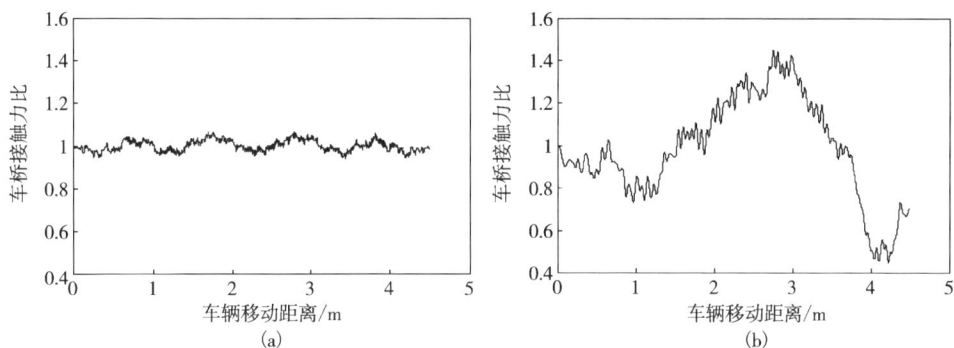

图 6 - 10　质量比为 0.05、速度比为 (a) 0.1 和 (b) 0.35 时
移动簧上质量引起的车 - 桥接触力比时程

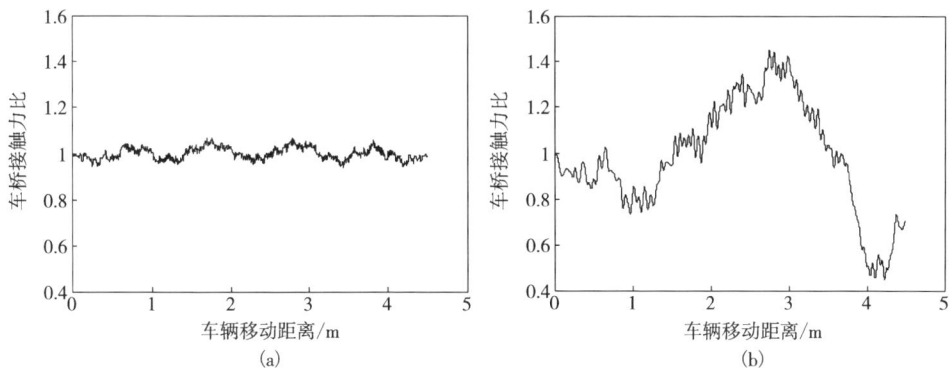

图 6 - 11　质量比为 0.3、速度比为 (a) 0.1 和 (b) 0.35 时
移动簧上质量引起的车 - 桥接触力比时程

图 6 - 12 和图 6 - 13 对比了梁跨中位移时程和接触点位移时程。从图 6 - 12 和图 6 - 13 可以看出,当车辆远离跨中位置时,接触点的位移响应通常小于梁跨中的响应,但当车辆位于梁跨中时,两者的响应较接近。导致这种现象的原因可能是简支梁的一阶模态在梁跨中最大,而梁位移主要由一阶模态贡献。

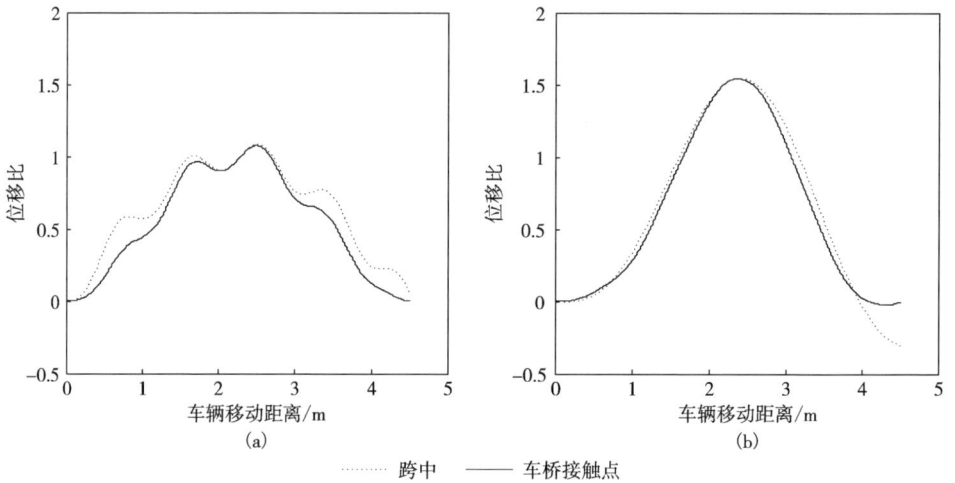

.... 跨中 ———— 车桥接触点

图 6 - 12   质量比为 0.05、速度比为 (a) 0.1 和 (b) 0.35 时移动簧上质量引起跨中和接触点处位移时程

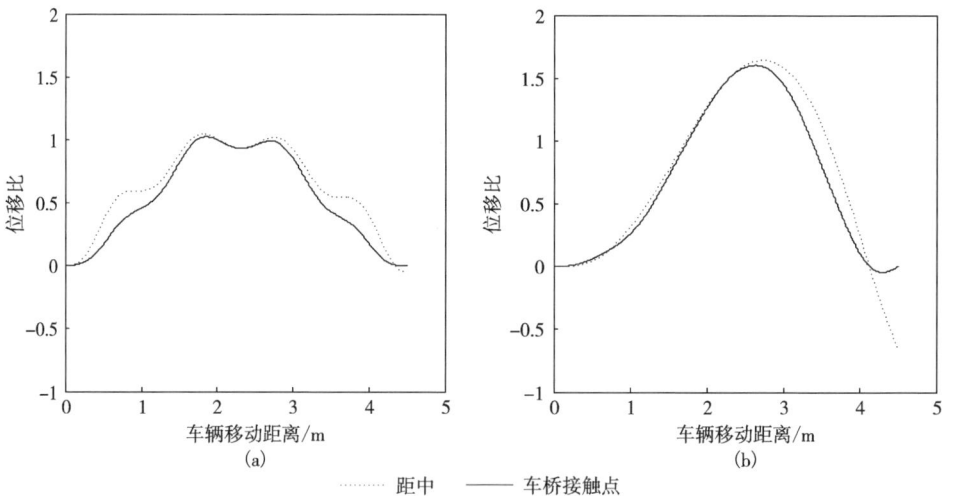

.... 距中 ———— 车桥接触点

图 6 - 13   质量比为 0.3、速度比为 (a) 0.1 和 (b) 0.35 时移动簧上质量引起跨中和接触点处位移时程

2. 算例 2

本算例选取一座简支梁实桥为例，该桥的材料和几何参数如下：$\rho = 5400 \ \text{kg/m}^3$，$A = 7.73 \ \text{m}^2$，$E = 28.25 \ \text{GPa}$，$I = 7.84 \ \text{m}^4$，跨度 $l = 30 \ \text{m}$。车辆总质量为 42.55 t，车 – 桥接触刚度为 1060 kN/m。

图 6 – 14 对比了本书采用的移动簧上质量结果与 Nguyen 论文中的解析解结果。Nguyen 论文中只用了第一阶模态。从图 6 – 14 可以看出，本书的计算结果和 Nguyen 论文中的计算结果吻合很好，验证了本书移动簧上质量模型理论和编程的准确性，接下来研究车辆质量和轮轨接触刚度对计算结果的影响。

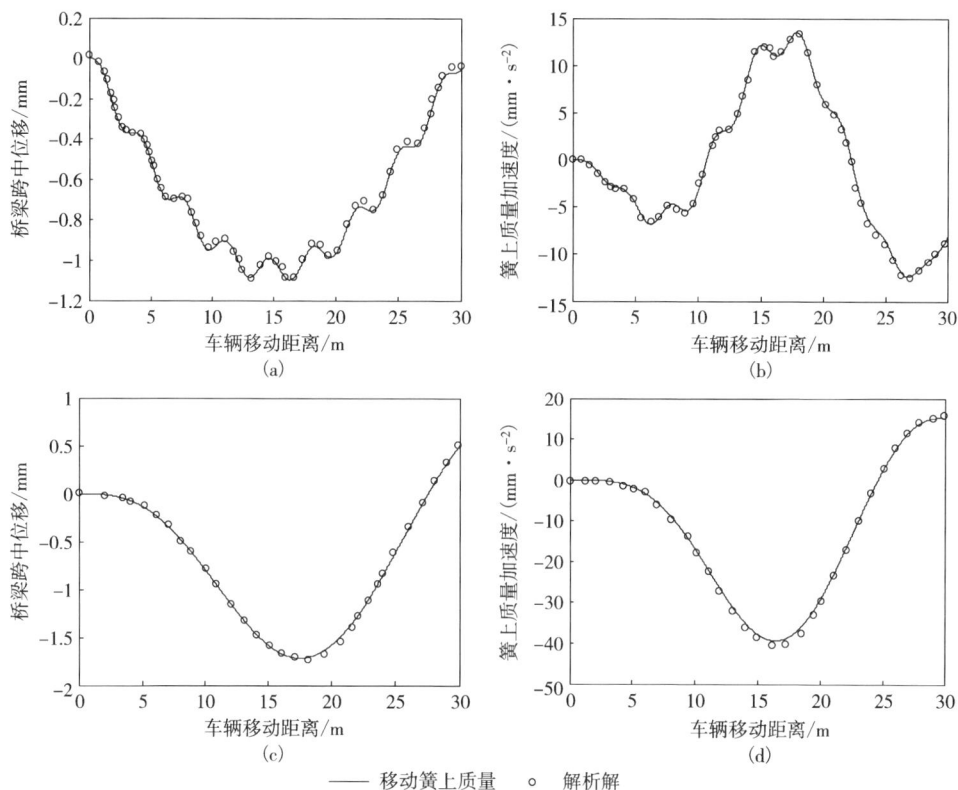

——— 移动簧上质量　　 ○ 解析解

图 6 – 14　移动簧上质量模型计算结果与 Nguyen 论文解析解对比
（a）（b）车速 50 km/h；（c）（d）车速 360 km/h

将接触刚度改成 $k_v = 10^{11} \ \text{N/m}$ 来模拟移动簧上质量与梁之间的刚性接触。在 Newmark – Beta 数值积分中采用时间步长 $\Delta t = 1 \times 10^{-4} \ \text{s}$，小于 $\dfrac{T}{4} = \dfrac{\pi}{2\sqrt{\dfrac{k_v}{m_v}}} = 10^{-3} \text{s}$。

图 6 - 15 和图 6 - 16 显示的本算例计算结果分别与图 6 - 9 和图 6 - 11 显示的算例 1 计算结果基本相同。这表明桥梁动力响应比仅与质量比和速度比相关。Yang 等通过移动力引起的桥梁振动解析解说明桥梁响应比仅与速度比有关。质量比是移动簧上质量模型中另一个需要考虑的因素。值得注意的是，算例 2 中的接触刚度(1×10^{11} N/m)显著大于算例 1 中的接触刚度(1×10^{7} N/m)。关于接触刚度对车 - 桥耦合振动的影响将在下面讨论。

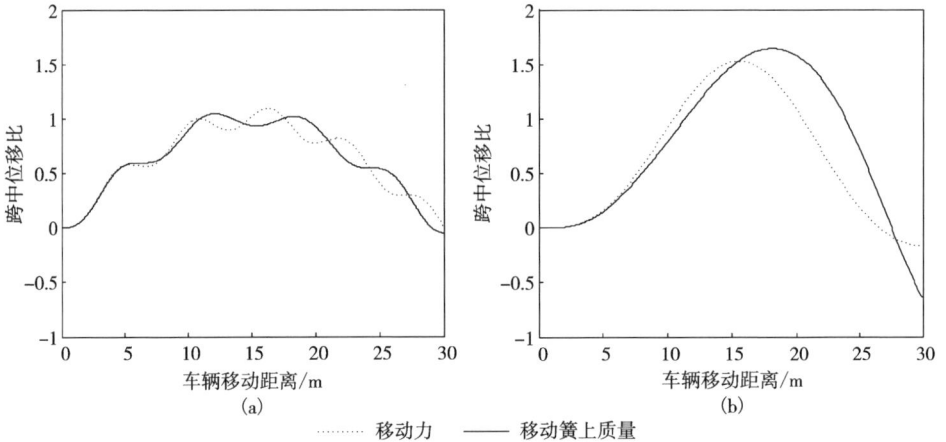

图 6 - 15 质量比为 0.3、速度比为 (a) 0.1 和 (b) 0.35 时跨中位移动力响应比时程

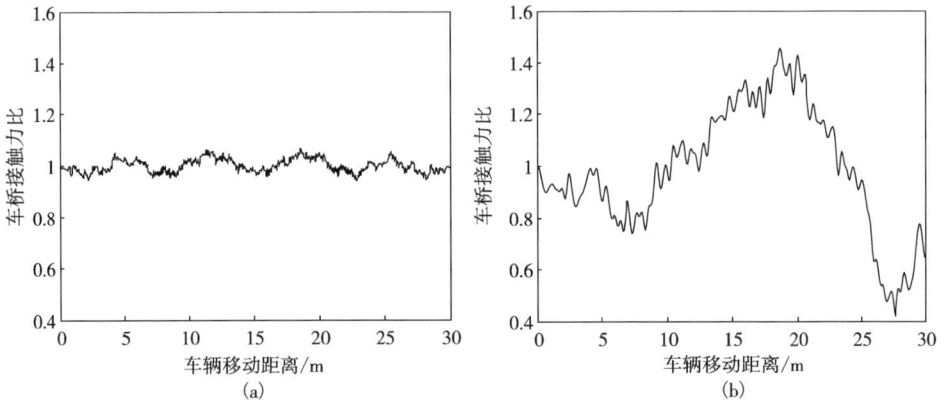

图 6 - 16 质量比为 0.3、速度比为 (a) 0.1 和 (b) 0.35 时
移动簧上质量引起的车 - 桥接触力比时程

图 6 - 17 对比了算例 2 在不同接触刚度时位移和接触力响应，可以看出，当刚度 $k_v = 10^7$ N/m 和 $k_v = 10^{11}$ N/m 时，计算结果相差明显。

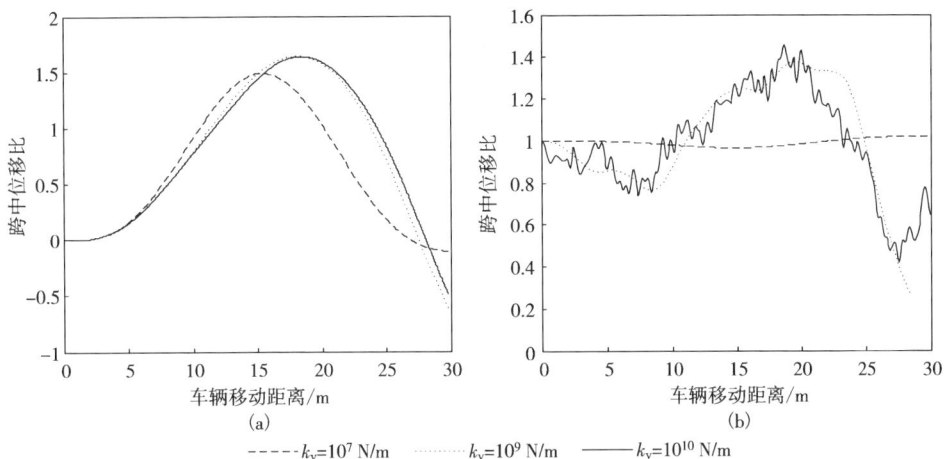

图 6-17　算例 2 中质量比 0.3 和速度比 0.35 下
不同接触刚度下移动簧上质量模型结果对比：(a)跨中位移比；(b)接触力比

采用 Nguyen 论文中的移动质量模型来和本书中的移动簧上质量模型对比，如图 6-18 所示。从图 6-18 可以看出，当 $k_v = 10^{11}$ N/m 时两个模型的结果吻合很好，但采用移动簧上质量模型得到的接触力出现高频振荡。从数值模拟中发现，当采用不小于 $k_v = 10^{11}$ N/m 的接触刚度时，簧上质量模型得到的桥梁位移不再变化。当接触刚度在10^{11} N/m 和10^{13} N/m 之间时，接触力有较小的变化，当接触刚度大于10^{13} N/m 时，接触力不再变化。

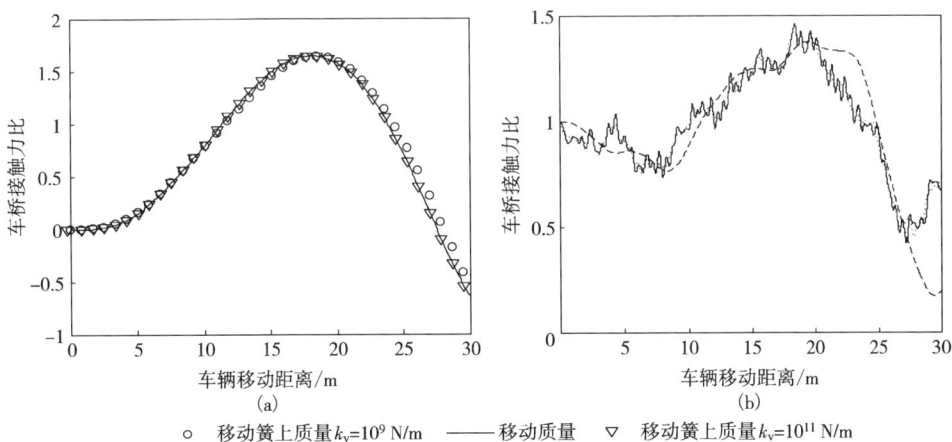

图 6-18　质量比为 0.3、速度比为 0.35 时不同接触刚度下
移动质量模型和移动簧上质量模型结果对比

6.3.2 移动质量引起的连续梁振动

采用 6.1.2 节中两跨连续梁算例，k_v 接触刚度取值 1×10^{13} 来模拟刚性接触，在 Newmark – Beta 积分方法中，采用较小的时间步长 $\Delta t = 1 \times 10^{-4}$ s，小于

$$\frac{T}{4} = \frac{\pi}{2\sqrt{\dfrac{k_v}{m_v}}} = 1.8 \times 10^{-4} \text{ s（质量比 0.05）。}$$

图 6 – 19 为移动力模型和移动簧上质量模型的结果对比，当速度比较小时，两者的计算结果基本一致，但当速度比较大时，两者的计算结果差异明显。由移动簧上质量模型得到的第一跨跨中位移放大系数比移动力模型得到的要大，这可能是由于跨中位置处接触力增大，如图 6 – 20 所示。以上结论与简支梁的分析结果一致。

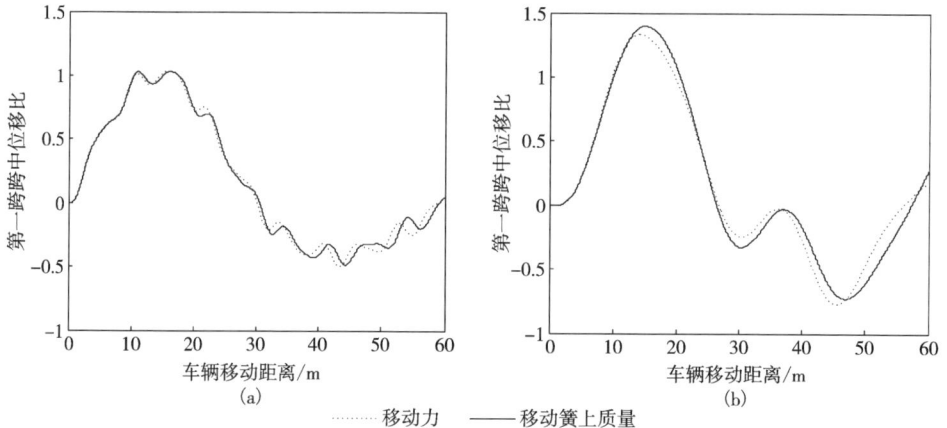

图 6 – 19　质量比为 0.05、速度比为 (a) 0.1 和 (b) 0.35 时第一跨跨中位移比时程

从图 6 – 21 可以看出，接触点的位移比小于跨中位移比，注意到第二跨跨中的位移放大系数最高达到 3.454，比图 6 – 6 中移动力得到的值（3.213）要大。

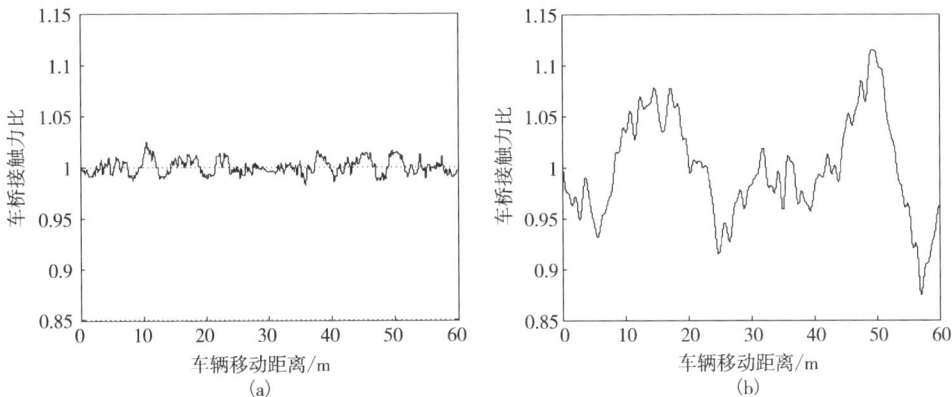

图 6 - 20　质量比为 0.05、速度比为(a)0.1 和(b)0.35 时接触力时程

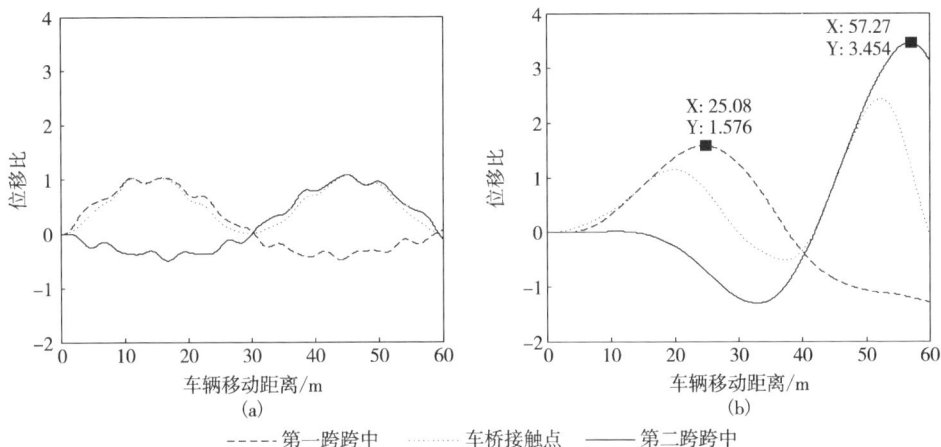

------第一跨跨中　⋯⋯车桥接触点　——第二跨跨中

图 6 - 21　质量比为 0.05、速度比为(a)0.1 和(b)0.85 时移动簧上质量模型得到的
第一跨跨中位移比、第二跨跨中位移比和轮轨接触点处位移比

6.4　移动车辆 - 桥梁振动分析及试验验证

以往研究表明，移动车辆只激起梁桥前几阶模态，这表明对梁桥进行计算时，采用前几阶模态能得到精度足够高的结果。由于模态数目比桥梁有限元单元数目少很多，所以运用模态叠加法的计算效率比运用有限元直接积分法要高很多。梁和板理论常被用来模拟简单的桥梁和轨道结构，但不适用于具有复杂内部结构和边界条件的桥梁。这种情况下，有限元法常被用来获得结构的数值模态，采用模态叠加法时，可采用数值模态来近似解析模态。

单跨梁与移动车辆的耦合作用已得到许多研究者的关注，但多跨梁与车辆耦合作用的研究相对要少很多，而多跨梁与车辆耦合作用的实验研究更是少见。现有关于移动质量或者车辆实验研究的文献中，移动体的速度常被假定为定常，但由于滚动摩擦和车辆内部构件相互摩擦等原因，试验中移动体的速度很难保持定常。本节以实验室中一辆车辆与一座四跨连续板式结构的耦合振动为例，展示车–桥振动建模过程和求解方法，考虑了车辆速度变化对结构振动的影响，详细阐释了采用数值模态的模态叠加法和迭代法。

6.4.1 采用数值模态的模态叠加法和迭代法

本小节采用如图 6 – 7 所示的移动簧上质量模型来说明采用数值模态的模态叠加法和迭代法，在每一个时间步长之内，将 Newmark – Beta 数值积分法和迭代法相结合。

车–桥系统的运动方程可表达如下

$$\rho A\,\ddot{w} + EI\,w'''' = k_v\left[\,q_v - w(x_v,\,t)\,\right]\cdot\delta(x - x_v) \tag{6.58}$$

$$-m_v g - k_v(q_v - w) = m_v\ddot{q}_v \tag{6.59}$$

假定列车以匀速行驶，则 $x_v = vt$。

将式(6.58)中的 $w(x_v,\,t)$ 模态展开，两边乘以模态，然后沿梁长积分，可得

$$\boldsymbol{M}\,\ddot{\boldsymbol{q}} + \boldsymbol{K}\boldsymbol{q} = k_v(q_v - \boldsymbol{\varphi}^{\mathrm{T}}\boldsymbol{q})\boldsymbol{\varphi} \tag{6.60}$$

将式(6.59)中的 $w(x_v,\,t)$ 模态展开，可得

$$m_v\ddot{q}_v + k_v q_v = -m_v g + k_v\,\boldsymbol{\varphi}^{\mathrm{T}}\boldsymbol{q} \tag{6.61}$$

式(6.60)和式(6.61)中，$\boldsymbol{\varphi} = [\varphi_1(x_v),\ \varphi_2(x_v),\ \cdots,\ \varphi_n(x_v)]^{\mathrm{T}}$ 为质量标准化后的数值模态向量，$\boldsymbol{q} = [q_1,\ q_2,\ \cdots,\ q_n]^{\mathrm{T}}$，$\omega_i^2 = \dfrac{EI}{\rho A}\left(\dfrac{i\pi}{l}\right)^4$，$M_{ij} = \delta_{ij}$，$K_{ij} = \omega_i^2\delta_{ij}$。

从 t_0 时刻到 $t_0 + \Delta t$ 时刻，迭代过程如下：

第一步：计算 ${}^0S_b = \boldsymbol{M}(a_1{}^0\boldsymbol{q} + a_3{}^0\dot{\boldsymbol{q}} + a_4{}^0\ddot{\boldsymbol{q}})$ 和 ${}^0s_v = m_v(a_1{}^0 u + a_3{}^0\dot{u} + a_4{}^0\ddot{u})$，其中 ${}^0S_b$ 和 ${}^0s_v$ 是 t_0 时刻的值，$a_1 = \dfrac{1}{\alpha\Delta t^2}$，$a_3 = \dfrac{1}{\alpha\Delta t}$，$a_4 = \dfrac{1}{2\alpha} - 1$ 和 α 是 Newmark – Beta 积分参数；

第二步：假定 $t_0 + \Delta t$ 时刻 $\boldsymbol{q}$ 迭代初始值为 ${}^{\Delta t}\boldsymbol{q}^{(0)} = {}^0\boldsymbol{q}$；

第三步：计算 ${}^{\Delta t}\dot{\boldsymbol{q}}^0 = a_2({}^{\Delta t}\boldsymbol{q}^0 - {}^0\boldsymbol{q}) - a_5{}^0\dot{\boldsymbol{q}} - a_6{}^0\ddot{\boldsymbol{q}}$ 和 ${}^{\Delta t}\ddot{\boldsymbol{q}}^0 = a_1({}^{\Delta t}\boldsymbol{q}^0 - {}^0\boldsymbol{q}) - a_3{}^0\dot{\boldsymbol{q}} - a_4{}^0\ddot{\boldsymbol{q}}$，其中，$a_2 = \dfrac{\beta}{2\Delta t}$，$a_5 = \dfrac{\beta}{\alpha} - 1$，$a_6 = \left(\dfrac{\beta}{2\alpha} - 1\right)\Delta t$，$\alpha$ 和 β 是 Newmark – Beta 积分参数；

第四步：计算 ${}^{\Delta t}p_v^0 = -m_v g + k_v\,{}^{\Delta t}\boldsymbol{\varphi}^{\mathrm{T}\,\Delta t}\boldsymbol{q}^0$；

第五步：由 $(k_v + a_1 m_v)\,{}^{\Delta t}q_v^0 = {}^{\Delta t}p_v^0 + {}^0 s_v$ 得到 ${}^{\Delta t}q_v^0 = \dfrac{{}^{\Delta t}p_v^0 + {}^0 s_v}{k_v + a_1 m_v}$；

第六步：计算 $^{\Delta t}\dot{q}_v^0 = a_2(^{\Delta t}q_v^0 - {}^0q_v) - a_5\dot{q}_v - a_6\ddot{q}_v$ 和 $^{\Delta t}\ddot{q}_v^0 = a_1(^{\Delta t}q_v^0 - {}^0q_v) - a_3{}^0\dot{q}_v - a_4{}^0\ddot{q}_v$；

第七步：计算 $^{\Delta t}\boldsymbol{P}_b^0 = k_v(^{\Delta t}q_v^0 - {}^{\Delta t}\boldsymbol{\varphi}^{\mathrm{T}\Delta t}\boldsymbol{q}^0)^{\Delta t}\boldsymbol{\varphi}$；

第八步：由 $(\boldsymbol{K} + a_1\boldsymbol{M})^{\Delta t}\boldsymbol{q}' = {}^{\Delta t}\boldsymbol{P}_b^0 + {}^0\boldsymbol{S}_b$ 可得 $^{\Delta t}\boldsymbol{q}' = (\boldsymbol{K} + a_1\boldsymbol{M})^{-1} \cdot (^{\Delta t}\boldsymbol{P}_b^0 + {}^0\boldsymbol{S}_b)$；

第九步：检查以下收敛条件是否满足

$$\frac{L^2\mathrm{norm}(^{\Delta t}\boldsymbol{q}' - {}^{\Delta t}\boldsymbol{q}^k)}{L^2\mathrm{norm}(^{\Delta t}\boldsymbol{q}' - {}^0\boldsymbol{q})} \leqslant \varepsilon \tag{6.62}$$

式中：k 是迭代次数，ε 是容许值，其取值建议取 $(1.0 \times 10^{-5}) \sim (1.0 \times 10^{-8})$。

如果式 (6.62) 满足 t 到 $t + \Delta t$ 时刻的迭代终止，并回到第一步开始下一时间步长的迭代计算，否则更新 $^{\Delta t}\boldsymbol{q}^1 = {}^{\Delta t}\boldsymbol{q}^0 + \boldsymbol{\eta}(^{\Delta t}\boldsymbol{q}' - {}^{\Delta t}\boldsymbol{q}^0)$，从第三步开始重新计算。当簧上质量离开梁体，计算终止。本节中采用移动簧上质量模型来展示迭代求解过程，但此方法可以运用到其他更复杂的模型中。

6.4.2　试验介绍与建模计算

本小节首先介绍了课题组的车 – 桥振动试验装置，然后介绍了系统几何和材料参数的测量与识别方法，接着是建模过程，最后是数值模拟结果和试验结果对比。

1. 试验装置

图 6 – 22 和图 6.23 展示了实验室中一座四跨连续平板结构与激起结构振动的移动小车，四个接地弹簧代表四个与平板相连的激振器，小车沿平板上的轨道行驶。平板结构全长 3.6 m，四跨长度相等，前后延长轨道用来提高和降低车辆运行速度。车辆运行速度由一个激光测振仪（Polytec PSV – 500）来测量。结构振动由位于每跨跨中区域的激光位移器来测量，激振器连接到平板上面可提供激振力（用于振动控制实验），但在本试验中不产生激振。激振器改变了结构连接处的局部动力特性，在建模计算中需将此变化考虑进去（后面会介绍激振器参数识别）。

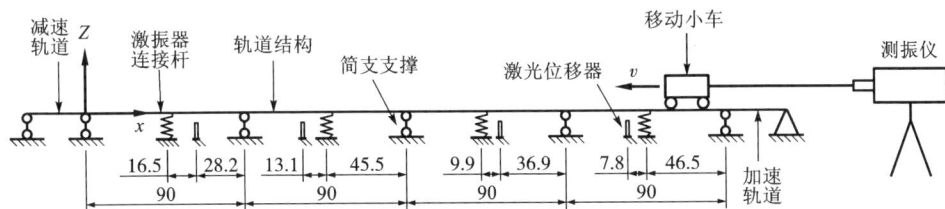

图 6 – 22　整个试验装置纵截面示意图（单位：cm）

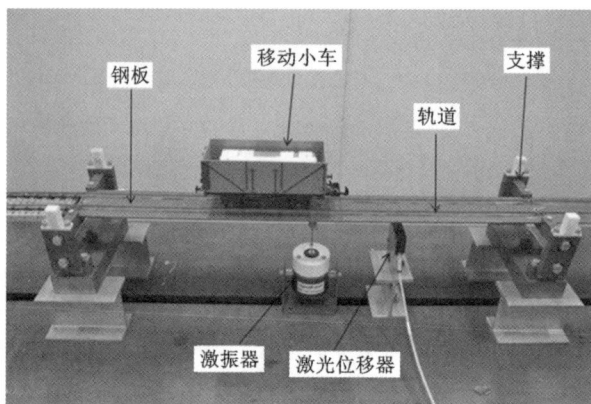

图 6 – 23   第一跨实图

2. 结构参数识别

为了得到轨道截面面积和截面惯性矩，首先照一张清晰的截面图片，然后运用图像处理技术识别其截面轮廓并储存为 CAD 格式文件，如图 6 – 24 所示。两张图不完全相同，可能是因为图像处理过程中边界识别产生的误差。从 CAD 图中算出轨道截面面积和截面惯性矩分别是 $A_r = 28.0$ mm^2 和 $I_r = 207.0$ mm^4。平板截面是矩形，其面积和截面惯性矩计算出来分别是 $A_p = bh = 321.3$ mm^2 和 $I_p = \dfrac{b h^3}{12} = 267.3$ mm^4，其中 b 和 h 分别是平板截面的宽度和高度。轨道和平板的密度经测量分别是 8356.5 kg/m^3 和 7699.8 kg/m^3。

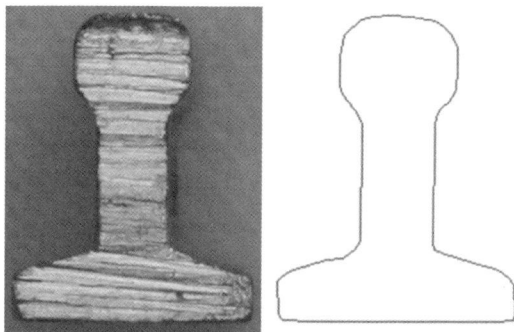

图 6 – 24   轨道截面照片和 CAD 图

可将轨道和平板看成 Euler – Bernoulli 梁，其杨氏模量可从下式识别

$$f_k = \frac{\lambda_k^2}{2\pi}\sqrt{\frac{EI}{\rho A}} \tag{6.63}$$

式中：f_k 为梁的测量频率；λ_k 为梁的 k 阶模态波数(可根据边界条件得到)。ρ、A 和 I 可以经测量或者计算得到，所以式(6.63)中唯一的未知量 E 可从公式反推出来。对轨道梁样品和足够长的平板样品进行模态测试，可得到它们的频率，然后根据式(6.63)可以识别出轨道和平板的杨氏模量分别是 8.66×10^{10} Pa 和 8.34×10^{10} Pa。

如图 6-25 所示，分别对激振器进行有附加质量和没有附加质量的冲击试验，得到加速度频率响应函数(FRF)，如图 6-26 所示。从图中可以看出，激振器的竖向振动只有一个卓越频率，这说明，将激振器等效为单自由度系统是合理的。没有附加质量时激振器的 FRF 曲线很宽，这反映激振器的阻尼较大，系统的阻尼可根据其竖向自由振动响应估算得到。

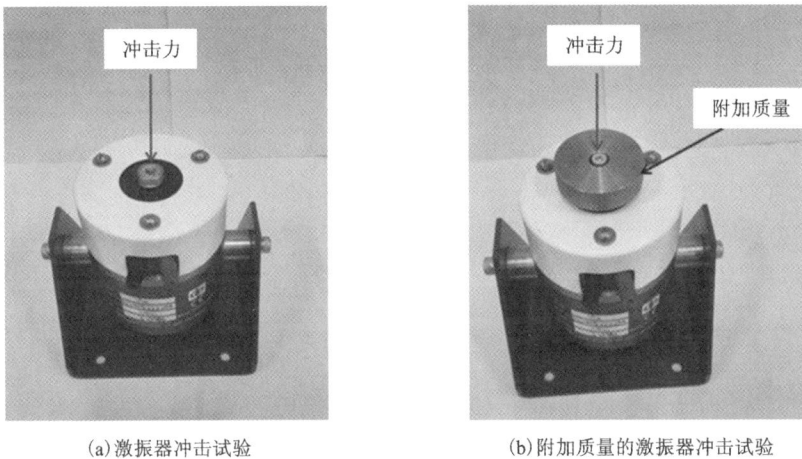

(a)激振器冲击试验　　　　(b)附加质量的激振器冲击试验

图 6-25　激振器冲击试验示意图

如果激振器的竖向振动等效为单自由度体系，识别其参振质量和刚度将变得简单。假设振动器在其顶上附加一个质量之后刚度不变，用 k_s 代表激振器的竖向刚度，m_s 代表激振器参振质量，m_a 代表附加质量(大小为 0.103 kg)，增加附加质量前后激振器的频率如下

$$\sqrt{\frac{k_s}{m_s}} = \omega_{n_1} \tag{6.64}$$

$$\sqrt{\frac{k_s}{m_s + m_a}} = \omega_{n_2} \tag{6.65}$$

式中：$\omega_{n_1} = 2\pi f_1 = 2 \times \pi \times 107.7 = 676.70$ rad/s；$\omega_{n_2} = 2 \times \pi \times 40.8 = 256.35$ rad/s。

由式(6.64)和式(6.65)可以算得 k_s 为7903.1 N/m, m_s 为0.0173 kg。

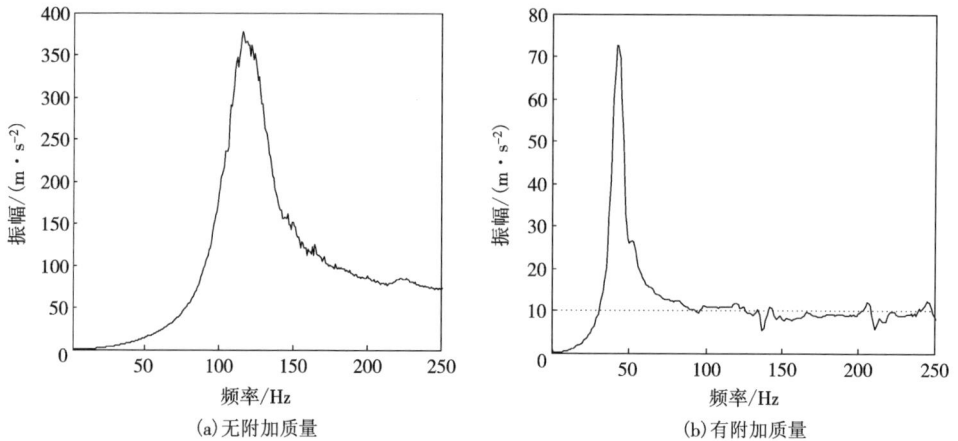

(a) 无附加质量　　　　　　　　(b) 有附加质量

图 6－26　激振器的加速度频响函数

激振器阻尼比可由下面的公式识别

$$\zeta = \frac{1}{\sqrt{1 + \left(\frac{2\pi}{\delta}\right)^2}} \qquad (6.66)$$

式中: $\delta = \frac{1}{n} \ln \frac{y(t)}{y(t+nT)}$; $y(t)$ 为 t 时刻峰值的振幅; $y(t+nT)$ 为第 n 个周期之后峰值的振幅。

图 6－27 为一个激振器在冲击荷载下的加速度信号,从图中可以看出,在冲击之后,加速度迅速增大,之后随着时间自由衰减。如图 6－27 所示,取 $y(t)$ 为 21.82 m/s², $y(t+4T)$ 为 3.846 m/s²。将 $y(t)$ 和 $y(t+4T)$ 代入式(6.66)可算得 $\zeta = 6.35\%$ 。

通过以下公式

$$c = 2 m_s \omega_{n1} \zeta \qquad (6.67)$$

计算出阻尼系数为 1.487 Ns/m。

3. 车辆模型

由于只研究竖向振动,可将试验小车视为两个自由度的刚体,即扭转 θ_1 和竖向平动 q_{v1} ,如图 6－28 所示。可将车辆几何中心视为重力中心,车辆参数为: $m_{v1} = 4.335$ kg(车辆总质量加附加质量),对 y 轴的惯性矩为 $I_{v1} = 0.012$ kg m² ,轴距为 $s = 0.126$ m,车长为 $L_c = 0.208$ m。

车辆在竖向平面内的运动方程为

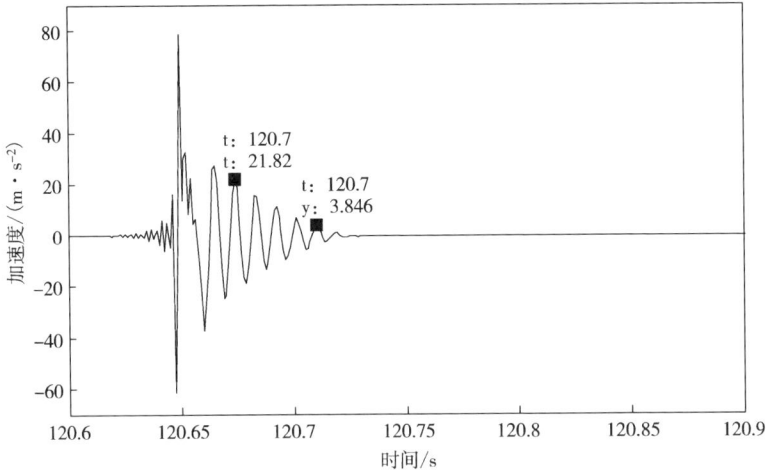

图 6 – 27　冲击荷载作用下激振器加速度响应时程

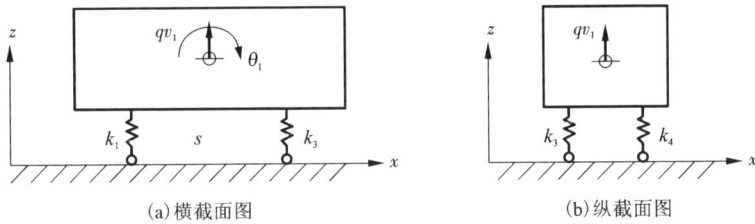

(a)横截面图　　　　　　　　　(b)纵截面图

图 6 – 28　车辆模型

$$m_{v1}\ddot{q}_{v1} = -m_{v1}g - k_1\left[q_{v1} + \theta_1\frac{s}{2} - w(x_1, y_1, t)\right] - k_2\left[q_{v1} + \theta_1\frac{s}{2} - w(x_2, y_2, t)\right] -$$

$$k_3\left[q_{v1} - \theta_1\frac{s}{2} - w(x_3, y_3, t)\right] - k_4\left[q_{v1} - \theta_1\frac{s}{2} - w(x_4, y_4, t)\right] \quad (6.68)$$

$$I_{v1}\ddot{\theta}_1 = -k_1\left[q_{v1} + \theta_1\frac{s}{2} - w(x_1, y_1, t)\right]\frac{s}{2} - k_2\left[q_{v1} + \theta_1\frac{s}{2} - w(x_2, y_2, t)\right]\frac{s}{2} +$$

$$k_3\left[q_{v1} - \theta_1\frac{s}{2} - w(x_3, y_3, t)\right]\frac{s}{2} + k_4\left[q_{v1} - \theta_1\frac{s}{2} - w(x_4, y_4, t)\right]\frac{s}{2}$$

$$(6.69)$$

式中：$w(x_i, y_i, t)(i = 1, 2, 3, 4)$ 为轨道与小车第 i 个轮子接触点的位移；k_i 为第 i 个接触点的接触刚度；q_{v1} 为车体中心处的位移。假定附加轨道为无运动的刚性体，则附加轨道的位移为零。在初始时刻给小车一个推力，小车沿着轨道自由运动。

4. 平板结构的有限元模型

在 ABAQUS 中建立平板结构、轨道和约束的 3D 有限元模型，其中板划分为

480 个壳单元(S4R),每根轨道划分为 160 个梁单元(B31),轨道固接在板上。四个弹簧单元和四个质量单元也连接在板上,用来模拟激振器提供的参振质量和刚度。板支座处的边界条件为铰接。在 ABAQUS 中进行模态分析,计算结构的各阶频率,并与模态试验得到的频率进行对比来修正结构有限元模型。由于模型中梁单元中性轴和壳单元中心面重合,所以设置壳单元偏移比(定义为壳单元中心面到参考平面的距离与壳单元厚度的比值)来模拟轨道中性轴和板中心面之间的距离。偏移比可作为模型修正参数,将该参数修正为 1.87 时,结构计算频率与试验频率吻合度最高。如表 6-3 所示,前八阶频率的差异均在 5% 以下。模态分析显示,前八阶模态均为弯曲模态,第九阶模态为第一阶扭转模态。

表 6-3　结构计算频率与试验频率对比

模态	1	2	3	4	5	6	7	8
试验频率/Hz	21.242	23.381	28.632	36.374	68.541	73.564	83.080	93.560
计算频率/Hz	20.376	22.582	28.180	34.990	65.417	71.036	82.704	95.278
差异/%	-4.1%	-3.4%	-1.6%	-3.8%	-4.6%	-3.4%	-0.5%	1.8%

结构的运动方程可表示如下

$$M\ddot{X}(t) + KX(t) = F(t) - \sum_{j=1}^{4} c_j \dot{w}(x_j, y_j, t)\delta(x - x_j)\delta(y - y_j) \quad (6.70)$$

式中:M 和 K 分别为结构的质量矩阵和刚度矩阵;c_j 为第 j 个激振器的参振阻尼系数;(x_j, y_j) 为第 j 个激振器的位置坐标;$F(t)$ 为力向量(随着小车的移动而改变)。

结构的节点位移向量 $X(t)$ 可表示为

$$X(t) = \Phi q(t) \quad (6.71)$$

式中:Φ 为质量标准化后的结构模态矩阵(数值模型);$q(t)$ 为模态坐标向量。

将式(6.71)代入式(6.70)中,并在得到的式中两边乘以 Φ^{T} 可得

$$\ddot{q}(t) + \text{diag}[\omega_i^2]q(t) = -\sum_{i=1}^{4}\varphi(x_i, y_i)f_{ci}(t) -$$

$$\sum_{j=1}^{4} c_j\varphi(x_j, y_j)\varphi^{T}(x_j, y_j)\dot{q}(t) \quad (6.72)$$

式中:ω_i 为结构的第 i 阶固有频率,经过计算分析发现,取结构前 8 阶模态可获得足够精度的结果;$\varphi(x_i, y_i)$ 为在接触点 (x_i, y_i) 处的结构模态向量,包含了前 8 阶模态。

第 i 对轮轨接触点处的接触力可表达如下

$$f_{ci} = -k_i \left[q_{v1} - w(x_i, y_i) + \frac{s}{2}\theta_1 \right], \ i = 1, 2 \qquad (6.73)$$

$$f_{ci} = -k_i \left[q_{v1} - w(x_i, y_i) - \frac{s}{2}\theta_1 \right], \ i = 3, 4 \qquad (6.74)$$

6.4.3　试验验证

测试 1：小车低速运行

在车上附加一个质量块（小车和质量块总重量为 4. 335 kg，质量比为（0. 41），小车的运行速度由 PSV – 500 测振仪获得。图 6 – 29(a)给出了测试到的原始车速时程，从图 6. 29(a)可以看出，测试到的车速有较大的变动，尤其当车在进入和离开结构时，这些变动可能由以下三方面原因引起：①在初始时刻，对车施加瞬

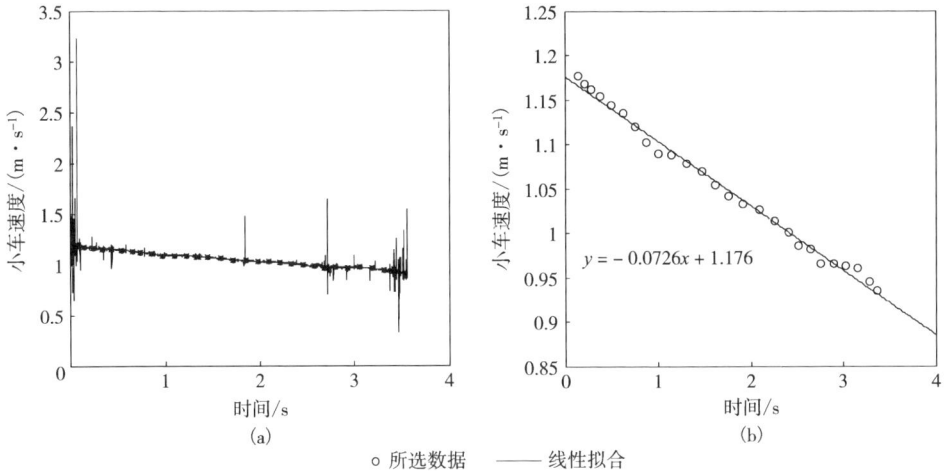

○ 所选数据　——— 线性拟合

图 6 – 29　测量到的车速时程

时推力引起的车速变动；②车辆离开轨道时从轨道上跌落引起的车速变动；③小车行驶过程中的变动，可能是由小车在接近支承位置时车体大幅度转动所引起。显然，这些变动并不能反映车辆真实水平运动，因此这些大变动数据应被剔除。通过人工比选，从初始数据中选取一系列数据，以消除这些大变动数据的影响。图 6 – 29(a)和图 6 – 29(b)中的圆点为人工选取点。从图 6 – 29(b)可以看出，小车基本上以匀减速运动（局部车速浮动可能是由于板结构的挠曲和测量误差）。将选取的速度数据拟合为一条直线，其函数为 $v = -0.0726 + 1.176$。因此可假定小车为匀减速运动，小车的加速度 $a = -0.0726 \ \text{m/s}^2$，小车的初始速度 $v_0 = 1.176 \ \text{m/s}$，t 时刻小车运行距离 $x_v = v_0 t + \frac{1}{2}at^2$。

输入小车初始车速和加速度进行仿真分析,将仿真分析得到的结构位移与试验结果进行对比,如图 6-30 所示。两组数据吻合较好,试验结果有小幅的波动,可能来自于激光位移器记录位移时的噪声。对小车以平均速度(1.0454 m/s)通过板结构的情况进行仿真,仿真结果明显滞后于试验结果,这表明在车-板模型中,须考虑移动车辆的速度变化。

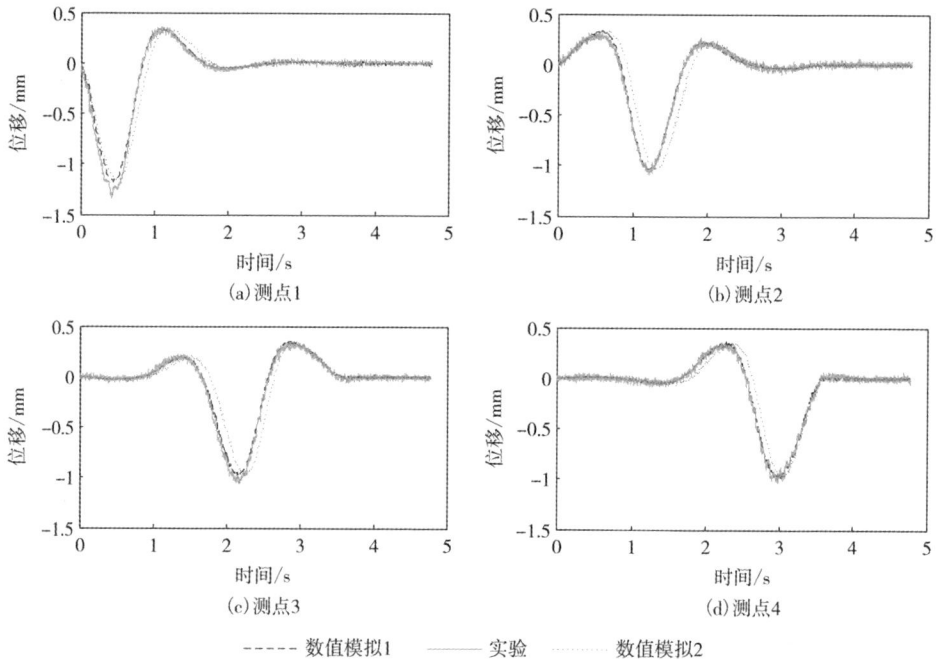

(a) 测点1 (b) 测点2 (c) 测点3 (d) 测点4

----- 数值模拟1   ——— 实验   ……… 数值模拟2

图 6-30 板结构在测点处位移对比:考虑小车速度变化模拟结果(数值模拟 1),不考虑小车速度变化,采用平均速度的模拟结果(数值模拟 2)和试验结果(实验)

以板结构第一跨跨中区域 1 号测点的试验数据为研究对象,分别将移动小车引起的板结构振动和小车离开板结构后板结构自由振动信号从时域变换到频域,可以得到两种响应的频谱,如图 6-31 和图 6-32 所示。因移动小车引起的一阶激励频率为 $f_d = \dfrac{1}{2\pi} \times \dfrac{\pi v}{l} = \dfrac{v}{2l}$。如图 6-31(a)所示,采用平均车速计算得到的激励频率为 0.58 Hz,与第一个峰值频率(0.56 Hz)非常接近。从图 6-31(b)可以看出,移动小车引起的结构受迫振动频率的带宽较大,在 30 Hz 以下的频率振幅较大,这是由于车-板结构为时变系统的缘故。除了激励频率外,第二高峰值频率为 22.26 Hz,与结构的第一阶和第二阶频率接近。图 6-32 为小车驶离结构后结构的自由振动频谱,由图可知板结构的第二阶和第三阶模态被激起显著振幅。

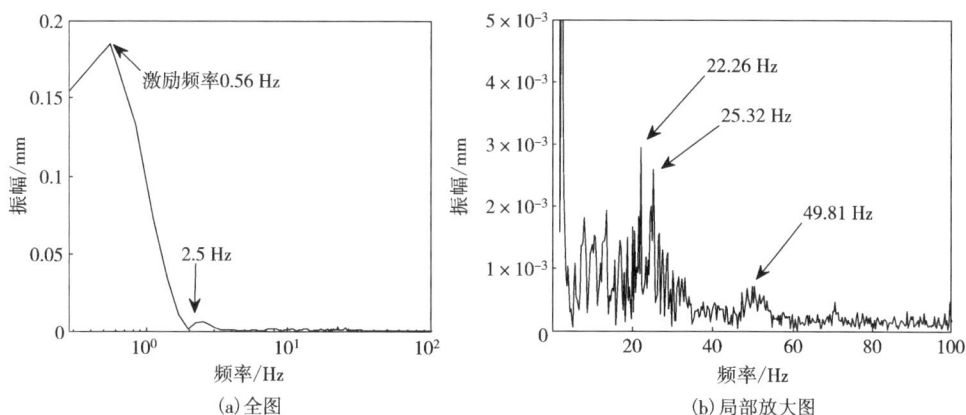

(a) 全图

(b) 局部放大图

图 6 – 31　小车以 1.176 m/s 初始速度在板结构上行驶时，
实测板结构在第一跨测点处位移响应频谱

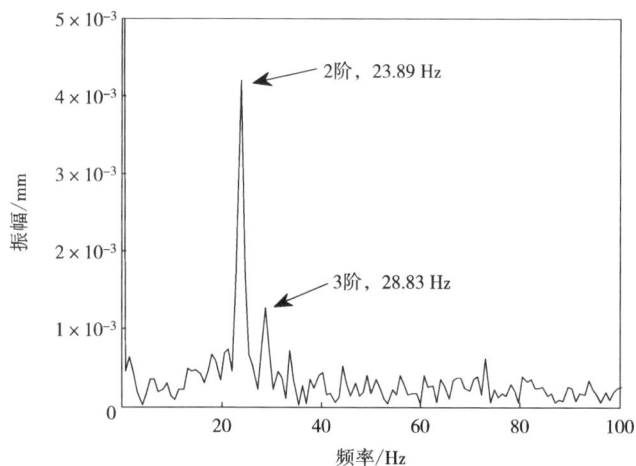

图 6 – 32　小车以 1.176 m/s 初始速度驶过板结构后，
实测板结构在第一跨测点处自由振动频谱

测试 2：小车相对高速运行

　　将车的初始速度增加到 2.44 m/s 进行第二组测试。板结构位移响应如图 6 – 33 所示，与低车速时的结果(图 6 – 30)对比，可以看到振幅几乎没有增加。对比图 6 – 34 和图 6 – 31，当小车以相对高速通过板结构时，结构高频被激起。此外，在车速较高时车 – 板系统的振幅均大于车速较低时的振幅，这说明车速越高，车板耦合作用越强烈(但当车速高于一定程度时，这种关系将发生改变)。从

图 6-35 可以看到, 板结构的前 3 阶频率被激起较大振幅。

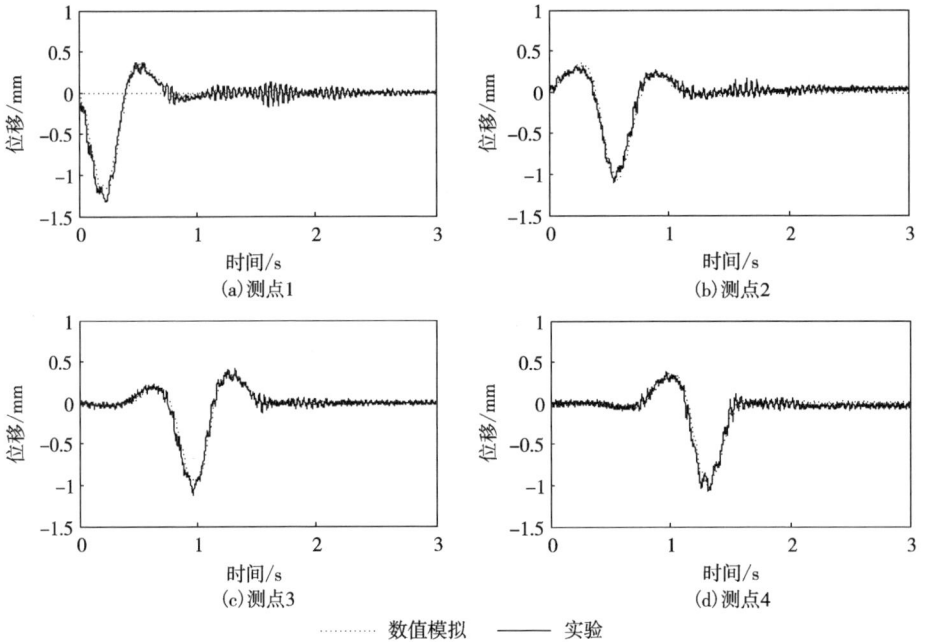

(a)测点1

(b)测点2

(c)测点3

(d)测点4

·········· 数值模拟　——— 实验

图 6-33　第二组测试板结构位移响应数值模拟与实验数据对比

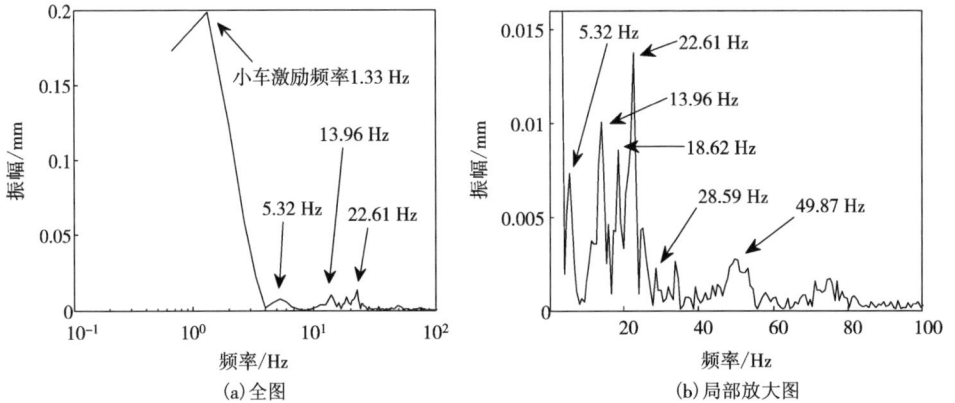

(a)全图

(b)局部放大图

**图 6-34　当小车以初始速度 2.44 m/s 在板结构上行驶时,
实测板结构在第一跨测点处位移响应频谱**

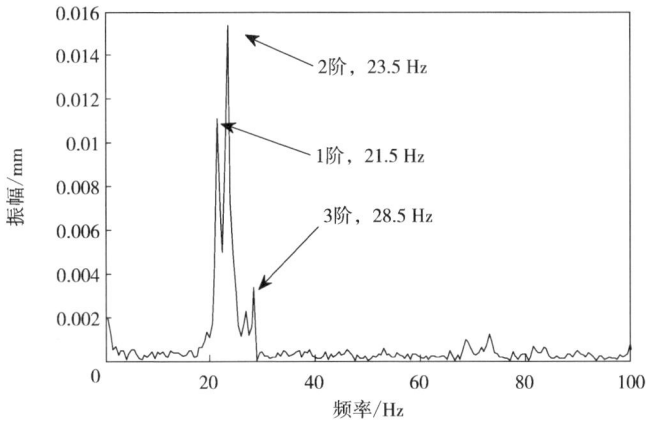

**图 6-35　当小车以 2.44 m/s 初始速度驶过板结构后，
实测板结构在第一跨测点处自由振动频谱**

参考文献

［1］ Nguyen D V, Kim K D, Warnitchai D. Simulation procedure for vehicle – substructure dynamic interactions and wheel movements u*sing* linearized wheel – rail interfaces ［J］. Finite Elements in Analysis and Design, 2009, 45(5): 341 – 356.

［2］ Yang Y B, Yau J D, Wu Y S. Vehicle – bridge interaction dynamics with applications to high-speed railways ［M］. Singapore: World Scientific, 2004.

［3］ Ouyang H J. Moving – load dynamic problems: A tutorial (with a brief overview) ［J］. Mechanical Systems and Signal Processing, 2011, 25(6): 2039 – 2060.

［4］ 曾庆元, 郭向荣. 列车桥梁时变系统振动分析理论与应用 ［M］. 北京: 中国铁道出版社, 1999.

［5］ 翟婉明, 夏禾等. 列车 – 轨道 – 桥梁动力相互作用理论与工程应用 ［M］. 北京: 科学出版社, 2011.

［6］ 夏禾, 张楠, 郭薇薇, 等. 车桥耦合振动工程 ［M］. 北京: 科学出版社, 2014.

［7］ 文颖, 陶燊, 何旭辉, 等. 基于移动质量梁列式的混合编组列车 – 多跨双线简支梁桥垂向耦合振动分析 ［J］. 振动工程学报, 2018, 31(1): 1 – 11.

［8］ Marchesiello S, Fasana A, Garibaldi L, et al. Dynamics of multi – span continuous straight bridges subject to multi-degrees of freedom moving vehicle excitation ［J］. Journal of Sound and Vibration, 1999, 224(3): 541 – 561.

［9］ Yang J. Theoretical and laboratory experimental studies of vehicle-excited bridge vibration ［D］. University of Liverpool, 2017.

[10] Cheung Y K, Au F T K, Zheng D Y, Cheng Y S. Vibration of multi-span non-uniform bridges under moving vehicles and trains by using modified beam vibration functions [J]. Journal of Sound and Vibration, 1999, 228(3): 611 – 628.

[11] Henchi K, Fafard M. Dynamic behavior of multi-span beams under moving loads [J]. Journal of Sound and Vibration, 1997, 199(1): 33 – 50.

[12] Martinez-Castro A E, Museros P, Castillo-Linares A. Semi-analytic solution in the time domain for non-uniform multi-span Bernoulli-Euler beams traversed by moving loads [J]. Journal of Sound and Vibration, 2006, 294(1 – 2): 278 – 297.

[13] de Salvo V, Muscolino G, Palmeri A. A substructure approach tailored to the dynamic analysis of multi-span continuous beams under moving loads[J]. Journal of Sound and Vibration, 2010, 329(15): 3101 – 3120.

[14] Stăncioiu D, Ouyang HJ, Mottershead J E, et al. Experimental investigations of a multi-span flexible structure subjected to moving masses [J]. Journal of Sound and Vibration, 2011, 330 (9): 2004 – 2016.

[15] Tommy H, Chan T, Demeke B. Ashebo. Moving axle load from multi-span continuous bridge: laboratory study [J]. ASME Journal of Vibration and Acoustics, 2006, 128(4): 521 – 526.

[16] Yang J, Ouyang H J, Stăncioiu D. Numerical studies of vibration of four-span continuous plate with rails excited by moving car with experimental validation [J]. International Journal of Structural Stability and Dynamics, 2017, 17(10): 2039 – 2060.

[17] Yang J, Ouyang H J, Stancioiu D, et al. Dynamic responses of a four-span continuous plate structure subjected to moving cars with time-varying speeds [J]. Journal of Vibration and Acoustics, 2018, 140(6).

[18] Yang J, Ouyang H J, Stăncioiu D. An approach of solving moving load problems by Abaqus and Matlab using numerical modes [C]//The 7th International Conference on Vibration Engineering, 2015.

[19] Yang J, Ouyang H J, Stăncioiu D. An approach of solving moving load problems with application to an experimental case [C]//The 23th International Congress on Sound & Vibration, 2016.

[20] Yang F H, Fonder G A. An iterative solution method for dynamic response of bridge-vehicles systems [J]. Earthquake Engineering and Structural Dynamics, 1996, 25(2): 195 – 215.

第7章

非平稳风激励下车－桥随机振动分析理论

风－车－桥耦合振动分析已取得一系列重大研究成果，但目前的研究普遍将风视为平稳的随机过程，针对非平稳风激励下的车－桥振动分析方法还未见报道。实际上，强风通常具有非平稳特性，其均值、方差、频率等均存在时变或突变特征。本章基于虚拟激励法（pseudo excitation method，PEM）建立了一套高效理论分析框架，实现了车－桥系统在非平稳风激励下的随机振动分析，揭示了持续时间和最大阵风风速等非平稳风关键参数对列车和桥梁响应的影响规律。

7.1　车－桥系统耦合模型

每节列车模型由质量－弹簧－阻尼系统组成，包括一个车体、两个转向架、四个轮对和两级悬挂系统。动力方程建立基于以下四个假设：①列车保持恒定的速度通过桥梁；②车体、构架和轮对均视为刚性体；③两级悬挂系统中的弹簧刚度、阻尼等参数按线性关系处理；④不考虑轮轨之间的压缩变形量，不考虑列车滑动、跳轨和脱轨现象，假定左、右车轮满足密贴关系。基于以上假设，考虑车体、转向架的横移、浮沉、侧滚、点头和摇头，以及轮对的横移、浮沉、侧滚自由度，每节列车模型共有27个自由度，刚体自由度示意图如图7－1所示。其中车体和转向架为独立自由度，受轨道限制，四个轮对为非独立自由度（表7－1）。三维车－桥模型如图7－2所示。

M_c和$J_{ic}(i=\theta,\psi,\varphi)$分别为车体的质量和侧滚、点头、摇头惯性矩；$M_{o_n}$和$J_{io_n}(i=\theta,\psi,\varphi)$分别为转向架的质量和侧滚、点头、摇头惯性矩；$M_{w_m}$和$J_{\theta w_m}$为轮对的质量和侧滚惯性矩。车体与转向架之间的二系悬挂系统由弹簧刚度参数$k_2^i(i=1,h,v)$和阻尼参数$c_2^i(i=1,h,v)$表示；转向架和轮对之间的一系悬挂系统由弹簧刚度参数$k_1^i(i=1,h,v)$和阻尼参数$c_1^i(i=1,h,v)$表示；其中，l，h和v

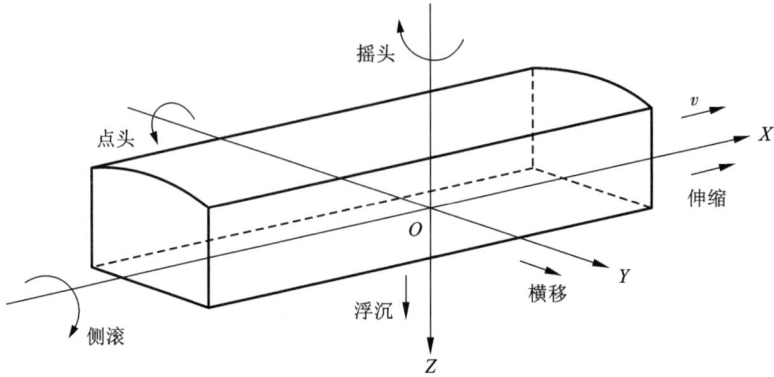

图 7 – 1　刚体自由度

表 7 – 1　列车模型自由度

刚体	自由度
车体	5 个自由度：Y_c，Z_c，θ_c，ψ_c，φ_c
转向架	5 个自由度：Y_o，Z_o，θ_o，ψ_o，φ_o
轮对	3 个自由度：Y_w，θ_w，Z_w

注意：Y、Z、θ、ψ 和 φ 分别表示横移、浮沉、侧滚、点头和摇头自由度

分别表示横向、纵向和垂向，分别对应于 x、y 和 z 坐标轴。h_1、h_2、h_3 和 h_4 表示车体、转向架、轮对和桥梁的质心之间的垂直距离。d 和 S 表示两个轮对质心距离的一半和两个转向架质心距离的一半。b_1 和 b_2 分别为一系和二系悬挂系统的垂直弹簧阻尼器的横向距离的一半，b_3 和 b_4 分别为一系和二系悬挂系统的横向弹簧阻尼器的横向距离的一半。B_r 是轴距的横向跨度。e_y 和 e_z 表示轮轨中心相对桥梁中心在 y 和 z 轴上的偏差。下标 n 和 m 分别表示每辆车的转向架和轮对数。

　　基于弹性系统动力学总势能不变值（V）原理，非平稳风荷载和轨道不平顺激励下的车 – 桥系统耦合方程可表示为

$$\begin{bmatrix} M_t & 0 \\ 0 & M_b \end{bmatrix} \begin{Bmatrix} \ddot{X}_t \\ \ddot{X}_b \end{Bmatrix} + \begin{bmatrix} C_t & C_{tb} \\ C_{bt} & C_b C_{ae} \end{bmatrix} \begin{Bmatrix} \dot{X}_t \\ \dot{X}_b \end{Bmatrix} + \begin{bmatrix} K_t & K_{tb} \\ K_{bt} & K_b K_{ae} \end{bmatrix} \begin{Bmatrix} X_t \\ X_b \end{Bmatrix} = \begin{Bmatrix} F_t \\ F_b \end{Bmatrix} + \begin{Bmatrix} F_t^{\text{wind}} \\ F_b^{\text{wind}} \end{Bmatrix}$$

$$(7.1)$$

式中：下标 t 和 b 分别表示列车和桥梁；$\ddot{X}$、$\dot{X}$ 和 X 分别表示车 – 桥系统的加速度、速度和位移向量；M_t、C_t 和 K_t 分别表示列车的质量、阻尼和刚度矩阵；M_b、C_b 和 K_b 分别表示桥梁的质量、阻尼和刚度矩阵包含了轮对运动产生的阻尼和刚度矩阵；C_{tb}、C_{bt}、K_{tb} 和 K_{bt} 表示列车与桥梁之间的耦合阻尼和刚度矩阵；C_{ae} 和 K_{ae}

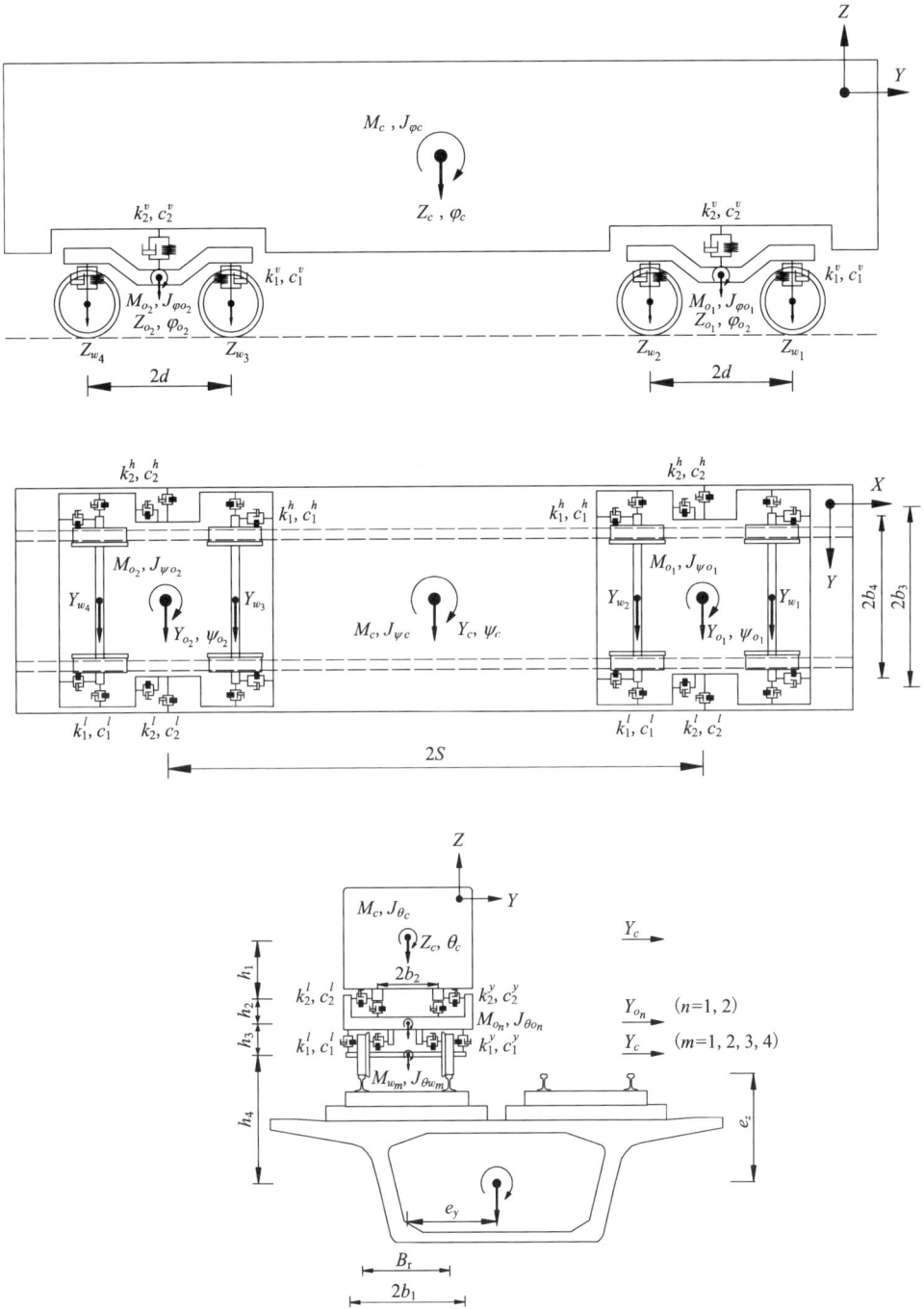

图 7 – 2　三维车 – 桥模型

分别表示耦合气动阻尼和刚度矩阵；F_t 和 F_b 表示由轴重和轨道不平顺产生的荷载向量；上标 wind 表示荷载部分来自风荷载。

7.1.1 列车模型

$(15 \times N_v) \times (15 \times N_v)$ 阶列车质量矩阵 M_t，可以写作：

$$M_t = \mathrm{diag}[\, M_t^1 \quad M_t^2 \quad \cdots \quad M_t^i \quad \cdots \quad M_t^{N_v}\,] \tag{7.2}$$

式中：N_v 为是列车在轨道上的数量；M_t^i 为第 i 节车辆的质量矩阵，可表示为：

$$M_t^i = \mathrm{diag}[\, M_c \quad M_c \quad J_{\theta c} \quad J_{\psi c} \quad J_{\varphi c} \quad M_{o_1} \quad M_{o_1} \quad J_{\theta o_1} \quad J_{\psi o_1} \quad J_{\varphi o_1} \quad M_{o_2} \quad M_{o_2} \quad J_{\theta o_2} \quad J_{\psi o_2} \quad J_{\varphi o_2}\,]$$
$$\tag{7.3}$$

$(15 \times N_v) \times (15 \times N_v)$ 阶列车刚度矩阵 K_t，可以写作：

$$K_t = \mathrm{diag}[\, K_t^1 \quad K_t^2 \quad \cdots \quad K_t^i \quad \cdots \quad K_t^{N_v}\,] \tag{7.4}$$

式中：K_t^i 为第 i 节车辆的刚度矩阵，可表示为：

$$K_t^i = \begin{bmatrix} K_c^i & K^i{}_{o_1 c} & K^i{}_{o_2 c} \\ K_{co_1}^i & K_{o_1}^i & 0 \\ K_{co_2}^i & 0 & K_{o_2}^i \end{bmatrix} \tag{7.5}$$

式中：K_c^i、$K_{o_1}^i$ 和 $K_{o_2}^i$ 分别为车体、前转向架、后转向架的刚度子矩阵；$K_{o_1 c}^i = [\,K_{co_1}^i\,]^T$ 且 $K_{o_2 c}^i = [\,K_{co_2}^i\,]^T$ 为车体和转向架的耦合项。

类似于刚度矩阵 K_t，车辆的阻尼矩阵 C_t，按照 $(15 \times N_v) \times (15 \times N_v)$ 的模式可直接建立。

7.1.2 桥梁模型

为提高计算效率，桥梁动力模型采取模态叠加法。相应地，桥梁质量、刚度和阻尼矩阵可表示为

$$M_b = M_b^1 + M_b^2 + M_b^3 + M_b^4 \tag{7.6a}$$

式中：

$$M_b^2 = \sum_{i=1}^{N_v} \frac{1}{4} M_{w_i} [\,N\,]_{b,z}^T [\,N\,]_{b,z} \tag{7.6b}$$

$$M_b^3 = \sum_{i=1}^{N_v} \frac{1}{4} M_{w_i} [\,N\,]_{b,y}^T [\,N\,]_{b,y} \tag{7.6c}$$

$$M_b^4 = \sum_{i=1}^{N_v} \frac{1}{B_r^2} J_{\theta w_i} [\,N\,]_{b,\theta}^T [\,N\,]_{b,\theta} \tag{7.6d}$$

$$K_b = K_b^1 + K_b^2 + K_b^3 + K_b^4 \tag{7.7a}$$

式中：

$$\boldsymbol{K}_b^2 = \sum_{i=1}^{N_v} \frac{1}{4} M_{w_i} \left(a \left[\boldsymbol{N} \right]_{ay}^T \left[\boldsymbol{N}' \right]_{ay} + v^2 \left[\boldsymbol{N} \right]_{ay}^T \left[\boldsymbol{N}'' \right]_{ay} \right) + k_{1i}^h \{ \left(\left[\boldsymbol{N} \right]_{bw.y}^L \right)^T \left[\boldsymbol{N} \right]_{bw.y}^L$$
$$+ \left(\left[\boldsymbol{N} \right]_{bw.y}^R \right)^T \left[\boldsymbol{N} \right]_{bw.y}^R \} + c_{1i}^h v \{ \left(\left[\boldsymbol{N} \right]_{bw.y}^L \right)^T \left[\boldsymbol{N}' \right]_{bw.y}^L + \left(\left[\boldsymbol{N} \right]_{bw.y}^R \right)^T \left[\boldsymbol{N}' \right]_{bw.y}^R \}$$

$$(7.7b)$$

$$\boldsymbol{K}_b^3 = \sum_{i=1}^{N_v} \frac{1}{4} M_{w_i} \left(a \left[\boldsymbol{N} \right]_{az}^T \left[\boldsymbol{N}' \right]_{az} + v^2 \left[\boldsymbol{N} \right]_{az}^T \left[\boldsymbol{N}'' \right]_{az} \right) + k_{1i}^v \{ \left(\left[\boldsymbol{N} \right]_{bw.z}^L \right)^T \left[\boldsymbol{N} \right]_{bw.z}^L$$
$$+ \left(\left[\boldsymbol{N} \right]_{bw.z}^R \right)^T \left[\boldsymbol{N} \right]_{bw.z}^R \} + c_{1i}^v v \{ \left(\left[\boldsymbol{N} \right]_{bw.z}^L \right)^T \left[\boldsymbol{N}' \right]_{bw.z}^L + \left(\left[\boldsymbol{N} \right]_{bw.z}^R \right)^T \left[\boldsymbol{N}' \right]_{bw.z}^R \}$$

$$(7.7c)$$

$$\boldsymbol{K}_b^4 = \sum_{i=1}^{N_v} \frac{1}{B_r^2} \left(J_{\theta w_i} a \left[\boldsymbol{N} \right]_{a\theta}^T \left[\boldsymbol{N}' \right]_{a\theta} + J_{\theta w_i} v^2 \left[\boldsymbol{N} \right]_{a\theta.}^T \left[\boldsymbol{N}'' \right]_{a\theta} \right) \tag{7.7d}$$

$$\boldsymbol{C}_b = \boldsymbol{C}_b^1 + \boldsymbol{C}_b^2 + \boldsymbol{C}_b^3 + \boldsymbol{C}_b^4 \tag{7.8a}$$

式中：

$$\boldsymbol{C}_b^2 = \sum_{i=1}^{N_v} \frac{1}{2} v M_{w_i} \left[\boldsymbol{N} \right]_{ay}^T \left[\boldsymbol{N}' \right]_{ay} + c_{1i}^h \{ \left(\left[\boldsymbol{N} \right]_{bw.y}^L \right)^T \left[\boldsymbol{N} \right]_{bw.y}^L + \left(\left[\boldsymbol{N} \right]_{bw.y}^R \right)^T \left[\boldsymbol{N} \right]_{bw.y}^R \}$$

$$(7.8b)$$

$$\boldsymbol{C}_b^3 = \sum_{i=1}^{N_v} \frac{1}{2} M_{w_i} v \left[\boldsymbol{N} \right]_{az}^T \left[\boldsymbol{N}' \right]_{az} + c_{1i}^v \{ \left(\left[\boldsymbol{N} \right]_{bw.z}^L \right)^T \left[\boldsymbol{N} \right]_{bw.z}^L + \left(\left[\boldsymbol{N} \right]_{bw.z}^R \right)^T \left[\boldsymbol{N} \right]_{bw.z}^R \}$$

$$(7.8c)$$

$$\boldsymbol{C}_b^4 = \sum_{i=1}^{N_v} \frac{2}{B_r^2} J_{w_i} v \left[\boldsymbol{N} \right]_{a\theta}^T \left[\boldsymbol{N}' \right]_{a\theta} \tag{7.8d}$$

下标 1 表示桥梁本身的质量矩阵和刚度矩阵主要通过有限元方法组装而来，主要通过有限元方法组装所有的单元质量矩阵和单元刚度矩阵；下标 2、3 和 4 分别表示来自轮对运动在 y、z 和 θ 方向上的分量；$\left[\boldsymbol{N} \right]_{b.z}^i$，$\left[\boldsymbol{N} \right]_{b.y}^i$ 和 $\left[\boldsymbol{N} \right]_{b.\theta}^i (i = L, R)$ 表示相应方向上桥梁单元的形函数矩阵，本章采用 Hermitian 三次形函数。v，a 分别为列车运行速度和加速度。$\left[\boldsymbol{N} \right]_{bw.z}^i$ 和 $\left[\boldsymbol{N} \right]_{bw.y}^i (i = L, R)$ 为列车与桥梁的耦合形函数，定义为

$$\left[\boldsymbol{N} \right]_{bw.z}^i = \frac{\left[\boldsymbol{N} \right]_{az}}{2} + \frac{\left[\boldsymbol{N} \right]_{a\theta.} b_1^i}{B} \tag{7.9}$$

$$\left[\boldsymbol{N} \right]_{bw.y}^i = \frac{\left[\boldsymbol{N} \right]_{ay}}{2} \tag{7.10}$$

式中：b_1^i 表示当 $i = L$ 和 $i = R$ 时的距离，左、右相差一负号；$\left[\boldsymbol{N} \right]_{az} = \left[\boldsymbol{N} \right]_{b.z}^L + \left[\boldsymbol{N} \right]_{b.z}^R$；$\left[\boldsymbol{N} \right]_{a\theta} = \left[\boldsymbol{N} \right]_{b.z}^L - \left[\boldsymbol{N} \right]_{b.z}^R$；$\left[\boldsymbol{N} \right]_{ay} = \left[\boldsymbol{N} \right]_{b.y}^L + \left[\boldsymbol{N} \right]_{b.y}^R$；$\left[\boldsymbol{N}' \right]_{ai}$ 和 $\left[\boldsymbol{N}'' \right]_{ai}$ 分别表示形函数的一阶和二阶导数。桥梁单元采用空间梁单元来模拟。

7.1.3　车 – 桥相互作用

轮对竖向、横向和侧滚位移可表示为轮对当前时刻桥梁位移响应与轨道不平顺之和，即

$$\boldsymbol{Z}_w^i = [\boldsymbol{N}]_{b,z}^i \{\boldsymbol{q}\}_{b,z}^i + r_z^i \tag{7.11}$$

$$\boldsymbol{Y}_w^i = [\boldsymbol{N}]_{b,y}^i \{\boldsymbol{q}\}_{b,y}^i + r_y^i \tag{7.12}$$

$$\boldsymbol{\theta}_w^i = [\boldsymbol{N}]_{b,\theta}^i \{\boldsymbol{q}\}_{b,\theta}^i + r_\theta^i \tag{7.13}$$

式中：$\boldsymbol{Z}_w^i$、$\boldsymbol{Y}_w^i$ 和 $\boldsymbol{\theta}_w^i (i = L, R)$ 分别表示轮对在竖向、横向和侧滚方向上位移；上标 L 和 R 分别表示左、右侧轮对；$\{\boldsymbol{q}\}_{b,z}^i$、$\{\boldsymbol{q}\}_{b,y}^i$ 和 $\{\boldsymbol{q}\}_{b,\theta}^i (i = L, R)$ 为相应节点位移向量；r_z^i、r_y^i 和 $r_\theta^i (i = L, R)$ 分别指高低轨道不平顺、水平轨道不平顺和方向轨道不平顺。列车 – 轨道/桥梁接触系统如图 7 – 3 所示，图中 $x_{w_m} (m = 1, 2, 3, 4)$ 表示轮对接触点到桥梁单元左侧节点间的距离；z_{w_m} 代表每个轮对的垂直位移。

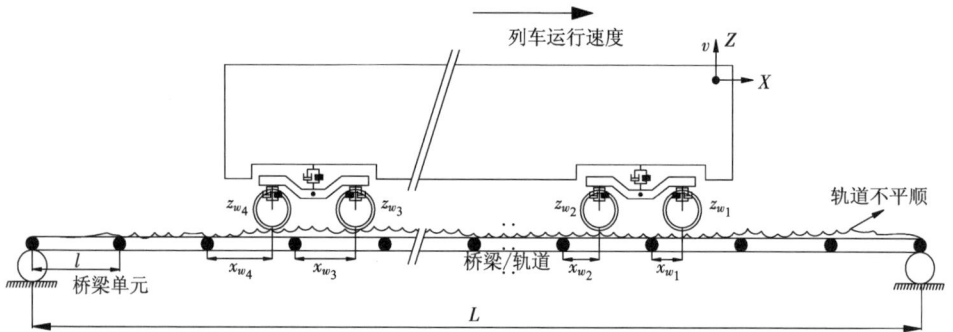

图 7 – 3　列车 – 轨道/桥梁耦合系统

根据式(7.11) ~ 式(7.13)，一系悬挂系统弹簧在竖向和横向上的弹簧压缩量可表示为

$$Z_{ow}^i = [\boldsymbol{N}]_{o_n \cdot z}^i \{\boldsymbol{q}\}_{o_n \cdot z}^i - [\boldsymbol{N}]_{bw \cdot z}^i \{\boldsymbol{q}\}_{b \cdot z}^i - r_z^i \quad (i = L, R; n = 1, 2) \tag{7.14}$$

$$Y_{ow}^i = [\boldsymbol{N}]_{o_n \cdot y}^i \{\boldsymbol{q}\}_{o_n \cdot y}^i - [\boldsymbol{N}]_{bw \cdot y}^i \{\boldsymbol{q}\}_{b \cdot y}^i - r_y^i \quad (i = L, R; n = 1, 2) \tag{7.15}$$

式中：Z_{ow}^i 和 Y_{ow}^i 分别为一系悬挂系统在竖向和横向上的弹簧压缩量；$[\boldsymbol{N}]_{o_n \cdot z}^i$ 和 $[\boldsymbol{N}]_{o_n \cdot y}^i$ 表示转向架竖向和横向形函数；$\{\boldsymbol{q}\}_{o_n \cdot z}^i$ 和 $\{\boldsymbol{q}\}_{o_n \cdot y}^i (i = L, R)$ 为转向架相应位移向量。

同样，基于弹性系统动力学总势能不变值原理，车 – 桥耦合刚度矩阵 $\boldsymbol{K}_{tb}$ 可通过弹性应变势能和阻尼力势能获得，可表示为

$$\boldsymbol{K}_{tb} = \boldsymbol{K}_{tb}^{z,i} + \boldsymbol{K}_{tb}^{y,i} \quad (i = L, R) \tag{7.16a}$$

$$\boldsymbol{K}_{tb}^{z,i} = -k_1^v ([\boldsymbol{N}]_{o_n \cdot z}^i)^T ([\boldsymbol{N}]_{bw \cdot z}^i) \tag{7.16b}$$

$$K_{tb}^{y,i} = -k_1^l ([N]_{o_n,y}^i)^T ([N]_{bw,y}^i) \tag{7.16c}$$

式中：$K_{tb}^{y,i}$ 和 $K_{tb}^{z,i}$ 表示横向和竖向车 – 桥耦合刚度矩阵。类似地，$K_{bt} = K_{bt}^{z,i} + K_{bt}^{y,i}$（$i = L, R$）。

耦合阻尼矩阵 C_{tb} 可表示为

$$C_{tb} = C_{tb}^{z,i} + C_{tb}^{y,i} \quad (i = L, R) \tag{7.17a}$$

$$C_{tb}^{z,i} = -c_1^v ([N]_{o_n,z}^i)^T ([N]_{bw,z}^i) \tag{7.17b}$$

$$C_{tb}^{y,i} = -c_1^l ([N]_{o_n,y}^i)^T ([N]_{bw,y}^i) \tag{7.17c}$$

类似地，$C_{bt} = C_{bt}^{z,i} + C_{bt}^{y,i}$（$i = L, R$）。

7.2　车 – 桥系统随机荷载激励

7.2.1　非平稳风荷载

典型非平稳风作用于车 – 桥系统的风荷载，由三部分组成：

$$F_i^{wind}(t) = F_i^{mean}(t) + F_i^{buf}(t) + F_i^{self}(t) \quad (i = b, t) \tag{7.18}$$

式中：上标 mean、buf 和 self 分别表示时变静风荷载、抖振力和自激力。

1. 时变静风荷载

基于准定常理论，桥上单位长度的风荷载可定义为

$$F_{b,D}^{mean}(t) = \frac{1}{2}\rho \, \overline{U}(t)^2 C_{Db}(\alpha) H_b \tag{7.19}$$

$$F_{b,L}^{mean}(t) = \frac{1}{2}\rho \, \overline{U}(t)^2 C_{Lb}(\alpha) B_b \tag{7.20}$$

$$F_{b,M}^{mean}(t) = \frac{1}{2}\rho \, \overline{U}(t)^2 C_{Mb}(\alpha) B_b^2 \tag{7.21}$$

式中：下标 D、L 和 M 分别为阻力、升力和力矩；ρ 为空气密度；$\overline{U}(t)$ 为时变平均风速；B_b 为桥梁沿着来流方向的宽度；H_b 为桥梁沿来流方向的高度；C_{Db}、C_{Lb} 和 C_{Mb} 分别为桥梁阻力系数、升力系数和力矩系数，该值可通过风洞试验或者 CFD 模拟获得；α 为风攻角。

作用于列车上的时变静风荷载可表述为：

$$F_{t,D}^{mean}(t) = \frac{1}{2}\rho \, \overline{U}_t(t)^2 C_{Dt}(\beta) H_t L_t \tag{7.22}$$

$$F_{t,L}^{mean}(t) = \frac{1}{2}\rho \, \overline{U}_t(t)^2 C_{Lt}(\beta) B_t L_t \tag{7.23}$$

$$F_{t,M}^{mean}(t) = \frac{1}{2}\rho \, \overline{U}_t(t)^2 C_{Mt}(\beta) B_t^2 L_t \tag{7.24}$$

式中：$\overline{U}_t(t)$ 为合风速，$\overline{U}_t(t) = \sqrt{(U(t))^2 + v^2}$；$B_t$ 为沿着平均风速的列车宽度；H_t 为沿着平均风向的列车高度；L_t 为每一节车厢的长度；C_{Dt}、C_{Lt} 和 C_{Mt} 分别为列车的升力系数、阻力系数和力矩系数；β 为风偏角，$\beta(t) = \arctan\dfrac{\overline{U}(t)}{v}$。值得注意的是，分析风 – 车 – 桥耦合作用时，列车与桥梁的气动力系数应考虑气动特性相互间的干扰。

热带气旋、雷暴和龙卷风的实地测量表明，非平稳风的风速往往在短时间内经历从上升到下降的过程。为描述非平稳风的一般规律，本章采用半正弦函数来模拟时变平均风速，表达式如下：

$$\begin{cases} \overline{U}(t) = U_0 & \text{其他} \\ \overline{U}(t) = U_0 + U_{max}\sin\left(\dfrac{t - t_0}{D_t}\pi\right) & t_0 < t < t + D_t \end{cases} \tag{7.25}$$

式中：U_{max} 和 D_t 分别为最大瞬时风速和持续的时间；U_0 为初始风速。式(7 – 25)所示的时变平均风速曲线如图 7 – 4 所示，其中 U_e 为等效平稳平均风速；T 为列车运行于桥上时间；t_0 为风速突变的起始时间点。

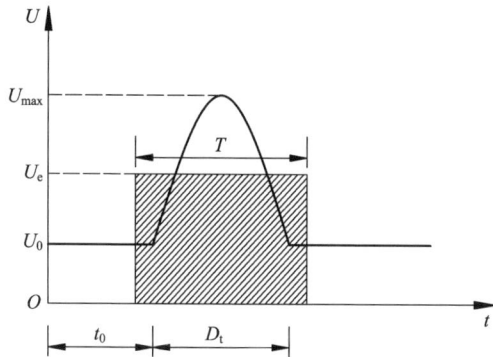

图 7 – 4　时变平均风速模型

2. 自激力

自激力表征风和结构间的气动耦合作用，是结构位移和速度的函数。采用 Scanlan 提出的适用于桥梁截面的自激力表达式，可写成矩阵形式

$$\boldsymbol{F}_{ae} = \boldsymbol{K}_{ae}\boldsymbol{d} + \boldsymbol{C}_{ae}\dot{\boldsymbol{d}} \tag{7.26}$$

式中：$\boldsymbol{K}_{ae}$ 和 $\boldsymbol{C}_{ae}$ 为气动刚度矩阵和气动阻尼矩阵；$\boldsymbol{d}$ 和 $\dot{\boldsymbol{d}}$ 为位移矢量和速度矢量。运用有限元思想，桥梁整体气动刚度矩阵和气动阻尼矩阵可先通过获得单元气动刚度矩阵和单元气动阻尼矩阵，然后整体组装；最后一并组装至结构刚度矩阵和

阻尼矩阵。由于列车气动自激力相对桥梁而言较小,在此先不予以考虑。

3. 抖振力

基于准稳态理论,单元长度非平稳抖振力可表示为:

$$\boldsymbol{F}_i^{\text{buf}}(t) = \begin{Bmatrix} F_{i,L}^{\text{buf}}(t) \\ F_{i,D}^{\text{buf}}(t) \\ F_{i,M}^{\text{buf}}(t) \end{Bmatrix} = \boldsymbol{c}_i\,\boldsymbol{g}_i(t)\boldsymbol{X}_i(t) \quad (i=b,t) \tag{7.27a}$$

式中:

$$\boldsymbol{c}_i = \frac{\rho\,\overline{U}(t)B_i}{2}\begin{bmatrix} 2C_{Li}(\alpha) & C_{Li}'(\alpha)+C_{Di}(\alpha) \\ 2C_{Di}(\alpha) & C_{Di}'(\alpha) \\ 2B_iC_{Mi}(\alpha) & B_iC_{Mi}'(\alpha) \end{bmatrix} \tag{7.27b}$$

$$\boldsymbol{g}_i(t) = \begin{bmatrix} g_{iu}(t) & 0 \\ 0 & g_{iw}(t) \end{bmatrix} \tag{7.27c}$$

$$\boldsymbol{X}_i(t) = \begin{Bmatrix} u_i(x,t) \\ w_i(x,t) \end{Bmatrix} \tag{7.27d}$$

式中: $u_i(x,t)$ 和 $w_i(x,t)$ 分别为水平和竖向脉动风速; $g_{iu}(t)$ 和 $g_{iw}(t)$ 为对应的调制函数,本书采用指数型调制 $\exp[-(t-t_0)^2/2D_t^2]$ 。

整体桥梁抖振力向量可通过组装所有桥梁单元获得:

$$\boldsymbol{F}_b^{\text{buf}}(t) = \begin{Bmatrix} F_{b,1}^{\text{buf}}(t) \\ \vdots \\ F_{b,q}^{\text{buf}}(t) \\ \vdots \\ F_{b,P}^{\text{buf}}(t) \end{Bmatrix} = \boldsymbol{R}\boldsymbol{G}(t)\boldsymbol{X}(t) \tag{7.28}$$

式中: $F_{b,q}^{\text{buf}}(t)$ 为第 q 单元的抖振力, $F_{b,q}^{\text{buf}}(t)=\frac{1}{2}L_q\,\boldsymbol{c}_q\,\boldsymbol{g}_q(t)\boldsymbol{X}_q(t)$ $(q=1,\cdots,P)$; L_q 为第 q 号单元的长度; P 为单元的编号; $\boldsymbol{R}=[0.5L_1\,\boldsymbol{c}_1 \quad \cdots \quad 0.5L_q\,\boldsymbol{c}_q \quad \cdots$ $0.5L_P\,\boldsymbol{c}_P]^T$ 为气动特性分布矩阵; $\boldsymbol{G}(t)=\text{diag}[g_{u,1}(t) \quad g_{w,1}(t) \quad \cdots \quad g_{u,i}(t) \quad g_{w,i}(t)$ $\cdots \quad g_{u,P}(t) \quad g_{w,P}(t)]$ 为调制函数矩阵。

模态坐标系下,随机抖振力功率谱矩阵可写为

$$\boldsymbol{S}_{F_b^{\text{buf}}F_b^{\text{buf}}}(\omega,t) = \boldsymbol{\Phi}^T\boldsymbol{R}\boldsymbol{G}(t)\boldsymbol{S}_{XX}(\omega)\boldsymbol{G}^T(t)\boldsymbol{R}^T\boldsymbol{\Phi} \tag{7.29}$$

式中: $\boldsymbol{S}_{XX}(\omega)$ 为风速的拟合功率谱 PSD 矩阵; $\boldsymbol{\Phi}$ 为桥梁模态矩阵。由于 $\boldsymbol{S}_{XX}(\omega)$ 在每一个离散的频率点上均为 Hermitian 矩阵,因此可直接进行 Cholesky 分解。形式如下:

$$\boldsymbol{S}_{XX}(\omega) = \boldsymbol{L}^*(\omega)\boldsymbol{D}(\omega)\boldsymbol{L}^T(\omega) = \sum_{i=1}^r d_i(\omega)\,\boldsymbol{L}_i^*(\omega)\,\boldsymbol{L}_i^T(\omega) \tag{7.30}$$

式中：r 为 $S_{XX}(\omega)$ 的秩；* 为复共轭；$L(\omega)$ 为下三角矩阵；$D(\omega)$ 为对角矩阵；$d_i(\omega)$ 为对角矩阵的第 i 个元素。将式(7.30) 带入式(7.29)，可得：

$$
\begin{aligned}
S_{F_b^{\mathrm{buf}}F_b^{\mathrm{buf}}}(\omega, t) &= \sum_{i=1}^{r} \boldsymbol{\Phi}^{\mathrm{T}} \boldsymbol{R} \boldsymbol{G}(t) d_i(\omega) \boldsymbol{L}_i^*(\omega) \boldsymbol{L}_i^{\mathrm{T}}(\omega) \boldsymbol{G}^{\mathrm{T}}(t) \boldsymbol{R}^{\mathrm{T}} \boldsymbol{\Phi} \\
&= \sum_{i=1}^{r} \left(\boldsymbol{F}_{b,i}^{\mathrm{buf}}(\omega, t) \right)^* \left(\boldsymbol{F}_{b,i}^{\mathrm{buf}}(\omega, t) \right)^{\mathrm{T}} = \sum_{i=1}^{r} \left[\boldsymbol{S}_{F_b^{\mathrm{buf}}F_b^{\mathrm{buf}}}(\omega, t) \right]_i
\end{aligned}
\tag{7.31}
$$

由式(7.31)可知，抖振力的功率谱矩阵可以分解为一系列子矩阵 $\boldsymbol{F}_{b,i}^{\mathrm{buf}}(\omega, t)$ $= \sqrt{d_i} \boldsymbol{\Phi}^{\mathrm{T}} \boldsymbol{R} \boldsymbol{G}(t) \boldsymbol{L}_i(\omega)$。基于虚拟激励法，桥梁的虚拟抖振力矢量可定义为

$$
\tilde{\boldsymbol{F}}_{b,i}^{\mathrm{buf}}(\omega, t) = \sqrt{d_i} \boldsymbol{\Phi}^{\mathrm{T}} \boldsymbol{R} \boldsymbol{G}(t) \boldsymbol{L}_i(\omega) \mathrm{e}^{\mathrm{j}\omega t}
\tag{7.32}
$$

式中：j 为虚数单位。作用于列车上的虚拟抖振力向量可采取类似的步骤构建，其中将每一车体看作一节点来模拟。为保证列车与桥梁脉动风速的协调性，作用于车体的脉动风速可根据车体质心的位置由桥梁模拟风速点插值求得。

7.2.2　轨道不平顺激励荷载

由轨道不平顺所致荷载 $\boldsymbol{F}_t$ 可表示为

$$
\boldsymbol{F}_t = \begin{bmatrix} \boldsymbol{F}_{t1} & \boldsymbol{F}_{t2} & \cdots & \boldsymbol{F}_{ti} & \cdots & \boldsymbol{F}_{tN_v} \end{bmatrix}
\tag{7.33}
$$

式中：$\boldsymbol{F}_{ti}(i=1, 2, \cdots, N_v)$ 表示第 i 节车辆荷载向量，可写为

$$
\boldsymbol{F}_{ti} = \boldsymbol{F}_{ti}^{n,k} + \boldsymbol{F}_{ti}^{n,c} \quad (n = z, y)
\tag{7.34}
$$

式中：上标 z 和 y 分别表示荷载向量根据轮轨在竖向和横向位移协调条件推导而来，如式 (7.11)、式(7.12)所示；上标 k 和 c 表示荷载向量分别来自弹性应变能和阻尼力势能。

同样，基于虚拟激励法，$\boldsymbol{F}_{ti}$ 可转化为一系列多点、异相位的虚拟激励向量 $\tilde{\boldsymbol{F}}_{ti}$。对于一个四轴轮对车辆，存在四个相位差分别为 $0, 2d/v, 2S/v$ 和 $2(d+S)/v$。因此，第 i 节车辆竖向轨道不平顺所致荷载向量可表示为

$$
\tilde{\boldsymbol{F}}_{ti}^z = \tilde{\boldsymbol{F}}_{ti}^{z,k} + \tilde{\boldsymbol{F}}_{ti}^{z,c}
\tag{7.35a}
$$

式中：

$$
\begin{aligned}
\tilde{\boldsymbol{F}}_{ti}^{z,k} = {} & k_1^v g_z(x) \left\{ \left([\boldsymbol{N}]_{o_{n'z}}^L + [\boldsymbol{N}]_{o_{n'z}}^R \right) \sqrt{S_V(\omega)/v} \right\} \mathrm{e}^{\mathrm{j}\omega(t-t_m)} + \\
& k_1^v g_\theta(x) \left\{ \left([\boldsymbol{N}]_{o_{n'z}}^L b_1^L + [\boldsymbol{N}]_{o_{n'z}}^R b_1^R \right) \sqrt{S_C(\omega)/v} \right\} \mathrm{e}^{\mathrm{j}\omega(t-t_m)} \\
& (n = 1, 2; m = 1, 2, 3, 4)
\end{aligned}
\tag{7.35b}
$$

$$
\begin{aligned}
\tilde{\boldsymbol{F}}_{ti}^{z,c} = {} & c_1^v g_z(x) \mathrm{j}\omega \left\{ \left([\boldsymbol{N}]_{o_{n'z}}^L + [\boldsymbol{N}]_{o_{n'z}}^R \right) \sqrt{S_V(\omega)/v} \right\} \mathrm{e}^{\mathrm{j}\omega(t-t_m)} + \\
& c_1^v g_\theta(x) \mathrm{j}\omega \left\{ \left([\boldsymbol{N}]_{o_{n'z}}^L b_1^L + [\boldsymbol{N}]_{o_{n'z}}^R b_1^R \right) \sqrt{S_C(\omega)/v} \right\} \mathrm{e}^{\mathrm{j}\omega(t-t_m)} \\
& (n = 1, 2; m = 1, 2, 3, 4)
\end{aligned}
\tag{7.35c}
$$

在横向，轨道不平顺产生的虚拟激励可表示为

$$\widetilde{\boldsymbol{F}}_{ti}^{y} = \widetilde{\boldsymbol{F}}_{ti}^{y,k} + \widetilde{\boldsymbol{F}}_{ti}^{y,c} \tag{7.36a}$$

式中：

$$\widetilde{\boldsymbol{F}}_{ti}^{y,k} = g_y(x)k_1^l \sqrt{S_A(\omega)/v}\left([\boldsymbol{N}]_{o_n,y}^L + [\boldsymbol{N}]_{o_n,y}^R\right)\mathrm{e}^{\mathrm{j}\omega(t-t_m)}$$
$$(n = 1,2;\ m = 1,2,3,4) \tag{7.36b}$$

$$\widetilde{\boldsymbol{F}}_{ti}^{y,c} = g_y(x)c_1^l\mathrm{j}\omega \sqrt{S_A(\omega)/v}\left([\boldsymbol{N}]_{o_n,y}^L + [\boldsymbol{N}]_{o_n,y}^R\right)\mathrm{e}^{\mathrm{j}\omega(t-t_m)}$$
$$(n = 1,2;\ m = 1,2,3,4) \tag{7.36c}$$

式中：$S_V(\omega)$、$S_A(\omega)$ 和 $S_C(\omega)$ 分别为竖向、横向和方向轨道不平顺功率谱，本章采用德国低轨道谱；$g_y(x)$、$g_z(x)$ 和 $g_\theta(x)$ 为其对应轨道不平顺调制函数。

据现场实测表明，桥梁上的轨道不平顺数值一般小于路基值，轨道不平顺表现出一定的非平稳特征。因此，当列车从路基运行到桥梁时（或反向），不能将轨道不平顺视为一平稳随机过程，而需要将轨道不平顺调制为非平稳随机过程。为避免列车在桥梁与路基段出现明显振荡，应采用一种慢变的正弦调制函数，表达式如下

$$g_l(x) = \begin{cases} 0.5(1+\sqrt{c}) + 0.5(1-\sqrt{c})\sin(\pi L_0^{-1}(x+1.5L_0)) & 0 \leqslant x < L_0 \\ \sqrt{c} & L_0 \leqslant x < L - L_0 \\ 0.5(1+\sqrt{c}) + 0.5(1-\sqrt{c})\sin(\pi L_0^{-1}(x-L-0.5L_0)) & L-L_0 \leqslant x < L \\ 1 & \text{其他} \end{cases}$$
$$\tag{7.37}$$

式中：$l = y$，z 或 θ；$c = 0.7$；L_0 为桥梁与路基过渡段长度。L 为桥梁总长度；调制函数曲线如图 7-5 所示。

轨道不平顺引起桥梁荷载向量 $\boldsymbol{F}_b$ 可表示为

$$\boldsymbol{F}_b = \boldsymbol{F}_{b1} + \boldsymbol{F}_{b2} + \boldsymbol{F}_{b3} + \boldsymbol{F}_{b4} \tag{7.38}$$

式中：$\boldsymbol{F}_{b1}$ 表示荷载向量部分来自轮对轴重；$\boldsymbol{F}_{b2}$、$\boldsymbol{F}_{b3}$ 和 $\boldsymbol{F}_{b4}$ 分别为来自水平、竖向和方向轨道不平顺引起的荷载向量。$\boldsymbol{F}_{b2}$ 由惯性力势能 $\boldsymbol{F}_{b2}^{\mathrm{inertia}}$、弹性应变能 $\boldsymbol{F}_{b2}^{k}$ 和阻尼力势能 $\boldsymbol{F}_{b2}^{c}$ 三部分组成。相应地，虚拟荷载向量 $\widetilde{\boldsymbol{F}}_{b2}$ 可定义为

$$\widetilde{\boldsymbol{F}}_{b2} = \widetilde{\boldsymbol{F}}_{b2}^{\mathrm{inertia}} - \widetilde{\boldsymbol{F}}_{b2}^{k} - \widetilde{\boldsymbol{F}}_{b2}^{c} \tag{7.39a}$$

式中：

$$\widetilde{\boldsymbol{F}}_{b2}^{\mathrm{inertia}} = \frac{1}{2}M_{w_m}\omega^2[\boldsymbol{N}]_{ay}g_y(x)\sqrt{S_A(\omega)/v}\mathrm{e}^{\mathrm{j}\omega(t-t_m)} \quad (m=1,2,3,4)$$
$$\tag{7.39b}$$

$$\widetilde{\boldsymbol{F}}_{b2}^{k} = g_y(x)k_1^l\sqrt{S_A(\omega)/v}\left([\boldsymbol{N}]_{b,y}^L + [\boldsymbol{N}]_{b,y}^R\right)\mathrm{e}^{\mathrm{j}\omega(t-t_m)} \quad (m=1,2,3,4)$$
$$\tag{7.39c}$$

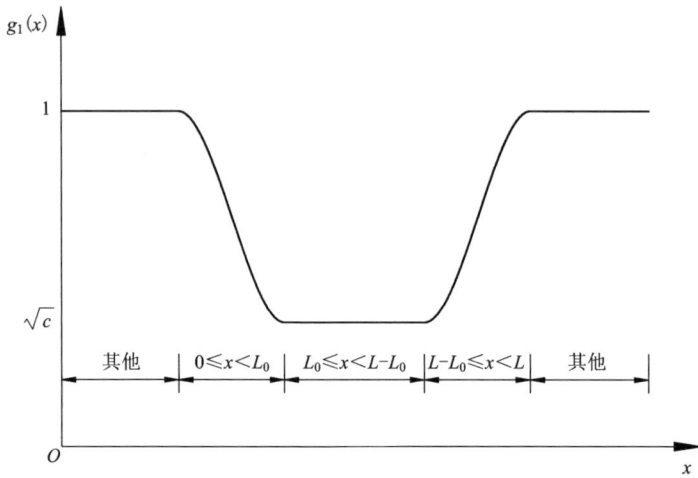

图 7 – 5 轨道不平顺非平稳调制函数

$$\widetilde{\boldsymbol{F}}_{b2}^{c} = - g_y(x) c_1^l \mathrm{j}\omega \sqrt{S_A(\omega)/v} \left([\boldsymbol{N}]_{b,y}^{L} + [\boldsymbol{N}]_{b,y}^{R} \right) \mathrm{e}^{\mathrm{j}\omega(t-t_m)} \quad (m = 1, 2, 3, 4)$$

$$(7.39\mathrm{d})$$

同样地，虚拟荷载向量 $\widetilde{\boldsymbol{F}}_{b3}$ 可表示为

$$\widetilde{\boldsymbol{F}}_{b3} = \widetilde{\boldsymbol{F}}_{b3}^{\text{inertia}} - \widetilde{\boldsymbol{F}}_{b3}^{k} - \widetilde{\boldsymbol{F}}_{b3}^{c} \tag{7.40a}$$

式中：

$$\widetilde{\boldsymbol{F}}_{b3}^{\text{inertia}} = \frac{1}{2} M_{w_m} \omega^2 [\boldsymbol{N}]_{az} g_z(x) \sqrt{S_V(\omega)/v} \mathrm{e}^{\mathrm{j}\omega(t-t_m)} \quad (m = 1, 2, 3, 4)$$

$$(7.40\mathrm{b})$$

$$\widetilde{\boldsymbol{F}}_{b3}^{k} = k_1^v g_z(x) \left\{ \left([\boldsymbol{N}]_{o_n \cdot z}^{L} + [\boldsymbol{N}]_{o_n \cdot z}^{R} \right) \sqrt{S_V(\omega)/v} \right\} \mathrm{e}^{\mathrm{j}\omega(t-t_m)}$$
$$+ k_1^v g_\theta(x) \left\{ \left([\boldsymbol{N}]_{o_n \cdot z}^{L} b_1^L + [\boldsymbol{N}]_{o_n \cdot z}^{R} b_1^R \right) \sqrt{S_C(\omega)/v} \right\} \mathrm{e}^{\mathrm{j}\omega(t-t_m)} \quad (7.40\mathrm{c})$$
$$(n = 1, 2; \ m = 1, 2, 3, 4)$$

$$\widetilde{\boldsymbol{F}}_{b3}^{c} = - c_1^v g_z(x) \mathrm{j}\omega \left\{ \left([\boldsymbol{N}]_{bw \cdot z}^{L} + [\boldsymbol{N}]_{bw \cdot z}^{R} \right) \sqrt{S_V(\omega)/v} \right\} \mathrm{e}^{\mathrm{j}\omega(t-t_m)}$$
$$- c_1^v g_\theta(x) \mathrm{j}\omega \left\{ \left([\boldsymbol{N}]_{bw \cdot z}^{L} b_1^L + [\boldsymbol{N}]_{bw \cdot z}^{R} b_1^R \right) \sqrt{S_C(\omega)/v} \right\} \mathrm{e}^{\mathrm{j}\omega(t-t_m)} \quad (7.40\mathrm{d})$$
$$(m = 1, 2, 3, 4)$$

类似地，虚拟荷载向量 $\widetilde{\boldsymbol{F}}_{b4}$ 可表示为

$$\widetilde{\boldsymbol{F}}_{b4} = \frac{1}{B_r} J_{\theta w_m} \omega^2 [\boldsymbol{N}]_{a\theta} g_\theta(x) \sqrt{S_C(\omega)/v} \mathrm{e}^{\mathrm{j}\omega(t-t_m)} \quad (m = 1, 2, 3, 4) \tag{7.41}$$

7.3　非平稳激励下车 – 桥随机振动分析方法

7.3.1　分析流程

依据式(7.1)，风 – 车 – 桥系统运动方程可统一表示为

$$M(t)\ddot{U} + C(t)\dot{U} + K(t)U = F_g(t) + F_{wind}(t) + F_i(t) + F_{buf}(t) \quad (7.42)$$

式中：$M(t)$、$C(t)$ 和 $K(t)$ 分别为车 – 桥系统总体质量、阻尼和刚度矩阵；$\ddot{U}$、$\dot{U}$ 和 U 分别表示响应的加速度、速度和位移向量。方程右边包括确定性荷载项如轴重 $F_g(t)$ 和时变平均风荷载 $F_{wind}(t)$，也包括随机荷载如非平稳轨道不平顺所引起的荷载项 $F_i(t)$ 和非平稳脉动风速引起的荷载项 $F_{buf}(t)$。利用 Duhamel 积分，方程(7.42)的解为

$$Y(t) = \int_0^t H(t-\tau)F(\tau)\mathrm{d}\tau =$$

$$\int_0^t H(t-\tau)\left[F_g(t) + F_{wind}(t) + F_i(t) + F_{buf}(t)\right]\mathrm{d}\tau \quad (7.43)$$

式中：$H(t-\tau)$ 为脉冲反应矩阵。

耦合系统反应均值可表示为

$$\overline{Y}(t) = E(Y(t)) = \int_0^t H(t-\tau)E\left[F_g(t) + F_{wind}(t) + F_i(t) + F_{buf}(t)\right]\mathrm{d}\tau \quad (7.44)$$

式中：$\overline{Y}(t)$ 为向量 $Y(t)$ 的均值；$E[\,\cdot\,]$ 表示均值计算算子。假定轨道不平顺和脉动风速为零均值的高斯随机过程，即 $E\left[F_i(t) + F_{buf}(t)\right] = 0$，则 $\overline{Y}(t)$ 可简化为

$$\overline{Y}(t) = \int_0^t H(t-\tau)E\left[F_g(t) + F_{wind}(t)\right]\mathrm{d}\tau \quad (7.45)$$

从式(7.45)可知，车 – 桥系统响应均值由确定性荷载确定，包括轮对轴重和时变平均风荷载。然而，如果定义随机荷载项为 $F_{rand}(t) = F_i(t) + F_{buf}(t)$，响应 $Y(t)$ 的相关系数矩阵可写成

$$R_{YY}(t) = E\left[(Y(t) - \overline{Y}(t))(Y(t) - \overline{Y}(t))^\mathrm{T}\right] =$$

$$\int_0^t\int_0^t H(t-\tau_1)E\left[(F_i(\tau_1) + F_{buf}(\tau_1))(F_i(\tau_2) + F_{buf}(\tau_2))^\mathrm{T}\right]H^\mathrm{T}(t-\tau_2)\mathrm{d}\tau_1\mathrm{d}\tau_2 =$$

$$\int_0^t\int_0^t H(t-\tau_1)E\left[(F_{rand}(\tau_1))(F_{rand}(\tau_2))^\mathrm{T}\right]H^\mathrm{T}(t-\tau_2)\mathrm{d}\tau_1\mathrm{d}\tau_2 \quad (7.46)$$

基于 Wiener – Khintchine 定理有

$$E\left[\left(\boldsymbol{F}_{\text{rand}}(\tau_1)\right)\left(\boldsymbol{F}_{\text{rand}}(\tau_2)\right)^{\text{T}}\right] = \int_{-\infty}^{+\infty} \boldsymbol{S}_{FF}(\omega)\,\mathrm{e}^{\mathrm{i}\omega(\tau_1-\tau_2)}\mathrm{d}\omega \qquad (7.47)$$

式中：$\boldsymbol{S}_{FF}(\omega)$ 为随机荷载 $\boldsymbol{F}_{\text{rand}}(t)$ 的功率谱矩阵；ω 为圆频率。

将式 (7.47) 代入式 (7.46)，并根据相关系数与功率谱之间的相互关系，可得

$$\boldsymbol{R}_{YY}(t) = \int_0^t\int_0^t \boldsymbol{H}(t-\tau_1)E\left[\left(\boldsymbol{F}_{\text{rand}}(\tau_1)\right)\left(\boldsymbol{F}_{\text{rand}}(\tau_2)\right)^{\text{T}}\right]\boldsymbol{H}^{\text{T}}(t-\tau_2)\mathrm{d}\tau_1\mathrm{d}\tau_2 =$$

$$\int_0^t\int_0^t \boldsymbol{H}(t-\tau_1)\left[\int_{-\infty}^{+\infty}\boldsymbol{S}_{FF}(\omega)\,\mathrm{e}^{\mathrm{i}\omega(\tau_1-\tau_2)}\mathrm{d}\omega\right]\boldsymbol{H}^{\text{T}}(t-\tau_2)\mathrm{d}\tau_1\mathrm{d}\tau_2$$

$$= \int_{-\infty}^{+\infty} \boldsymbol{S}_{YY}(\omega,t)\mathrm{d}\omega$$

$$(7.48)$$

由此可推出

$$\boldsymbol{S}_{YY}(\omega,t) = \int_0^t\int_0^t \boldsymbol{H}(t-\tau_1)\boldsymbol{S}_{FF}(\omega)\boldsymbol{H}^{\text{T}}(t-\tau_2)\mathrm{d}\tau_1\mathrm{d}\tau_2 \qquad (7.49)$$

据此，系统响应的标准差可相应地表示为

$$\boldsymbol{\sigma}_Y^2 = \boldsymbol{R}_{YY}(t) = \int_{-\infty}^{+\infty} \boldsymbol{S}_{YY}(\omega,t)\mathrm{d}\omega \qquad (7.50)$$

基于以上推导可知，车-桥系统响应均值和标准差分开进行讨论。具体来讲，响应均值主要来自轮对轴重和时变平均风荷载，采用如下式动力方程

$$\begin{bmatrix} \boldsymbol{M}_t & \boldsymbol{0} \\ \boldsymbol{0} & \boldsymbol{M}_b \end{bmatrix}\begin{Bmatrix} \ddot{\boldsymbol{X}}_t \\ \ddot{\boldsymbol{X}}_b \end{Bmatrix} + \begin{bmatrix} \boldsymbol{C}_t & \boldsymbol{C}_{tb} \\ \boldsymbol{C}_{bt} & \boldsymbol{C}_b \end{bmatrix}\begin{Bmatrix} \dot{\boldsymbol{X}}_t \\ \dot{\boldsymbol{X}}_b \end{Bmatrix} + \begin{bmatrix} \boldsymbol{K}_t & \boldsymbol{K}_{tb} \\ \boldsymbol{K}_{bt} & \boldsymbol{K}_b \end{bmatrix}\begin{Bmatrix} \boldsymbol{X}_t \\ \boldsymbol{X}_b \end{Bmatrix} = \begin{Bmatrix} \boldsymbol{0} \\ \boldsymbol{F}_{b1} \end{Bmatrix} + \begin{Bmatrix} \boldsymbol{F}_t^{\text{mean}} \\ \boldsymbol{F}_b^{\text{mean}} \end{Bmatrix}$$

$$(7.51)$$

而标准差主要来自轨道不平顺和脉动风荷载，动力方程如下

$$\begin{bmatrix} \boldsymbol{M}_t & \boldsymbol{0} \\ \boldsymbol{0} & \boldsymbol{M}_b \end{bmatrix}\begin{Bmatrix} \ddot{\tilde{\boldsymbol{X}}}_t \\ \ddot{\tilde{\boldsymbol{X}}}_b \end{Bmatrix} + \begin{bmatrix} \boldsymbol{C}_t & \boldsymbol{C}_{tb} \\ \boldsymbol{C}_{bt} & \boldsymbol{C}_b - \boldsymbol{C}_{ae} \end{bmatrix}\begin{Bmatrix} \dot{\tilde{\boldsymbol{X}}}_t \\ \dot{\tilde{\boldsymbol{X}}}_b \end{Bmatrix} + \begin{bmatrix} \boldsymbol{K}_t & \boldsymbol{K}_{tb} \\ \boldsymbol{K}_{bt} & \boldsymbol{K}_b - \boldsymbol{K}_{ae} \end{bmatrix}\begin{Bmatrix} \tilde{\boldsymbol{X}}_t \\ \tilde{\boldsymbol{X}}_b \end{Bmatrix} = \begin{Bmatrix} \tilde{\boldsymbol{F}}_t \\ \tilde{\boldsymbol{F}}_b \end{Bmatrix} + \begin{Bmatrix} \tilde{\boldsymbol{F}}_t^{\text{buf}} \\ \tilde{\boldsymbol{F}}_b^{\text{buf}} \end{Bmatrix}$$

$$(7.52)$$

采用 Wilson-θ 求解方程(7.51)和方程(7.52)，积分步长选取 10^{-3} s，非平稳风和轨道不平顺激励下，车-桥动力响应模拟过程如图 7-6 所示。

7.3.2 计算精度与效率的验证

以某七跨连续高速铁路桥梁为研究工况，验证采用本章理论框架分析非平稳风、轨道不平顺激励下车-桥耦合振动的可靠性和高效性。桥跨布置($60+5\times100+60$) m 及其关键截面布置如图 7-7 所示。列车编组为：1 节动车 +6 节拖车 +1 节动车，详细车辆参数可见表 7-2。列车运行速度为 200 km/h。提取桥梁前 20

```
                          ┌──────────┐
                          │   开始    │
                          └──────────┘
                              │
        ┌─────────────────────────────────────────────┐
        │  读取桥梁和列车参数，构建桥梁-列车系统结构矩阵      │
        │  $M_b$,  $C_b$,  $K_b$,  $M_t$,  $C_t$,  $K_t$  │
        └─────────────────────────────────────────────┘
                              │
        ┌─────────────────────────────────────────────┐
        │       读取桥梁与列车风速及气动力参数              │
        └─────────────────────────────────────────────┘
                              │
        ┌─────────────────────────────────────────────┐
        │              $\omega=\omega+\Delta\omega$       │
        └─────────────────────────────────────────────┘
                              │
        ┌─────────────────────────────────────────────┐
        │              $t=t+\Delta t$                     │
        │              确定列车位置                       │
        └─────────────────────────────────────────────┘
                              │
        ┌─────────────────────────────────────────────┐
        │              计算耦合矩阵                       │
        │  $C_{tb}$,  $C_{bt}$,  $K_{tb}$,  $K_{bt}$      │
        └─────────────────────────────────────────────┘
                              │
        ┌─────────────────────────────────────────────┐
        │       构建气动刚度矩阵和气动阻尼矩阵              │
        │              $C_{ae}$,  $K_{ae}$                │
        └─────────────────────────────────────────────┘
                              │
        ┌─────────────────────────────────────────────┐
        │              计算轮对轴重荷载向量                │
        │              $F_{b1}(t)$                        │
        └─────────────────────────────────────────────┘
                              │
   是          ◇───────────────────────────◇          否
   ┌───────────│     是否仅考虑确定性荷载?      │───────────┐
   │           ◇───────────────────────────◇          │
┌─────────────────────────┐         ┌─────────────────────────────────────┐
│ 产生时变平均静风荷载向量    │         │          产生虚拟激励荷载向量          │
│ $F_t^{mean}(t)$,          │         │ $\tilde{F}_t(t)$, $\tilde{F}_b(t)$, │
│ $F_b^{mean}(t)$          │         │ $\tilde{F}_t^{buf}(t)$, $\tilde{F}_b^{buf}(t)$ │
└─────────────────────────┘         └─────────────────────────────────────┘
          │                                     │
┌─────────────────────────┐         ┌─────────────────────────────────────┐
│ 求解方程(7.51)，获得时变    │         │       求解方程(7.52)，获得            │
│ 平均静风荷载下的车桥响应    │         │       虚拟激励下车桥响应              │
└─────────────────────────┘         └─────────────────────────────────────┘
          │                                     │
        ┌─────────────────────────────────────────────┐
        │          保存列车与桥梁各自响应                 │
        │  $\ddot{X}(t)$,  $\dot{X}(t)$,  $X(t)$          │
        └─────────────────────────────────────────────┘
                              │
        ┌─────────────────────────────────────────────┐
        │          判断列车是否离开桥梁                   │────否
        └─────────────────────────────────────────────┘
                              │ 是
   否  ┌─────────────────────────────────────────────┐
 ──────│      判断离散时间和频率点是否达到最大值         │
        └─────────────────────────────────────────────┘
                              │ 是
        ┌─────────────────────────────────────────────┐
        │       计算响应时变功率谱、均值和标准差           │
        │ $\tilde{X}(t)$, $\tilde{X}(t)$, $X(t)$, $S_{xx}(\omega,t)$, $\sigma_x$ │
        └─────────────────────────────────────────────┘
                              │
                          ┌──────────┐
                          │   结束    │
                          └──────────┘
```

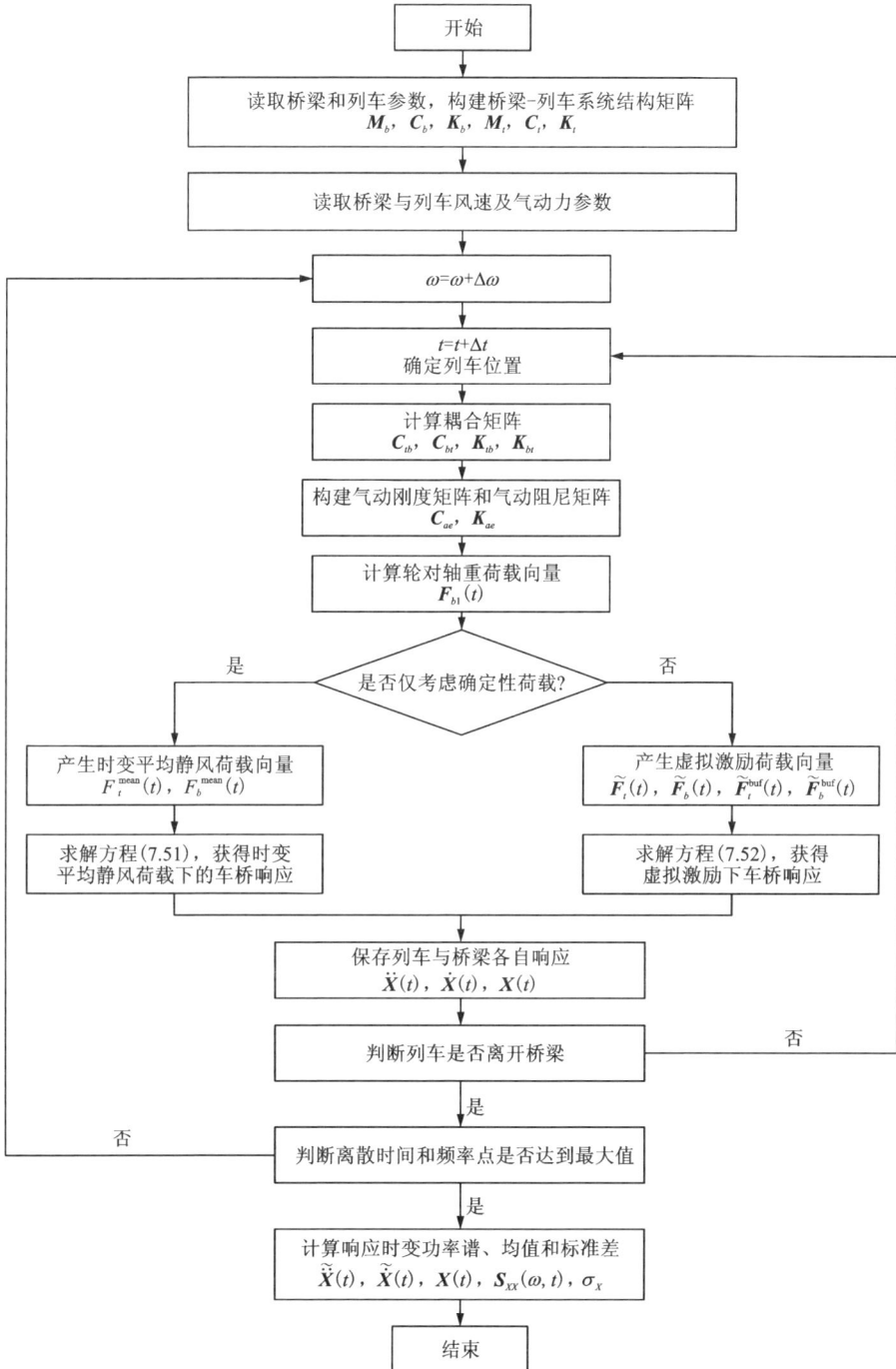

图 7 – 6　车 – 桥系统响应分析流程图

阶模态进行车-桥振动计算,每阶模态阻尼比为 0.02。第一阶竖向和横向振动频率分别为 1.27 Hz 和 3.50 Hz。脉动风速频率设为 0~20 Hz,轨道不平顺功率谱的空间频率范围为 $(0.01 \times 2)\pi \sim (0.5 \times 2)\pi$。通过 CFD 模拟,可获得 0° 风风攻角下车-桥系统气动力系数,如表 7-3 所示。非平稳轨道不平顺调制过渡段为 20 m。由于连续梁桥刚度一般较大,桥梁自激励不显著,可暂不考虑。为获得列车上桥前的初始速度,列车先在路基上运行一段时间,待列车达到稳定状态后再上桥。

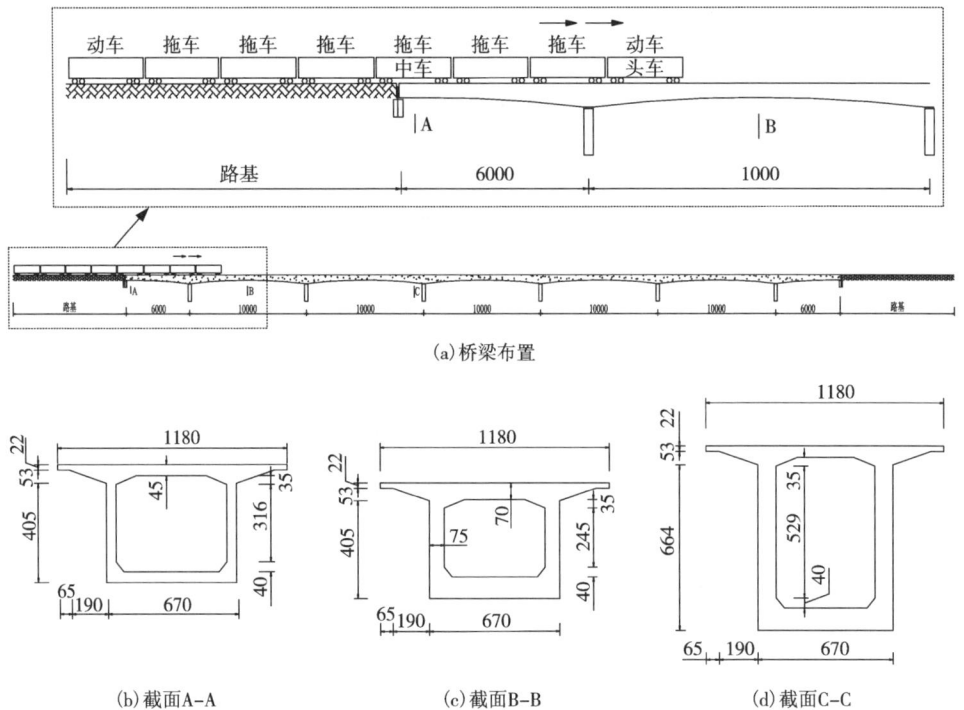

(a) 桥梁布置

(b) 截面A-A (c) 截面B-B (d) 截面C-C

图 7-7 连续梁桥布置图(单位:cm)

表 7-2 车辆主要参数

参数类型	动车	拖车
车体质量/kg	4.80×10^4	4.40×10^4
车体侧滚转动惯量/$(kg \cdot m^{-2})$	1.15×10^5	1.00×10^5
车体点头转动惯量/$(kg \cdot m^{-2})$	2.70×10^6	2.70×10^6
车体摇头转动惯量/$(kg \cdot m^{-2})$	2.70×10^6	2.70×10^6
构架质量/kg	3.20×10^3	2.40×10^3
构架侧滚转动惯量/$(kg \cdot m^{-2})$	3.20×10^3	1.80×10^3

参数类型	动车	拖车
构架点头转动惯量/$(kg \cdot m^{-2})$	7.20×10^3	2.20×10^3
构架摇头转动惯量/$(kg \cdot m^{-2})$	6.80×10^3	2.20×10^3
轮对质量/kg	2.40×10^3	2.40×10^3
轮对侧滚转动惯量/$(kg \cdot m^{-2})$	1.20×10^3	1.10×10^3
轮对点头转动惯量/$(kg \cdot m^{-2})$	2.00×10^3	1.80×10^3
轮对摇头转动惯量/$(kg \cdot m^{-2})$	1.20×10^3	1.10×10^3
一系纵向弹簧刚度/$(N \cdot m^{-1})$	9.00×10^6	1.50×10^7
一系横向弹簧刚度/$(N \cdot m^{-1})$	3.00×10^6	5.00×10^6
一系竖向弹簧刚度/$(N \cdot m^{-})$	1.04×10^6	7.00×10^5
一系纵向弹簧阻尼/$(N \cdot s \cdot m^{-1})$	8.00×10^4	8.00×10^4
一系横向弹簧阻尼/$(N \cdot s \cdot m^{-1})$	2.45×10^5	2.45×10^5
一系竖向弹簧阻尼/$(N \cdot s \cdot m^{-1})$	5.00×10^4	5.00×10^4
二系纵向弹簧刚度/$(N \cdot m^{-1})$	2.40×10^5	2.80×10^5
二系横向弹簧刚度/$(N \cdot m^{-1})$	2.40×10^5	2.80×10^5
二系竖向弹簧刚度/$(N \cdot m^{-1})$	4.00×10^5	3.00×10^5
二系纵向弹簧阻尼/$(N \cdot s \cdot m^{-1})$	9.00×10^4	6.00×10^4
二系横向弹簧阻尼/$(N \cdot s \cdot m^{-1})$	8.00×10^4	2.50×10^4
二系竖向弹簧阻尼/$(N \cdot s \cdot m^{-1})$	3.00×10^4	3.00×10^4
纵向连接弹簧/$(N \cdot m^{-1})$	4.00×10^5	4.00×10^5
纵向连接阻尼/$(N \cdot s \cdot m^{-1})$	2.00×10^4	2.00×10^4
车辆定距/m	17.375	17.375
同一构架前后轮对轴距/m	2.5	2.5
构架中央竖、纵向弹簧横向间距/m	2	2
轮对轴箱竖、纵向弹簧横向间距/m	2.04	2.04
轮对两滚动圆横跨/m	1.496	1.496
车体重心到中央横向弹簧的距离/m	0.9	0.9
构架重心到中央横向弹簧的距离/m	0.451	0.451
构架重心到轴箱横向弹簧的距离/m	0.1	0.1
轮对重心到轴箱横向弹簧的距离/m	0	0
滚动圆半径/m	0.46	0.46
轮轨摩擦系数	0.3	0.3
钩到钩距离/m	2.5	2.5

表 7 – 3 车 – 桥系统的气动力系数

气动力系数	C_d	C_l	C_m	C_d'	C_l'	C_m'
桥梁	1.556	0.449	0.568	0.007	0.029	0.005
头车	0.344	0.836	0.534	0.011	0.021	0.003
拖车	0.356	0.917	0.604	0.006	0.023	0.003

如 7.2.1 节所讨论，时变平均风速可采取半正弦函数模拟（$U_{max} = 60$ m/s），如图 7 – 8(a)所示；而脉动风部分则采取指数函数形式来调制，如图 7 – 8(b)所示。为涵盖各种形式的极端风暴(如热带气旋、雷暴和龙卷风)对车 – 桥系统的影响，本书分析了七种不同的持续时间(包括 5 s、10 s、20 s、30 s、40 s、50 s 和 60 s)时的情况。当列车运行于桥梁上时[即图 7 – 8(a)中灰色背景的时间区域]，选择桥梁位移响应和列车加速度响应作为主要研究对象。

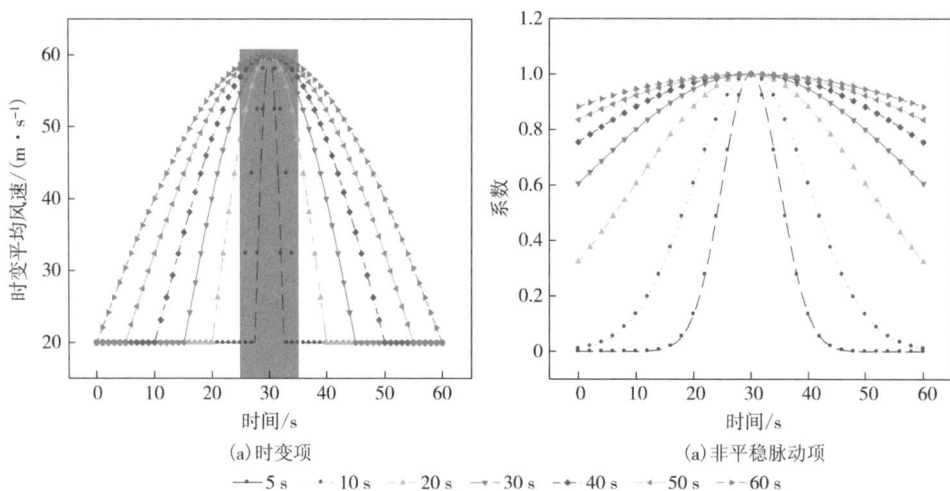

(a)时变项

(a)非平稳脉动项

——5 s · 10 s ▲ 20 s ▼ 30 s · 40 s · 50 s · 60 s

图 7 – 8 调制函数

选取蒙特卡洛法(Monte Carlo method，MCM)计算结果和本书 PEM 方法的结果进行对比分析，以验证本方法计算结果的精确性和计算效率的高效性。对车 – 桥响应的收敛性分析表明，选择 150 个频率离散点可满足虚拟激励法精度要求。在 MCM 中，利用谐波合成法生成脉动风样本，采用随机谐和函数法生成轨道不平顺样本，共计 5000 随机样本。样本的最大风速 $U_{max} = 60$ m/s，初始风速 $U_0 = 20$ m/s，瞬态持续时间 $D_t = 20$ s。图 7 – 9 和表 7 – 4 给出了基于 PEM 法和基于 MCM 法所得到的桥梁跨中横向位移响应和头车车体的横向加速度响应的标准差比较结果。从图 7 – 9、表 7 – 4 可较明显看出，基于 PEM 法和基于 MCM 法计算结果吻合较好。同样从表 7 - 4 可知, 基于 PEM 法的分析框架, 在保证计算精度的前提下, 计算效率得到了较明显的提升。

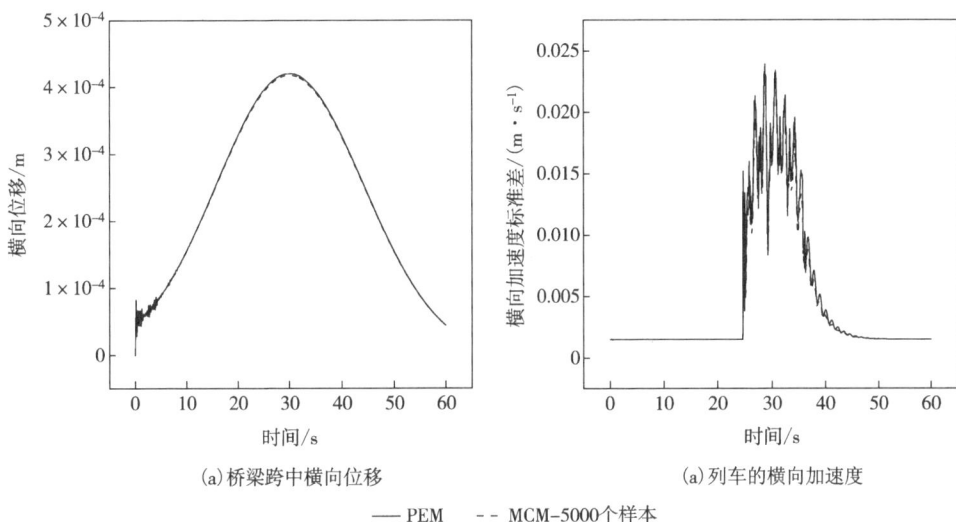

(a) 桥梁跨中横向位移　　　　　　(a) 列车的横向加速度

—— PEM　　- - MCM-5000个样本

图 7 - 9　PEM 和 MCM 的振动比较

表 7 - 4　车 - 桥系统响应最大标准差和数值模拟时间

方法	桥梁位移/mm		列车加速度/(m·s⁻²)		计算时间 /min
	横向	竖向	横向	竖向	
PEM	0.421	0.225	0.024	0.019	900
MCM - 5000	0.418	0.219	0.023	0.019	4320

7.4　非平稳风关键参数对比分析

7.4.1　非平稳静风荷载对车 - 桥系统的影响

除了图 7 - 8(a) 中所示的 7 个持续时间外, 另外外加 4 个最大速度, 包括 40 m/s、60 m/s、80 m/s 和 100 m/s(具有相同初始风速, $U_0 = 20$ m/s), 组合成不同的计算工况, 全面揭示不同 D_t 和不同 U_{max} 对车 - 桥系统动力特性的影响。由于头车和中车在质量和外形均存在较明显的差异, 因此本节在考虑了头车的基础上, 将中车的动力特性分析也考虑在内。图 7 - 10 给出了列车和桥梁在不同 D_t 和不同 U_{max} 下的响应值。从图 7 - 10 可知, 桥梁的横向位移随着 D_t 和 U_{max} 的增大而

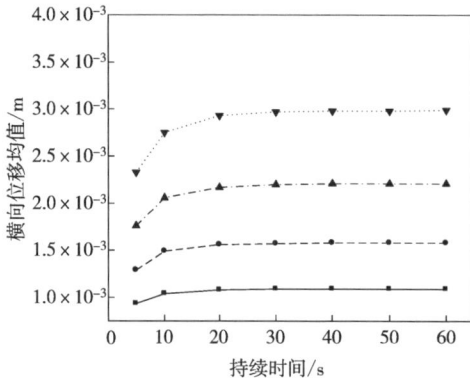

(a)桥梁跨中横向位移

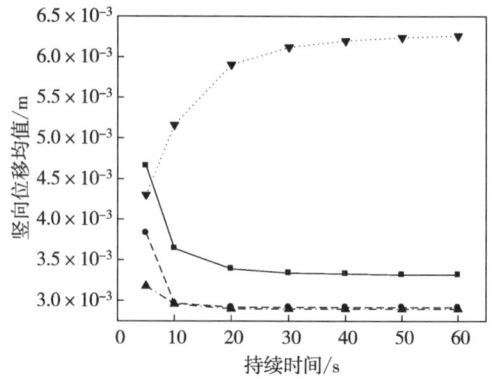

(b)桥梁跨中竖向位移

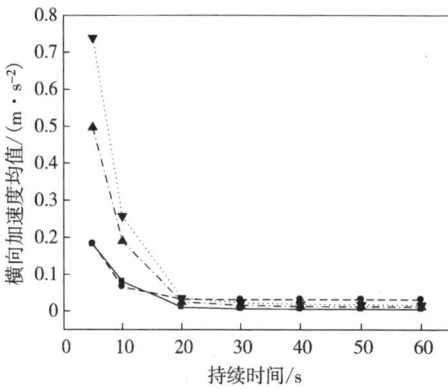

(c)头车横向加速度

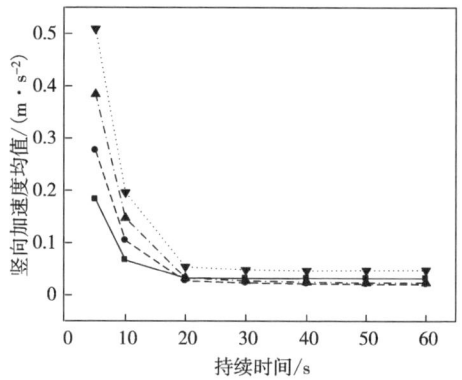

(d)头车竖向加速度

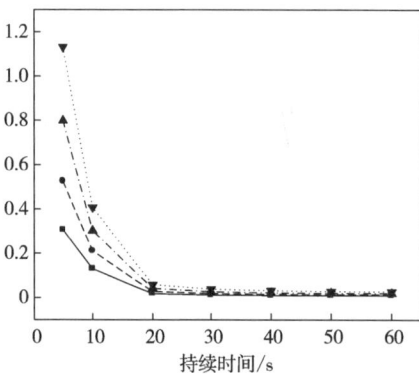

(e)第四节车横向加速度

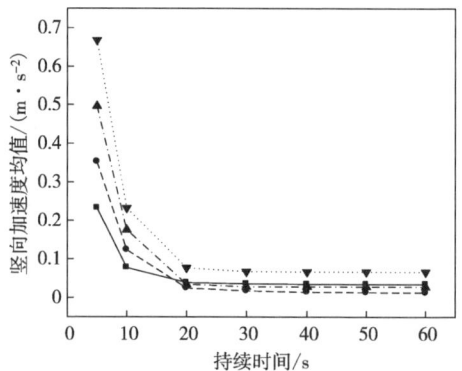

(f)第四节车竖向加速度

—■— 40 m/s   --●-- 60 m/s   -▲-- 80 m/s   ⋯▼⋯ 100 m/s

图 7 – 10　不同 D_t 和 U_{max} 对车 – 桥系统影响

增大；然而在竖向，由于受轴重影响，当最大时变平均风速小于 100 m/s 时，桥梁位移随着 D_t 和 U_{max} 的增大而减小，但最大平均风速大于 100 m/s 时，桥梁竖向位移随着 D_t 的增大而增大，其主要原因是当风速大于 100 m/s 时，风荷载成为了主要的外部荷载。对于列车系统而言，当非平稳风速持续的时间小于 20 s 时，持续时间越短，列车的响应越大，且此种趋势在平均风速越大时越明显。但是，当持续时间超过了 20 s 时，列车受 D_t 和 U_{max} 影响较小。图 7 – 11 为最大时变平均风速为 100 m/s 不同 D_t 下的车 – 桥系统响应时程图；图 7 – 12 为持续时间为 20 s 时不同 U_{max} 下的车 – 桥系统响应时程图。

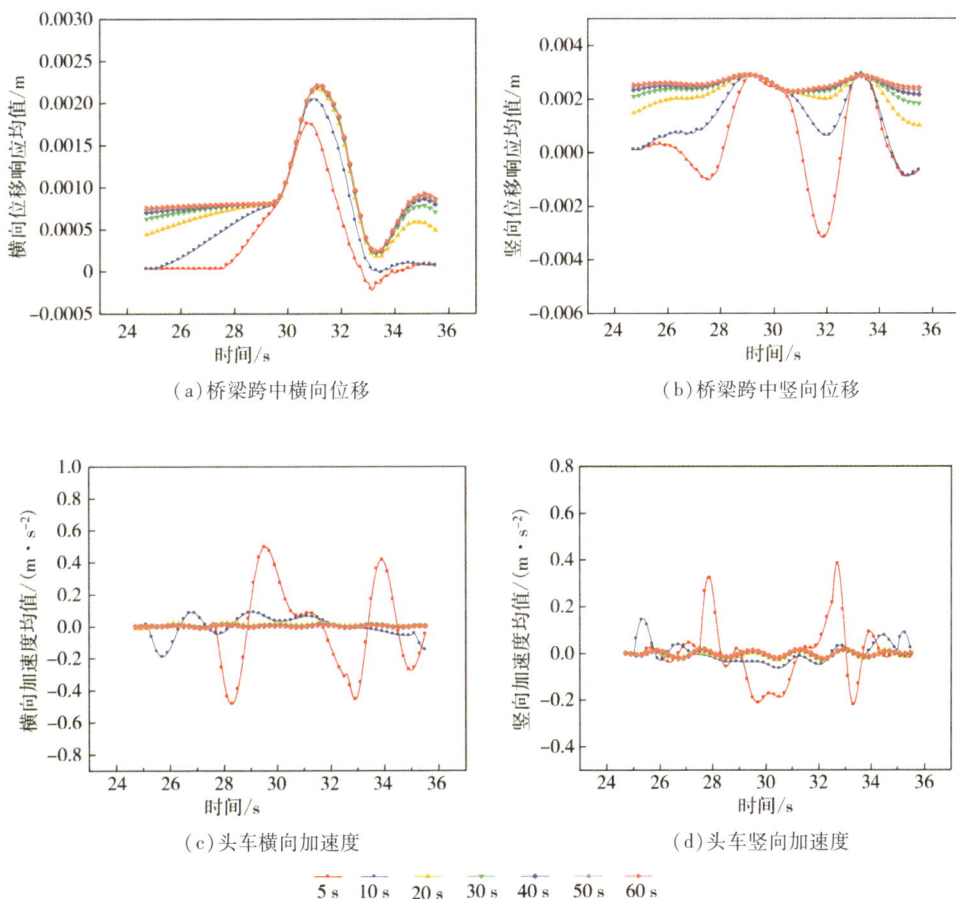

（a）桥梁跨中横向位移 （b）桥梁跨中竖向位移

（c）头车横向加速度 （d）头车竖向加速度

5 s 10 s 20 s 30 s 40 s 50 s 60 s

图 7 – 11 不同 D_t 下车 – 桥系统响应时程图

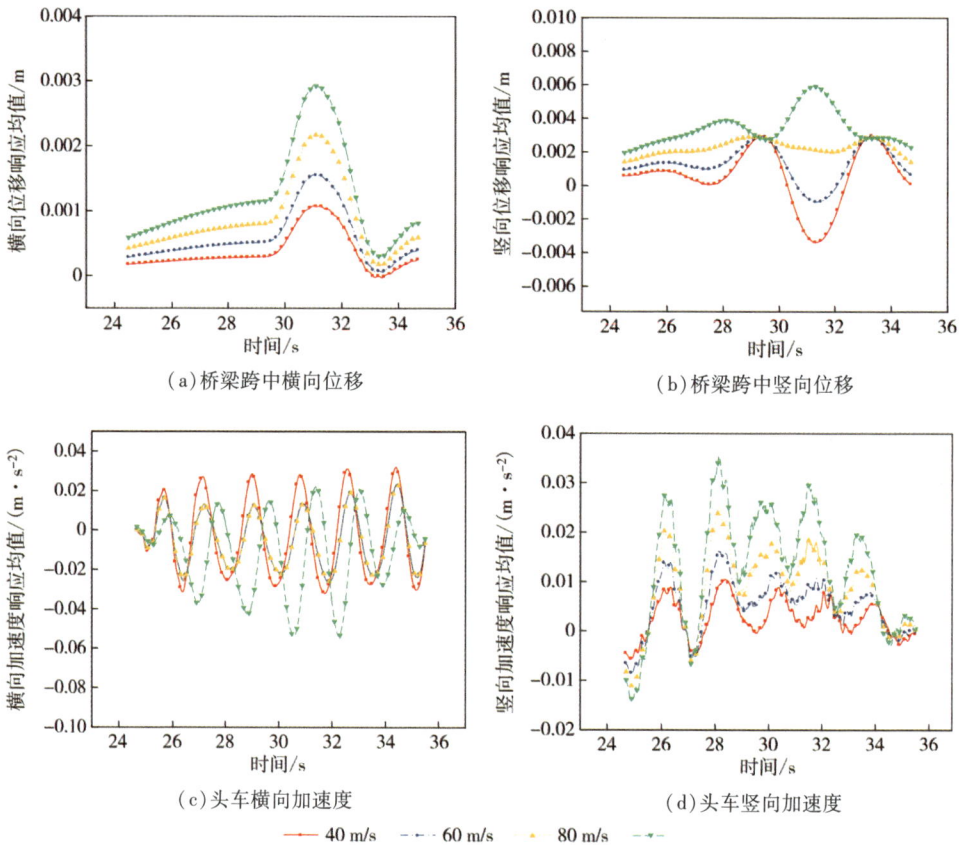

（a）桥梁跨中横向位移 （b）桥梁跨中竖向位移

（c）头车横向加速度 （d）头车竖向加速度

40 m/s ----- 60 m/s 80 m/s -▽-

图 7 - 12 不同 U_{max} 下车 - 桥系统响应时程图

为综合研究时变平均风速对车 - 桥系统响应的影响，引入了无量纲系数

$$\lambda_1 = \frac{X_N}{X_s} \qquad (7 - 53)$$

式中：X_N、X_s 为响应均值的最大值，分别由非平稳时变平均风速部分 $\overline{U}(t)$ 和等效平稳平均风速 U_e 计算所得（图 7 - 4）。图 7 - 13 给出了不同瞬态持续时间和不同瞬间最大风速下 λ_1 的值，其中虚线（$\lambda_1 = 1$）表示不考虑瞬态效应。由图 7 - 15 可知，在横向，桥梁 λ_1 值随 U_{max} 增大而增大且数值均大于 1；在竖向，桥梁瞬态效应相对更复杂［图 7 - 13（b）］，当最大平均风速小于 100 m/s 时，λ_1 值小于 1，然而当最大平均风速等于 100 m/s 时，λ_1 变化趋势发生明显变化。列车 λ_1 值随着持续时间的增大而逐渐减小，当 D_i 超过 20 s，λ_1 逐渐接近 1。说明持续时间越长，非平稳风特性对列车相应影响越小，其响应值逐渐接近平稳风状态值。从图 7 - 13（c）和图 7 - 13（e）可知，列车横向受非平稳风影响要大于桥梁横向响应。另外，从图 7 - 13（e）和 7 - 13（f）可知，中车由于质量更小，导致其对非平稳风更敏感。

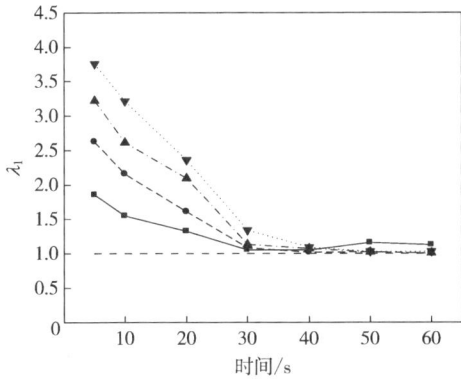

（a）桥梁横向响应

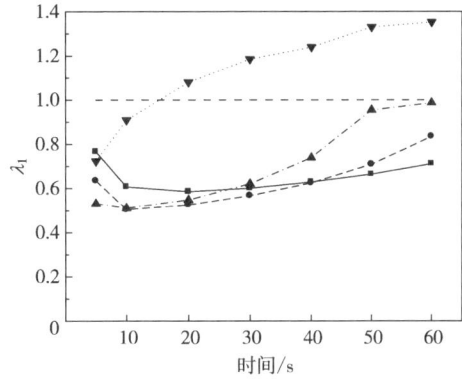

（b）桥梁竖向响应

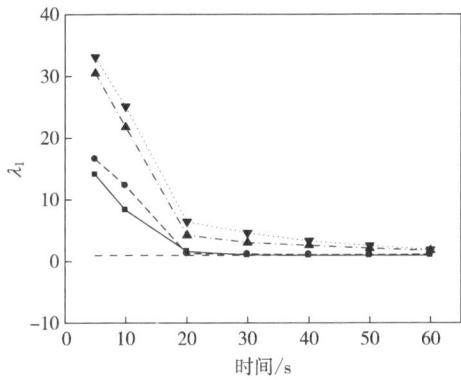

（c）头车横向响应

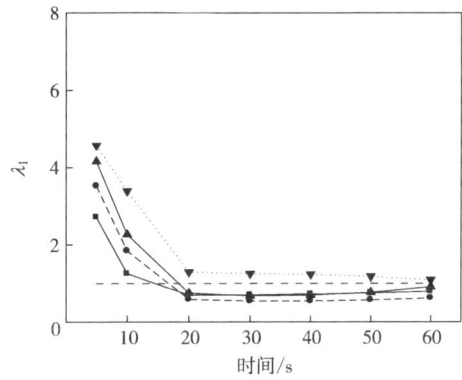

（d）头车竖向响应

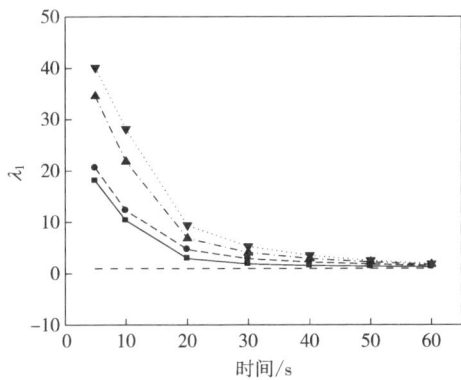

（e）第四节车横向响应

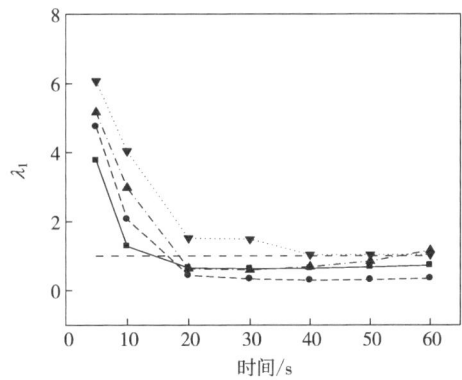

（f）第四节车竖向响应

图 7 – 13　不同 D_t 和 U_{max} 下无量纲系数 λ_1 值

7.4.2　非平稳脉动风和轨道不平顺对车-桥系统的影响

竖向和横向脉动风速的湍流度分别为8%和15%。图7-14为不同D_t和U_{max}下车-桥系统响应标准差最大值。从图7-14可明显看出，列车和桥梁的响应均受D_t影响较小，随着D_t的增大，响应标准差基本上保持恒定状态，但是却随着U_{max}增大而增大。变异系数往往用于定量描述随机变量的离散程度。因此，本节采用变异系数进一步表征非平稳脉动风和轨道不平顺对车-桥系统的影响。不同最大时变风速下车-桥系统变异系数见表7-5。从表7-5可知，列车与桥梁响应的变异系数值随着最大时变风速的增大而增大。在横向，变异系数值在$U_{max} = 100\ m/s$时已超过1；相对横向变异系数值，竖向变异系数值更小。

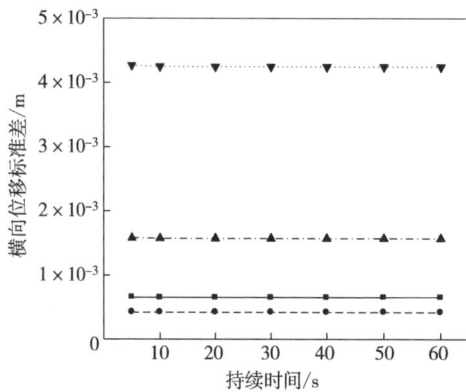

(a)桥梁跨中横向位移

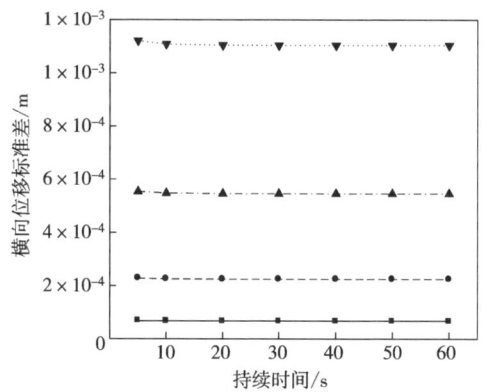

(b)桥梁跨中竖向位移

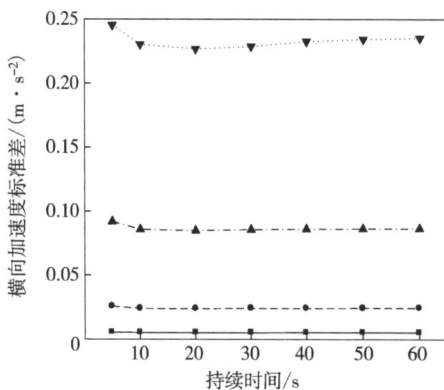

(c)头车横向加速度

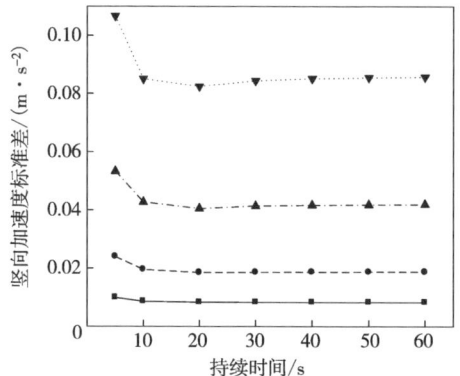

(d)头车竖向加速度

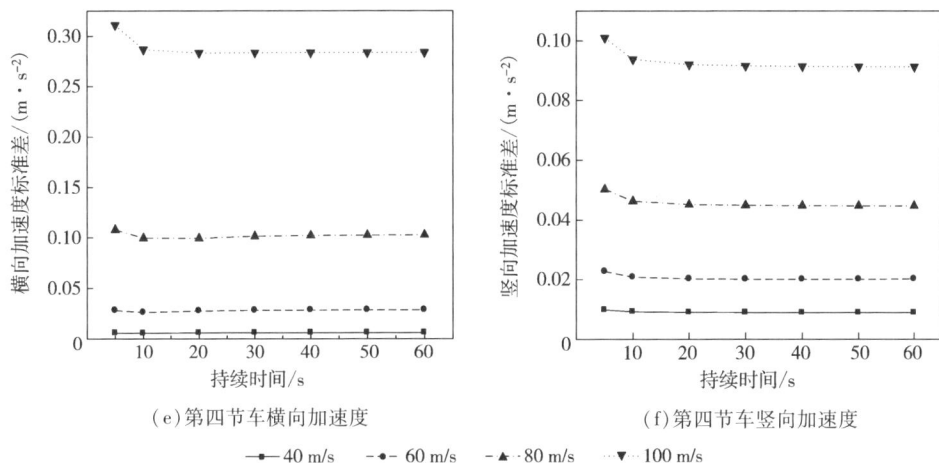

（e）第四节车横向加速度　　　　　　（f）第四节车竖向加速度

—■— 40 m/s　- ●- 60 m/s　—▲- 80 m/s　⋯▼⋯ 100 m/s

图 7 - 14　不同 D_t 和 U_{max} 下响应标准差最大值

表 7 - 5　不同最大时变风速下车 - 桥系统变异系数

U_{max} /(m·s⁻¹)	桥梁位移/mm		头车加速度/(m·s⁻²)		中车加速度/(m·s⁻²)	
	横向	竖向	横向	竖向	横向	竖向
40	0.617	0.019	0.127	0.147	0.086	0.131
60	0.275	0.074	0.419	0.278	0.239	0.258
80	0.742	0.186	0.795	0.459	0.583	0.393
100	1.491	0.193	1.476	0.649	1.172	0.524

图 7 - 15 为列车和桥梁在脉动风和轨道不平顺同时作用，和仅有轨道不平顺作用下的时变功率谱。对于桥梁系统，低频部分主要来自于风荷载，而高频部分则主要受轨道不平顺影响较大。同时从数值上来看，脉动风作用下的功率谱值要大于轨道不平顺激励下的值。这表明桥梁主要受非平稳风影响。另外，从图 7 - 15（e）~图 7 - 15（h）可知，列车响应主要受轨道不平顺影响。除此之外，本节通过设置无量纲非平稳耦合系数来讨论非平稳脉动风和非平稳轨道不平顺间的耦合效应。无量纲耦合系数定义为 $\xi = \dfrac{X_3}{X_1 + X_2}$，其中 X_1、X_2 和 X_3 分别为仅考虑非平稳脉动风速、仅考虑非平稳轨道不平顺和同时考虑脉动风和轨道不平顺的非平稳特征。从计算结果可知，在不同的 D_t 和 U_{max} 下 ξ 值基本接近 1。证明非平稳脉动风和非平稳轨道不平顺之间的耦合响应较弱，可各自单独进行分析。

等效平稳脉动风速激励下的车 - 桥响应也于本节进行了讨论，并将计算结果与非平稳状态结果进行对比讨论。图 7 - 16 为无量纲系数 λ_2 在不同 D_t 和 U_{max} 下的响应值。λ_2 值表示非平稳激励下最大标准差值与平稳激励下最大标准差值的比值。

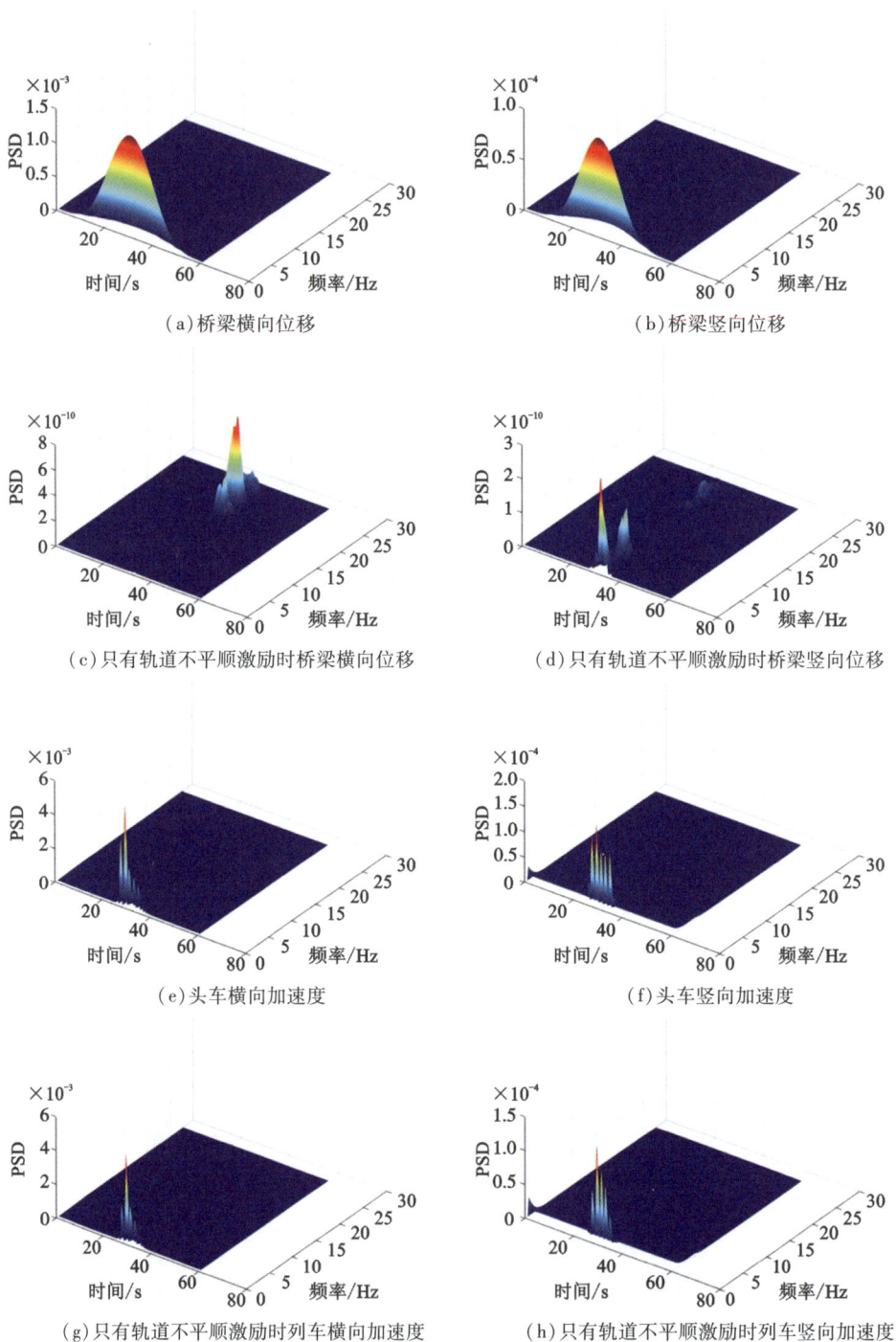

（a）桥梁横向位移

（b）桥梁竖向位移

（c）只有轨道不平顺激励时桥梁横向位移

（d）只有轨道不平顺激励时桥梁竖向位移

（e）头车横向加速度

（f）头车竖向加速度

（g）只有轨道不平顺激励时列车横向加速度

（h）只有轨道不平顺激励时列车竖向加速度

图 7－15　$U_{max}=80\ \text{m/s}$ 时列车与桥梁时变功率谱

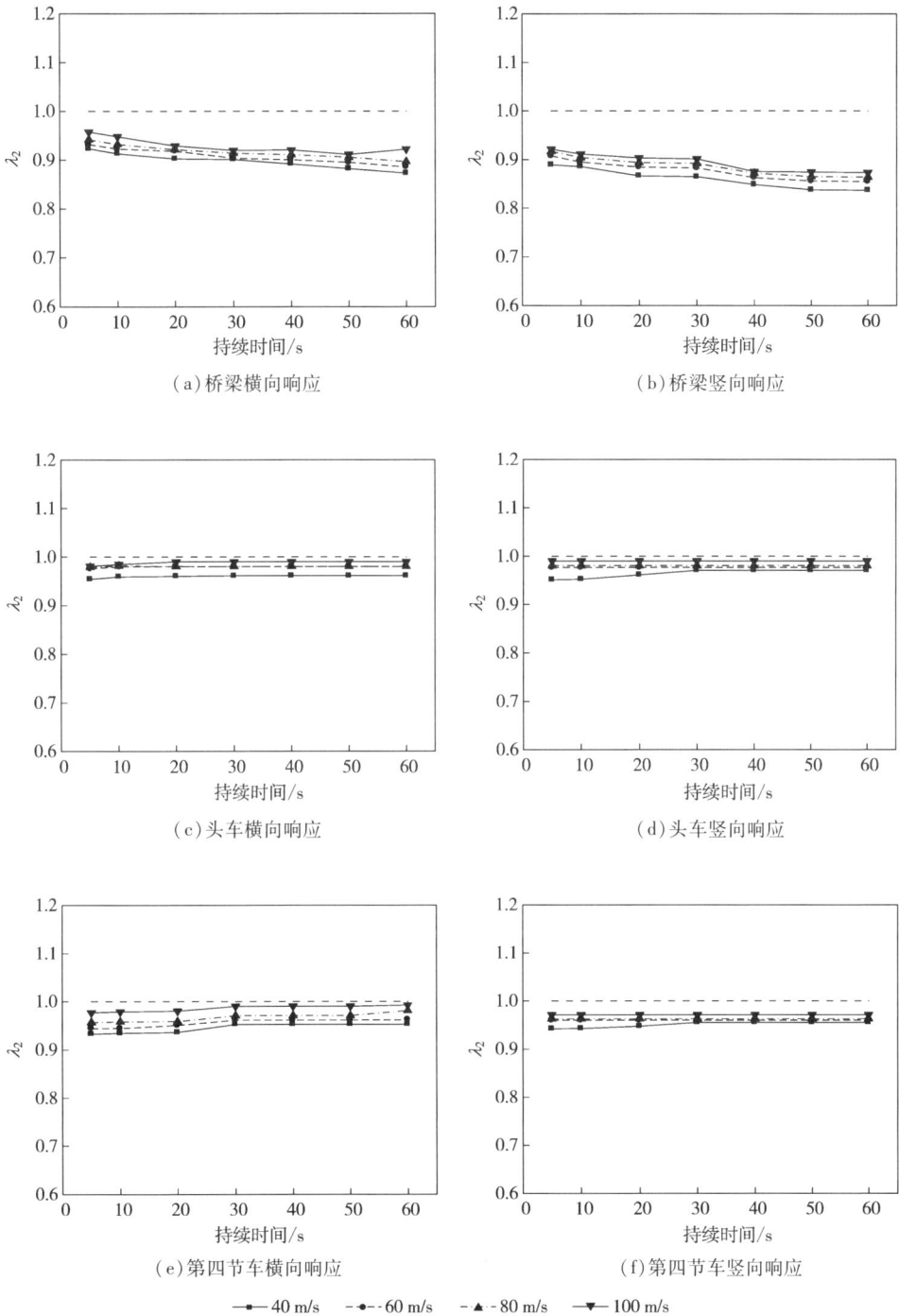

（a）桥梁横向响应

（b）桥梁竖向响应

（c）头车横向响应

（d）头车竖向响应

（e）第四节车横向响应

（f）第四节车竖向响应

—■— 40 m/s   - ● - 60 m/s   - ▲ - 80 m/s   —▼— 100 m/s

图 7 - 16 不同 D_t 和 U_{max} 下无量纲系数 λ_2 的值

从图 7-16 可知，对于车-桥系统非平稳激励下的响应值均小于相应工况下平稳激励值。这一趋势从图 7-17 可更明显地看出。究其原因，主要是由于车-桥系统缺乏达到稳定状态的时间，致使其响应值还未达到最大值。尽管桥梁在竖向和横向响应标准差均随 D_t 增大而减小，而列车响应标准差基本上保持相对稳定状态，受 D_t 影响小。

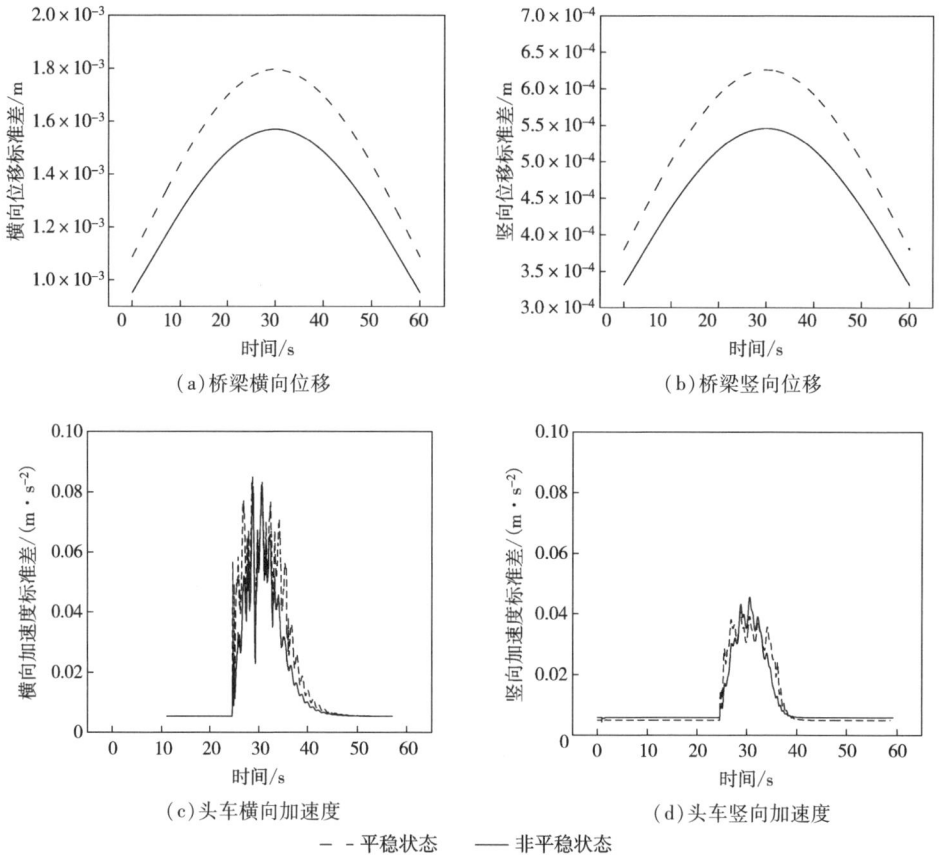

(a)桥梁横向位移

(b)桥梁竖向位移

(c)头车横向加速度

(d)头车竖向加速度

– – 平稳状态　——非平稳状态

图 7-17　$U_{max}=80$ m/s 时列车与桥梁标准差时程曲线

7.4.3　非平稳风对列车运行安全的影响

为确保列车的运行安全，一般需要着重讨论响应的最大值。传统的方法一般是采取蒙特卡洛法从大量的数据样本中提取响应的最大值。然而，蒙特卡洛法往往需要大量的数据样本才能保证计算的精度；此外，3σ 准则（即平均值 ± 三倍的标准差响应值）被广泛应用于最大响应的有效性评估，可得到响应的上边界和下边界。因此，基于本书 PEM 法并结合 3σ 准则，将获得的最大响应值与中国现有规范允许值相比较，以评估列车的运行安全性（图 7-18）。据观察，竖向和横向

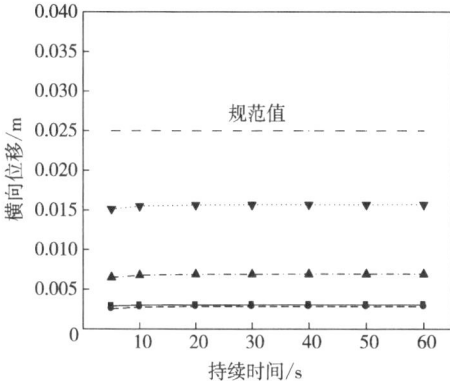

（a）桥梁跨中横向位移

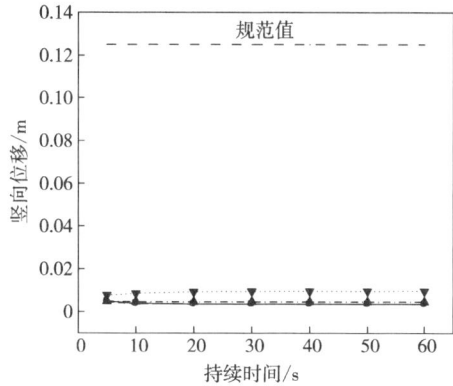

（b）桥梁跨中竖向位移

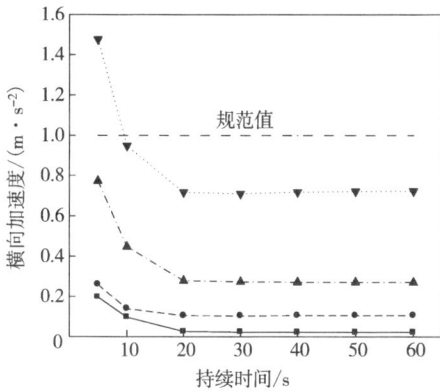

（c）头车横向加速度

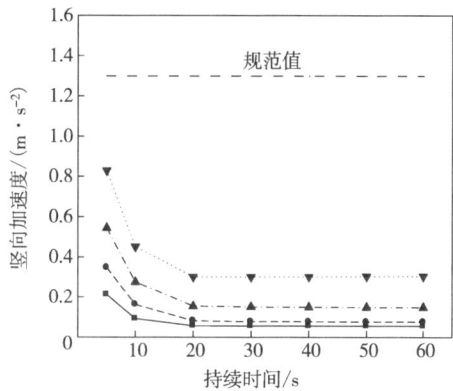

（d）头车竖向加速度

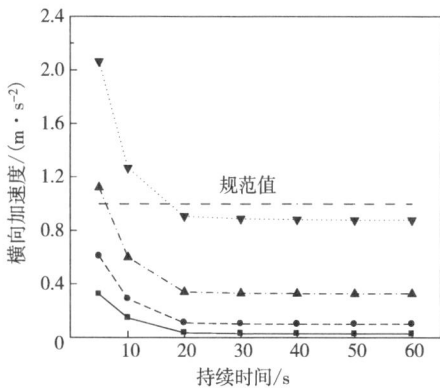

（e）第四节车横向加速度

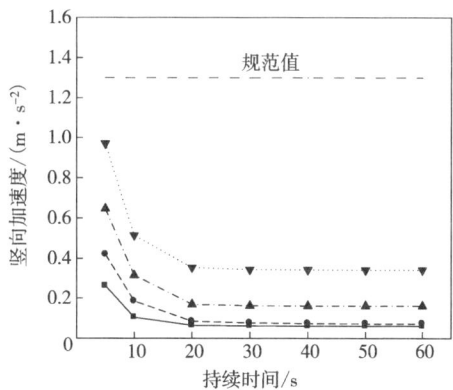

（f）第四节车竖向加速度

图 7 – 18　车 – 桥系统响应最大值

的桥梁响应值均小于规范值。对于列车响应而言，竖向响应满足规范要求；然而在横向，头车在 $U_{max} = 100$ m/s，$D_t = 5$ s，中车在 $U_{max} = 100$ m/s，$D_t = 10$ s、$U_{max} = 100$ m/s，$D_t = 5$ s 和 $U_{max} = 80$ m/s，$D_t = 5$ s 均已经超过了规范允许的范围值。

因此，当时变最大平均风速小于 60 m/s 时，列车总体上可安全运行于桥梁上；但本章理论建立在轮轨始终刚性接触的基础之上，考虑线性或非线性轮轨关系的非平稳风 – 车 – 桥耦合振动分析是下一步研究的重点。

参考文献

[1] 曾庆元，郭向荣. 列车桥梁时变系统振动分析理论与应用 [M]. 北京：中国铁道出版社，1999.

[2] 翟婉明，夏禾. 列车 – 轨道 – 桥梁动力相互作用理论与工程应用 [M]. 北京：科学出版社，2011

[3] 夏禾，张楠，郭薇薇，等. 车桥耦合振动工程[M]. 北京：科学出版社，2014.

[4] He X H, KangShi, Wu T. An efficient analysis framework for high-speed train-bridge coupled vibration under nonstationary track irregularities and winds [C]//The International Forum on High-Speed Railway, Changsha, 2017.

[5] 史康. 非平稳风激励下列车 – 轨道 – 桥梁系统随机振动理论分析及应用 [D]. 中南大学，2018.

[6] Li Y L, Qiang S Z, Liao H N, et al. Dynamics of wind – rail vehicle – bridge systems [J]. Journal of Wind Engineering and Industrial Aerodynamics, 2005, 93(6): 483 – 507.

[7] Xia H, Guo WW, Zhang N et al. Dynamic analysis of a train-bridge system under wind action [J]. Computers & Structures, 2008, 86(19 – 20): 1845 – 1855.

[8] He X H, Zou Y F, Wang H F, et al. Aerodynamic characteristics of a trailing rail vehicles on viaduct based on still wind tunnel experiments [J]. Journal of Wind Engineering and Industrial Aerodynamics, 2014, 135: 22 – 33.

[9] He X H, Wu T, Zou Y F, et al. Recent developments of high-speed railway bridges in China [J]. Structure and Infrastructure Engineering, 2017, 13(12): 1584 – 1595.

[10] He X H, Gai Y B, Wu T. Simulation of train-bridge interaction under wind loads: a rigid – flexible coupling approach[J]. International Journal of Rail Transportation, 2017: 1 – 20.

[11] Lou P. Finite element analysis for train-track-bridge interaction system[J]. Archive of Applied Mechanics, 2007, 77(10): 707 – 728.

[12] Chen X Z. Analysis of multimode coupled buffeting response of long-span bridges to nonstationary winds with force parameters from stationary wind [J]. Journal of Structural Engineering, 2014, 141(4): 04014131.

[13] Ding Q S, Chen A R, Xiang HF. Coupled flutter analysis of long-span bridges by multimode and full – order approaches [J]. Journal of Wind Engineering and Industrial Aerodynamics, 2002,

90(12 – 15): 1981 – 1993.

[14] Kwon D K., Kareem A. Gust-front factor: new framework for wind load effects on structures [J]. Journal of Structural Engineering, 2009, 135(6): 717 – 732.

[15] 林家浩, 张亚辉. 随机振动的虚拟激励法 [M]. 北京: 科学出版社, 2004.

[16] Lin JH, Zhang W, Williams F W. Pseudo-excitation algorithm for nonstationary random seismic responses [J]. Engineering Structures, 1994, 16(4): 270 – 276.

[17] Feng L, Lin JH, Kennedy D, et al. An algorithm to study non-stationary random vibrations of vehicle – bridge systems [J]. Computers & Structures, 2009, 87(3 – 4): 177 – 185.

第8章

基于多体动力学的风－车－桥耦合振动仿真

现有风－车－桥耦合振动分析由于采用传统结构动力学中拉格朗日第二类方程或牛顿－欧拉方程手工导出系统运动微分方程，而不得不对日益复杂的车辆和大跨桥梁动力学模型进行简化，这很难揭示车－桥系统复杂的动力学性态、满足精细化仿真分析的需求。随着计算机技术、有限元分析理论与多体系统动力学的发展，风－车－桥各子系统的精细化仿真分析及系统链接的实现成了可能。本章在阐述多体动力学基本原理的基础上，讨论了 SIMPACK 采用弹性轨道模块和有限元接口模块建立车－桥耦合振动精细化模型的思路与原则，介绍了风荷载的施加方法，以南广铁路肇庆西江特大桥为背景，介绍了多体动力学在风－车－桥耦合振动分析中的实践应用。

8.1 多体动力学基本理论

8.1.1 刚体运动学和动力学

刚体的运动规律由运动学方程和动力学方程共同确定，刚体运动学是刚体动力学的研究基础。刚体的运动学中通过对刚体角速度和角加速度的描述来建立刚体运动学方程，其方法有欧拉角、方向余弦、四元素形式的欧拉参数以及罗德里格参数等。这几种方法各有优势与不足，在使用时应根据具体问题采取最恰当的方法。下面介绍应用较多的欧拉角与方向余弦方法。

1. 欧拉角

刚体绕空间任意点有 3 个转动自由度，因此可通过定义 3 个独立变量来确定刚体的位置。对于刚体的一次有限转动，可将其分解为经过 3 次转动后的结果，每次转动的角度即为确定刚体转动前后相对位置的 3 个广义坐标，称为欧拉角。

刚体转动的瞬时角速度可用欧拉角 $\boldsymbol{w}$ 表示为:

$$\boldsymbol{w} = \dot{\psi}\, \boldsymbol{e}_3^{(0)} + \dot{\theta}\, \boldsymbol{e}_1^{(1)} + \dot{\varphi}\, \boldsymbol{e}_3^{(2)} \tag{8.1}$$

式(8.1)表示刚体从初始位置依次绕 $\boldsymbol{e}_3^{(0)}$ 转动 ψ 角、绕 $\boldsymbol{e}_1^{(1)}$ 转动 θ 角、绕 $\boldsymbol{e}_3^{(2)}$ 转动 φ 角过程中的瞬时角速度,其中 $\dot{\psi}$、$\dot{\theta}$ 和 $\dot{\varphi}$ 分别为欧拉角的变化率。

2. 方向余弦

设 $\boldsymbol{e}^1$ 和 $\boldsymbol{e}^2$ 分别为固结于两个刚体上的连体坐标系,则二者关系可表示为:

$$\boldsymbol{e}^1 = \boldsymbol{A}^{12}\boldsymbol{e}^2 \tag{8.2}$$

式中: $\boldsymbol{A}^{12}$ 为 $\boldsymbol{e}^2$ 相对于 $\boldsymbol{e}^1$ 的方向余弦。

$$\boldsymbol{A}^{12} = \begin{pmatrix} \boldsymbol{A}_{11} & \boldsymbol{A}_{12} & \boldsymbol{A}_{13} \\ \boldsymbol{A}_{21} & \boldsymbol{A}_{22} & \boldsymbol{A}_{23} \\ \boldsymbol{A}_{31} & \boldsymbol{A}_{32} & \boldsymbol{A}_{33} \end{pmatrix} \tag{8.3}$$

由式(8.3)可知,方向余弦是一个由 9 个元素描述的刚体姿态矩阵。

利用方向余弦可导出刚体运动学方程

$$\dot{\boldsymbol{A}} - \boldsymbol{A}\tilde{\boldsymbol{w}} = \boldsymbol{0} \tag{8.4}$$

式中: $\tilde{\boldsymbol{w}}$ 为连体基 $(0, \boldsymbol{e})$ 相对 $(0, \boldsymbol{e}^{(0)})$ 的瞬时角速度在 $\boldsymbol{e}$ 基上的坐标方阵。式(8.4)包含 9 个变系数线性微分方程。利用方向余弦建立的运动学方程不存在奇点,方程为线性但变量数目较多。

8.1.2　多体系统模型的建立

对多体系统进行计算分析时,首先要建立其物理模型,抽象的实质是通过对系统要素的定义组成具有一定拓扑构型的系统,其中系统定义的四要素分别为:物体(body)、铰(joint)、外力(偶)(outside force/moment)和力元(force elements)。

物体:多体系统中的构件定义为物体。多体系统力学模型中的物体定义并不一定与具体工程对象的零部件一一对应,它的定义与研究目的有关。在运动学分析中,通常将特别关心其运动特性的零部件定义为物体。对于静止不动的零部件通常可以定义为系统运动的参考系。在计算多体系统动力学中,物体分为刚性体和柔性体。刚性体和柔性体是对机构零件的模型化,刚性体为质点间距离保持不变的质点系,柔性体为考虑质点间距离变化的质点系。忽略系统内各物体的变形,完全由刚性体组成的多体系统称为多刚体系统,对于有柔性体的多体系统,在进行系统的运动学和动力学分析时仍需以多刚体系统理论为基础。

铰:也称铰接或运动副,在多体系统中经常将物体之间的运动约束定义为铰,它是多体系统中各物体之间的连接元件。铰约束是运动学约束的一种物理形式。在实际工程对象的多体系统力学模型中,物体与铰的定义相关,即定义了物体,自然就会存在一个相应的铰。

外力(偶)：多体系统外的物体对系统中物体的作用定义为外力(偶)。重力是系统典型的外力。需要注意的是在外力的定义中，对于刚体，力偶的作用与作用点无关，然而对于柔性体，力偶的作用与作用点有关，因为它不仅对其大范围运动有影响而且对其弹性变形均有影响。

力元：在多体系统中物体间的相互作用定义为力元，也称为内力。在实际的工程对象中，零部件之间的相互联系，一种是通过铰，另一种是通过力元的相互作用。两者的本质差别是前者限制了相连物体的相对运动自由度，而后者没有这种限制。一个模型中各刚体之间的弹簧、减振器等都可以看作是力元。力元是对系统中弹簧、阻尼器、作动器的抽象。理想的力元可抽象为统一形式的移动弹簧–阻尼器–作动器或扭转弹簧–阻尼器–作动器。当刚体之间的相对位置、速度等发生变化时，力元会在相邻的刚体上施加一定的力或力矩，力或力矩的大小与力元的特性有关。

8.1.3　相对坐标法和绝对坐标法

多体系统动力学分析包括建立模型和数值求解两部分，在完成系统的建模后需建立系统的动力学方程进行求解分析，其方法有很多。

相对坐标法是以多体系统中各铰的相对转角或相对位移等相对坐标为未知变量进行动力学方程推导的方法。在多体系统动力学中，由顶点(表示物体)与弧(表示铰)构成的描述系统结构特征的有向图称为多体系统的结构图。根据结构图中是否存在回路，可将多体系统分为树系统与非树系统。多体系统中任意两个物体之间有唯一的通路，不存在回路的，称为树系统(或开环系统)；系统中存在回路的，称为非树系统(或闭环系统)，如图 8–1 所示。利用相对坐标法建立多体系统动力学方程时，须区分树系统与非树系统。

1. 树系统

工程实践中，将运动规律确定的系统外的某个刚体通过铰相连的多体系统称为有根系统，如与地面相连的任何机械或车辆均为有根系统。其余多体系统称为无根系统，如各种飞行器等。当对树系统进行研究时，须区分有根系统与无根系统。在推导有根系统的动力学方程时，须根据具体的铰接方式分别建立动力学方程，如旋转铰、带滑移铰、棱柱铰和圆柱铰等完整约束铰，以及汽车轮胎与地面或列车轮对与钢轨之间的非完整约束铰。

2. 非树系统

由于存在回路，非树系统的铰数目多于物体数，其结构较树结构复杂。因此，对于非树系统，必须利用多余铰切割或刚体分割的方法，解除系统内的一部分约束，使其转变为树系统进行处理。

绝对坐标法是将多体系统内所有物体设想为无约束的自由状态并进行求解的

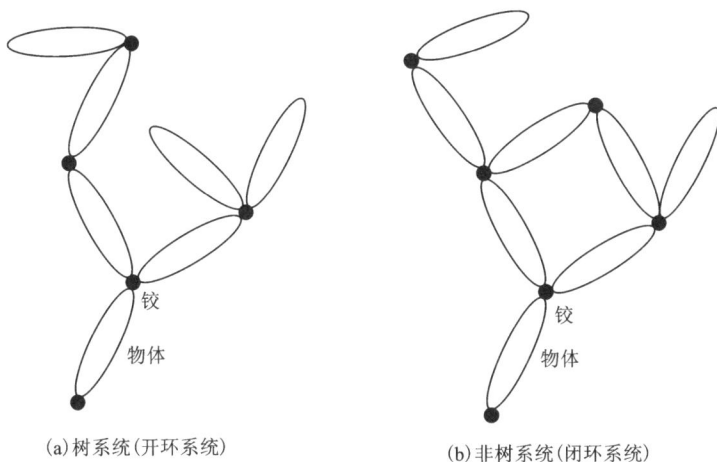

(a)树系统(开环系统)　　　　　　(b)非树系统(闭环系统)

图 8 – 1　树系统与非树系统

方法。若不考虑约束的作用，每个刚体有 3 个移动自由度和 3 个绕质心的转动自由度，因此可将系统内全部刚体的笛卡尔坐标和角度坐标作为系统的绝对坐标，对各刚体建立动力学方程，与系统内的铰约束方程联立，进而求解多体系统的动力学方程。

对于无约束的刚体建立动力学方程时，首先应解除系统内对各刚体的运动学约束，将铰与力元对刚体的作用转变为外力施加于刚体上。利用绝对坐标法进行多体系统动力学求解时，坐标数将远大于系统自由度数，因此必须将实际存在的运动学约束方程作为附加条件，与无约束状态的各刚体动力学方程进行联立求解。

与相对坐标法相比，绝对坐标法虽然未知量数目大，但数值计算过程极为程式化。且由于绝对坐标法研究的一般情况即为铰的数目不小于刚体数目，树系统仅为其求解的一个特例，因此绝对坐标法不需要区分树系统与非树系统，更加适用于实际工程中的数值计算。

8.2　基于多体动力学的风 – 车 – 桥耦合振动分析模型

8.2.1　高速列车动力学模型

1. 车辆模型拓扑图

在多体动力学中，拓扑图是用来描述主要部件之间拓扑关系。正确的车辆模型拓扑图对于建立车辆动力学模型是十分重要的，也是必要的。本书对建立的车辆模型作了一些简化，考虑的主要物体为 4 个轮对、2 个转向架和 1 个车体，建立的车辆模型的拓扑图如图 8-2 所示，图中仅显示了模拟的一、二系竖向减振器（05 号力元），未显示力元包括：二系横向减振器（02 号力元），纵向牵引弹簧（05 号力元）、抗侧滚扭杆装置（13 号力元）以及用力特性函数模拟的横向止挡（13 号力元）。

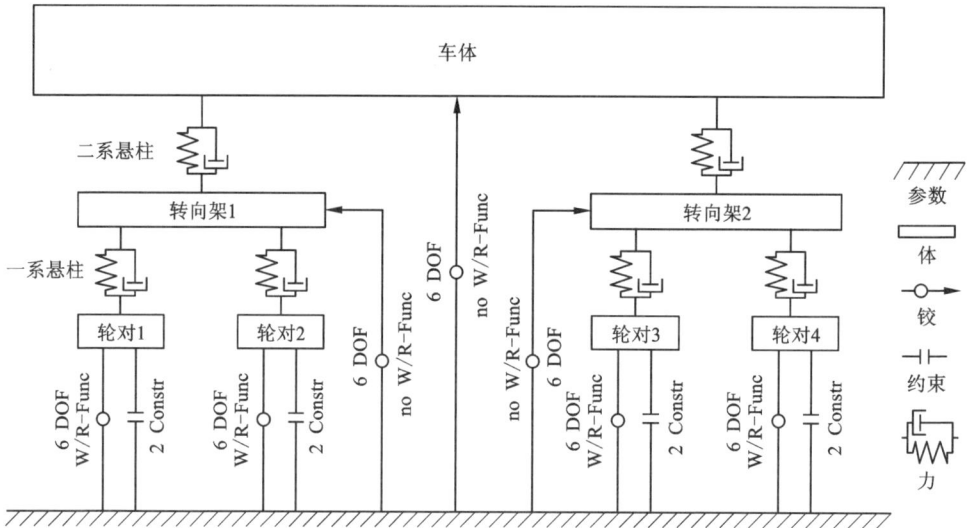

图 8-2　动车模型运动关系拓扑图

2. 车辆模型自由度

假定单节车辆模型由 1 个车体、2 个转向架及 4 个轮对共 7 个刚体组成，各刚体在空间具有 6 个自由度分别为浮沉、横摆、伸缩、摇头、点头、侧滚（图 8-3），因此单节车辆模型共有 42 个自由度。车辆动力学参数详见第 7 章 7.1.1 小节。

3. 轮轨接触关系

列车与桥梁之间通过轮轨相互作用力进行相互作用，在 SIMPACK 中通过列车与桥梁两个子系统的位移和力的协调关系求解车-桥耦合动力学方程，其中包括轮轨接触处轮对与钢轨之间的几何相容条件以及轮轨接触处相互作用力的静力平衡条件。

（1）轮轨接触几何关系。

轮轨接触几何关系是进行轮轨接触关系分析的基础，是指轮轨接触点的几何量和坐标量所组成的轮轨几何约束。考虑到引起轨道振动时，钢轨存在横摆、浮

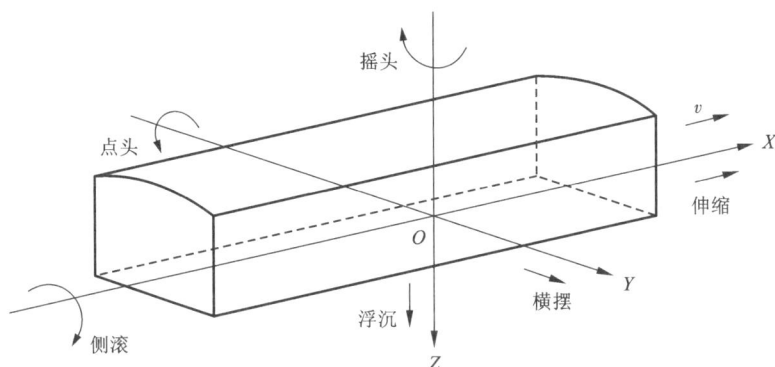

图 8 – 3　刚体自由度

沉及侧滚变形，这使得轮轨接触点不对称，几何相容条件也会变得更加复杂，因此必须选择合适的轮轨接触几何参数来正确描述轮轨接触点的位置。

通常，轮轨之间的接触状态可能有两种，即一点接触和两点接触，如图 8 – 4 所示，当轮对相对轨道的横向移动量不大时，一般会出现车轮踏面与钢轨顶面相接触的情况，此时称为一点接触；而当轮对相对轨道的横移和摇头角位移量超过一定范围时，根据不同轮轨形状特点可能引起车轮踏面和轮缘同时与钢轨顶面和侧面接触，此时称为两点接触。

(a)一点接触　　　　　　　　　(b)两点接触

图 8 – 4　轮轨接触状态

轮轨接触状态与轮轨轮廓外形有很大关系，因此，为了与实际相符，在车辆模型中，轮对踏面外形选用 LMA 踏面，钢轨外形选用 T60 kg/m 型号钢轨外形。轮轨接触状态还必须考虑轮轨接触时的弹性变形，这是因为在车 – 桥动力仿真分析时，如果假定轮轨接近刚体并始终保持接触，则与实际情况存在较大差异，并导致轮轨力计算不准确。利用 SIMPACK 采用非线性弹性接触理论建立的车辆模型，允许轮轨相互脱离，可以考虑实际工程中车辆出现跳轨和挤密的现象，并根据轮对与钢轨间的相对位移，建立适用于任意轮廓形状的轮轨空间几何约束关系。

（2）轮轨接触相互作用力。

在 SIMPACK 中采用非线性 Hertz 法来计算得到轮轨法向接触力；采用 Kalker 简化理论 FASTSIM 来计算得到轮轨蠕滑力。在 SIMPACK 中可以对此非线性模型进行等效线性化，通过该功能可用根轨迹法计算车辆的线性临界速度。

（3）轨道不平顺谱。

通常轨道不平顺又分为方向不平顺、轨距不平顺、高低不平顺以及水平不平顺，本章轨道不平顺谱采用德国低干扰谱。在 SIMPACK 中，可采用时频转换方法，将轨道随机不平顺功率谱密度函数转换为随里程变化的轨道随机不平顺空间样本。

4. 模型中的非线性因素

在建立车辆模型时，考虑了系统中三种非线性因素的影响：轮轨接触几何关系，轮轨蠕滑力，车辆悬挂系统。

轮轨接触几何关系：根据轮轨型面，采用数值分析方法，确定车辆各个方向位移的相互关系。

轮轨蠕滑力：采用非线性 Kalker 简化理论编制的 FASTSIM 子程序确定非线性蠕滑力。

车辆悬挂系统中各元件的非线性：对非线性参数连续的特性曲线用多条折线逼近。在车辆模型中考虑的非线性因素主要有：二系竖向减振器阻尼、二系横向减振器阻尼、抗蛇行减振器阻尼和二系横向止挡刚度，如图 8 - 5 ～ 图 8 - 8 所示。

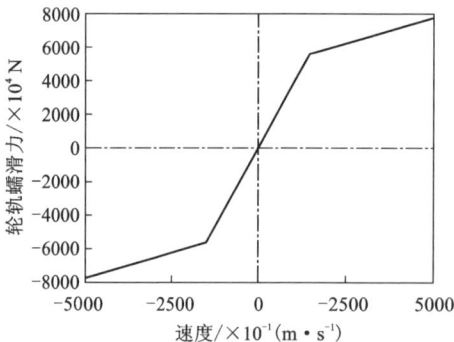

图 8 - 5　二系竖向减振器阻尼

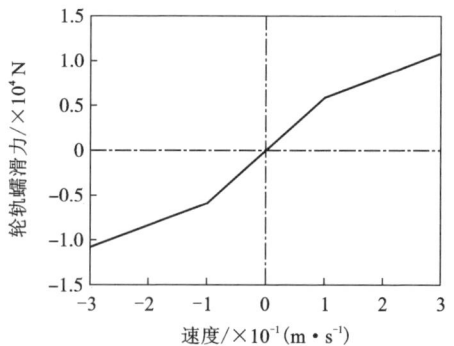

图 8 - 6　二系横向减振器阻尼

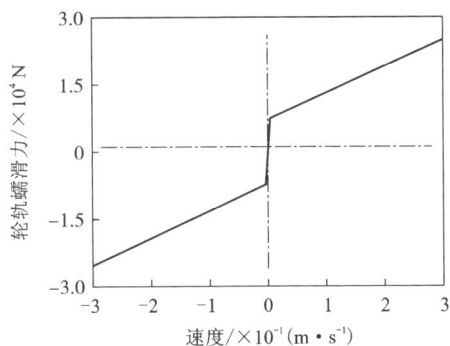

图 8 - 7　抗蛇行减振器阻尼

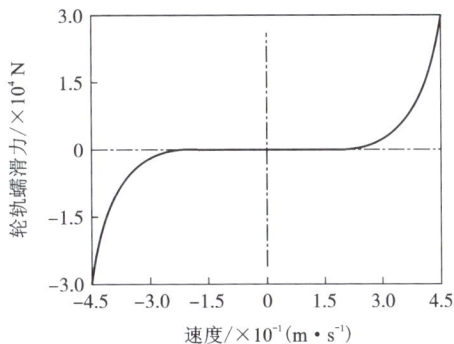

图 8 - 8　二系横向止挡刚度

5. 动车组模型的建立

首先建立动车及拖车模型,其动车以及拖车子结构仿真模型如图 8 - 9、图 8 - 10 所示。

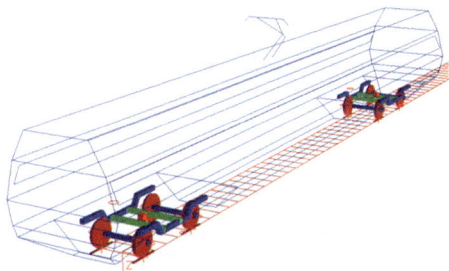

图 8 - 9　动车仿真模型

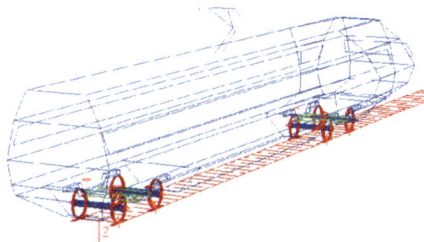

图 8 - 10　拖车(带驾驶室)仿真模型

本书以动车和拖车子结构组建动车组模型。假定列车做匀速运动,由于车 - 桥系统耦合主要考虑横向和竖向响应,因此不考虑制动及车钩连接装置的影响。动车组模型采用八节编组,六动两拖(拖 + 动 + 动 + 动 + 动 + 动 + 动 + 拖),如图 8 - 11 所示。

评价复杂多体系统建模正确与否的方法:对多体系统模型进行名义力计算,判断该系统的残余加速度最大值是否小于 0.01 m/s^2。如果该值小于 0.01 m/s^2,则表明建立的多体系统模型是正确的;如果该值大于 0.01 m/s^2,则表明该模型中存在小问题;如果该值远大于 0.01 m/s^2,则表明该多体模型中存在错误,需要对系统模型的重要元素进行重新检查和修改。对该动车组模型进行名义力计算,

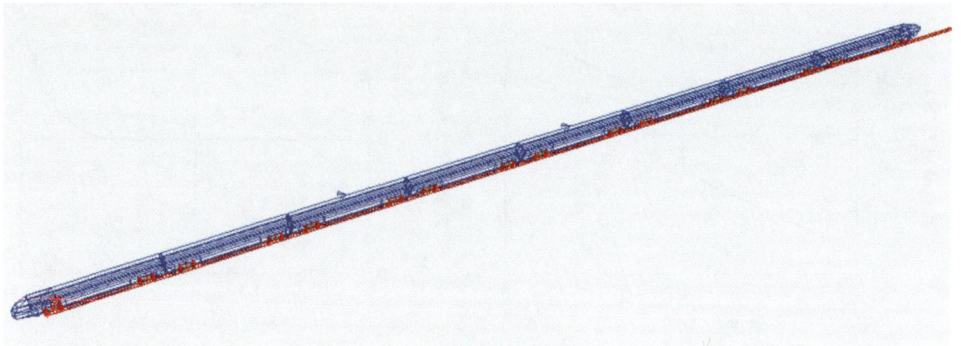

图 8 - 11　动车组模型

其最大残余加速度为 9.928×10^{-7} m/s^2，因此可以判断该动车组模型是合理的。

8.2.2　车 – 桥耦合振动在多体动力学中的实现

1. 弹性轨道模块

利用 SIMPACK 软件中自带的弹性轨道模块可方便地研究车辆和弹性桥梁之间的动态相互作用，此方法是目前在 SIMPACK 领域应用最为广泛的车 – 桥耦合计算方法。在 SIMPACK8 系列版本中，FEMBS 是 SIMAPCK 和有限元程序代码之间的接口程序，集成于软件之中，允许将有限元分析的物理模型数据转化为标准代码，形成弹性体数据的标准输入数据文件。应用弹性轨道法时首先需要对有限元模型进行子结构分析缩减自由度，然后在 FEMBS 中得到所需的弹性体输入文件（fbi 文件），它包含能表征弹性轨道动态响应和在轮轨力作用下局部弹性变形的多阶模态，也包含弹性轨道的有限元网格图形。将弹性体输入文件（fbi 文件）中的信息直接读入程序求解器，与车辆模型共同求解，其求解过程如图 8 – 12 所示。

在弹性轨道模块中，弹性桥梁不是以实际的弹性体存在的，而是以一种边界条件和数据库的形式存在的，车辆与弹性轨道之间通过轮轨接触离散点实现位移、速度、作用力的交换。车辆和桥梁系统在一个积分步内单独求解并且轮流迭代，当车辆和桥梁系统中所有自由度的计算结果的迭代误差满足相应条件时，判断为收敛并进行下一步积分。弹性轨道模块直接内嵌在程序中，用此方法进行车辆桥梁的刚柔耦合振动分析方便且求解效率较高。但由于求解过程中无法将桥梁结构作为一个独立的弹性体直接进行计算，这对后续施加外荷载和轨道的模拟都带来了诸多的不便，也无法对结构进行非线性分析且对结构的高频振动不敏感，因此适用范围受到很大的限制。

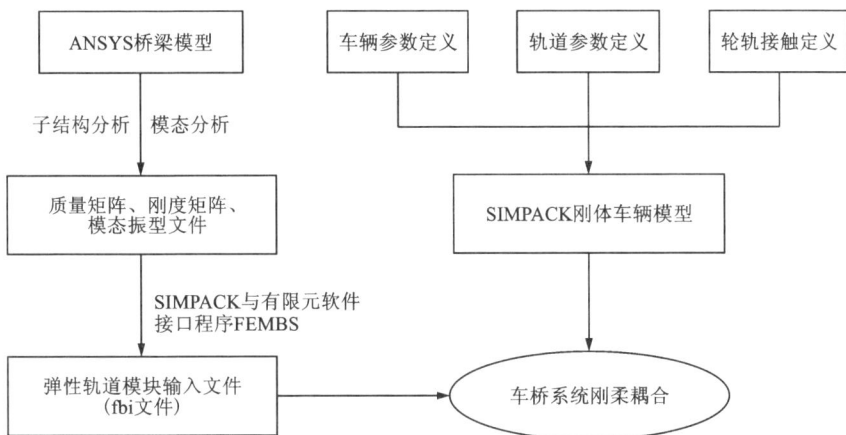

图 8 - 12　弹性轨道模块车－桥耦合流程示意

2. 有限元接口模块

在采用了全新风格及软件结构的 SIMPACK9 系列版本中，强化了有限元接口模块的功能，使用时可通过导入有限元模型来创建柔性体，支持多种有限元软件的多种单元模式，对柔性体的结构没有限制，同时采用优化的柔性体技术，可以考虑二阶项的影响，从而使柔性体模型文件小而且结果精度更高，因此具有较广的适用范围。通过有限元接口模块完成车辆系统和桥梁系统的刚柔耦合时，在 SIMPACK 中作为刚性体的车体，在定义其轮轨接触关系时采用赫兹弹簧，不能直接与柔性体相连。本章通过建立一个质量可以忽略的虚刚体解决此问题，即将柔性的桥梁系统和车辆刚性体系统通过虚刚体连接，共同构成一个刚柔耦合系统，其作用原理如图 8 - 13 所示。

在刚柔耦合分析中虚刚体仅作为多体系统中刚柔连接的媒介，不影响所连接的部件。车 - 桥系统刚柔耦合中，将轮轨接触关系定义在轮对与虚刚体上，虚刚体与大地通过铰接相连，同时在虚刚体与柔性体上的移动标记点之间定义运动约束，使虚刚体与弹性体连接到一起。虚刚体随着移动标记点运动而运动，移动标记点又跟随车辆运动。这样，车辆荷载就通过虚刚体传递给了弹性桥梁，弹性桥梁的变形也通过虚刚体传递到车轮从而实现了车 - 桥耦合。

令虚刚体的位移为 u_{yy}，约束力为 F_y、F_z，轮轨力横向、竖向力分别为 Q、Y，轨道坐标为 s，它们之间的变形协调和力平衡条件如式（8.5）~式（8.7）所示。

$$u_{yy}(t) = u_b(t, s) \tag{8.5}$$

$$Q(t) = F_z(t) \tag{8.6}$$

$$Y(t) = F_y(t) \tag{8.7}$$

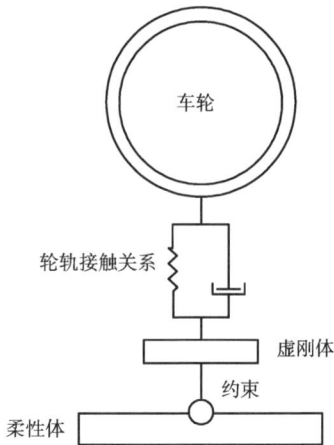

图 8 – 13   有限元接口模块车 – 桥刚柔耦合示意图

与弹性轨道法相同，有限元接口模块同样采用导入有限元软件通过模型缩减产生的结果文件来生成柔性体必需的文件(.fbi)。利用该方法进行车 – 桥刚柔耦合振动分析的优点在于可以在多体系统前处理中根据需要自定义柔性桥梁轨道系统，可以对车辆 – 线路 – 桥梁多系统实现刚柔耦合，并可在 SIMPACK 柔性体文件的每个主节点均生成标记点(marker)，方便后续的外荷载施加等工作，同时能较好地弥补弹性轨道法在计算结构非线性及轨道高频振动等方面的缺陷。为了计算风荷载作用下车 – 桥刚柔耦合系统的响应，而采用此种方法在 SIMPACK9 版本中建立刚柔耦合系统模型。

SIMPACK 软件进行车辆 – 桥梁的刚柔耦合计算时，在积分过程中采用节点间插值计算的方法，且对节点等间距要求较高。对于结构形式特殊且节点位置复杂的大桥模型，在车辆与桥梁模型之间加入刚度很大的弹性梁体，以保证插值计算的顺利进行。弹性梁体在模型中起到轨道的作用，其与桥梁之间通过约束相连。

如图 8 – 14 所示为建立的秦沈客运专线沙河特大桥车(CRH 型列车) – 桥刚柔耦合模型，该桥为预应力混凝土双线简支箱梁，跨度为 26 × 24 m，线间距为 4.6 m，墩高 20 m，主梁采用单箱单室截面。表 8 – 1 列出的是桥梁、列车动力响应 SIMPACK 计算结果与翟婉明院士 TTBSIM 计算结果以及现场实测结果的对比，可看出 SIMPACK 计算结果与 TTBSIM 计算结果以及现场实测结果总体上比较吻合，除了轮重减载率其余指标相对都偏小，造成该差别的主要原因可能是本章车辆仿真模型以 CRH 型列车为原型，而现场测试时采用的是"中华之星"列车。

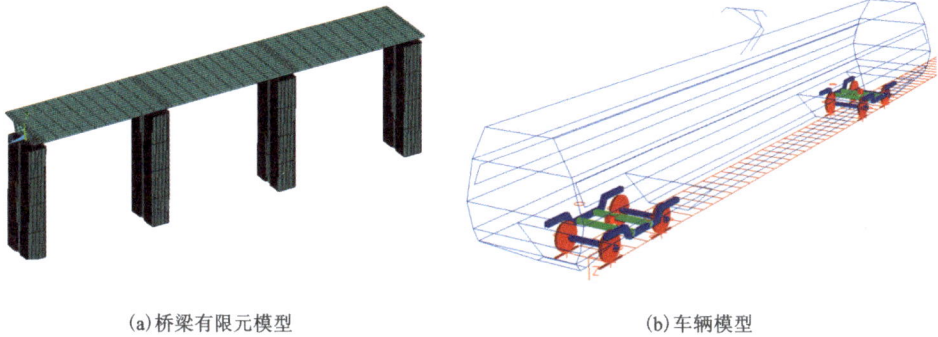

(a)桥梁有限元模型　　　　　　　　(b)车辆模型

图 8 – 14　简支箱梁－车刚柔耦合模型

表 8 – 1　结果对比

动力学性能指标		SIMPACK	TTBSIM	实测值
竖向一阶自振频率/Hz		7.1246	6.787	6.8
动力系数 1 + μ		1.485	1.24	1.4
跨中动挠度/mm	竖向	0.778	1.147	0.98
	横向	0.205	0.119	0.3
跨中加速度/g	竖向	0.077	0.136	0.1
	横向	0.01	0.05	0.05
墩顶横向振幅/mm		0.081	0.13	0.07
墩顶横向加速度/g		0.0097	0.046	—
脱轨系数	动车	0.193	0.29	0.32
	拖车	0.108	0.28	0.29
轮重减载率	动车	0.775	0.64	0.42
	拖车	0.892	0.93	—
轮轨横向力 /kN	动车	17.987	41.72	—
	拖车	10.42	26.9	—
车体竖向加速度 /g	动车	0.146	0.112	0.27
	拖车	0.03	0.136	0.12

续表 8 – 1

动力学性能指标		SIMPACK	TTBSIM	实测值
车体横向加速度 /g	动车	0.066	0.104	0.16
	拖车	0.0597	0.073	0.11
车体竖向 Sperling 指标	动车	2.458	2.579	2.86
	拖车	1.865	2.768	2.36
车体横向 Sperling 指标	动车	2.559	2.578	2.68
	拖车	2.47	2.505	2.58

如图 8 – 15 和图 8 – 16 所示为建立的某大跨钢桁梁斜拉桥有限元模型和车 – 桥刚柔耦合模型。

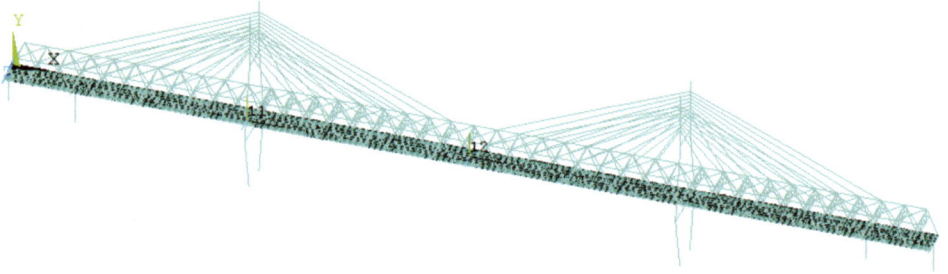

图 8 – 15　某大跨钢桁梁斜拉桥有限元模型

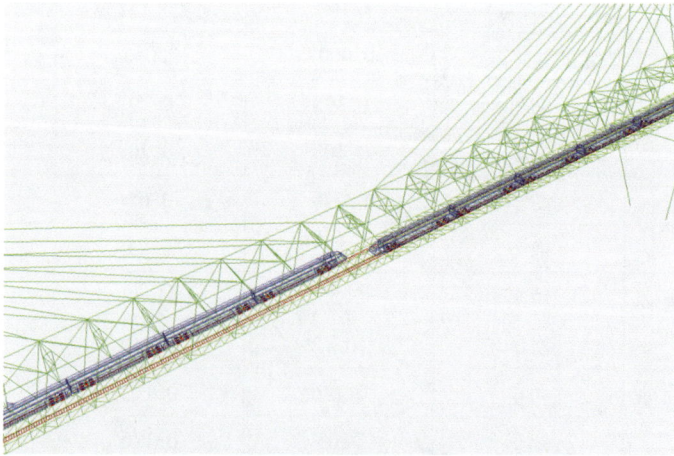

图 8 – 16　列车 – 钢桁梁斜拉桥刚柔耦合模型

3. 有限元接口模块与弹性轨道模块计算结果对比

弹性轨道法具有应用简便的特点，是目前在 SIMPACK 中进行车 – 桥耦合计算应用最为广泛的方法。本书利用有限元接口模块建立车 – 桥刚柔耦合系统，在建模方法和计算过程上均与弹性轨道法有很大差别。为了确定有限元接口模块与弹性轨道法在计算结果上的区别，也为了验证本章车 – 桥刚柔耦合系统的正确性，本节对两种方法的计算结果进行了对比。利用 SIMPACK8.8 版本的弹性轨道模块建立南广铁路肇庆西江特大桥(大桥情况可参见本章 8.3.1 小节)车 – 桥耦合系统，建模中车辆模型和桥梁模型与有限元接口模块中的模型保持一致，计算列车经过西江桥时的车 – 桥动力响应，并将有限元接口模块计算结果与之相对比。因两种方法均计算出动车响应大于拖车响应，故只选取动车响应进行对比，对比结果如图 8 – 17 所示。根据计算结果，两种方法计算出的桥梁动力响应基本一致。以 200 km/h 工况为例，桥梁响应时程曲线对比如图 8 – 18 所示，其中由于

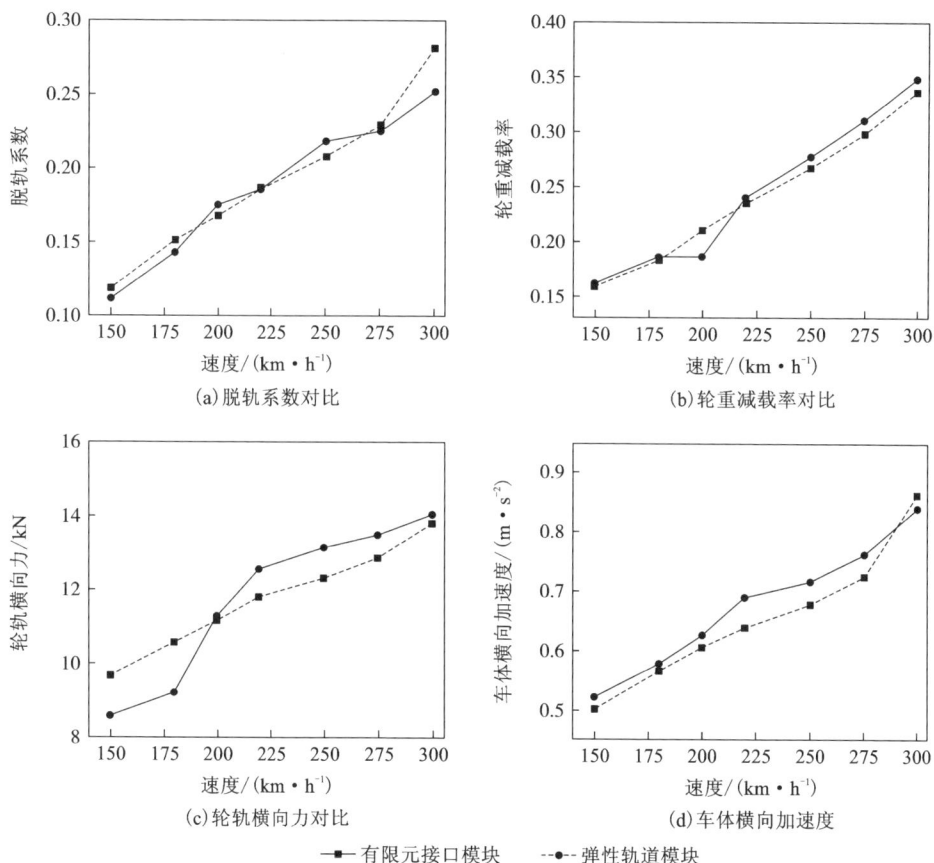

(a) 脱轨系数对比　　(b) 轮重减载率对比

(c) 轮轨横向力对比　　(d) 车体横向加速度

■ 有限元接口模块　　●·· 弹性轨道模块

图 8 – 17　车辆响应对比图

弹性轨道对桥梁节点等间距要求较高，故此处选取跨中左侧 5 m 处节点为跨中节点。由图 8－18 可知，两种方法计算的桥梁响应时程曲线趋势基本一致，但弹性轨道法的结果时程曲线较有限元接口模块更为平滑，有限元接口模块的计算结果具有更强的波动性，说明有限元接口模块在对车－桥系统的高频振动计算上要优于弹性轨道法。

以上计算结果验证了本章所建车－桥刚柔耦合模型的正确性。此外，有限元接口模块可将桥梁考虑成实际存在的弹性体，可实现直接在桥梁弹性体上施加外荷载。鉴于以上优点，本章最终选择有限元接口模块进行车－桥耦合计算。

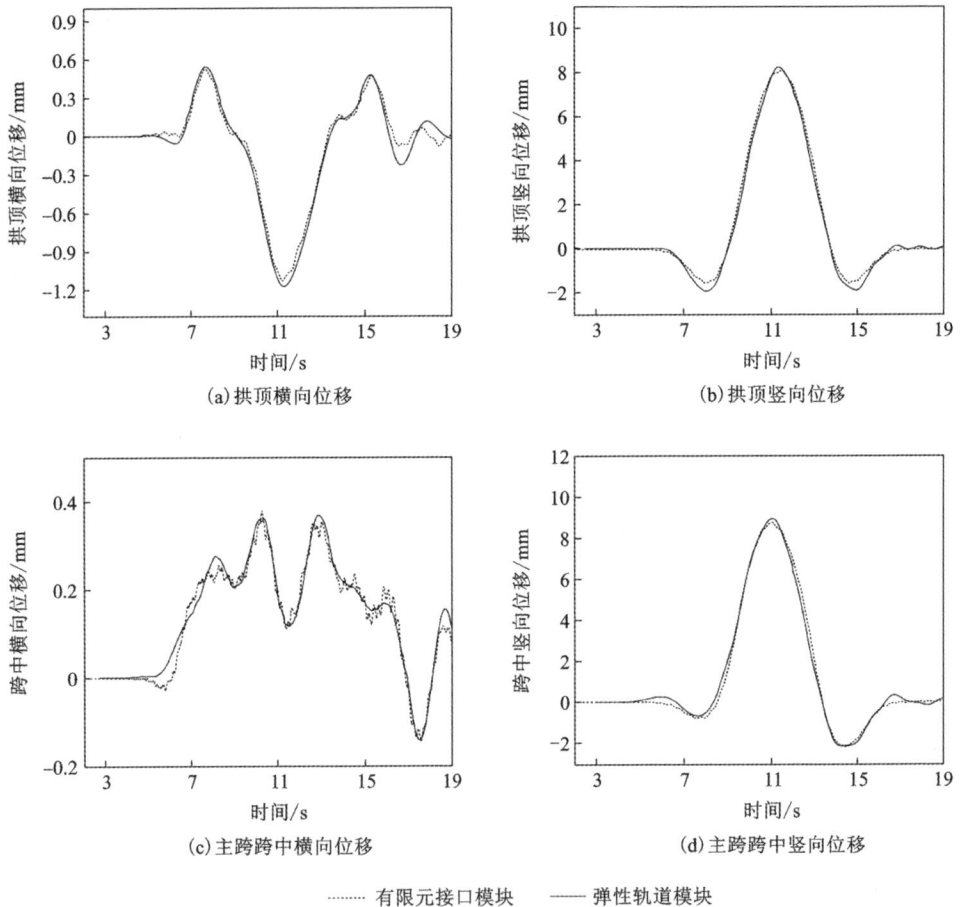

(a)拱顶横向位移

(b)拱顶竖向位移

(c)主跨跨中横向位移

(d)主跨跨中竖向位移

　　　　……… 有限元接口模块 ——— 弹性轨道模块

图 8－18　桥梁响应时程曲线对比

8.2.3 SIMPACK 中施加风荷载的方法

SIMPACK 中通过体上的标记点(marker)定义力元。本书利用软件中有限元接口模块导入的桥梁柔性体结构,在其每个主节点上可生成一个标记点(图 8 – 19),且桥梁柔性体结构和车体刚性结构均可在空间任意位置自定义标记点,故可直接在车 – 桥系统上施加风荷载。具体步骤如下:

①定义输入函数。将每个风速点的风荷载时程处理为 SIMPACK 可以识别的. if2 文件格式,然后作为输入函数导入到 SIMPACK 中。

②定义时间激励。选择 2 号时间激励"From Input Function",用风荷载时程函数生成时间激励,并定义相应向量值"U – Vector"。

③定义力元。选择 93 号 Cmp 力元,利用时间激励中生成的向量定义每个风速点的三分力时程。其中在定义车体力元时需先在大地参考系上建立跟随车体运动的 82 号移动标记点,并将其定义为力元的 From Marker。

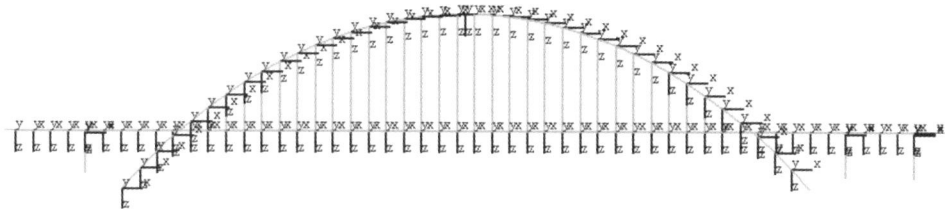

图 8 – 19　桥梁动力学模型的标记点

8.3　多体动力学在大跨高铁桥梁风 – 车 – 桥耦合振动的应用

8.3.1　工程背景及动力特性分析

我国新建南广高速铁路肇庆西江特大桥是目前世界上最大跨径中承式钢箱提篮拱桥(图 8 – 20,主跨 450.0 m),跨径布置为(41.2 + 50.0 + 386.0 + 50.0 + 49.1 + 32.0) m,矢跨比为 1/4,拱轴系数为 $m = 1.5$ 的悬链线,桥面距拱顶 73.53 m。桥面采用钢纵横梁 + 混凝土桥面板体系(图 8 – 21,宽 22.0 m、高 3.0 m),主纵梁为箱形结构(高×宽 = 3.0 m×2.0 m),两主纵梁中心距为 20.0 m,横梁高 3.0 m,支座处为箱形截面,其余为工形截面。拱肋为变高度钢箱结构,截面宽度为 4.0 m,拱脚处拱肋截面径向高度为 15.1 m,拱顶截面径向高度 9.1 m,拱肋钢板厚度为 30~50 mm。拱脚处两拱肋间距 34.0 m,拱顶处间距 15.17 m,拱肋在与桥面系相交处设横梁,横梁与桥面系主纵梁通过支座连接,其中一侧设固定支座，另一侧设滑动支座，纵桥向则设置阻尼器。吊杆采用高强度低松弛平行钢丝束，主跨吊杆间距 12.0 m。大桥为双线有砟铁路，线间距为 4.6 m，设计行车速度 250 km/h。

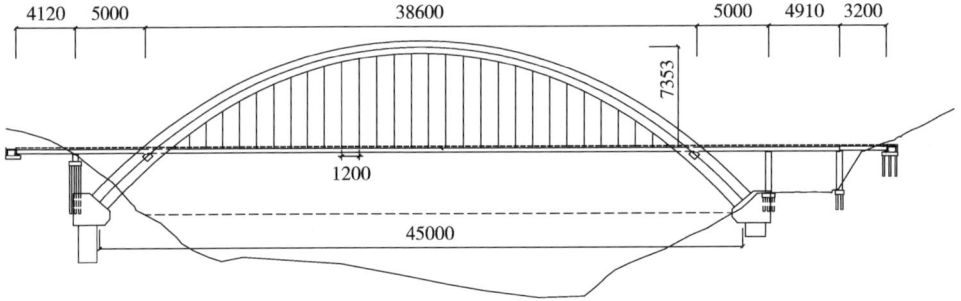

图 8-20 大桥整体布置(单位: cm)

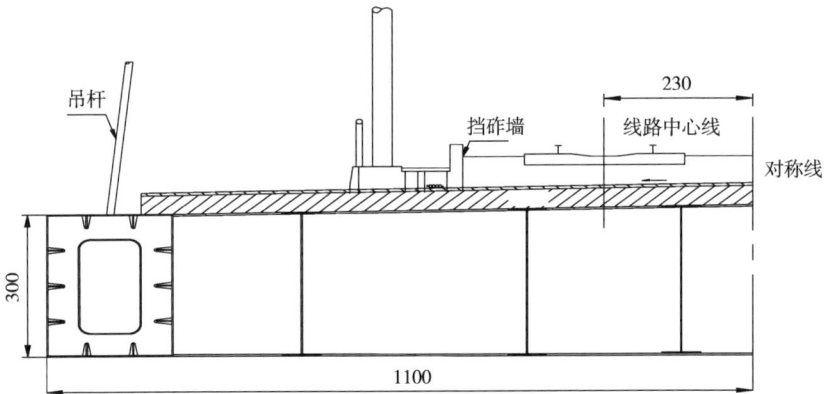

图 8-21 主梁截面(单位: cm)

在 ANSYS 中建立西江桥的空间有限元模型。结合西江桥结构特点，有限元模型所采用的单元如下：拱肋、边墩、桥面系各纵横梁均采用三维梁单元 BEAM44 单元模拟，吊杆采用三维杆单元 LINK10 单元模拟，桥面板采用可考虑几何大变形的弹性壳单元 SHELL63。桥面二期恒载按照 16T/m 计算，将其作为均布质量分配到相应的桥面板以及纵横梁上。拱肋与桥面相交处支座、梁墩间支座约束条件通过主从节点处理。西江特大桥钢箱提篮拱桥有限元动力仿真分析模型如图 8-22 所示。

桥梁的自振频率及振型与桥梁结构形式、质量分布、刚度分布以及约束情况密切相关，它从整体上反映桥梁的力学特性，因而对桥梁自振频率及振型进行分

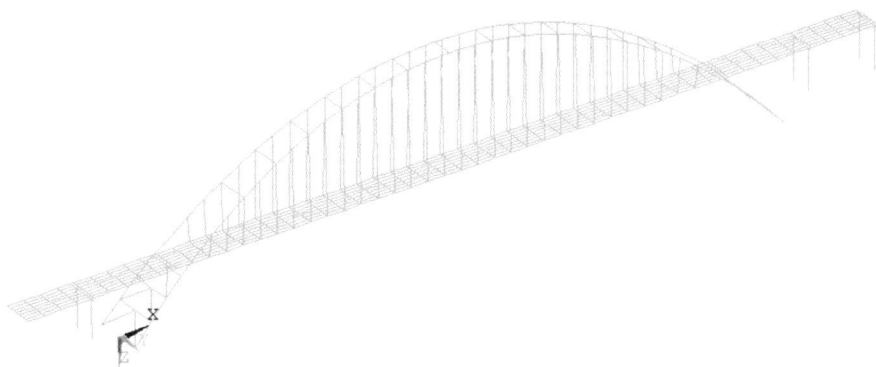

图 8 – 22 西江桥有限元动力分析模型

析非常重要。在车 – 桥耦合分析中，桥梁的动力响应是由其低阶模态占主导地位，因此只要求对桥梁若干低阶模态进行响应分析。在 ANSYS 中，可以采用的自振特性求解方法主要有广义 Jacobia 法、瑞利里兹法、子空间迭代法、Lanczos 法等。考虑到 Lanczos 法只用通过矩阵相乘就可以得到较好的模态矩阵，本章采用 Lanczos 法求解桥梁结构特征值，提取桥梁结构前 10 阶振型。表 8 – 2 给出前 10 阶自振频率及振型特点。

表 8 – 2 西江桥自振特性计算结果

阶次	频率/Hz	振型描述
1	0.40	一阶对称横弯（拱肋与主梁同向）
2	0.45	一阶拱肋反对称竖弯
3	0.52	一阶对称横弯（拱肋与主梁反向）
4	0.81	主拱一阶反对称横弯
5	0.89	一阶对称竖弯
6	1.15	主梁一阶反对称横弯
7	1.21	梁拱二阶反对称竖弯
8	1.38	梁拱二阶对称竖弯
9	1.41	主梁一阶对称扭转
10	1.58	主梁边跨对称竖弯

8.3.2 车－桥耦合振动动力响应分析

计算采用建立的 8 节编组（拖＋动＋动＋动＋动＋动＋动＋拖）动车组列车模型，本节选取 150、180、200、220、250、275 和 300 km/h 共 7 种速度工况，计算列车上游单线运行时车辆和桥梁的动力响应，积分步长为 0.0001s。计算时设置列车平稳运行一定距离后驶上桥梁，在列车完全驶出桥梁一定时间后结束计算。本章计算的列车动力响应包括：运行安全性指标（脱轨系数、轮轨减载率、轮轨横向力）、运行平稳性指标（车体横向加速度、车体竖向加速度、横向舒适性指标、竖向舒适性指标）；桥梁动力响应包括：桥梁横向位移（拱顶、主跨跨中、主跨 1/4 处）、桥梁竖向位移（拱顶、主跨跨中、主跨 1/4 处）、桥梁加速度（主跨跨中横向加速度、竖向加速度）。

通过 SIMPACK 计算结果可以得到列车运行过程中的各项动力响应时程，以速度 200 km/h 工况为例，动车和拖车动力响应各项指标的时程曲线如图 8 - 23 ～图 8 - 27 所示。统计时间从列车驶上桥梁前开始，至列车完全驶出桥梁结束。

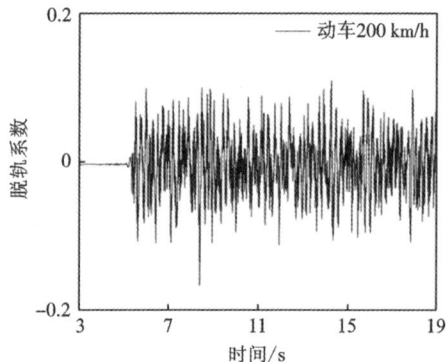

图 8 - 23　脱轨系数时程曲线

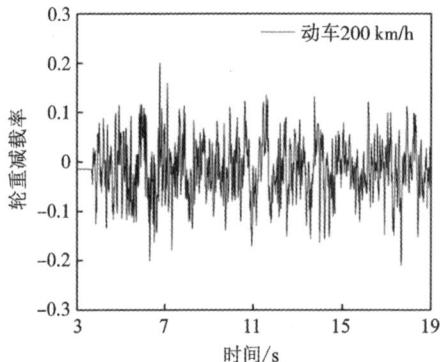

图 8 - 24　轮重减载率时程曲线

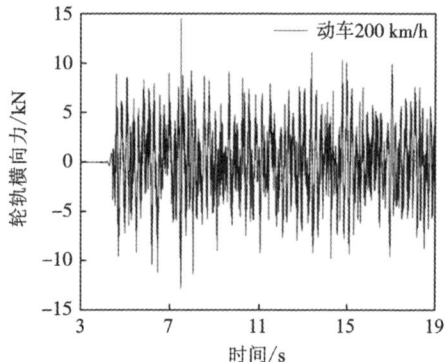

图 8 - 25　轮轨横向力时程曲线

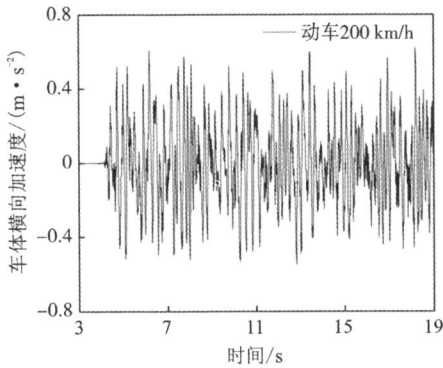

图 8 – 26　车体横向加速度时程曲线

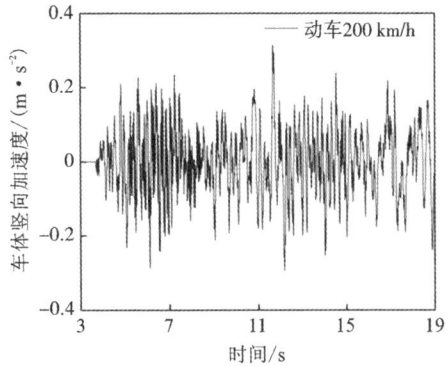

图 8 – 27　车体竖向加速度时程曲线

　　列车驶上桥梁后,动车与拖车的各项动力响应开始增大,说明列车在轨道不平顺的激励作用下与桥梁开始相互作用。由于轨道不平顺具有随机性,因此列车的各项动力响应也表现出较强的随机性。列车在不同速度工况下,动车和拖车的各项动力响应最大值分别见表 8 – 3 和表 8 – 4,可以看出:在 150 ~ 300 km/h 速度范围内,动车和拖车的各项动力响应均在规范限制之内,满足列车的运行安全性和舒适性指标要求。

表 8 – 3　动车响应计算结果

车速 /(km·h⁻¹)	脱轨 系数	轮重 减载率	轮轨横向力 /kN	车体加速度/(m·s⁻²)		Sperling 指标	
				横向	竖向	横向	竖向
150	0.119	0.159	9.677	0.514	0.244	1.954	1.672
180	0.151	0.183	10.585	0.583	0.284	2.009	1.787
200	0.168	0.210	11.166	0.636	0.310	2.050	1.866
220	0.187	0.235	11.792	0.681	0.331	2.101	1.933
250	0.208	0.267	12.284	0.726	0.366	2.182	2.011
275	0.229	0.298	12.844	0.774	0.390	2.268	2.060
300	0.281	0.336	13.782	0.863	0.426	2.425	2.114

表 8 – 4　拖车响应计算结果

车速 /(km·h⁻¹)	脱轨系数	轮重减载率	轮轨横向力 /kN	车体加速度/(m·s⁻²)		Sperling 指标	
				横向	竖向	横向	竖向
150	0.127	0.156	9.363	0.502	0.241	1.945	1.681
180	0.157	0.181	10.231	0.566	0.274	2.005	1.794
200	0.167	0.204	10.967	0.605	0.297	2.039	1.862
220	0.182	0.230	11.536	0.639	0.327	2.092	1.914
250	0.194	0.262	12.047	0.678	0.362	2.173	1.990
275	0.219	0.291	12.542	0.725	0.387	2.260	2.043
300	0.276	0.310	13.387	0.802	0.416	2.377	2.110

动车和拖车动力响应各指标最大值随车速变化曲线如图 8 – 28 ~ 图 8 – 32 所示,可以看出:①列车的各项动力响应指标随速度的增加而呈线性增长,由于动车总质量大于拖车,因此动车的各项动力响应几乎均大于拖车。②在 150 ~ 300 km/h 速度范围内,脱轨系数、轮重减载率和轮轨横向力等列车行车安全性指标都随车速的增加而增大,但最大值均在规范要求限值之内。③随着列车

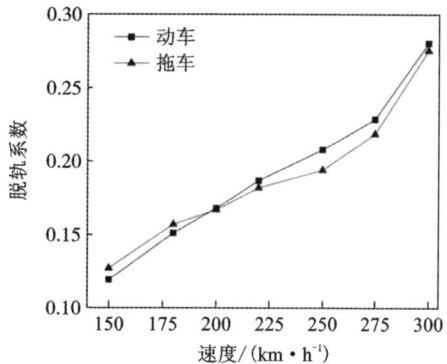

图 8 – 28　脱轨系数与车速的关系

运行速度的增大,车体横向加速度、竖向加速度,横向和竖向 Sperling 指标等列车舒适性指标逐渐增大,说明行车舒适性在逐渐降低。各项指标未超出规范要求,其中横向和竖向舒适度指标均为优秀等级。

同样以速度 200 km/h 工况为例,桥梁动力响应各项指标的时程曲线如图 8 – 33 ~ 图 8 – 35 所示,可以看出:①由于单线行车的偏载作用,主梁横向位移均偏向于桥梁一侧。拱顶横向位移方向与主梁各点横向位移方向相反,符合桥梁第 3 阶振型的一阶对称横弯特点,即拱肋与主梁反向。②桥梁的最大竖向位移出现于主跨 1/4 处。列车运行至主跨 1/4 处时,主跨 1/4 处产生最大竖向位移,此时跨中和拱顶出现一定的反拱;列车运行至跨中时,跨中和拱顶竖向位移达到最大,主跨 1/4 处下挠逐渐减小;列车运行至主跨 3/4 处时,主跨 1/4 处上挠值处于最大状态。桥梁的竖向位移特点与桥梁第 2 阶振型的一阶拱肋反对称竖弯特点相符。

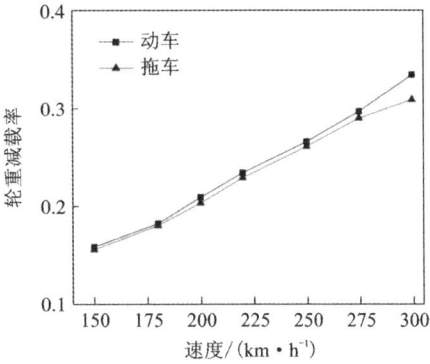

图 8 – 29　轮重减载率与车速的关系

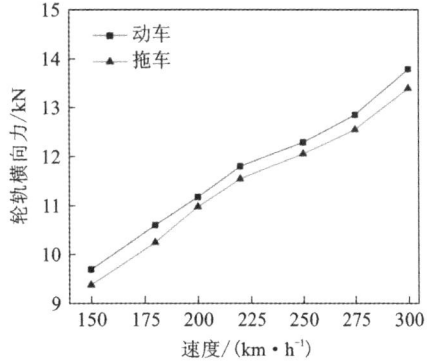

图 8 – 30　轮轨横向力与车速的关系

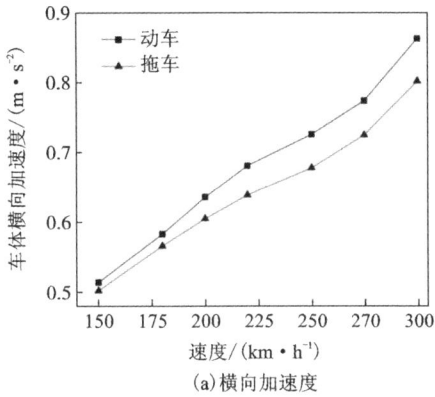

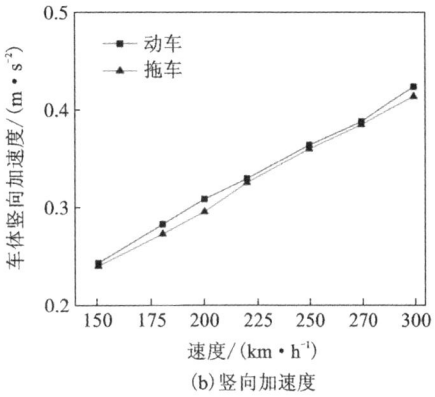

(a) 横向加速度

(b) 竖向加速度

图 8 – 31　车体加速度与车速的关系

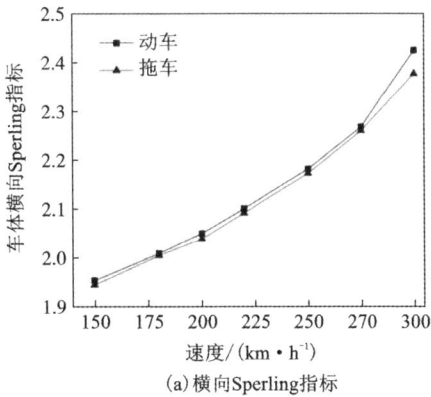

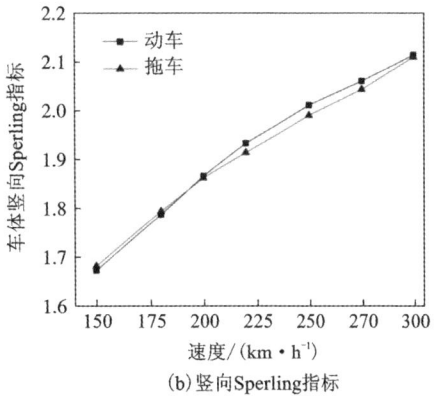

(a) 横向Sperling指标

(b) 竖向Sperling指标

图 8 – 32　车体 Sperling 指标与车速的关系

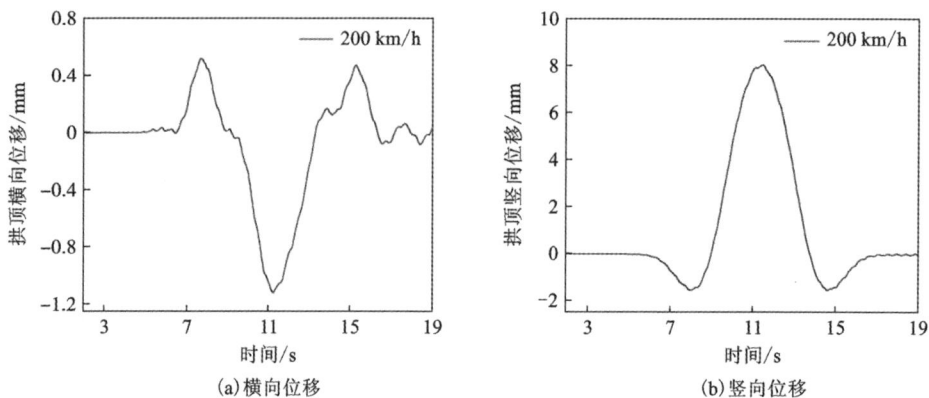

(a)横向位移　　　　　　　　　　(b)竖向位移

图8-33　拱顶位移时程曲线

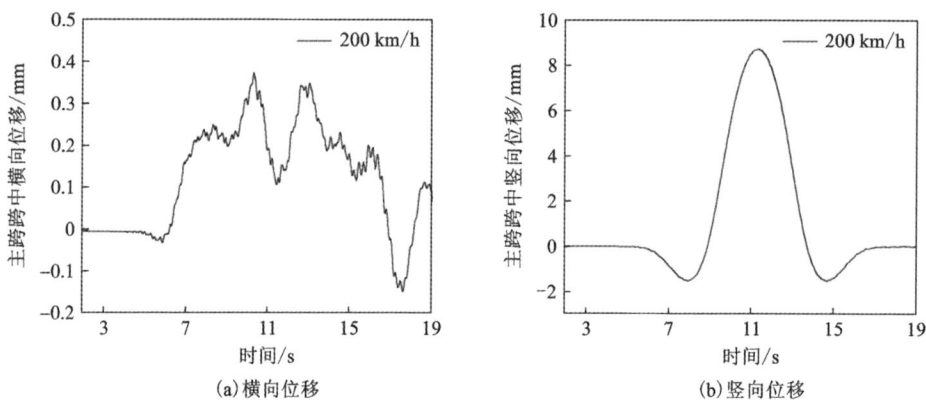

(a)横向位移　　　　　　　　　　(b)竖向位移

图8-34　主跨跨中位移时程曲线

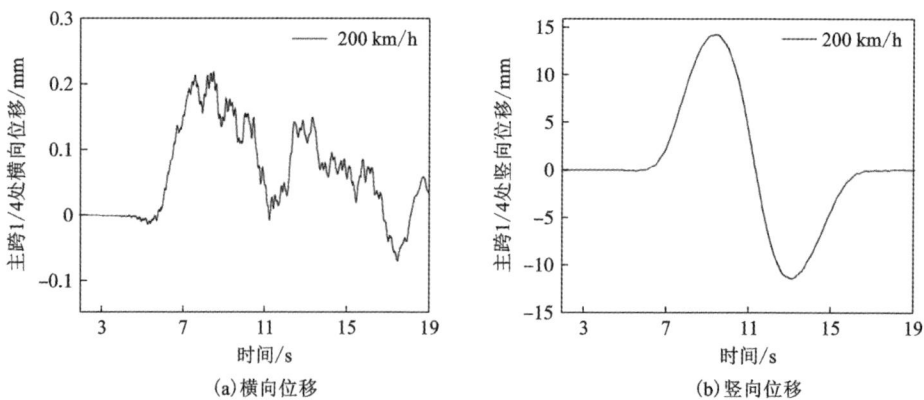

(a)横向位移　　　　　　　　　　(b)竖向位移

图8-35　主跨1/4处位移时程曲线

在 150~300 km/h 速度范围内，桥梁的各项动力响应最大值见表 8 - 5。由表 8 - 5 可知，桥梁的各项响应最大值均满足规范要求。

表 8 - 5　桥梁响应计算结果

车速 /(km·h⁻¹)	拱顶振动位移 /mm		主跨跨中振动位移/mm		主跨 1/4 处振动位移/mm		主跨跨中振动加速度/(m·s⁻²)	
	横向	竖向	横向	竖向	横向	竖向	横向	竖向
150	1.054	7.889	0.370	8.642	0.244	13.942	0.030	0.116
180	1.113	7.935	0.369	8.684	0.274	14.176	0.049	0.170
200	1.119	7.980	0.375	8.780	0.279	14.268	0.061	0.174
220	1.221	7.973	0.440	8.783	0.285	14.550	0.067	0.179
250	1.306	8.018	0.494	8.849	0.325	15.271	0.070	0.197
275	1.295	8.057	0.487	8.877	0.301	15.822	0.072	0.226
300	1.221	8.102	0.432	8.941	0.277	16.313	0.081	0.254

桥梁响应随速度变化趋势如图 8 - 36 ~ 图 8 - 39 所示，可以看出：桥梁竖向响应基本随车速的增大呈线性增长趋势，但在车速为 250 km/h 时，拱顶、主跨跨中和主跨 1/4 处横向位移均出现了极值，这是因为列车以此速度运行时，其对桥梁的周期性荷载激励与桥梁的横向自振频率接近，引起了共振效应。

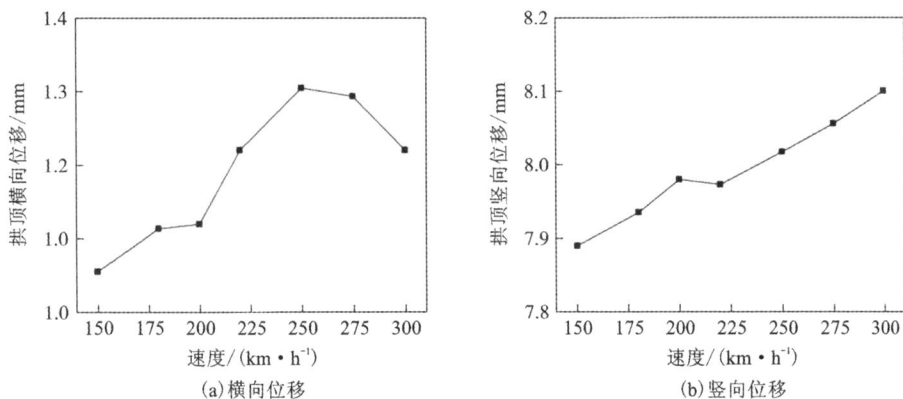

(a)横向位移　　(b)竖向位移

图 8 - 36　拱顶位移与车速的关系

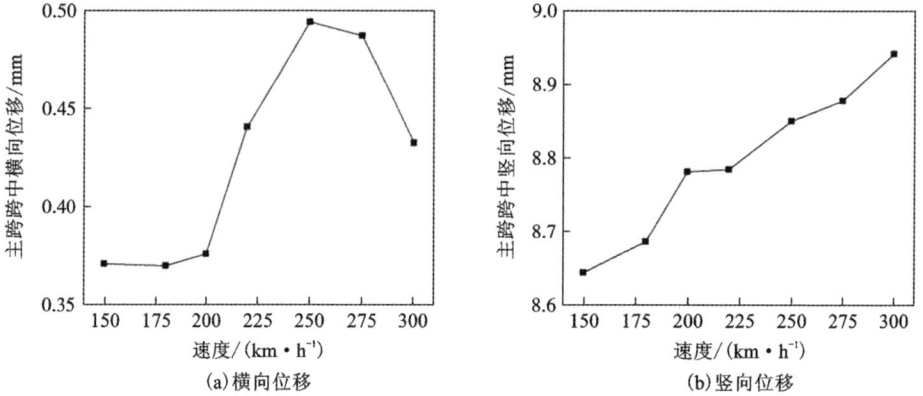

(a)横向位移

(b)竖向位移

图 8－37　主跨跨中位移与车速的关系

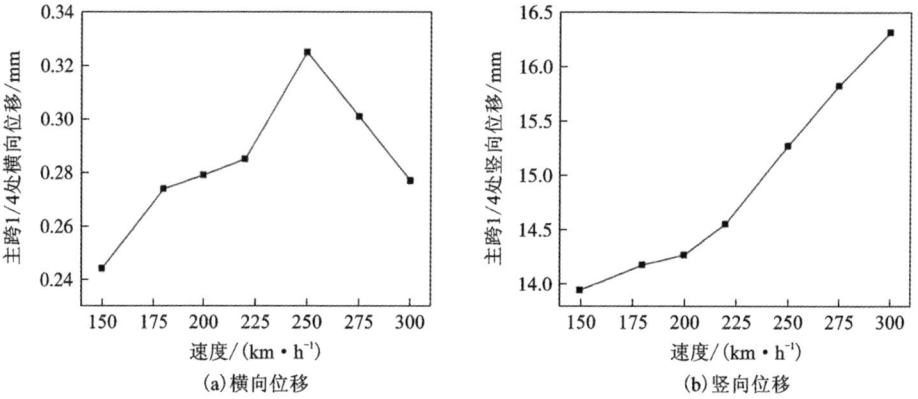

(a)横向位移

(b)竖向位移

图 8－38　主跨 1/4 处位移与车速的关系

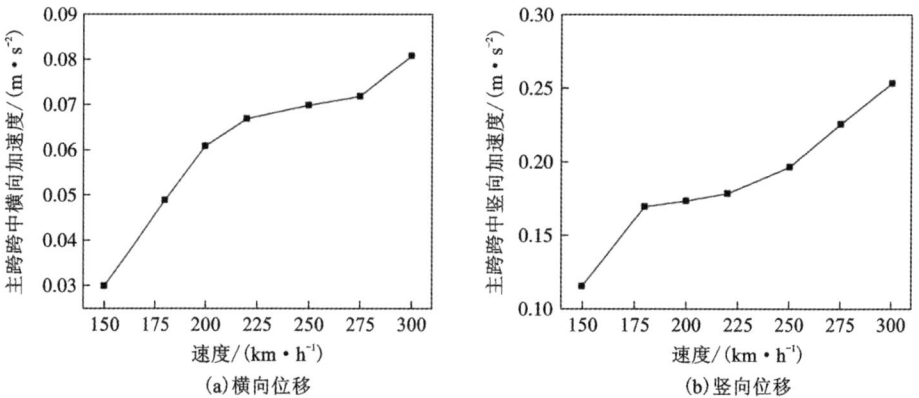

(a)横向位移

(b)竖向位移

图 8－39　主跨跨中加速度与车速的关系

8.3.3　风－车－桥耦合振动动力响应分析

1. 脉动风速时程模拟

计算考虑车、桥的风荷载，其中风荷载模型可参见第 7 章 7.2.1 小节。车、桥气动力系数通过风洞试验获得，主梁、拱顶部分、拱脚部分和主拱中段部分节段模型缩尺比均为 1∶50。桥梁及车辆气动力系数见表 8－6、表 8－7。

表 8－6　西江特大桥气动力系数

截面形式	阻力系数		升力系数		力矩系数	
	C_d	$dC_d/d\alpha$	C_l	$dC_l/d\alpha$	C_m	$dC_m/d\alpha$
主梁	1.34	− 0.066	− 0.062	0.098	− 0.006	0.0175
拱顶部分	1.524	− 0.0035	0.055	0.001	0.1358	− 0.0003
1/4 部分	1.618	− 0.068	0.082	0.0185	− 0.006	1.618
拱脚部分	1.355	− 0.028	0.042	− 0.003	0.0014	1.355

表 8－7　车辆气动力系数

阻力系数	升力系数	力矩系数
0.06	0.80	0.53

依照西江特大桥有限元模型的节点分布，在主梁上等间距选取 52 个风速模拟点。因西江特大桥两侧均与隧道相连，故在桥梁前后的线路上不再设置风速点。考虑到桥梁拱肋迎风面积很大，因此在拱肋上选取 20 个风速点。西江特大桥风速模拟点位置如图 8－40 所示。

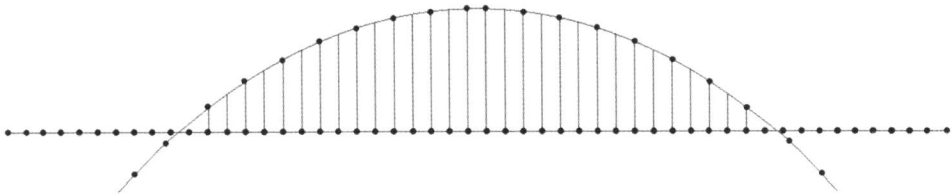

图 8－40　风速模拟点位置示意图

本书以主梁高度处平均风速为基准,选取的平均风速范围为 10~45 m/s,风速间隔取 5 m/s,共 8 个风速工况。以主梁跨中风速模拟点为例,模拟的典型脉动风速时程曲线如图 8-41 所示。

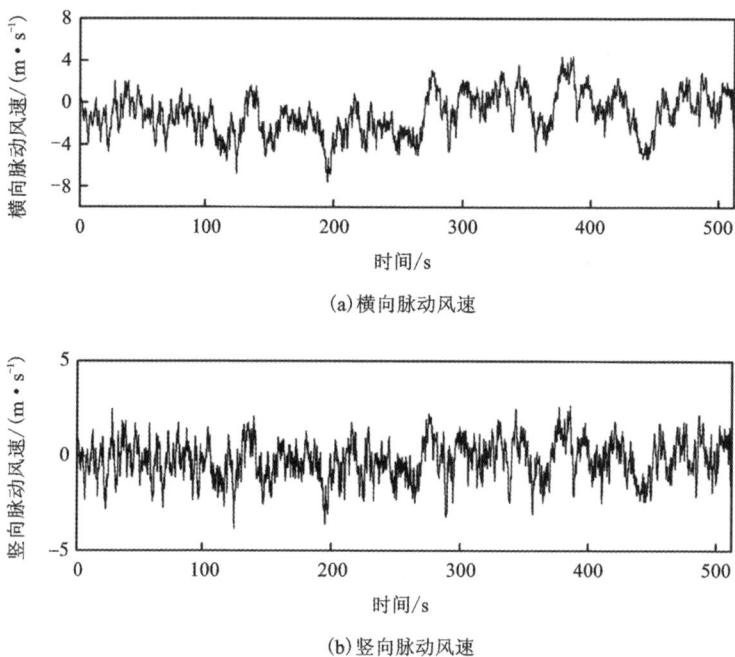

(a)横向脉动风速

(b)竖向脉动风速

图 8-41　脉动风速时程曲线(平均风速 20 m/s)

2. 风荷载作用下车-桥系统动力响应结果分析

根据模拟的风速结果,计算当列车于上游迎风侧以 200 km/h 速度单线运行、平均风速由 10 m/s 变化至 45 m/s 时的车-桥动力响应。以风速 20 m/s 工况为例,动车各项动力响应时程曲线如图 8-42~图 8-46 所示。

动车和拖车动力响应各指标最大值随风速变化曲线如图 8-47~图 8-53 所示。在不同风速风荷载作用下,列车以 200 km/h 的速度驶过西江特大桥时,由上述计算结果可综合分析如下:①与无风时相比,列车振动性能在风荷载作用下变化明显。各项动力指标均随着风速的逐渐增大而增大,且当风速大于 25 m/s 时,增长幅度明显增加。②无风时分析结果表明,动车动力响应要大于拖车,但由图 8-47~图 8-53 可知,在风环境下,尤其当风速较大时,拖车的动力响应基本均大于动车,说明质量较小的拖车更容易受到风荷载的影响。③列车安全性指标

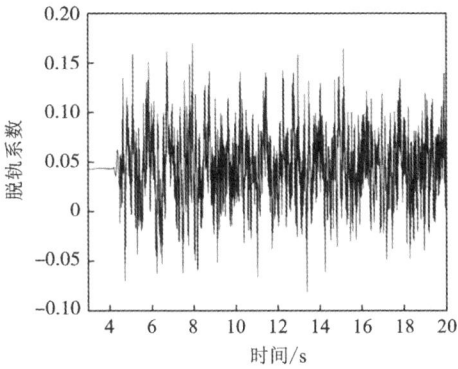

图 8 – 42　脱轨系数时程曲线

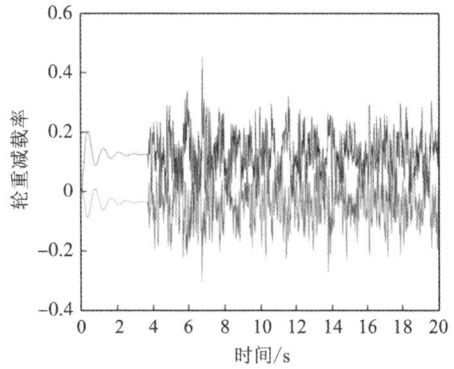

图 8 – 43　轮重减载率时程曲线

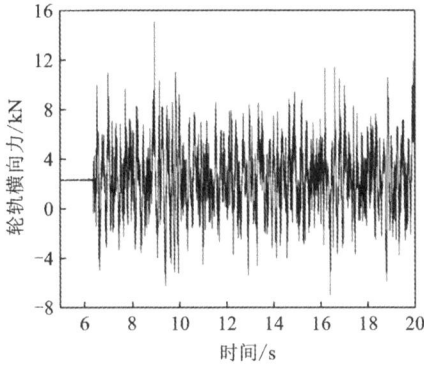

图 8 – 44　轮轨横向力时程曲线

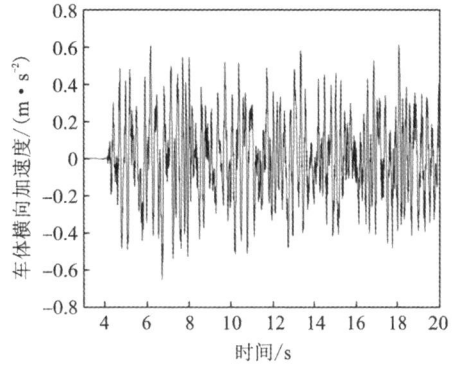

图 8 – 45　车体横向加速度时程曲线

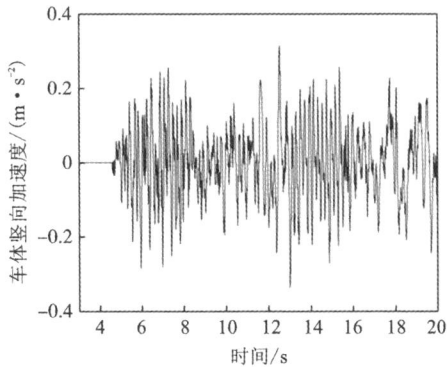

图 8 – 46　车体竖向加速度时程曲线

中的拖车轮轨横向力在风速为 35 m/s 时已超限，此时列车的运行安全性受到威胁，因此当受到 35 m/s 风速作用时，列车应低于 200 km/h 运行。④列车运行平稳性指标中，车体横向加速度和横向 Sperling 指标随着风速的增加均超过了限值，车体竖向加速度和竖向 Sperling 指标虽随着风速的增大而增大，但均未超限，说明在风荷载作用下列车的横向运行平稳性受到的影响更大。⑤随着风速的增大，车体的 Sperling 指标逐渐增大，行车舒适性逐渐降低。当风速为 25 m/s 时，横向 Sperling 指标等级已降为良，在 30 m/s 附近等级降为合格。

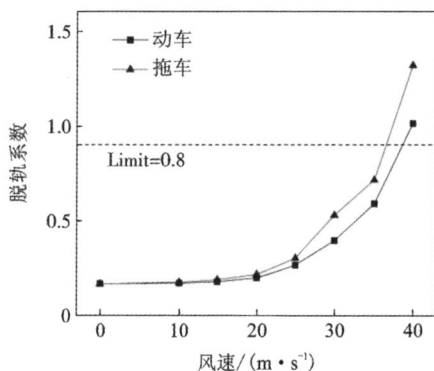

图 8-47 脱轨系数与风速的关系

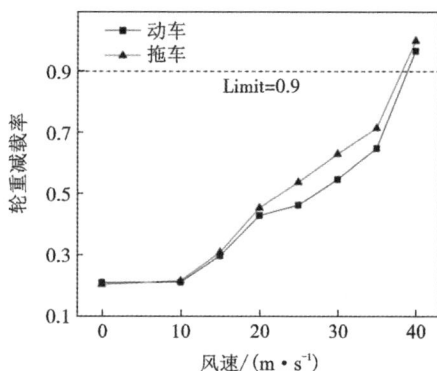

图 8-48 轮重减载率与风速的关系

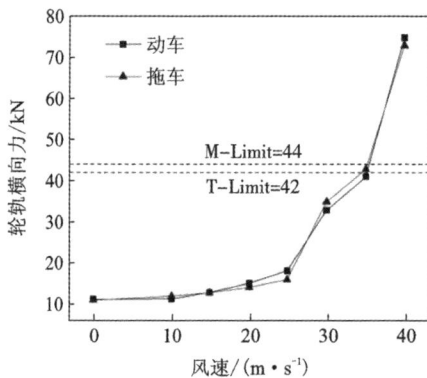

图 8-49 轮轨横向力与风速的关系

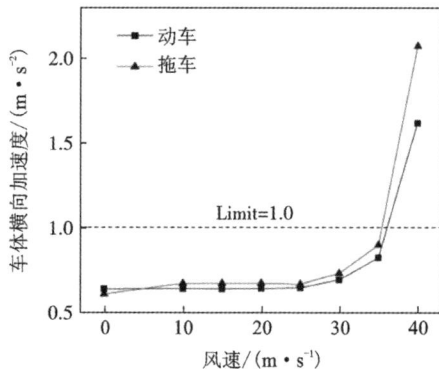

图 8-50 车体横向加速度与风速的关系

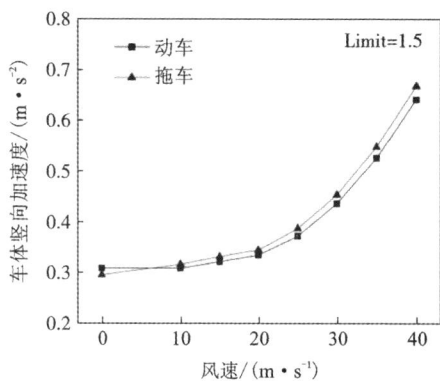

图 8 – 51　车体竖向加速度与风速的关系

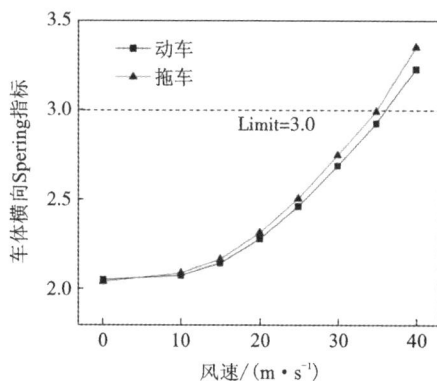

图 8 – 52　车体横向 Sperling 指标与风速的关系

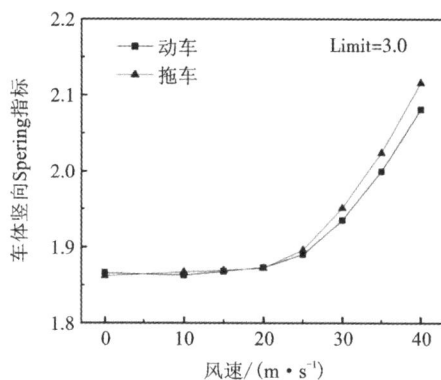

图 8 – 53　车体竖向 Sperling 指标与风速的关系

在不同风速下，列车以 200 km/h 速度通过西江特大桥时，桥梁各响应最大值见表 8 – 8。在横风作用下，桥梁横向位移与横向加速度随风速的增大有较大幅度的增加，桥梁竖向位移和竖向加速度随风速变化的幅度较小，且由于受到风荷载升力和升力矩的作用，竖向响应略有减小。

表 8 – 8　桥梁响应计算结果

风速 /(m·s⁻¹)	拱顶振动位移 /mm		主跨跨中振动位移 /mm		主跨 1/4 处振动位移 /mm		主跨跨中振动加速度 /(m·s⁻²)	
	横向	竖向	横向	竖向	横向	竖向	横向	竖向
0	1.119	7.980	0.375	8.780	0.279	14.268	0.061	0.174
10	1.139	7.935	1.331	8.877	0.668	14.352	0.082	0.333
15	5.027	7.845	4.226	8.854	1.977	14.263	0.079	0.331

风速 /（m·s⁻¹）	拱顶振动位移 /mm		主跨跨中振动位移 /mm		主跨 1/4 处振动位移 /mm		主跨跨中振动加速度 /（m·s⁻²）	
	横向	竖向	横向	竖向	横向	竖向	横向	竖向
20	10.058	7.698	8.549	8.754	4.217	13.966	0.082	0.326
25	16.589	7.423	13.8897	8.659	7.614	13.966	0.076	0.331
30	25.502	7.462	19.8608	8.545	12.360	13.624	0.092	0.313
35	34.320	7.355	25.8244	8.453	18.497	13.461	0.110	0.304
40	43.218	7.370	31.0374	8.445	26.115	13.082	0.146	0.293
45	54.904	7.339	37.7605	8.295	35.326	13.274	0.201	0.285

无风荷载和有风荷载时桥梁横向位移时程曲线对比如图 8－54 所示。由图 8－54 可知，在 20 m/s 风速作用下，桥梁横向位移受风荷载影响很大，较无风时横向位移有明显增大，此时桥梁横向位移受列车动荷载影响较小，而主要受平均风与脉动风作用的影响。

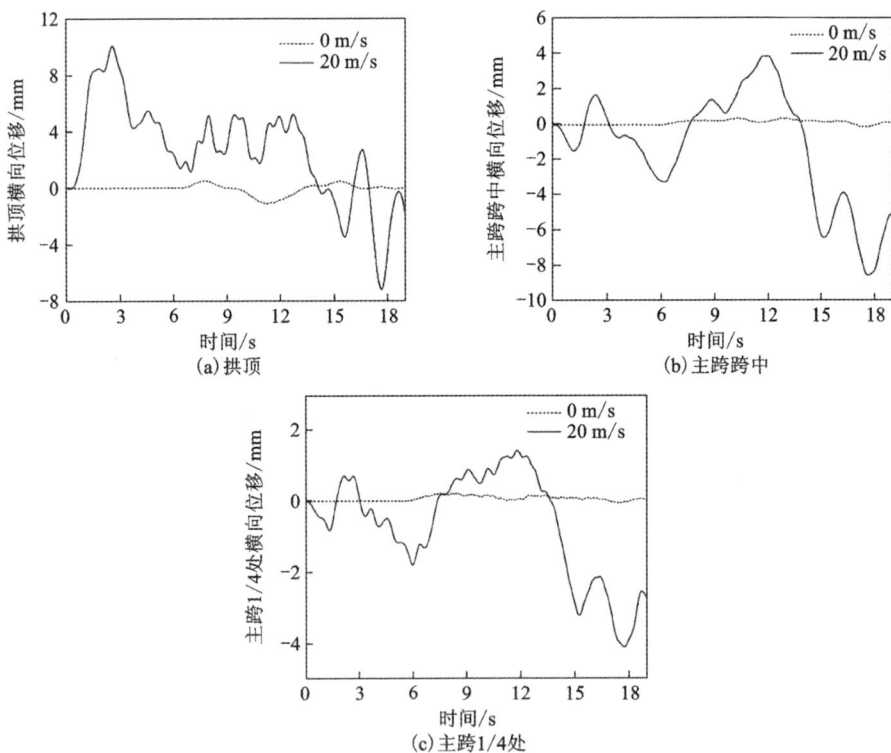

(a) 拱顶

(b) 主跨跨中

(c) 主跨1/4处

图 8－54 桥梁横向位移时程曲线

　　桥梁各点竖向位移有风与无风时变化趋势一致且数值差别不大,以拱顶竖向位移为例,无风荷载与有风荷载作用下拱顶竖向位移时程曲线对比如图 8 - 55 所示。由图 8 - 55 可知,拱顶竖向位移在有风荷载作用时较无风荷载时明显增强,但位移值变化很小。由此可知由于风的主要方向为横桥向,桥梁竖向响应受到风荷载的影响较小,其主要仍受列车动荷载的影响。

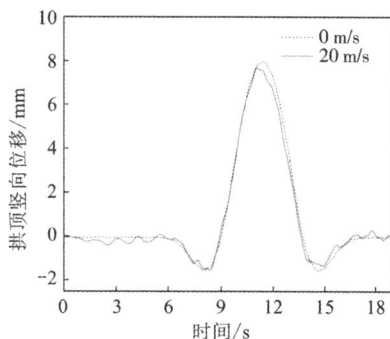

图 8 - 55　拱顶竖向位移时程曲线

　　列车以 200 km/h 的速度经过桥梁时,桥梁横向动力响应随风速变化曲线如图 8 - 56 所示。由图 8 - 56 可知,由于与风速方向相同,桥梁横向位移与竖向位移相比对风荷载的变化更为敏感,在风荷载作用下响应有明显的增大,且当风速大于 25 m/s 时,曲线斜率开始增大。

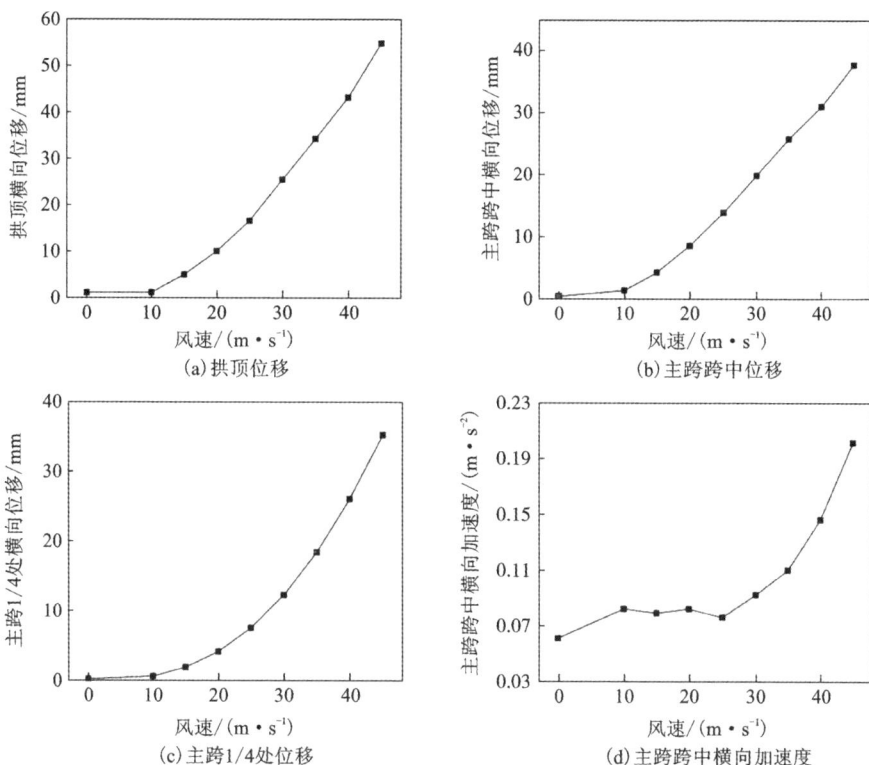

(a)拱顶位移

(b)主跨跨中位移

(c)主跨1/4处位移

(d)主跨跨中横向加速度

图 8 - 56　桥梁动力响应与风速关系

为研究在同一风速下，列车运行速度的变化对车-桥耦合系统的动力影响，本节计算当平均风速为 20 m/s，列车于上游迎风侧以 140~260 km/h 速度单线运行时的车-桥动力响应。当风速为 20 m/s 时，动车和拖车在不同车速工况下的各项动力响应随速度变化曲线如图 8-57 和图 8-58 所示。由上述计算结果可知：①风荷载作用下列车过桥时各项动力响应均有较大幅度增长，此时列车虽仍受到轨道不平顺等外部激励，但动力响应主要由风荷载影响。②在 20 m/s 风速作用下，列车各项动力响应均随速度的增加而增大，当车速大于 200 km/h 时，动力响应增长幅度变大；当运行速度达到 260 km/h 时，轮轨横向力和车体横向加速度均已超过限值，因此可知当风速为 20 m/s 时，列车运行速度应低于 260 km/h。

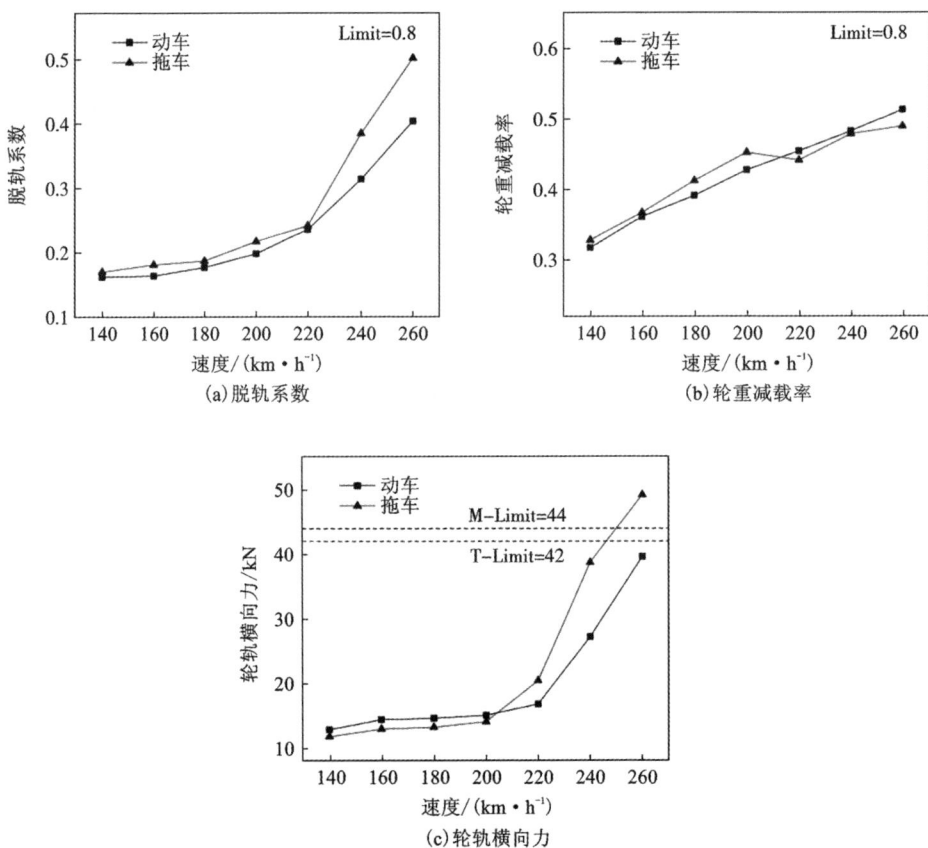

(a)脱轨系数

(b)轮重减载率

(c)轮轨横向力

图 8-57 车辆运行安全性指标与速度关系

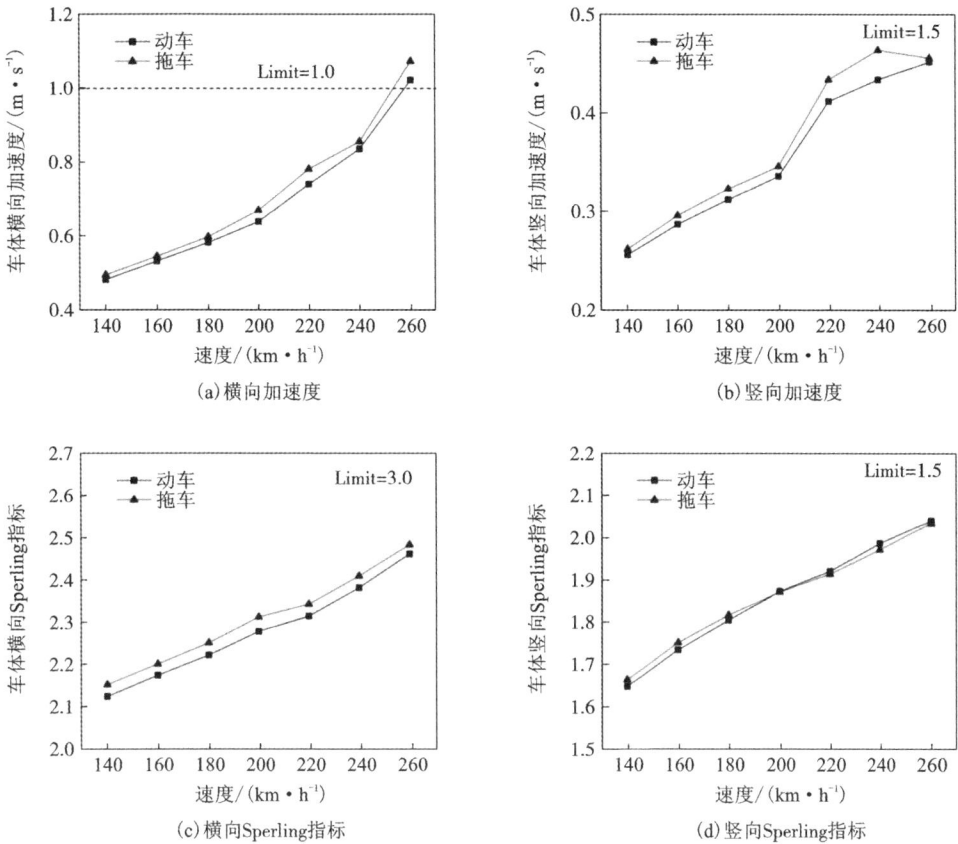

(a)横向加速度　(b)竖向加速度

(c)横向Sperling指标　(d)竖向Sperling指标

图 8-58　车辆运行平稳性指标与速度关系

8.3.4　桥上列车运行速度安全阈值分析

车速和风速是影响桥梁上列车运行安全性的重要因素。为了进一步研究风荷载作用下列车在桥梁上运行时的动力性能，通过改变车速与风速参数，对强风作用下西江特大桥上列车走行安全性进行初步探究，初步确定动车组列车在不同风速下的运行速度安全阈值。

由上文计算可知，西江特大桥在高车速和强风荷载作用下各项响应均满足规范要求，且具有较大安全空间，故本节速度限值以车辆动力响应为评定指标，采用我国现行铁路运行标准和规范作为评定标准，按如下方法分析：①保持风速一定，计算列车以不同速度通过西江特大桥时，车辆的动力响应。计算车速以 10 km/h 为增量提高，直至列车安全性指标和运行平稳性指标中有任一项超出限值为止，然后将超限车速的上一级计算车速作为动车组列车在该风速下安全通过西江特大桥的临界车速。②当风速小于 10 m/s 时，风荷载较小，对车－桥系统不会产生明显影响；当风速为 30 m/s 时，按我国自然风分级已达到暴风等级。以 5 m/s 为增量增大风速，按上述方法计算在 10～30 m/s 风速范围内列车安全通过西江特大桥的临界速度。

根据上文的研究方法，对不同风速下车速变化时的车 - 桥动力响应进行计算，表 8 - 9 列出了各风速下车辆响应指标有超限时的速度工况计算结果以及与此工况相近的未超限工况的计算结果。

表 8 - 9　临界速度车辆响应计算结果

风速 /(m·s⁻¹)	车速 /(km·h⁻¹)	脱轨系数	轮重减载率	轮轨横向力 /kN		车体加速度 /(m·s⁻²)		Sperling 指标	
				动车	拖车	横向	竖向	横向	竖向
0	340	0.474	0.439	26.780	28.853	0.953	0.468	2.670	2.163
	350	0.545	0.523	33.684	37.630	1.176	0.531	2.988	2.205
10	320	0.399	0.521	34.266	27.310	0.948	0.452	2.543	2.152
	330	0.564	0.537	34.841	33.895	0.965	0.460	2.632	2.164
	340	0.597	0.625	37.188	45.134	1.083	0.471	2.689	2.183
15	310	0.447	0.472	29.982	25.428	0.910	0.432	2.482	2.134
	320	0.496	0.521	34.187	35.619	0.954	0.452	2.543	2.152
	330	0.549	0.578	37.330	45.059	1.015	0.459	2.616	2.183
20	240	0.385	0.483	27.242	38.753	0.856	0.464	2.409	1.987
	250	0.409	0.496	32.947	41.378	0.931	0.444	2.421	2.015
	260	0.502	0.514	39.647	49.250	1.074	0.456	2.483	2.040
25	230	0.446	0.534	35.556	29.858	0.723	0.406	2.541	1.975
	240	0.468	0.557	41.433	39.245	0.750	0.416	2.567	1.998
	250	0.619	0.572	50.097	51.675	1.137	0.445	2.620	2.026
30	210	0.578	0.590	39.856	35.105	0.726	0.455	2.733	1.979
	220	0.614	0.629	40.971	40.091	0.748	0.467	2.745	1.999
	230	0.667	0.610	50.496	55.101	0.790	0.474	2.765	2.023

由表 8 - 9 可知，当风速一定时，随着车速的提高，车辆的轮轨横向力和车体横向加速度最先超出限值，此时列车的运行安全性和运行平稳性均已不能满足要求。根据计算结果，确定 10～30 m/s 风速下，列车运行临界安全速度阈值曲线如

图 8 – 59 所示。由图 8 – 59 可知,当风速为 10 ~ 15 m/s 时,临界速度下降幅度较小,说明列车在此风速范围内运行时受风速影响较小;当风速大于 15 m/s 时,列车运行受强风影响,临界速度开始有大幅下降。

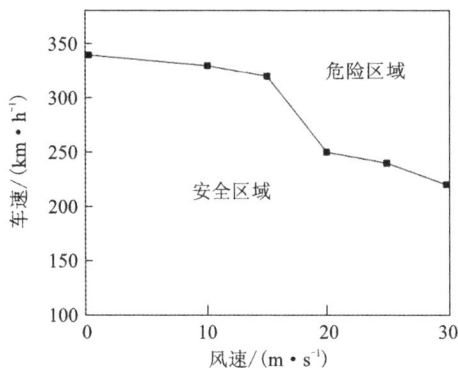

图 8 – 59　列车安全运行速度 – 风速阈值曲线

参考文献

[1] 翟婉明,夏禾. 列车 – 轨道 – 桥梁动力相互作用理论与工程应用 [M]. 北京:科学出版社,2011.

[2] 曾庆元,郭向荣. 列车桥梁时变系统振动分析理论与应用 [M]. 北京:中国铁道出版社,1999.

[3] 夏禾,张楠,郭薇薇,等. 车桥耦合振动工程 [M]. 北京:科学出版社,2014.

[4] 崔圣爱. 基于多体系统动力学和有限元法的车桥耦合振动精细化仿真研究 [D]. 成都:西南交通大学,2009.

[5] 刘立亚. 风荷载作用下列车 – 桥梁刚柔耦合系统振动仿真分析 [D]. 长沙:中南大学,2016.

[6] 杨恒. 基于 Simpack 的风荷载 – 列车 – 钢箱提篮拱桥系统耦合振动分析 [D]. 长沙:中南大学,2015.

[7] 朱伟. 基于多体动力学车 – 桥时变系统动力特性仿真分析 [D]. 长沙:中南大学,2013.

[8] 邓朋儒. 基于多体动力学的铁路斜拉桥车 – 桥耦合分析及疲劳损伤评估 [D]. 长沙:中南大学,2013.

[9] He X H, Gai Y B, Wu T. Simulation of train – bridge interaction under wind loads:a rigid-flexible coupling approach [J]. International Journal of Rail Transportation,2017(4):1 – 11.

[10] He X H, Shi K. Wu T. An integrated structural health monitoring system for the Xijiang high-speed railway arch bridge [J]. Smart Structures Systems,2018,21(5):611 – 621.

[11] He X H, Wu T, Zou Y F, et al. Recent Development of High-Speed Railway Bridges in China[J]. Structure and Infrastructure Engineering, 2017, 13(12): 1584 –1595.

[12] He X H, Qin HX, Liu W, et al. Design, analysis and construction of Yujiang Steel-trussed cable-stayed bridge for High-speed railway in China[J]. Structural Engineering International, 2016, 26(4): 381 –388.

[13] He X H, Zou Y F, Li H, et al. Running safety of high-speed train on the bridge under strong wind[C]. The international forum on high-speed railway, Changsha, 2017.

[14] He X H, Deng P R, Zhu W, et al. Simulation analysis of the vehicle-bridge interaction for a railway simply supported beam bridge based on SIMPACK [C]. IABMAS2014, Shanghai, 2014.

[15] 何旭辉, 邓朋儒, 朱伟. 基于多体动力学的铁路简支梁桥车–桥振动分析[C]. 第二十一届全国桥梁学术会议, 大连, 2014.

[16] 缪炳荣, 方向华, 傅秀通. SIMPACK 动力学分析基础教程[M]. 成都: 西南交通大学出版社, 2008.

第 9 章

高速铁路桥上常规风屏障参数深化研究

提高强风作用下行车安全的措施有软件措施(即管制措施)和硬件措施(如设置风屏障、优化车体外形及新建线路等)两种,但通过限速慢行或停止运行的管制措施来提高行车安全会影响运送效率,因此设置风屏障是提高既有线路列车行车安全的有效措施,且国内外均有成功实施的实例。风屏障的防风效果不仅与风屏障参数(高度、透风率等)密切相关,还受线路下部结构形式及周围环境的影响。本章以我国典型高速铁路桥梁为背景,介绍常规风屏障高度、透风率等参数对车-桥系统气动特性影响规律,以期能对我国高速铁路风屏障的选取提供些许参考。

9.1　风洞试验概况

9.1.1　风屏障风洞试验模型

在风洞试验中,风屏障缩尺模型的模拟方法一般分为两种:一种是直接模拟,一种是简化模拟(也称为等效透风率法)。直接模拟法可满足几何相似条件,简化模拟法可保证高度与透风率不变,但不满足几何相似条件。一般来说,最佳的风屏障均有一定的高度和透风率,根据线路的不同通常采用的高度为 2.5 ~ 4.0 m,而风屏障的透风率根据实际情况基本为 10% ~ 40%。为此,本章选取的实际风屏障高度分别为 2.5 m、3.0 m、3.5 m、4.0 m;透风率分别为 10%、20%、30%、40%。此外,值得注意的是,当实际风屏障开孔孔径较大时可直接模拟,而孔隙较小的风屏障进行直接缩尺试验、气流经过狭小的孔隙时会增加湍流的黏性,使风屏障模型的阻挡作用大于实际情况,导致模拟结果产生较大的误差。因此,对于孔隙较小的风屏障,可将透风率和高度作为控制参数,并适当放大孔隙的尺寸。为了保证试验的相似性，排除其他因素对试验结果的影响，风屏障模型的开孔方式统一采用 8 mm ×8 mm 矩形孔洞且孔洞在风屏障上均匀分布。风屏障示意图如图 9 - 1 所示。

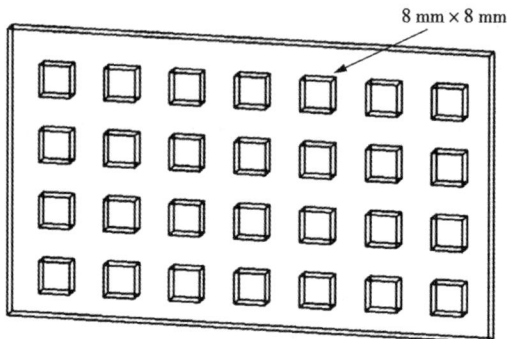

图 9 - 1　风屏障模型的开孔方式示意图

为了保证风环境下模型的刚度，不在试验中变形，风屏障模型采用塑料材质，厚为 5 mm，试验使用的风屏障模型照片如图 9 - 2 所示。

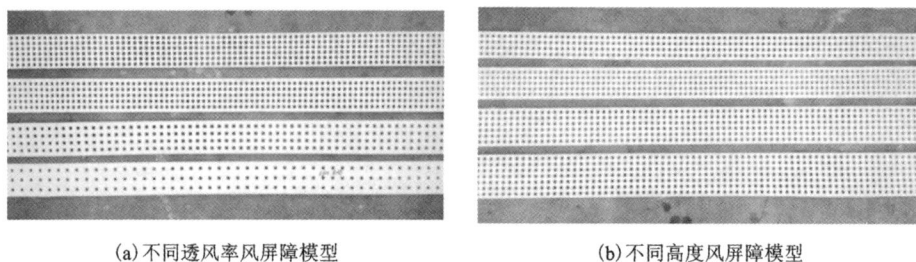

(a)不同透风率风屏障模型　　　　　　　　(b)不同高度风屏障模型

图 9 - 2　风屏障模型照片

9.1.2　车 - 桥风洞试验模型及测点布置

考虑到我国高速铁路桥梁大多为简支梁桥，风洞试验首先考虑的列车、桥梁原型分别为 CRH2 型客车(2 节车厢)和 32 m 简支梁桥(5 跨)，为满足阻塞率要求，模型几何缩尺比为 1:25，试验模型与实物在外形上保持几何相似，并考虑了轨道、转向架及车轮等，以尽可能真实地模拟实际气流的绕流特征。列车和主梁模型采用优质木材制作，桥墩及其他部件由钢材制作，保证模型具有足够的强度和刚度，在测压试验中模型不发生变形且不出现明显的振动现象，以此来保证压力测量的精度。试验模型照片如图 9 - 3 所示。

在列车外表面共布置 345 个风压测点，其中，头车 175 个测点，由于头车截面沿车长变化，因此各截面测点数及位置不一致；中车 170 个测点，每个截面布置 17 个测点，且测点位置基本一致，测点编号及位置与来流方向如图 9 - 4 所示。鉴于头车和中车的测点分布特征，本书以中车为例分析风屏障对车辆气动特性的影响。

图 9 - 3　试验模型照片

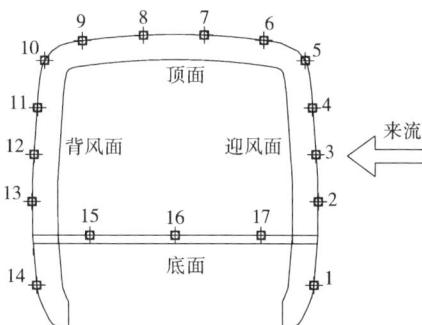

图 9 - 4　中车测点位置及编号

列车的气动特性与其所处周围环境有关，因此本书考虑四种典型车 - 桥组合状态，工况编号及列车位置见表 9 - 1。为研究风屏障高度、透风率对车 - 桥系统气动特性的影响，选取的实际风屏障高度 H 分别为 2.0、2.5、3.0 m，与列车高度之比分别约为 0.57、0.71、0.86，每种高度的风屏障考虑 0、10%、20%、30% 和 40% 五种透风率（表 9 - 2）。

表 9 - 1　简支箱梁 - 车测试工况

工况编号	列车位置示意	测试列车状态描述
1	桥面板 ···背风面··· 迎风面　试验车辆 ⇧ 来流	单车上游
2	背风面　试验车辆 桥面板 ··· 迎风面 ⇧ 来流	单车下游

工况编号	列车位置示意		测试列车状态描述
3	桥面板	背风面 干扰车辆 迎风面 试验车辆 ⇧ 来流	双车交会上游
4	桥面板	背风面 试验车辆 迎风面 干扰车辆 ⇧ 来流	双车交会下游

表 9 – 2 模型风屏障几何参数

高度/m	长度/m	透风率/%
0.08		
0.10	5 × 1.28	0、10、20、30、40
0.12		

为考虑风屏障对大跨高速铁路桥梁上列车气动特性的影响，选取扁平流线型箱梁和轨道客运 A 型列车为研究对象，模型几何缩尺比为 1/40，节段模型长度为 2 m，经计算模型的阻塞率约为 4.2%（小于 5%），模型的阻塞效应可以忽略。车 – 桥模型截面几何尺寸如图 9 – 5。

为保证试验模型在风荷载作用下变形较小，试验模型应具有较大的刚度，并且保证模型重量不超过天平的量程，确保试验数据准确可靠，列车模型采用钢骨架塑料材质模型，桥梁模型采用钢骨架木质模型。

试验模型仅考虑了车 – 桥的气动外形，并对实际的车 – 桥外形进行了一定的简化，没有考虑桥梁上检修道、栏杆、拉索等附属设施，也没有考虑列车的轮对、转向架、受电弓等。为减少端部绕流的影响，在模型两端加装端板。试验模型照片如图 9 – 6 所示。

试验在中南大学风洞实验室高速试验段内的均匀流场中完成，来流风速统一为 10 m/s。研究表明，横风下列车气动特性为最不利，因此仅考虑风攻角 $\alpha = 90°$，即来流方向与纵桥向垂直。表 9 – 3 所列为本章试验工况安排，从表 9 – 3 可以看出，工况 1 ~ 2：为无风屏障情况下的对比试验组；工况 3 ~ 10：风屏障高度统一为 3.0 m，风屏障透风率分别为 10%、20%、30%、40%；工况 11 ~ 18：风屏障透风率统一为 30%，风屏障高度分别为 2.5 m、3.0 m、3.5 m、4.0 m（尺寸为模型缩尺之前，即实际结构尺寸）。

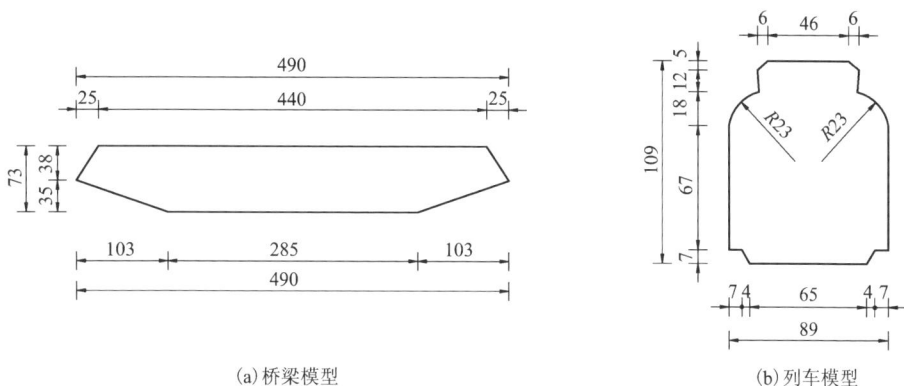

(a)桥梁模型　　　　　　　　　　　　　(b)列车模型

图9-5　车-桥模型截面尺寸示意图(单位：mm)

图9-6　试验模型照片

表9-3　流线箱梁-车测试工况

工况编号	列车在桥面的位置	风屏障透风率/%	风屏障高度/m
1	迎风侧	—	—
2	背风侧	—	—
3	迎风侧	10	3.0
4	迎风侧	20	3.0
5	迎风侧	30	3.0
6	迎风侧	40	3.0
7	背风侧	10	3.0
8	背风侧	20	3.0

续表 9 – 3

工况编号	列车在桥面的位置	风屏障透风率/%	风屏障高度/m
9	背风侧	30	3.0
10	背风侧	40	3.0
11	迎风侧	30	2.5
12	迎风侧	30	3.0
13	迎风侧	30	3.5
14	迎风侧	30	4.0
15	背风侧	30	2.5
16	背风侧	30	3.0
17	背风侧	30	3.5
18	背风侧	30	4.0

试验中用到的车 – 桥气动特性同步分离装置介绍见第 4 章，使用的动态测力天平为日本 NITTA 公司生产的 IFS 型六分量动态天平，测力分辨率为 0.02 N，试验采样频率设定为 1 kHz，采样时长 30 s。

9.2 风屏障参数对简支箱梁 – 车气动特性的影响

9.2.1 风屏障透风率对列车气动特性的影响

如图 9 – 7 所示为风屏障透风率对列车气动特性的影响情况（以 $H = 2.5$ m、工况 1 为例），为便于直接比较防风性能，本书给出的气动特性结果是有风屏障时的气动特性与没有风屏障时的气动特性的比值。由图 9 – 7 可知，列车气动特性随透风率的增大呈线性增长关系，在透风率为 0% 时最小，均值甚至接近零；在 40% 时最大，升力、倾覆力矩 C_0 甚至比没有风屏障时还大，因此设计时需要特别注意风屏障参数的选择，如果选取不当，不仅不能起到防风效果，反而会增加列车气动力，不利于行车安全；风屏障对最小气动特性的防风效果最好，即使是 40% 透风率，最小气动特性也较无风屏障时约小 50%，平均气动特性次之，但均较无风屏障时小（40% 透风率的升力除外），这是由于风屏障的遮挡效应，使得列车处的平均风速减小，最大气动特性最差，有些甚至较没有风屏障时大，此现象可解释为，尽管风屏障的遮挡效应使得平均气动特性减小，但由于其产生的特征紊流，气动特性均方差会增大，使得极值有所增大，若以平均气动特性评价防风性能,会低估最大气动特性约 20%;倾覆力矩与阻力的变化趋势不一致,说明阻力作用点位置随透风率的变化发生改变,尽管阻力减小,但由于其作用点位置上移,倾覆力矩可能会增大。

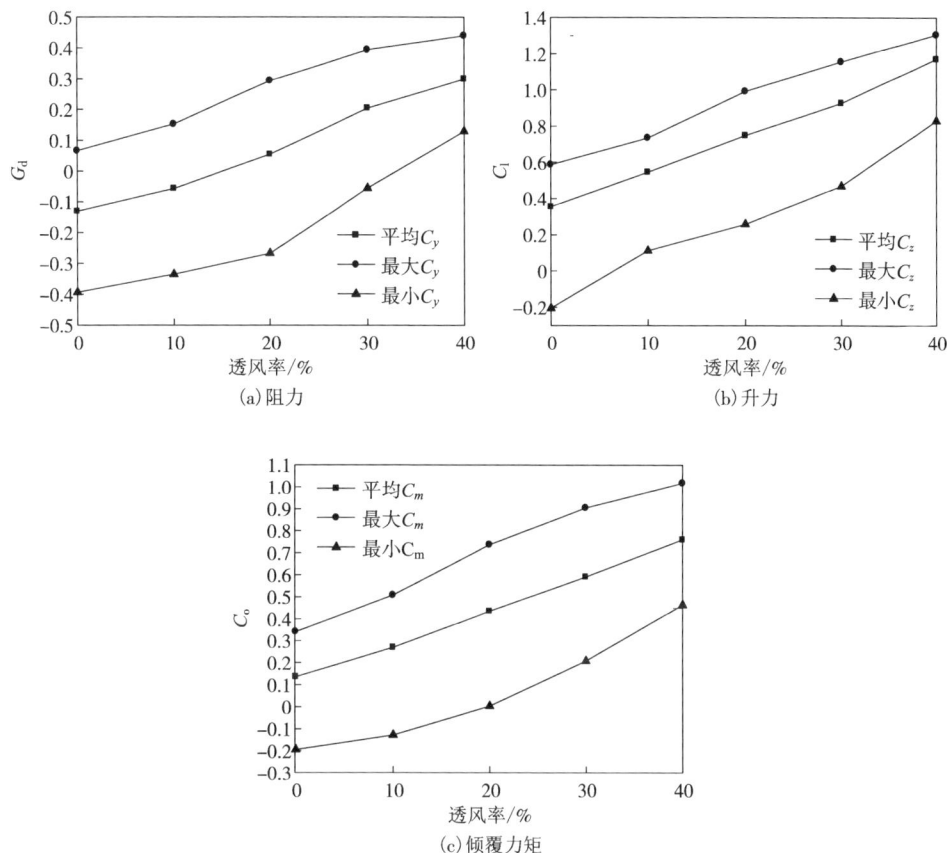

(a) 阻力

(b) 升力

(c) 倾覆力矩

图 9-7 风屏障透风对气动特性的影响($H=2.5$ m、工况 1)

不同车-桥组合状态下列车气动特性随透风率的变化情况如图 9-8 所示($H=2.5$ m),从图 9-8 可以发现,不管是单车还是双车交会,上下游列车气动特性随透风率大小的变化趋势基本一致,上游列车气动特性随透风率的增加而增大,下游列车则基本不受透风率大小的影响,这是因为上游列车气动特性取决于来流大小,而下游列车处于桥梁或上游列车的尾流中,受来流影响较小;双车交会时,上游列车(工况 3)气动特性减幅较单车(工况 1)大,下游列车(工况 4)减幅则较单车(工况 2)略微偏小,这表明风屏障产生的尾流和列车尾流的相互作用对上下游列车影响不同。

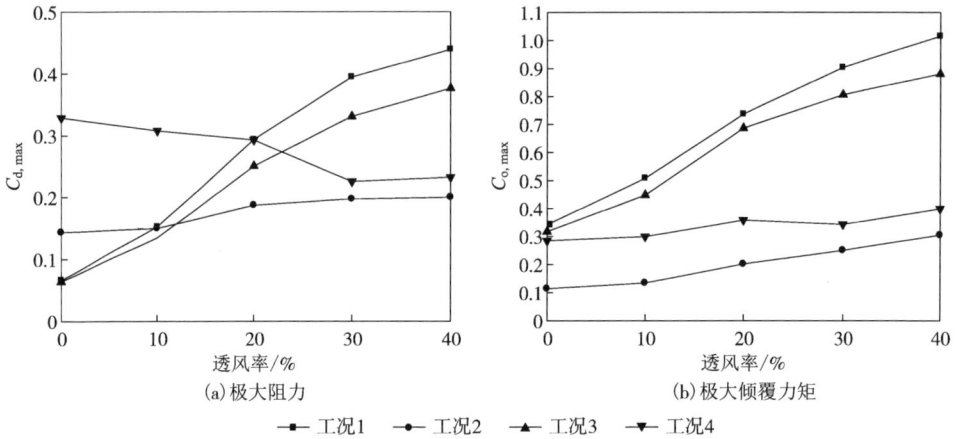

(a) 极大阻力

(b) 极大倾覆力矩

　■─ 工况1　　●─ 工况2　　▲─ 工况3　　▼─ 工况4

图 9 - 8　列车位置的影响(H = 2.5 m)

9.2.2　风屏障高度对列车气动特性的影响

如图 9 - 9 所示为风屏障高度对列车气动特性的影响(工况 1),可以看出,列车气动特性随防风墙高度的增大而减小,其减幅与透风率大小有关;从气动特性随风屏障高度的变化趋势来看,当风屏障达到某一高度后,气动特性将趋于稳定(以阻力尤为明显)。事实上,已有试验结果也表明设置一定高度的风屏障后,列车气动特性反而会增大。因此本书认为各透风率下均有一个最优高度,当风屏障高度小于最优高度时,气动特性随高度的增加而减小,超过最优高度后,气动特性将基本保持不变甚至增大。

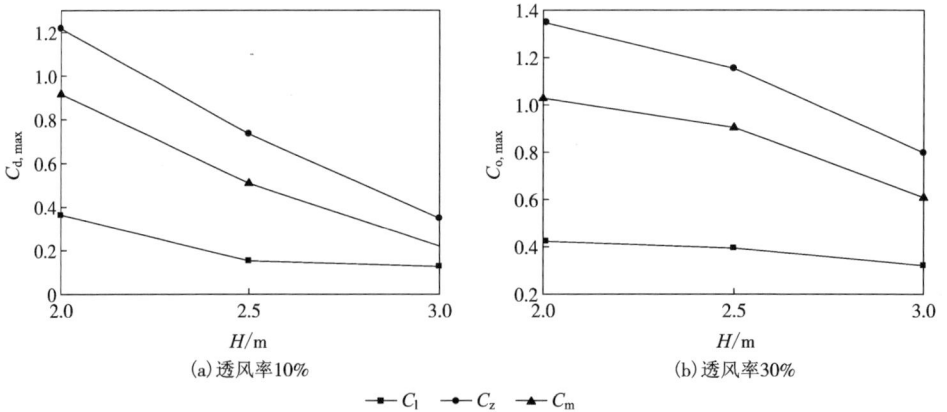

(a) 透风率10%

(b) 透风率30%

　■─ C_l　　●─ C_z　　▲─ C_m

图 9 - 9　风屏障高度对气动特性的影响(工况 1)

不同车 – 桥组合状态下列车气动特性随风屏障高度的变化情况如图 9 – 10 所示,可以看出,不管是单车还是双车交会,上、下游列车气动特性均随高度的增加而减小,但上游列车的减幅小于下游列车的减幅,即使同处于上游或下游,气动特性减幅也与透风率大小有关。

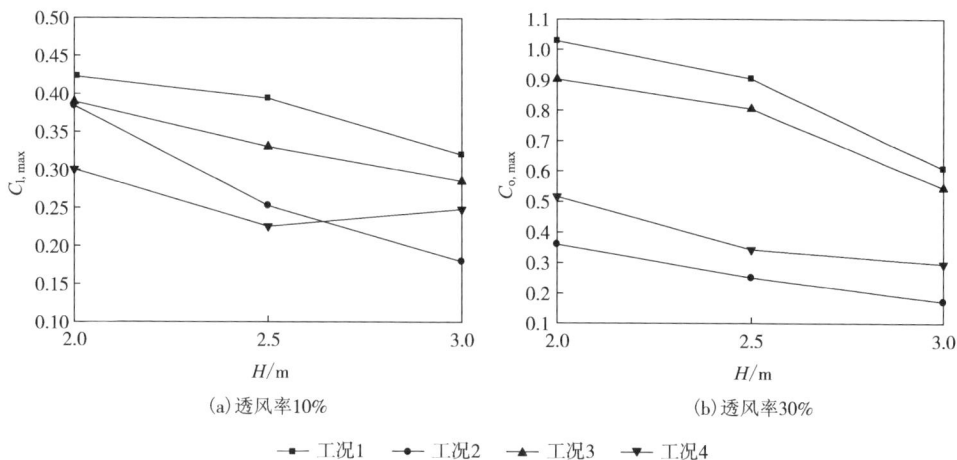

(a) 透风率10% (b) 透风率30%

■— 工况1 ●— 工况2 ▲— 工况3 ▼— 工况4

图 9 – 10 列车位置的影响

9.2.3 风屏障透风率对列车风压分布的影响

前期研究表明,中车风压沿列车长度方向均匀分布,因此本书取各截面的风压平均值作为代表性曲线,分析风屏障参数对代表性曲线的影响。如图 9 – 11 所示为风屏障透风率对列车表面风压分布的影响情况(以 $H = 2.5$ m、工况 1 为例),可以看出,迎风面、背风面及车底的各风压特征值随透风率的变化趋势基本一致,但车顶的最大风压与之显著不同;设置风屏障后,迎风面风压显著减小,甚至由正变负(透风率为 0% 时,平均风压系数约为 – 1.0),且沿高度分布基本不变,但随透风率的增加逐渐增大;车顶平均风压和最小风压显著减小,且最小负压发生的位置向下游移动(由 5# 测点移至 6# 测点),需要指出的是,在透风率为 0% ~40% 时,最小负压随透风率的增加而减小,但它的最大值出现在透风率为 100%(无风屏障)时,这表明透风率存在一个最优值,当透风率超过该值后,最小负压会随着透风率的增加而增大,这一结果与已有研究的结论一致;至于车顶最大风压,大多比没有风屏障时大(以 5# 测点尤为明显),这是因为该区域有列车气流分离旋涡和风屏障尾流旋涡的相互作用,尽管平均风压减小,但由于脉动增强,不难理解最大风压变大;背风面风压受风屏障影响较小,这是因为该区域风压主要由列车自身产生的尾流决定；车底风压受风屏障影响相对较小，随透风率增加而略有增大。

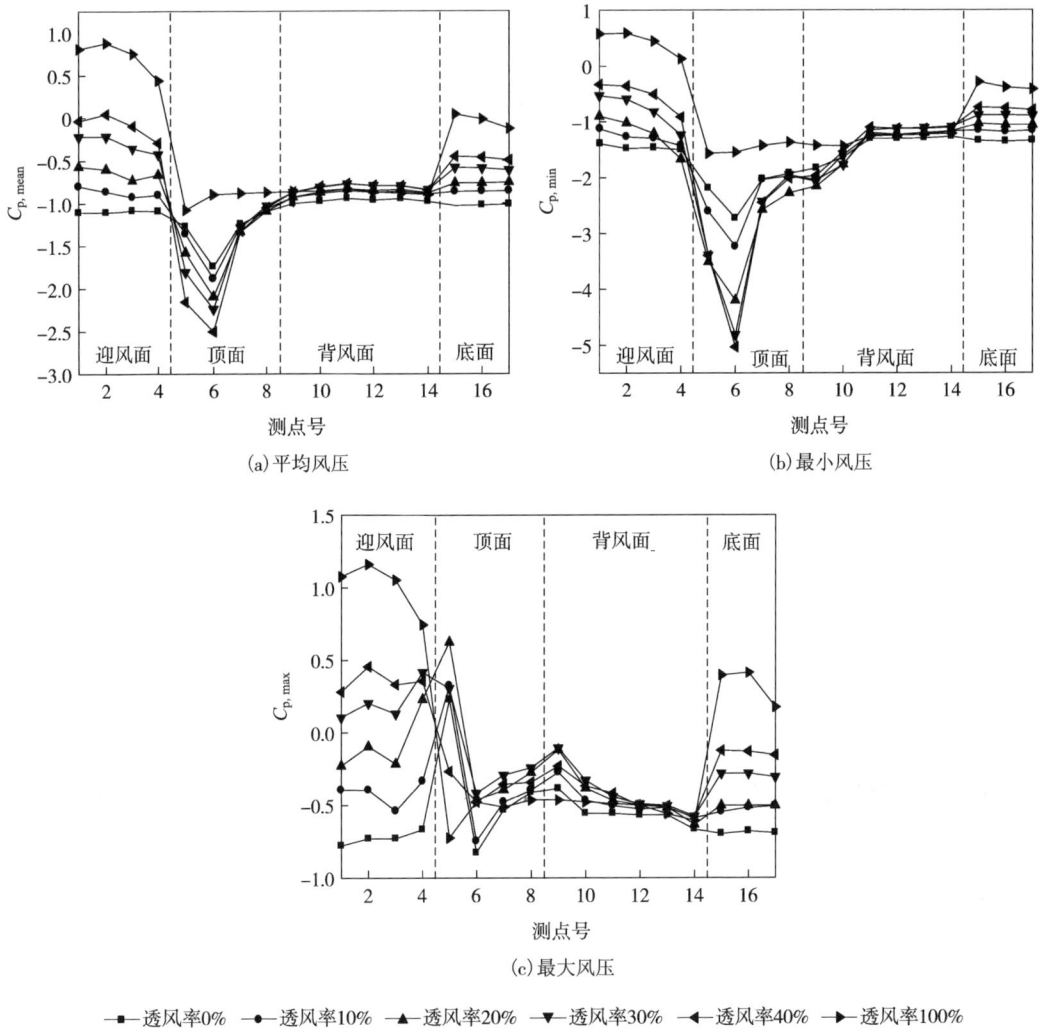

(a) 平均风压

(b) 最小风压

(c) 最大风压

—■—透风率0%　—●—透风率10%　—▲—透风率20%　—▼—透风率30%　—◀—透风率40%　—▶—透风率100%

图 9 - 11　风屏障透风率对风压分布的影响(工况 1)

为进一步分析风屏障透风率对下游列车气动特性的影响，工况 4 的风压分布如图 9 - 12 所示($H = 2.5$ m)，由图 9 - 12 可知，各透风率下的风压分布规律基本一致，且风压大小与透风率大小并无明显关系。总的来说，设置风屏障后，下游列车的风压分布更为均匀，但透风率大小对下游列车的风压分布影响较小。

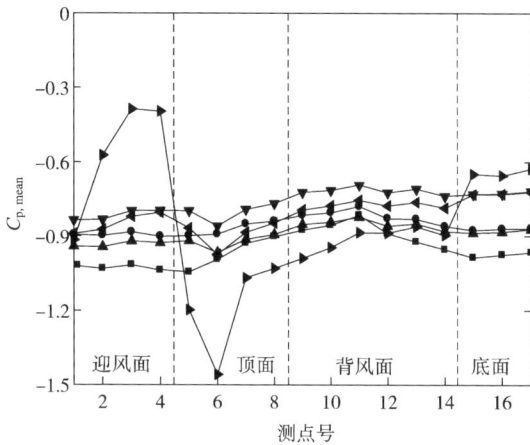

(a) 平均风压（工况 1）

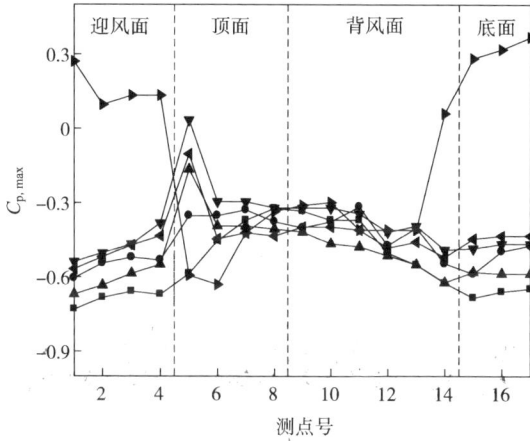

(b) 最小风压（工况 4）

—■— 透风率0%　—●— 透风率10%　—▲— 透风率20%　—▼— 透风率30%　—◀— 透风率40%　—▶— 透风率100%

图 9 – 12　风屏障透风率对风压分布的影响（工况 4）

9.2.4　风屏障高度对列车风压分布的影响

如图 9 – 13 所示为风屏障高度对列车风压分布的影响（透风率为 30%）。由图 9 – 13 可知，风屏障高度对平均风压的影响与列车所处上下游位置有关，上游列车背风面风压基本不受风屏障影响，其他各面的风压均较无风屏障时显著减小，且除车顶的最小负压随风屏障高度的增加而增大外，迎风面和车底风压受风屏障高度大小影响较小；下游列车迎风面与车底的风压较无风屏障时减小，但车顶与背风面却略有增大，相对上游列车而言，下游列车各面风压随风屏障高度变化较小；风屏障高度对最大风压影响相对较小，与平均风压不同的是，车顶的最大风压较没有风屏障时大，且峰值随风屏障高度减小。

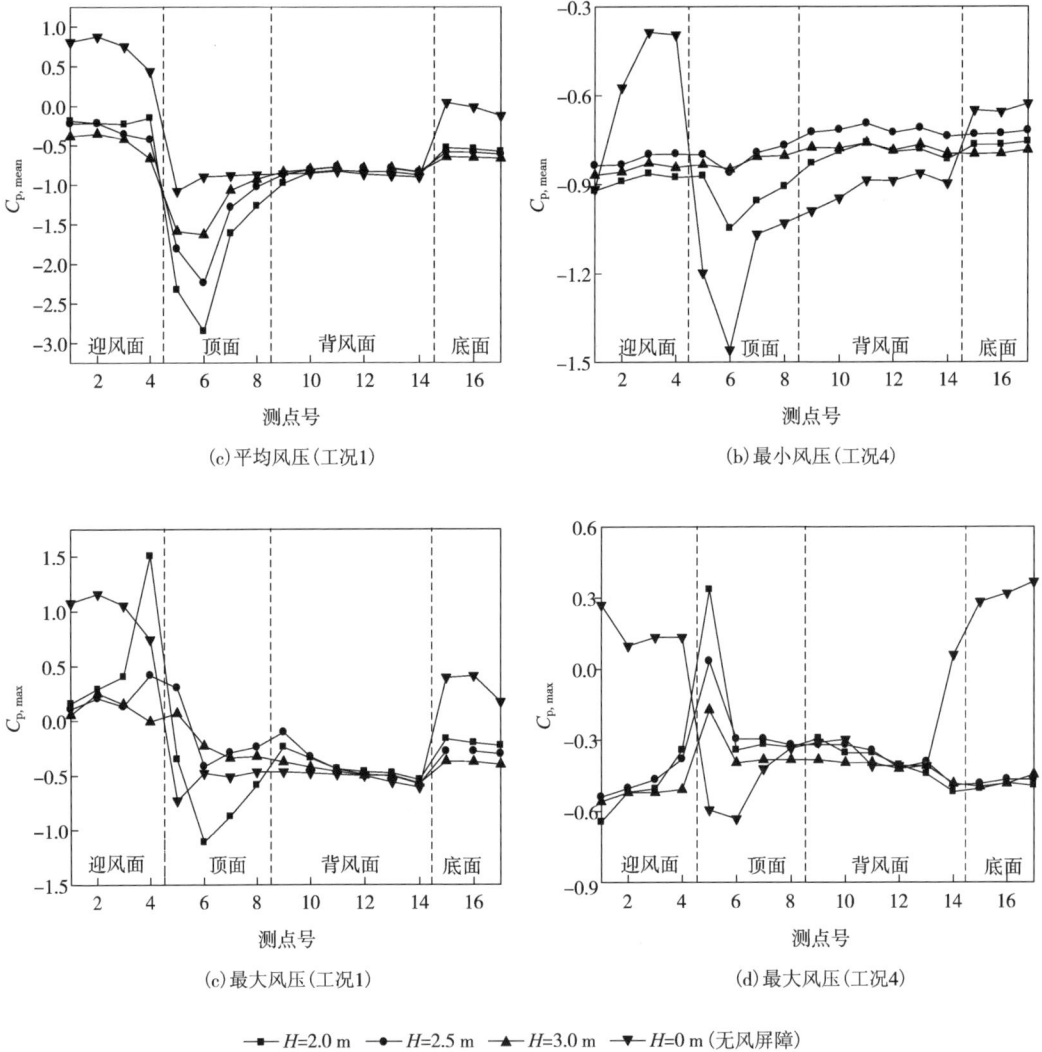

(c) 平均风压(工况1)

(b) 最小风压(工况4)

(c) 最大风压(工况1)

(d) 最大风压(工况4)

■—H=2.0 m　●—H=2.5 m　▲—H=3.0 m　▼—H=0 m(无风屏障)

图 9-13　风屏障高度对风压分布的影响(透风率为 30%)

9.3　风屏障参数对流线箱梁－车气动特性的影响

9.3.1　风屏障透风率对气动力系数的影响

图 9 – 14 和图 9 – 15 所示分别为风攻角为 0°的情况下，迎、背风工况风屏障透风率从 10% 增大至 40% 时桥梁与列车气动力系数的变化趋势。从图 9 – 14、图 9 – 15 可以看出：

（1）列车处于桥面迎风侧位置时，当风屏障透风率从 10% 增大至 40% 时，0°风攻角下桥梁主梁的阻力系数约减小 0.458，桥上列车的阻力系数约增大 0.620，桥梁的升力系数约减小 0.223，而列车的升力系数约增大 0.058。

（2）列车处于桥面背风侧位置时，随着风屏障透风率的增大，0°风攻角下桥梁与列车阻力系数的变化趋势与迎风工况基本一致。当风屏障透风率从 10% 增大至 40% 时，背风工况桥梁的阻力系数约减小 0.345，桥梁的升力系数约减小 0.278；列车的阻力系数与升力系数均由负变正，其中阻力系数约增大 0.426、升力系数约增大 0.151。

（3）由桥梁和列车阻力系数可求得车 – 桥系统在侧向来流作用下受到的阻力，根据计算可知，在 0°风攻角侧向来流作用下，当桥面风屏障透风率为 10% 时，车 – 桥系统整体所受阻力方向气动特性最小。

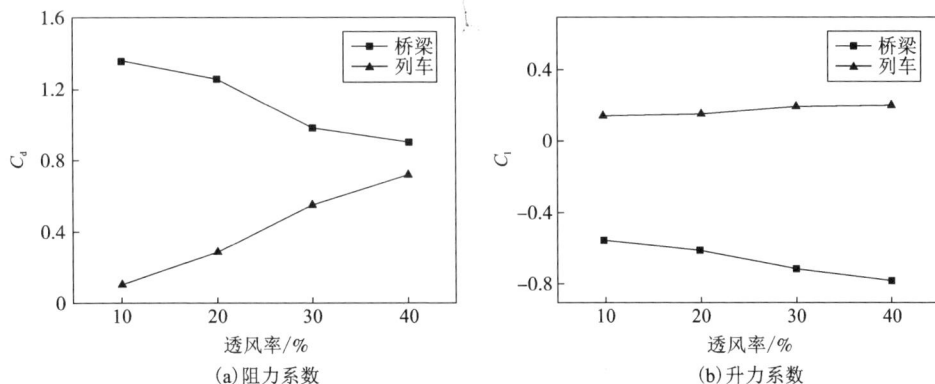

图 9 – 14　迎风工况气动力系数（0°风攻角）

图 9 – 16 ~ 图 9 – 19 分别给出了风攻角为 – 3°和 + 3°的情况下，迎、背风工况风屏障透风率从 10% 增大至 40% 时桥梁与列车气动力系数的变化趋势。通过比较 0°、– 3°、+ 3°三种风攻角情况下桥梁与列车气动力系数的变化情况可知：

（1）当桥上风屏障透风率从 10% 增大至 40% 时，三种风攻角情况下桥梁主梁

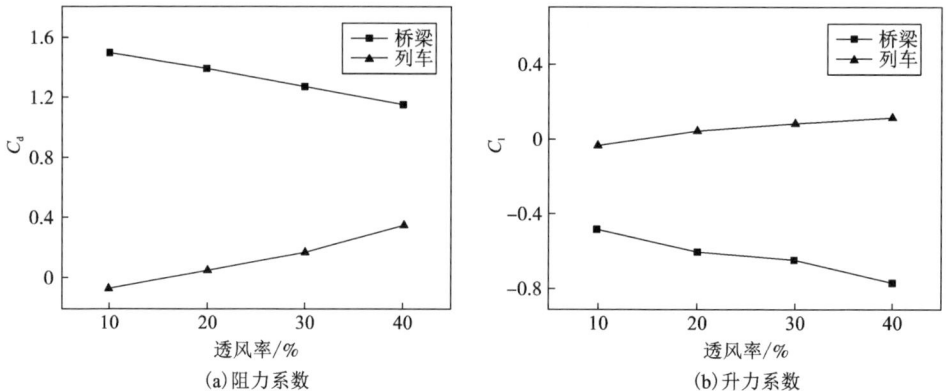

图 9-15　背风工况气动力系数(0°风攻角)

及桥上列车气动力系数的变化趋势基本一致。

(2)当列车处于桥面迎风侧位置时,随着风屏障透风率的增加,桥梁主梁的阻力系数明显减小,而桥上列车的阻力系数明显增大。当列车处于桥面背风侧位置时,随着风屏障透风率的增加,桥梁主梁的阻力系数明显减小,而桥上列车的阻力系数虽然呈增大趋势,但变化幅度没有迎风工况明显。

(3)0°、-3°、+3°三种风攻角情况下,当风屏障透风率从10%增大至40%时,桥梁主梁的升力系数均呈减小趋势,而桥上列车的升力系数均呈增大趋势,其中背风工况下列车升力系数由负变正。

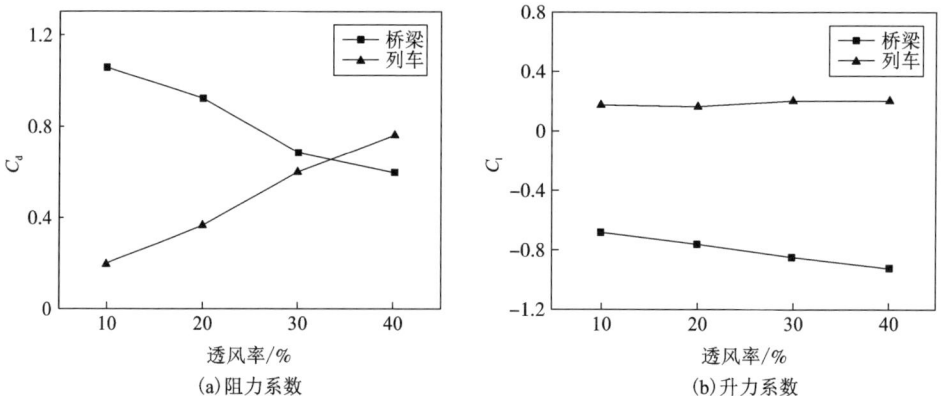

图 9-16　迎风工况气动力系数(-3°风攻角)

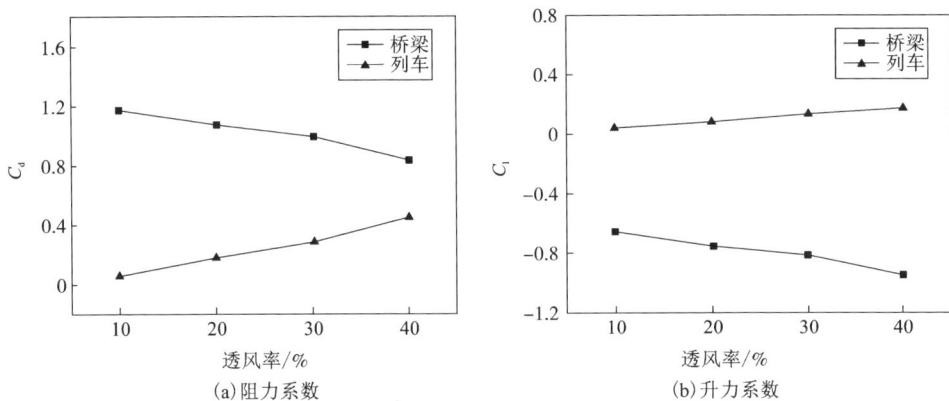

图 9 - 17　背风工况气动力系数(-3°风攻角)

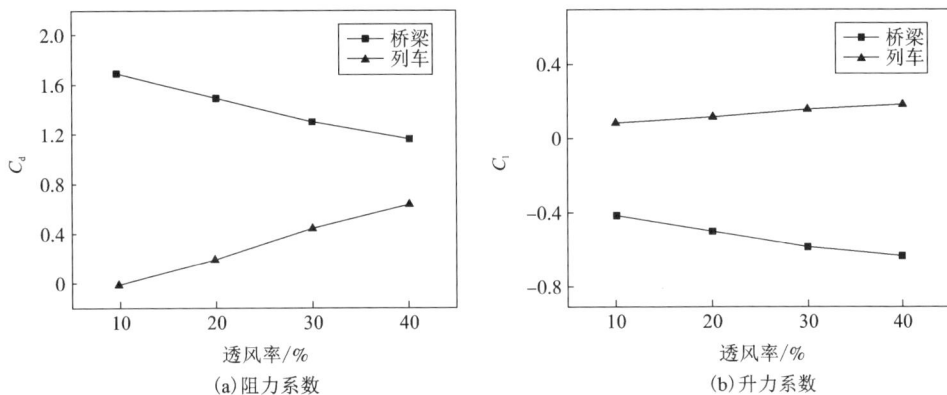

图 9 - 18　迎风工况气动力系数(+3°风攻角)

9.3.2　风屏障高度对气动力系数的影响

图 9 - 20 和图 9 - 21 所示分别为风攻角为 0°的情况下,列车分别处在桥面迎风侧与背风侧时,桥梁与列车气动力系数随风屏障高度增大时的变化情况。从图 9 - 20、图 9 - 21 可以看出:

(1)列车处于桥面迎风侧位置时,当风屏障高度从 2.5 m 增大至 4.0 m 时,0°风攻角下桥梁主梁的阻力系数约增大 0.452,桥上列车的阻力系数约减小0.237。

(2)列车处于桥面背风侧位置时,当风屏障高度从 2.5 m 增大至 4.0 m 时,0°风攻角下桥梁主梁的阻力系数约增大 0.400,桥上列车的阻力系数约减小 0.131。

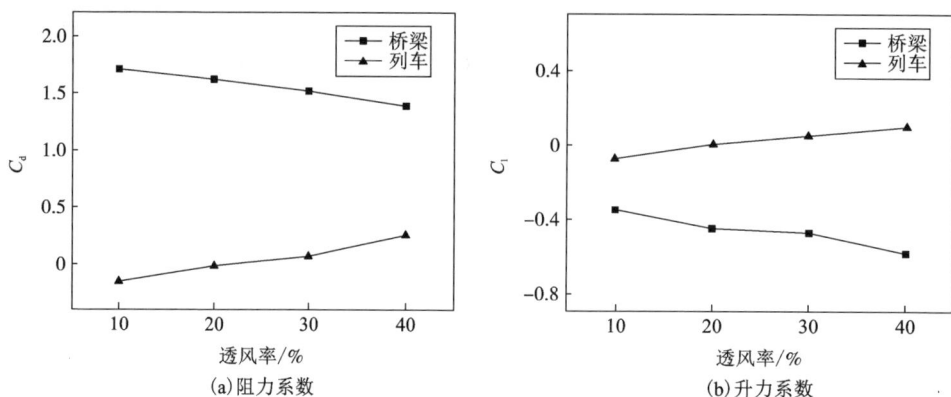

图 9 - 19 背风工况气动力系数(+3°风攻角)

(3)由桥梁和列车阻力系数可求得车 – 桥系统在侧向来流作用下受到的阻力,根据计算可知,在0°风攻角侧向来流作用下,当桥面风屏障高度为3.0 m时,车 – 桥系统整体所受侧向气动特性最小。

(4)当风攻角为0°时,风屏障高度从2.5 m增大至4.0 m,迎风工况与背风工况的桥梁主梁与列车升力系数变化均不明显。

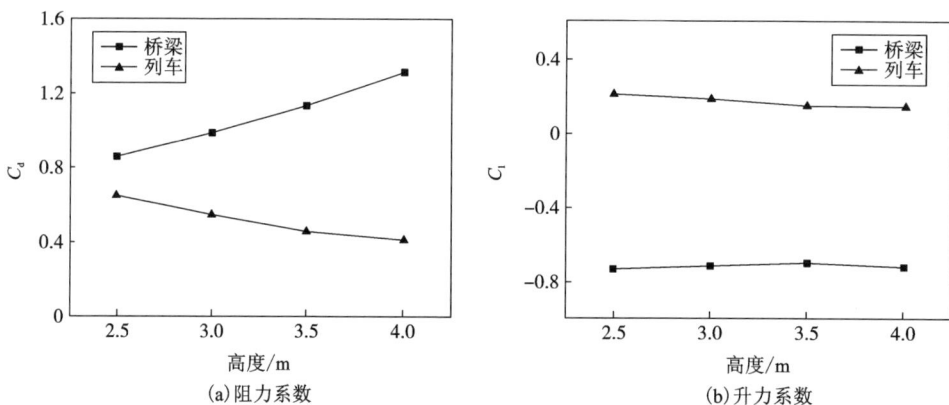

图 9 - 20 迎风工况气动力系数(0°风攻角)

图9 - 22 ~ 图9 - 25 分别给出了风攻角为 - 3°和 + 3°的情况下,风屏障高度从2.5 m增大至4.0 m时,迎、背风工况下桥梁与列车气动力系数的变化情况。通过比较0°、 - 3°、 + 3°三种风攻角情况下的试验结果可知:

(1)当桥上风屏障高度由2.5 m增大至4.0 m,三种风攻角情况下桥梁主梁

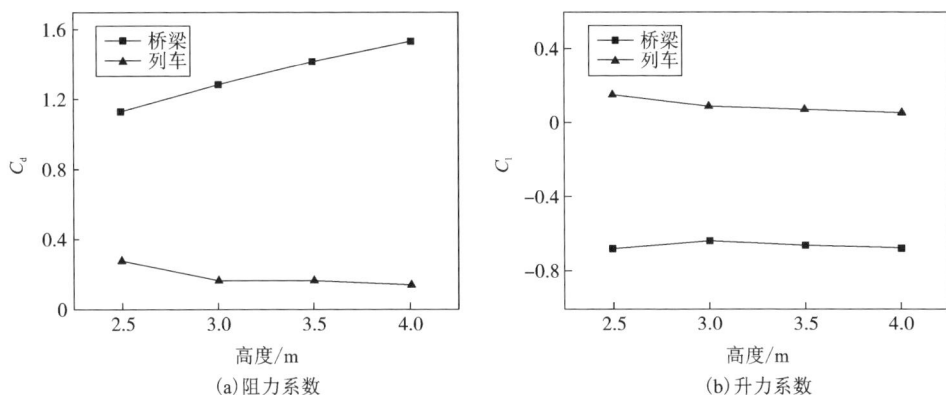

图 9-21　背风工况气动力系数(0°风攻角)

及桥上列车气动力系数的变化趋势基本一致。

（2）当列车处于桥面迎风侧位置时，随着风屏障高度的增加，桥梁主梁的阻力系数明显增大，而桥上列车的阻力系数明显减小。当列车处于桥面背风侧时，随着风屏障高度的增加，桥梁主梁的阻力系数明显增大，而桥上列车的阻力系数虽然呈减小趋势，但减小幅度没有迎风工况明显。

（3）0°、−3°、+3°三种风攻角情况下，风屏障高度从 2.5 m 增大至 4.0 m，迎风和背风工况的桥梁主梁和桥上列车的升力系数变化均不明显。

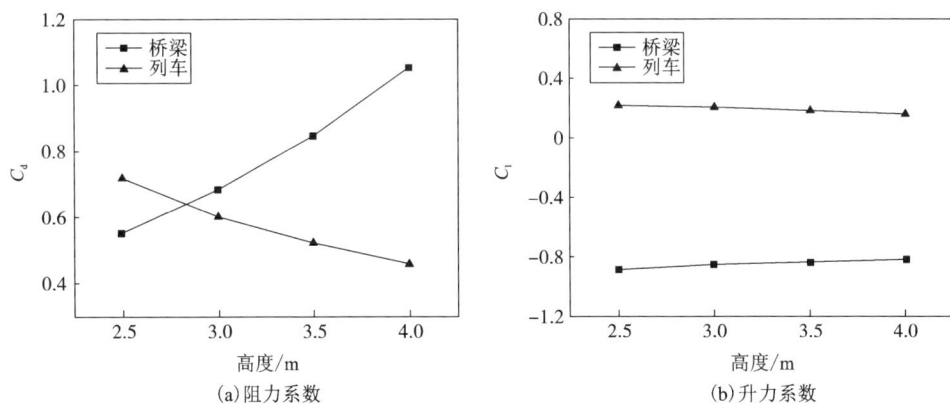

图 9-22　迎风工况气动力系数(−3°风攻角)

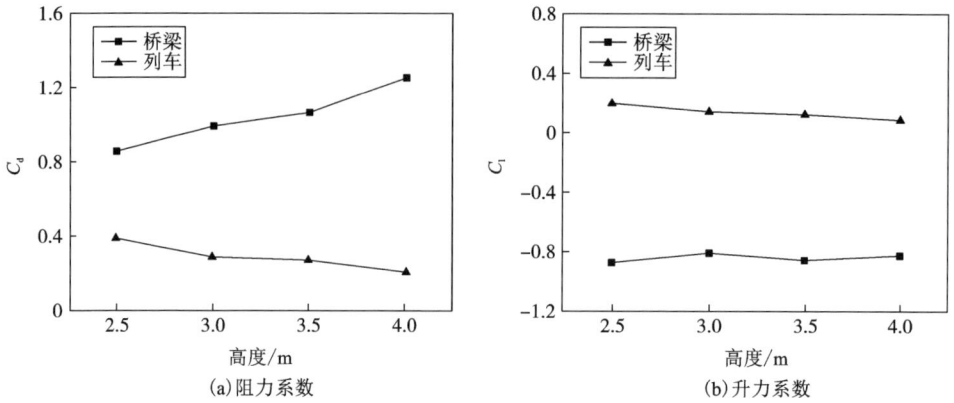

(a)阻力系数   (b)升力系数

图 9 - 23 背风工况气动力系数(-3°风攻角)

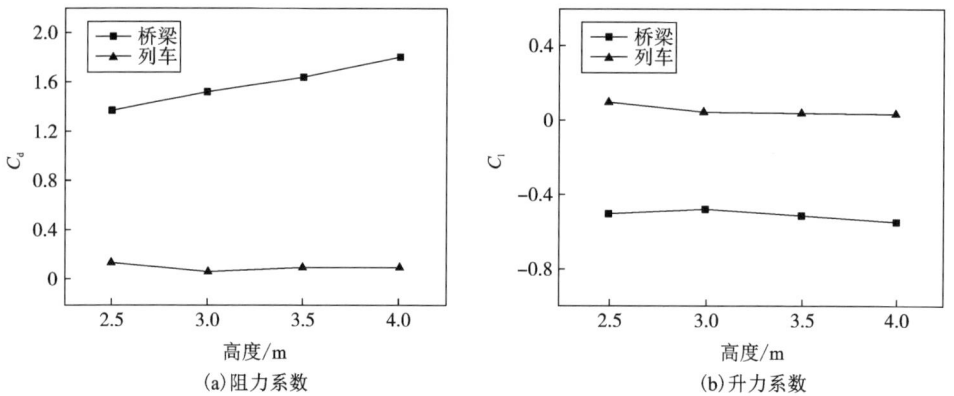

(a)阻力系数   (b)升力系数

图 9 - 24 迎风工况气动力系数(+3°风攻角)

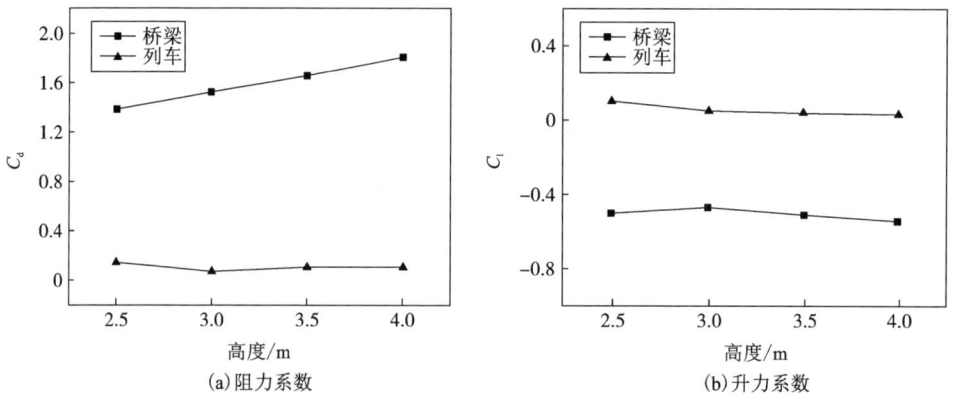

(a)阻力系数   (b)升力系数

图 9 - 25 背风工况气动力系数(+3°风攻角)

9.4　风屏障气动影响机理分析

9.4.1　风屏障透风率的影响

图 9 - 26 给出的是上游列车迎风面、车顶、背风面及车底各面气动特性随透风率的变化情况(风屏障高2.5 m、工况 1)。由图 9 - 26(a)可知,设置风屏障后,迎风面阻力方向与无风屏障时相反,故使总体阻力减小,且随透风率的增加而增大;背风面的阻力系数基本不受透风率大小影响,且在总体阻力中占主导地位;车顶阻力方向与来流方向相反,并随透风率增加而略有增大,但大小有限;车底对阻力基本没有贡献,且不受透风率大小的影响。升力情况见图 9 - 26(b),可以看出,升力主要由车顶和车底贡献,设置风屏障后,车顶升力约增大 50%,且受透风率大小影响较小;车底升力与车顶方向相反,并随透风率的增加而增大。图 9 - 26(c)给出的是各面的倾覆力矩,可以看出,迎风面和车底产生的力矩方向一致,并与背风面和车顶相反;迎风面和背风面的力矩随透风率的变化情况与其阻力类似,对于车顶和车底而言,则与升力类似。

如图 9 - 27 所示为下游列车在不同透风率风屏障影响下各面的气动特性比较(风屏障高 2.5 m、工况 2)。由图 9 - 27 可知,相对上游列车而言,各面的气动特性受透风率大小影响较小,且随透风率变化并无明显规律。

下面对列车表面的风压分布进行分析以进一步认识风屏障对列车气动特性影响的微观机理。前期研究表明,中车风压沿列车长度方向基本不变,因此本章取各截面的风压平均值作为"代表性曲线",分析各参数对"代表性曲线"的影响。如图 9 - 28 所示为风屏障透风率对上游列车表面风压分布的影响情况(风屏障高 2.5 m、工况 1),可以看出,设置风屏障后,迎风面风压由正变负(透风率 0% 时,平均风压约为 - 1.0),且沿高度分布基本不变,并随透风率的增加而逐渐增大;车顶平均风压显著减小,且最小负压发生的位置向下游移动(由 5# 测点移至 6# 测点),需要指出的是,在透风率 0% ~40% 范围内,最小负压随透风率的增加而减小,但它的最大值出现在透风率 100%(无风屏障)时,表明透风率存在一个最优值,当透风率超过该值后,最小负压会随着透风率的增加而增大,这一结果与已有研究的结论一致;背风面风压受风屏障影响较小,这是因为该区域风压主要由列车自身产生的尾流决定;车底风压受风屏障影响相对较小,且随透风率增加而增大。

如图 9 - 29 所示为风屏障透风率对下游列车风压分布的影响(风屏障高 2.5 m、工况 2),由图 9 - 29 可见,下游列车在各透风率下的风压分布基本一致,各面风压大小也相当,随透风率变化并无明显规律;相对上游列车而言,下游列车风压分布受透风率大小影响较小。

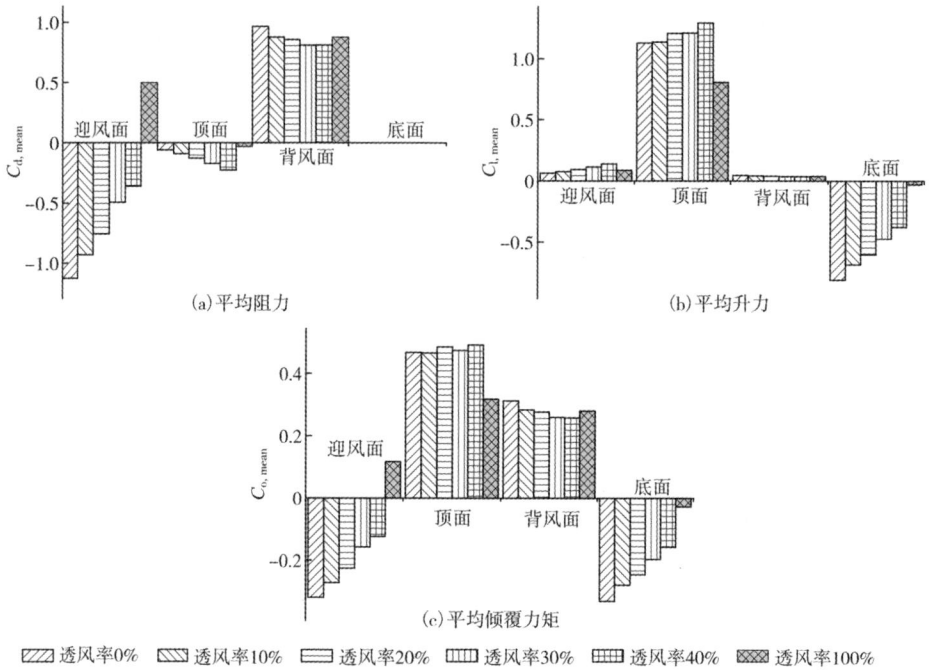

(a)平均阻力

(b)平均升力

(c)平均倾覆力矩

透风率0%　　透风率10%　　透风率20%　　透风率30%　　透风率40%　　透风率100%

图9-26　透风率对上游列车各面气动特性的影响(工况1)

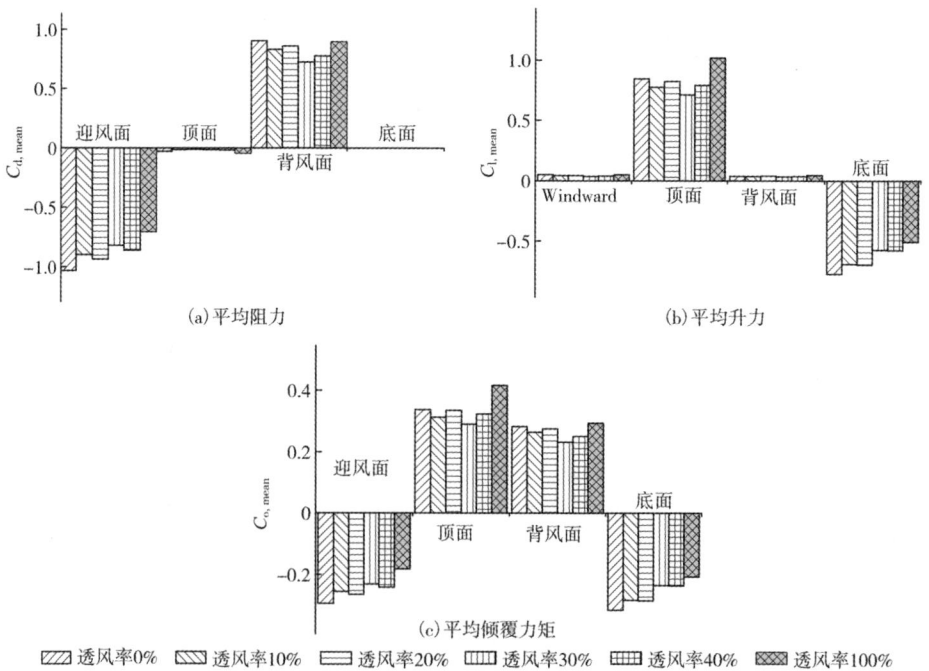

(a)平均阻力

(b)平均升力

(c)平均倾覆力矩

透风率0%　　透风率10%　　透风率20%　　透风率30%　　透风率40%　　透风率100%

图9-27　风屏障透风率对下游列车各面气动特性的影响(工况2)

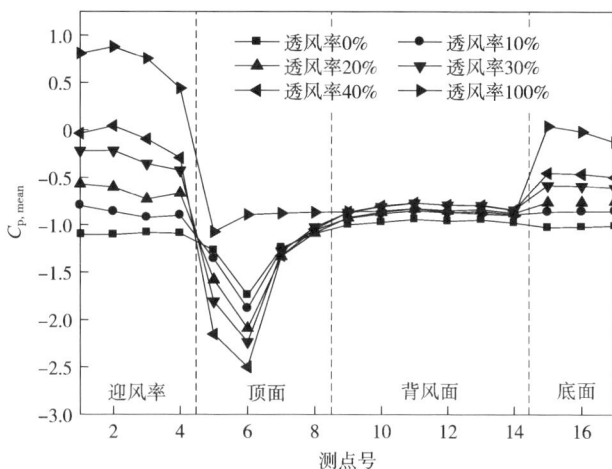

图 9 – 28　风屏障透风率对上游列车风压分布的影响（工况 1）

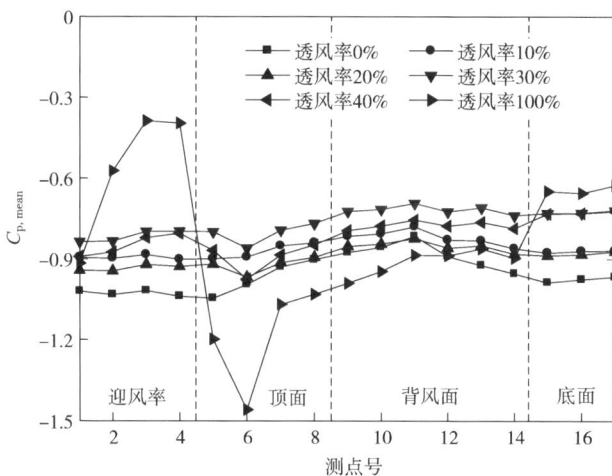

图 9 – 29　风屏障透风率对下游列车风压分布的影响（工况 2）

9.4.2　风屏障高度的影响

图 9 – 30、图 9 – 31 分别为风屏障高度对上、下游列车各面气动特性的影响情况（透风率为 30%）。由图 9 – 30 可知，上游列车各面的阻力受风屏障高度影响较小，至于升力和倾覆力矩，除车顶气动特性随风屏障高度增加略有减小外，其他各面受风屏障高度的影响较小。由图 9 – 31 可知，下游列车各面气动特性基本不受风屏障高度影响。

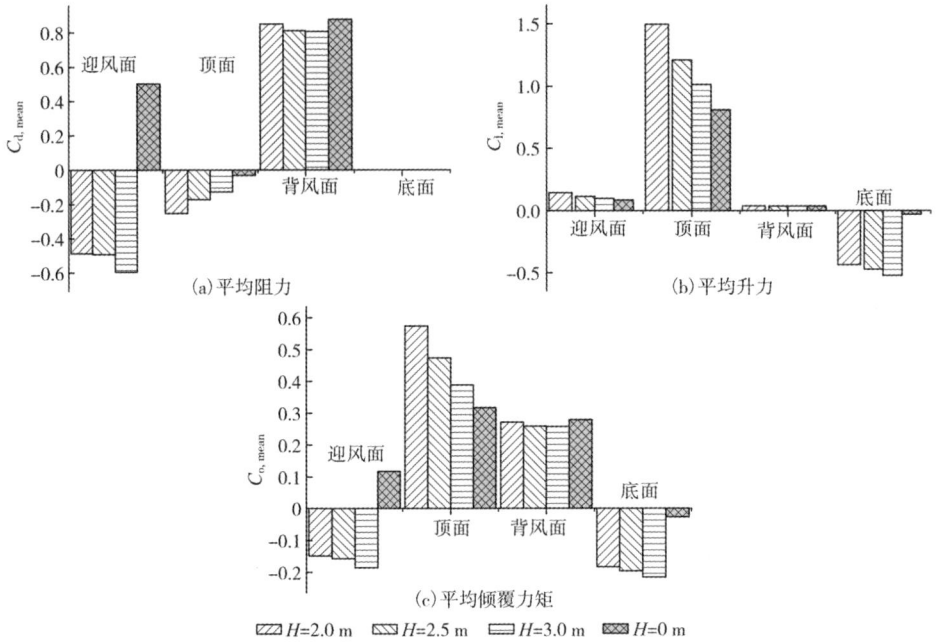

(a)平均阻力

(b)平均升力

(c)平均倾覆力矩

$\square$ H=2.0 m　$\square$ H=2.5 m　$\square$ H=3.0 m　$\blacksquare$ H=0 m

图 9-30　风屏障高度对上游列车各面气动特性的影响(透风率30%、工况1)

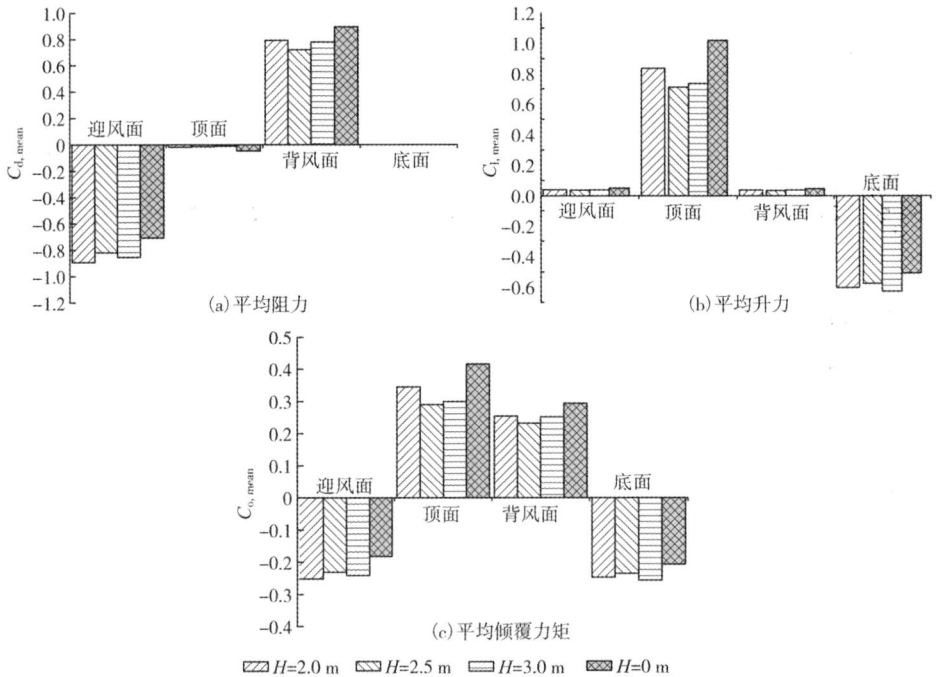

(a)平均阻力

(b)平均升力

(c)平均倾覆力矩

$\square$ H=2.0 m　$\square$ H=2.5 m　$\square$ H=3.0 m　$\blacksquare$ H=0 m

图 9-31　风屏障高度对下游列车各面气动特性的影响(透风率30%、工况2)

如图 9 – 32 所示为不同高度风屏障下列车表面的风压分布情况(透风率为
30%)。由图 9 – 32 可知,风屏障高度对平均风压的影响与列车所处上下游位置
有关,上游列车迎风面、背风面及车底的风压分布受风屏障高度影响较小,车顶
风压则随风屏障高度的增加而增大;下游列车各面风压随风屏障高度变化较小。
总的来说,风屏障高度对风压分布的影响较小。

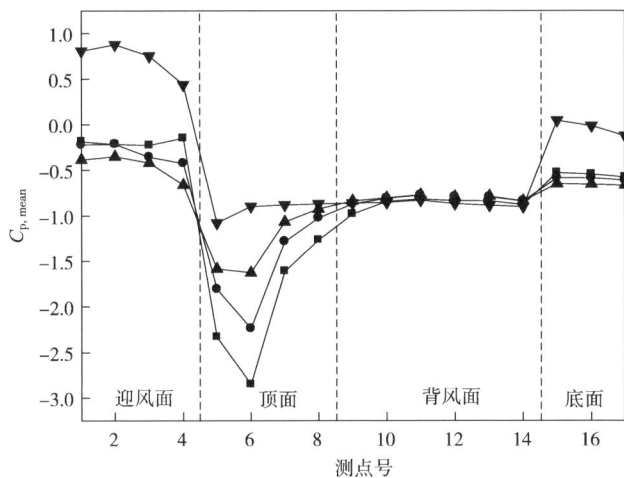

(a)上游列车(工况1)

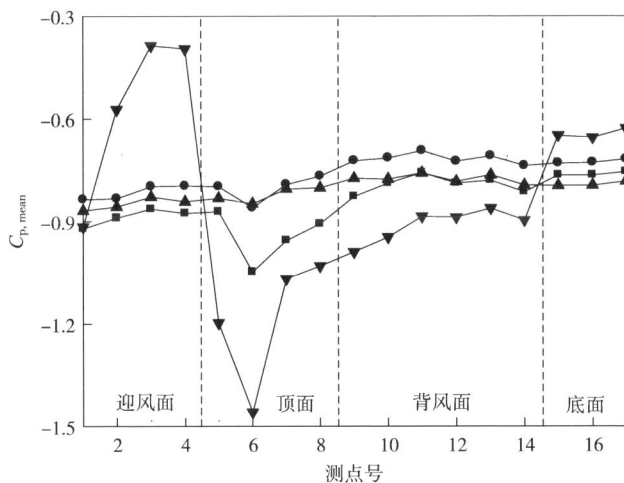

(b)下游列车(工况2)

$\blacksquare$ —H=2.0 m　$\bullet$—H=2.5 m　$\blacktriangle$—H=3.0 m　$\blacktriangledown$—H=0 m

图 9 – 32　风屏障高度对风压分布的影响(透风率 30%)

9.4.3 风屏障对车－桥系统流场分布影响

1. 风屏障对简支箱梁－车绕流影响分析

图9-33描述的是风屏障对车－桥系统表面气流绕流的影响。由图9-33可以看出，由于风屏障的阻挡效应，气流流至风屏障时受阻，当风屏障透风率较小时（透风率为0%），一部分气流向下流动，并在桥面形成驻涡区，向上流动的气流则在风屏障顶部发生分离，上、下游列车便处于风屏障的尾流中，因此即使是上游列车的迎风面，其表面风压也表现为负压，同样是因为处于尾流中，两车各面风压分布基本一致，且均为负压（图9-28）。当风屏障透风率不为零时，气流从风屏障的开孔处穿过，作用在上游列车的迎风面，一部分沿迎风面向上流动，并在列车顶部前缘分离，一部分则绕表面向下流动，并从车底穿过，绕流特征的改变对上游列车风压分布的影响在于，迎风面负压减小，甚至变为正压，车顶最小负压减小，车底风压略有增大，背风区则由于处于自身的尾流中，风压变化较小；下游列车则由处于风屏障的尾流中转变为处于上游列车与桥梁的尾流中，由于还是处于尾流中，下游列车的风压分布受透风率大小影响较小（图9-29）。至此，不难理解上游列车气动特性受风屏障参数变化影响较大，下游列车则受之影响较小。

需要指出的是，上述分析的前提是认为风屏障高度较高（本章风屏障最小高度为0.57倍车高），其顶端分离的气流不会再附着在列车上，可以想象，当风屏障高度较低时，可能会发生再附现象，影响上游列车的防风效果；此外，尽管较小透风率风屏障会使线路上方的平均风速减小，但它的防风效果并不一定好，这是因为较小透风率风屏障产生的紊流较大，可能会使列车受到的瞬时气动特性增大，故需要对风屏障的透风率、高度等参数进行优化。

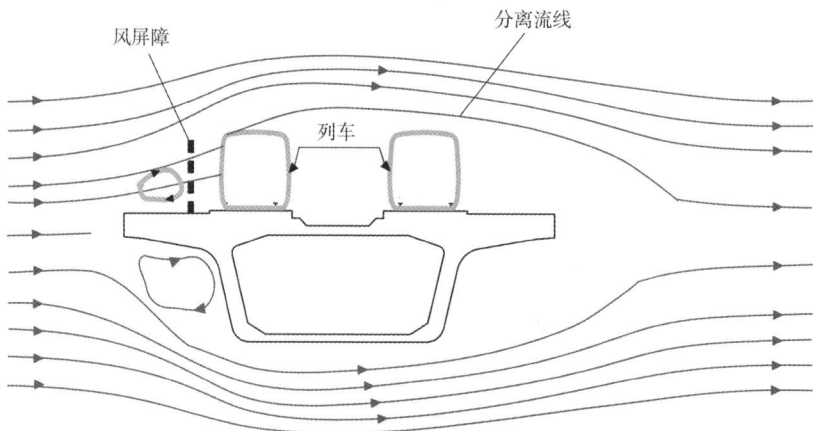

图9-33 风屏障对车－桥组合状态下气流绕流影响

2. 风屏障对车 – 桥系统气动特性影响数值模拟

为探究风屏障的参数(透风率和高度)对桥梁气动特性的影响,以流线箱梁为例,通过 CFD 数值模拟考虑两个工况:工况 1 风屏障的高度为 3 m,依次改变风屏障的透风率(20%, 30%, 40%),并与未设置风屏障的裸桥进行对比;工况 2 风屏障透风率为 30% 不变,改变风屏障的高度(2 m, 3 m, 4 m),并与无风屏障裸桥进行对比。

图 9 – 34 表示的是风屏障透风率变化后不同位置的风剖面图。Y 坐标的原点设置在桥面的左端点,当桥梁上装有风屏障时,由于遮蔽效应,能显著降低风屏障后所有位置的平均速度。对于相同的透风率,当距离风屏障的位置变远时,风屏障的影响高度也在上升。对于同一位置的风剖面,透风率较低的风屏障总是有较强的屏蔽作用。此外,由于渗流与壁面边界层之间的相互作用,当透风率大于20% 时,在桥梁表面速度梯度变得明显。当位置距离风屏障越远时,桥梁上方剪切层的厚度随着壁面边界层的发展而减小。

对于小透风率(20%)的情况,风屏障之后所有位置的平均速度均较小且分布均匀,有利于列车运行安全。当距离大于 1H 时,透风率 30% 的速度分布与小透风率(20%)的平均速度分布较为接近。对于较大透风率(40%)的情况,平均速度也小于没有风屏障时的情况,但减少幅度明显小于透风率较小的情况。因此,考虑到风屏障遮蔽效应,透风率为 30% 是较优的选择。

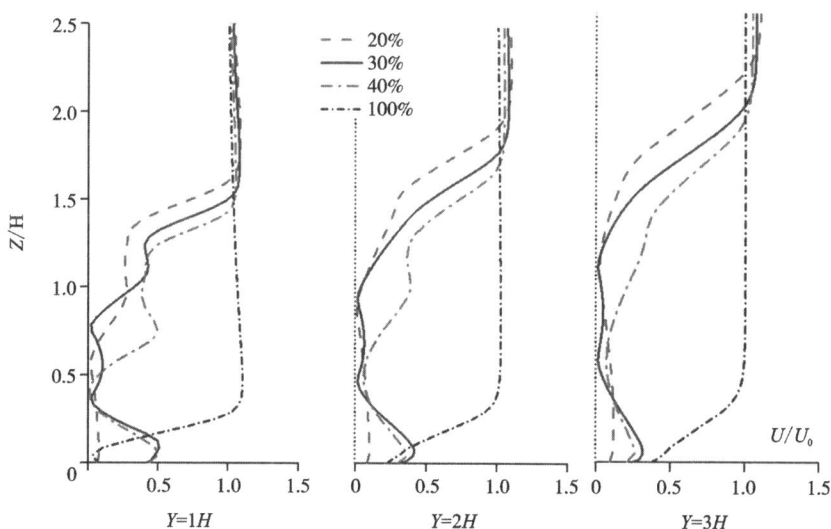

图 9 – 34　风屏障后不同位置的风剖面

图 9-35 对比了不同高度风屏障作用下桥梁的速度流线图。对于速度流线分布而言，裸桥的风速在迎风侧风嘴处附近减速，小于迎风面的来流风速。在桥上表面迎风侧，风速明显加快(最高速度超过 12 m/s)，这将对列车运行造成危害。在桥底面的两个拐点处因为流动的分离而存在两个加速区域，桥的背风侧有一个狭窄的尾流减速区域，其宽度接近桥面高度。在尾流中没有观察到大的涡结构，当主梁安装挡风板时，主梁周围的流场发生显著变化。加速区域上升到风屏障的顶部。风屏障阻挡了部分来流，降低了梁的上表面风速，这有利于列车的安全的行驶，但同时显著增加了尾流的宽度，也增加了桥梁下表面附近的风速，使得桥梁的阻力增加，对桥梁的安全性产生危害。当风屏障高度为 3 m 时，风屏障后方遮蔽的低速风速区远大于不设置风屏障和风屏障高度为 2 m 的情况，且不会如图 9-35(d)在桥面和列车底部附近形成较高风速区，因此当风屏障高度设置为 3 m 时对安全行车更为有利。

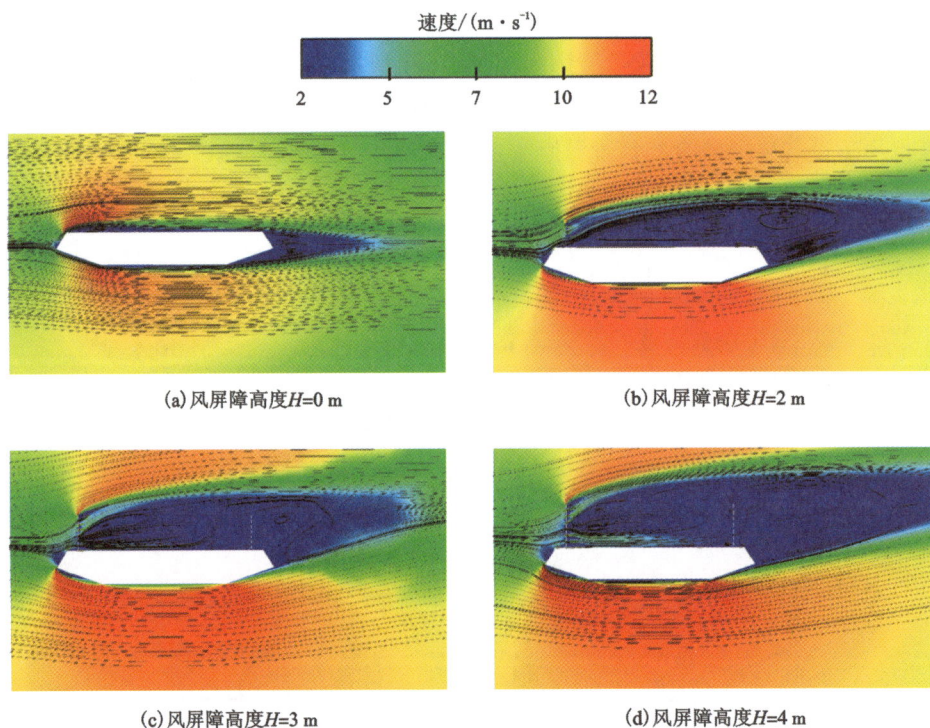

(a) 风屏障高度 H=0 m

(b) 风屏障高度 H=2 m

(c) 风屏障高度 H=3 m

(d) 风屏障高度 H=4 m

图 9-35 不同高度风屏障下桥梁的速度流线图

图 9 - 36 显示了车 - 桥系统在不同风屏障透风率作用下的速度流线图。速度方向从左到右。当没有设置风屏障时，存在三个主要的涡流（V_1，V_2，V_3）。其中，V_2 是所有涡流中最大和最强的涡流。当透风率为 20% 时，涡流 V_2 的冲击半径和强度明显减小；透风率为 30% 时，涡流 V_2 对水平方向的影响宽度最大，形状变长且平坦；当透风率为 40% 时，涡流 V_2 的影响高度在垂直方向最大。同时，涡流 V_3 的半径和强度随着透风率的增加而减小。随着透风率从 20% 增加到40%，涡流 V_1 的半径逐渐变大，并且涡流 V_1 的位置逐渐变高，形状从规则的圆形变为椭圆形。V_4 表示迎风屏障与列车之间流动扰动产生的涡流，当透风率为20% 和 40% 时，V_4 在宽度方向上的发展较为紊乱，而在透风率为 30% 时发展平缓，几乎没有大的涡流存在，这有利于行车的安全性和稳定性，从而减小列车侧翻倾覆事故的发生，因此 30% 透风率的风屏障较优。

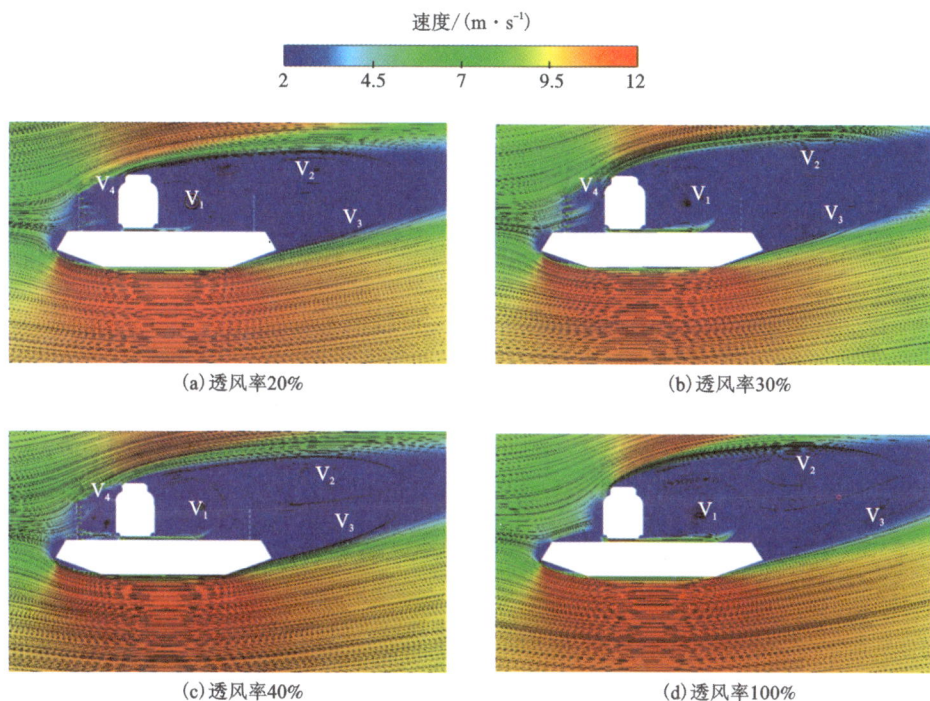

图 9 - 36　不同风屏障透风率下车 - 桥系统的速度流线图

9.5 风屏障对桥上车辆动力响应影响

9.5.1 车-桥动力学模型

以某铁路流线箱梁斜拉桥工程背景（桥梁详细介绍见第8章8.3小节）为例，采用中南大学郭向荣教授课题组自主研发的列车-桥梁时变系统空间振动分析的有限元软件 GSAP 对该桥进行空间有限元模型的建立和计算，对于主梁、主塔及桥墩均采用空间梁元模拟，斜拉索采用空间杆元模拟，桩土共同作用通过 m 法考虑。其中，空间梁单元采用2节点空间直梁单元，考虑其竖横向受弯以及扭转变形，每个节点考虑3个线位移与3个转角位移，单元共有12个自由度；空间杆单元的节点数为2，节点自由度数为3。所有材料的弹性模量 E、泊松比 μ 按现行桥规取值。分析模型确定后，就可由动力学总势能不变原理及形成矩阵的"对号入座"法则，建立桥梁刚度、质量、阻尼等矩阵。桥梁有限元分析模型如图9-37所示。

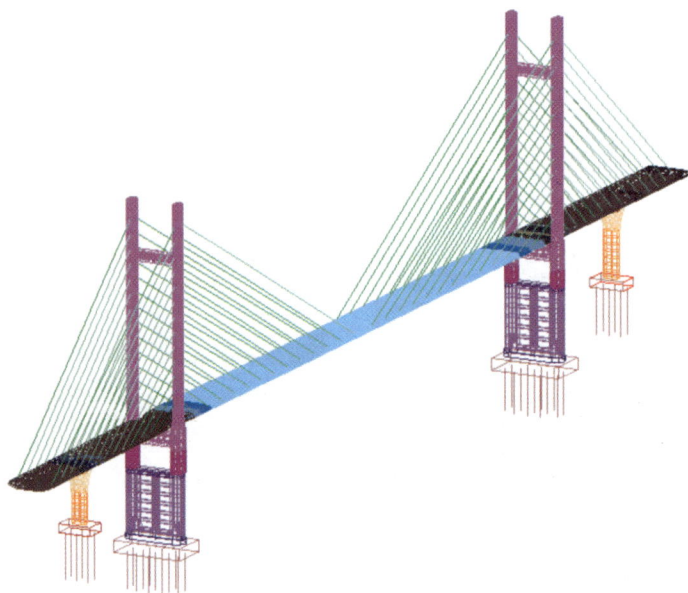

图 9-37 桥梁有限元模型

基于建立的有限元模型，利用子空间迭代法求解该桥的自振频率及各阶振型，表9-4所列为前十阶桥梁自振频率及振型描述。

表 9 - 4　动力特性计算结果

序号	自振频率/Hz	振型主要特点
1	0.4187	主梁中跨对称竖弯
2	0.4415	主塔同侧横弯
3	0.4457	主塔异侧横弯
4	0.4644	塔梁纵飘
5	0.5400	主梁中跨对称横弯
6	0.6250	主梁中跨反对称竖弯
7	0.8828	主梁中跨正对称竖弯
8	1.1261	塔梁纵飘
9	1.1797	主梁中跨反对称竖弯
10	1.3634	塔梁纵飘

车辆采用客运 A 型车，车辆（机车）空间振动分析模型见第 7 章 7.1.1 小节，每辆四轴车辆共有 23 个自由度，每辆六轴机车共有 27 个自由度。轨道不平顺谱采用美国六级谱，车 - 桥气动特性采用本章 9.3 小节试验结果。列车编组均采用动车 + 拖车 + 动车 + 动车 + 拖车 + 动车 6 车，运行速度为 100 km/h，计算结果对比表明，当列车行驶于桥面迎风侧的行车线时，列车安全性指标远大于行驶于背风侧行车线的情况，因此，下文仅给出桥面迎风侧行车时的车辆动力响应。

9.5.2　风屏障透风率对列车动力响应的影响

1. 2.5 m 高风屏障透风率对列车动力响应的影响

当风屏障高度为 2.5 m 时，如图 9 - 38 所示为不同透风率风屏障作用下的列车动力响应随风速变化情况，可以看出：①随着风速从 15 m/s 增大至 35 m/s，10% 透风率与 20% 透风率情况下脱轨系数、轮重减载率以及车体横竖向加速度最大值的差别不明显。②当风速为 30 m/s 时，对于高度为 2.5 m 的风屏障，在研究范围内各透风率下的行车安全性指数均未超标。③对于 2.5 m 高的风屏障，当风屏障透风率大于 30% 时，在研究范围内，35 m/s 风速下的脱轨系数均超标。

2. 3.0 m 高风屏障透风率对列车动力响应的影响

当风屏障高度为 3.0 m 时，如图 9 - 39 所示为不同透风率风屏障作用下的列车动力响应随风速变化情况，可以看出：①随着风速从 15 m/s 增大至 35 m/s，10% 透风率与 20% 透风率情况下脱轨系数、轮重减载率以及车体横竖向加速度最大值的差别不明显。②当风速在 35 m/s 以下时，对于高度为 3.0 m 的风屏障，在研究范围内各透风率下的行车安全性指数均未超标。

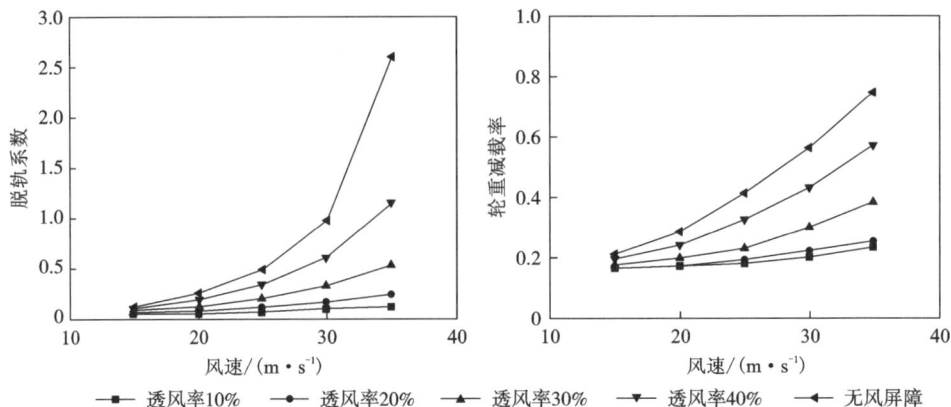

图 9 – 38 100 km\h 列车动力响应随风速变化曲线

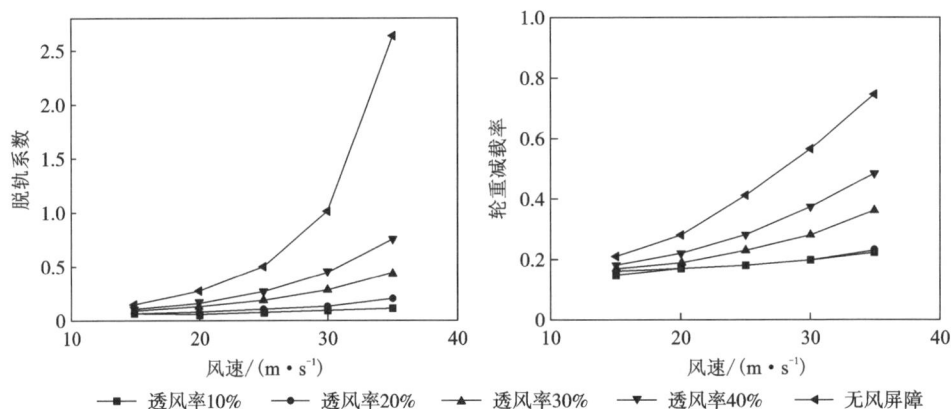

图 9 – 39 100 km/h 列车动力响应随风速变化曲线

3. 3.5 m 高风屏障透风率对列车动力响应的影响

当风屏障高度为 3.5 m 时，如图 9 – 40 所示为不同透风率风屏障作用下的列车动力响应随风速变化情况，可以看出：①随着风速从 15 m/s 增大至 35 m/s，10% 透风率与 20% 透风率情况下脱轨系数、轮重减载率以及车体横竖向加速度最大值的差别不明显。②当风速在 35 m/s 以下时，对于高度为 3.5 m 的风屏障，在研究范围内各透风率下的行车安全性指数均未超标。

4. 4.0 m 高风屏障透风率对列车动力响应的影响

当风屏障高度为 4.0 m 时，如图 9 – 41 所示为不同透风率风屏障作用下的列车动力响应随风速变化情况，可以看出：①随着风速从 15 m/s 增大至 35 m/s，10% 透风率与 20% 透风率情况下脱轨系数、轮重减载率以及车体横竖向加速度最大值的差别不明显。②当风速在 35 m/s 以下时，对于高度为 4.0 m 的风屏障，在

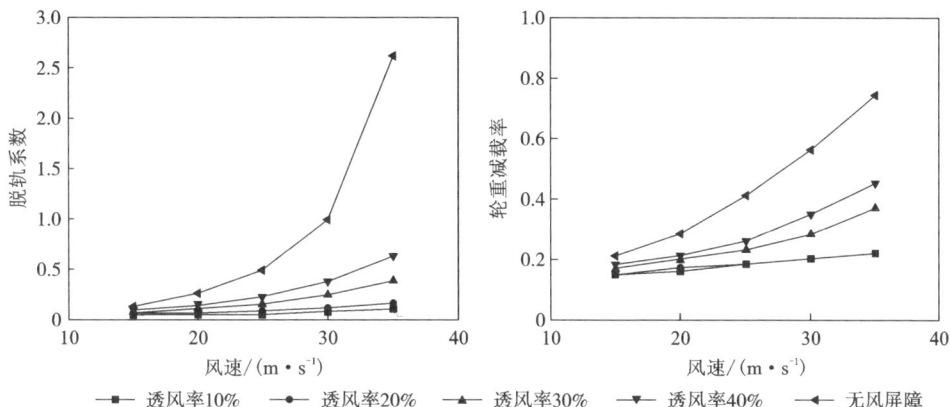

图 9 – 40　100 km/h 列车动力响应随风速变化曲线

研究范围内各透风率下的行车安全性指数均未超标。③当风屏障高度为 4.0 m 时，风屏障透风率的变化对脱轨系数的影响相对较小。

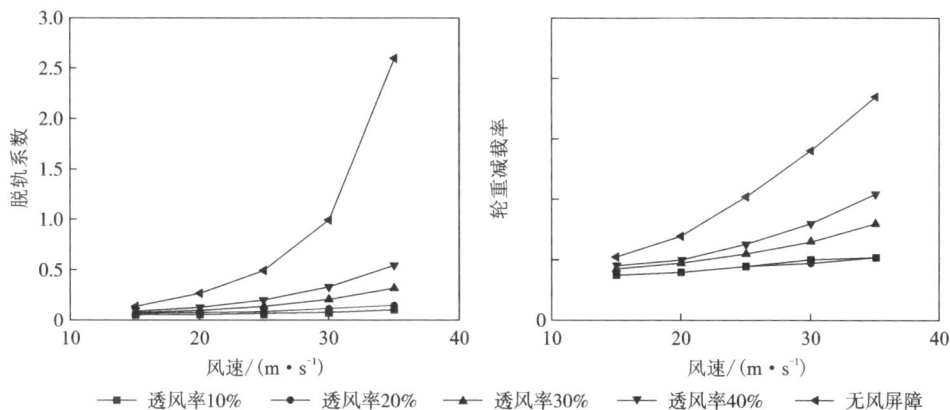

图 9 – 41　100 km/h 列车动力响应随风速变化曲线

9.5.3　风屏障高度对列车动力响应的影响

1. 10% 透风率风屏障的高度对行车动力响应的影响

当风屏障透风率为 10% 时，如图 9 – 42 所示为不同高度风屏障作用下的列车动力响应随风速变化情况，可以看出：①随着风速从 15 m/s 增大至 35 m/s，在本章的研究范围内风屏障高度的变化对脱轨系数、轮重减载率以及车体横竖向加速度最大值基本无影响。②当风速在 35 m/s 以下时，对于透风率为 10% 的风屏障，在研究范围内各高度下的行车安全性指数均未超标。③当风屏障透风率为 10% 时，风速从 15 m/s 增大至 35 m/s，脱轨系数的变化很小。

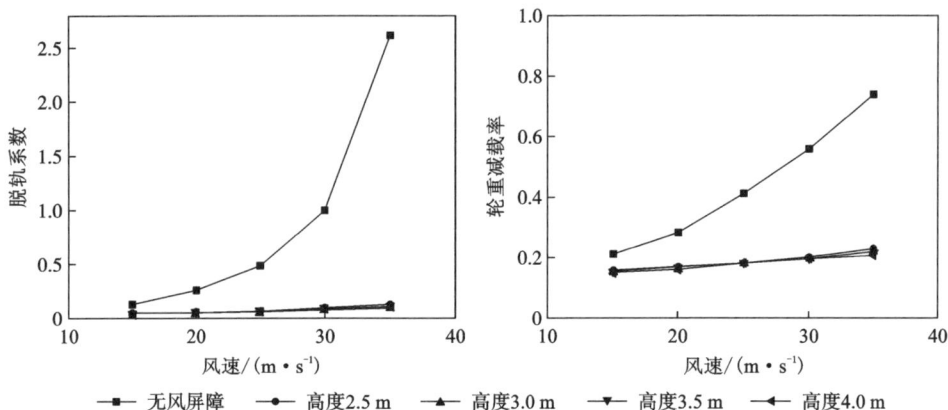

图 9 – 42 100 km/h 列车动力响应随风速变化曲线

2. 20%透风率风屏障的高度对行车动力响应的影响

当风屏障透风率为 20% 时，如图 9 – 43 所示为不同高度风屏障作用下的列车动力响应随风速变化情况，可以看出：①桥面平均风速低于 30 m/s 时，风屏障高度的变化对脱轨系数、轮重减载率以及车体横竖向加速度最大值基本无影响。②当风速在 35 m/s 以下时，对于透风率为 20% 的风屏障，在研究范围内各高度下的行车安全性指数均未超标。

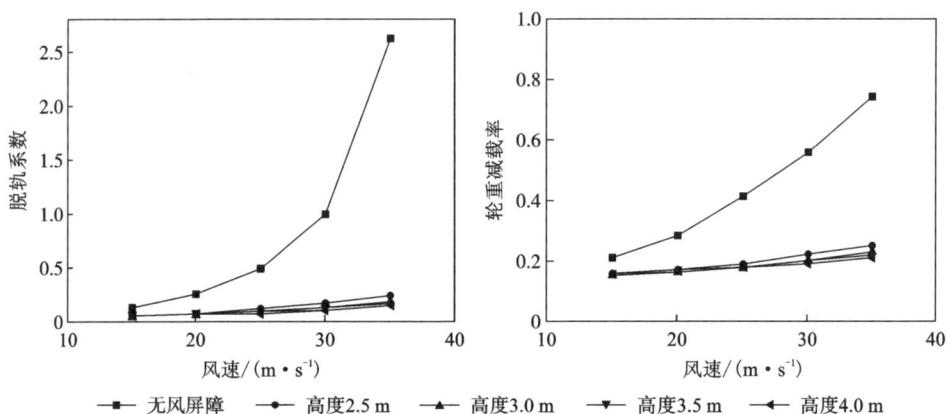

图 9 – 43 100 km/h 列车动力响应随风速变化曲线

3. 30%透风率风屏障的高度对行车动力响应的影响

当风屏障透风率为 30% 时，如图 9 – 44 所示为不同高度风屏障作用下的列车动力响应随风速变化情况，可以看出：①在本章的研究范围内风屏障高度的变化对脱轨系数、轮重减载率以及车体竖向加速度最大值的影响不大，但在车速较低时，风屏障高度的减小对车体横向加速度的影响明显。②当风速在 35 m/s 以下时，对于透风率为 30% 的风屏障，在研究范围内各高度下的行车安全性指数均未超标。

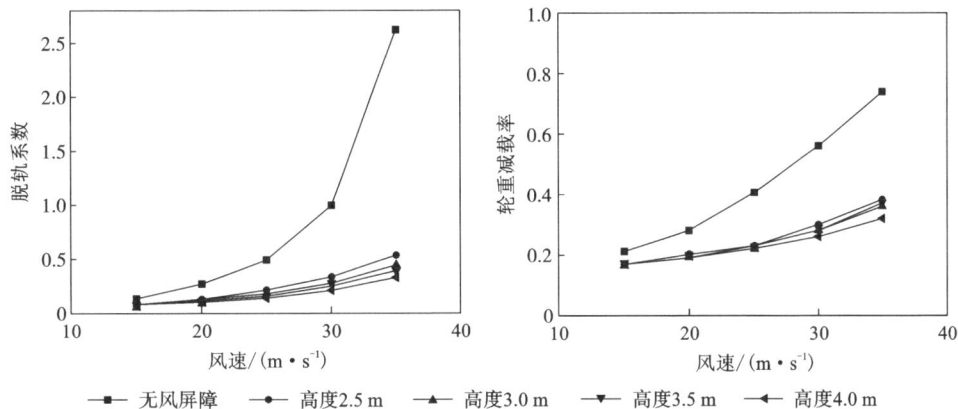

图 9 - 44　100 km/h 列车动力响应随风速变化曲线

4. 40%透风率风屏障的高度对行车动力响应的影响

当风屏障透风率为 40% 时，如图 9 - 45 所示为不同高度风屏障作用下的列车动力响应随风速变化情况，可以看出：①当桥面平均风速大于 30 m/s、风屏障高度为 2.5 m 时，在研究范围内各车速下脱轨系数均超标。②对于透风率为 40% 的风屏障，在本书的研究范围内的各种车速和风速条件下，高度从 3.0 m 增大至 4.0 m 时，脱轨系数、轮重减载率以及车体横竖向加速度最大值的减小幅度的不明显。

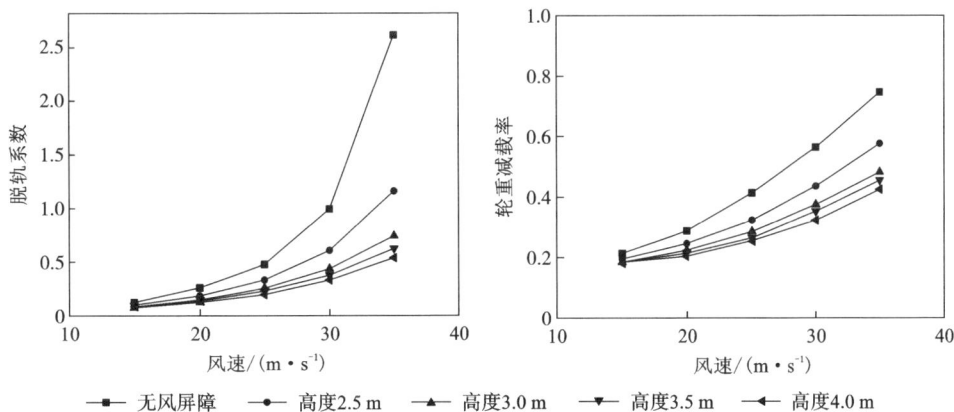

图 9 - 45　100 km/h 列车动力响应随风速变化曲线

9.6 列车风作用下桥上风屏障风荷载现场实测

9.6.1 现场测试概况

1. 模型及测点布置

依托我国某新建高速铁路联调联试,具体工程背景可参见第 8 章 8.3.1 小节。对于非风沙地区,通常采用透风式风屏障,即风屏障上开有均匀分布的孔洞以实现一定的透风率(孔洞面积占风屏障总面积的比率),因此影响风屏障风荷载的因素除风参数外还有风屏障高度、透风率及开孔形状等。由于透风率、高度等风屏障参数通常需要根据具体环境优化,不同环境下风屏障参数取值略有不同。为保证测试结果的普遍性,本章风屏障透风率为 0%,风屏障高度参考现有研究成果建议值,即距轨面高度约为 3.0 m。为消除端部效应,风屏障模型布置为"补偿段(长 3 m)+测试段(长 0.2 m)+补偿段(长 3 m)",其中补偿段采用 2 cm 厚优质木板;风荷载测试段为有机玻璃夹层模型。根据现场测试情况,风屏障安装位置距列车近壁面约 1.8 m。模型在主梁上安装位置示意如图 9 – 46(a)所示。风屏障风荷载采用测压方法得到,共布置 16 个风压测点,其中列车侧布设 10 个测点(测点间距约为 30 cm),另一侧 6 个测点,具体布置情况及其编号如图 9 – 46(b)所示,其中 9#、15# 测点与轨面标高相当。

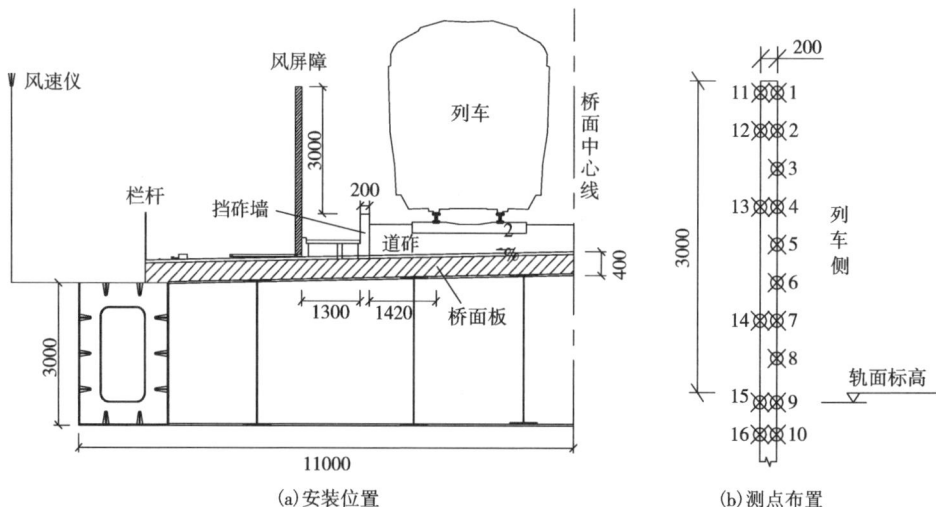

(a)安装位置 (b)测点布置

图 9 – 46 风屏障模型及测点布置(单位: mm)

2. 数据采集

风屏障表面风压经 PVC 测压管传至压力扫描阀(本书采用美国 Scannivalve 公司的高频压力扫描阀,采样频率 625 Hz)后,可由人工控制的数据采集系统实现数据的采集和保存,但脉动风压在由模型表面传递至压力扫描阀这一过程中会发生畸变(幅值发生变化、相位滞后)。为保证测试结果精度,应尽可能减小传压管路长度,即要求数据采集系统设在模型附近。然而,高速铁路运行管理规定要求列车运行时线上不得有任何人作业,即要求列车运行时不得有人在模型附近控制数据采集系统。也可在天窗时间将数据采集参数设置好并开始持续采样直至 24 h 后的下一个天窗时间,但该方法一方面由于保存大量不需要的数据而浪费计算机资源,另一方面由于长时间采样,温度升高、零漂等会影响测试精度,且无法及时对采集参数进行调整,还由于不能实时查看测试数据,无法对测试结果的准确性作出及时判断。现有数据采集方法不能满足铁路上现场测试需求。为此,笔者开发了一套远程控制方法对桥上数据采集系统进行控制,实现了数据的采集和保存,并通过无线传输至 PC 端,此时可应用编制的专用数据处理程序由风压数据获得风屏障风荷载,再对数据结果的可靠性进行判断,进而对采集参数予以实时调整。该方法由于现场无须人工值守,可满足高速铁路运行管理规定要求。

3. 测试工况

测试工况取决于联调联试计划。联调联试时,试验列车在 180 ~ 270 km/h 范围内以 10 km/h 为步长进行逐级提速,最高试验速度达 275 km/h。整个试验过程中仅有单线行车,但同一速度、线路进行多次行车。本次试验共进行约 80 个测试工况。由于风屏障受到的风荷载在列车靠近风屏障侧(上游线路)运行时较大,因此本书仅对列车在上游线路运行时的数据进行分析。

4. 其他测试要点

由于测试采用的 Scannivalve 压力扫描阀为压差传感器,为保证测试精度,需要为之提供一个稳定可靠的参考压。然而,受列车风及自然风随时变化的影响,现场测试环境中的大气压力不可能像室内试验一样维持稳定状态。为此,将一密封玻璃瓶内空气压力(与环境压力相同)作为参考压,由于玻璃瓶是密封的,瓶内空气压力受外界环境变化影响较小。为减小环境温度变化对瓶内压力的影响,将该玻璃瓶浸泡在盛有冰水混合物的保温桶内。

直接测试得到的风屏障风荷载通常是列车风与自然风共同作用的结果,为分析列车运行速度与风屏障风荷载之间的关系,需要准确确定测试时列车运行速度和自然风大小。为此,在桥面跨中上、下游两侧各装有 1 台风速仪监测自然风。尽管联调联试计划会对试验列车运行速度作出大概规定,但试验列车会根据运行状态作出调整,因此在大桥两端(主拱肋)安装视频监控系统,根据两个视频监控之间的距离及列车过桥时间可较精确确定列车的运行速度。同时,该系统也可为数据采集的开始和结束提供参考。

另外,由于现场测试时的传压管路长度较常规室内试验时的长,应加强测压管的漏气和气流顺畅性检验,尤其注意管内是否有水汽。

9.6.2　测试结果与分析

如图 9 - 47 所示为测得典型风压曲线与现有结果对比,可看出本章测试曲线与已有研究结果分布趋势基本一致,表明本章测试结果可靠。从图 9 - 47 还可以看出,列车风导致风屏障表面的风荷载相当于脉冲效应,风荷载时程曲线出现两个明显的波动(呈"正 - 负 - 负 - 正"的变化规律),具有明显的瞬态和时变特性,而小波变换是分析此类非平稳信号的有效方法。

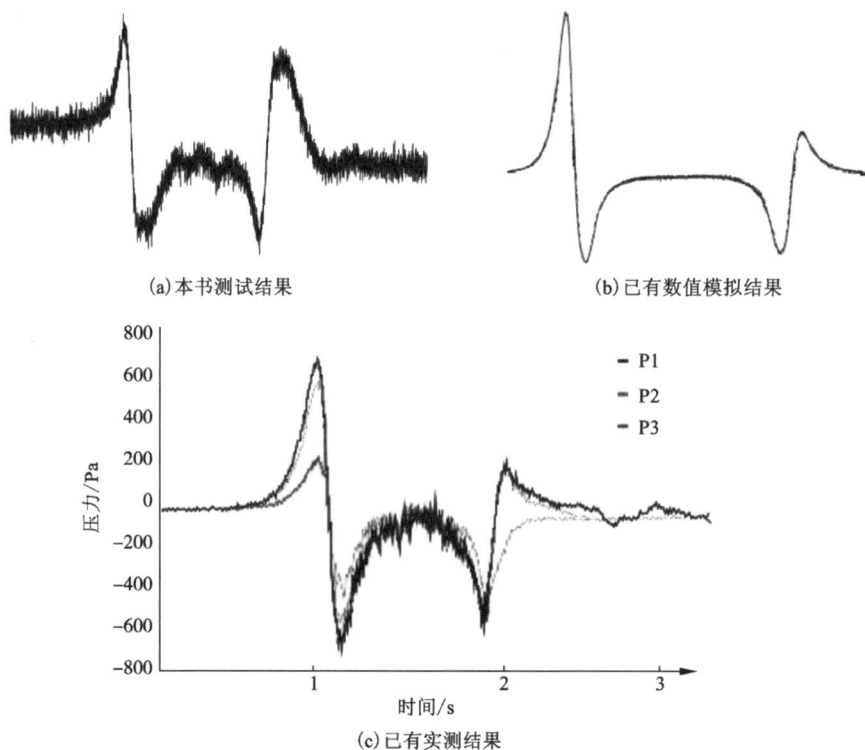

(a)本书测试结果　　　　　　　　(b)已有数值模拟结果

(c)已有实测结果

图 9 - 47　本书风压测试结果与其他研究结果对比

经对比发现,轨面标高处 9 号测点风压峰值在列车速度为 275 km/h 时最大,以该风压时程曲线为代表,选用 Daubechies 3 小波对其进行多分辨率分析。由于采样点数为 5001 点,根据各级小波变换中的"二抽取"环节,风压时程最大可以进行 13 级分解($2^{12} < 5001 < 2^{13}$)。对不同分解级上的尺度系数和小波系数分别进

行重构，可以得到原始风压时程在不同尺度上的低频部分 a（即近似部分）和高频部分 d（即细节部分），两者分别对应风压时程在不同频段上的分量。试验采用的采样频率为 $F_S = 625$ Hz，由 Nyquist 采样定理可知，原始风压信号的最高频率为 $F_S/2 = 312.5$ Hz，所对应的不同尺度的低频部分、高频部分的频段范围分别是 a_j：$[0, 2^{-(j+1)}F_S]$，d_j：$[2^{-(j+1)}F_S, 2^{-j}F_S]$，其中 j 为分解级数。

图 9-48 给出的是风压时程经过分解重构后，部分代表性分解级的压力分量，从图 9-48 可以看出，风压原始信号的分解过程是不断分解低频的过程，每一次分解分别代表不同频段上的风压分量；当分解级数较低时，由于频率较高，此时包含大量的风压脉动信息，尤其是高频部分重构曲线波动迅速，但高频部分压力基本在 0 附近波动，表明风压时程在这个频段范围内分量微小；随着分解级数的增大，频段范围不断减小，风压脉动信息逐渐消失，压力信号光滑度增加，相对低频部分风压分量逐渐减小，而相对高频部分风压分量缓慢增大；当分解级达到 8 级，高频风压极值发生突变，此时低频段为 $a_8[0, 1.22$ Hz$]$，高频段为 $d_8[1.22$ Hz$, 2.44$ Hz$]$，两部分风压分量都较大，表明此时已经达到风压分量频率分布的上限，即频率上限为 2.44 Hz；为进一步探究分量分布频率的下限，继续进行分解，直到分解等级达到 10 级，低频段 $a_{10}[0, 0.31$ Hz$]$ 风压基本稳定在 0 附近，而高频段 $d_{10}[0.31$ Hz$, 0.62$ Hz$]$ 风压也急剧降低，这说明风压分量已经达到频率下限，此时频率为 0.31 Hz。此外，从图 9-50 左半部分每一分解层上的低频部分可以看出，平均风压随时间变化明显。这是因为在列车头部达到测点前一段时间，压力开始增加，随着列车鼻尖与测点的接近，压力迅速增大，并在鼻尖抵达测点时达到正压极值；当列车通过测点时，压力瞬间下降至负压极值，但随着列车的通过，负压立即上升并趋于平缓；当尾车鼻尖接近测点时，压力迅速下降至负压极值，但尾车通过测点后，压力瞬间增大到正压极值，随后压力下降，出现略微波动后信号逐渐消失；正、负压极值间的时间间隔约为 0.2 s。

瞬态压力波风压极值是衡量压力分量大小的重要指标。图 9-51 为风压时程各分解级低频部分与高频部分风压极值柱状图。结合图 9-49(a) 前 7 个低频部分分解级压力极值与图 9-49(b) 相同分解级的高频信息变化情况可以看出，风压分布频段绝大部分处于低频，但第八个分解级低频与高频风压极值均较大，尤其是高频风压极值增大了 485%，这说明风压信息大部分处在这个频段，且一直持续到第 10 级，低频风压极值骤减 70%，表明以后的分解级中已经包含非常少的风压信息。因此，风压信息大都处于低频段 $[0, 2.44$ Hz$]$，尤其处在频率 $[0.31$ Hz$, 2.44$ Hz$]$ 段，同时也表明在列车风作用下的瞬态压力波受低频段风压时程变化的影响占主导作用，即列车风在风屏障表面产生的压力极值受平均风速变化的影响较大，压力时程的非平稳现象主要是由平均风随时间变化所引起的脉动效应，而并非真正的脉动风。

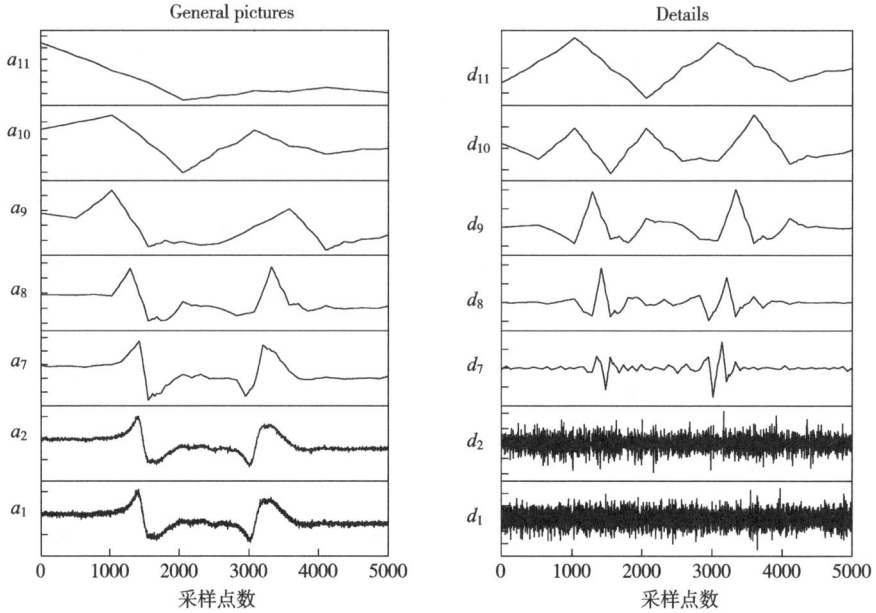

图 9-48 各分解级的压力分量

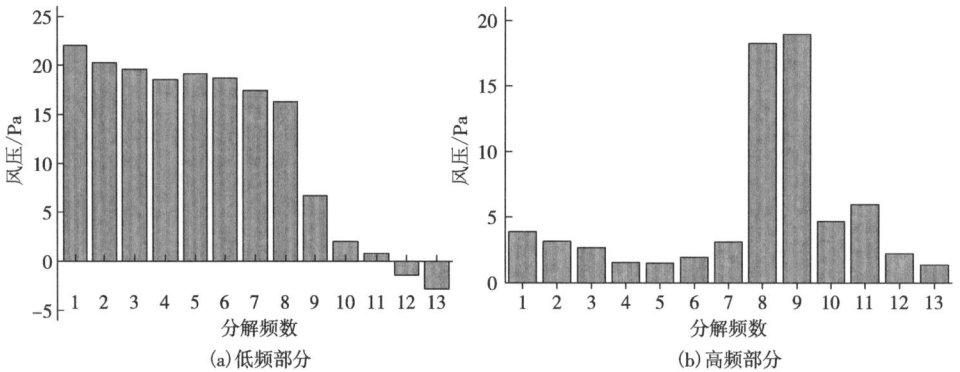

图 9-49 各分解级的风压极值

对不同运行速度下 9# 测点风压时程进行分解重构，得到不同尺度下风压极值比较如图 9-50 所示。由图 9-50 可知，不同列车速度下的风压分量在不同尺度下的频段分布基本一致，分界点均处于 8、9、10 分解级，即风压分量绝大部分均处于低频段 [0.31 Hz, 2.44 Hz]。这说明列车行驶速度大小并不能改变列车风的风场特性和风压分量在频域范围内的分布情况，改变的仅仅是风压极值的高低，平均风随时间变化的影响仍然主导着风压的时程信息。

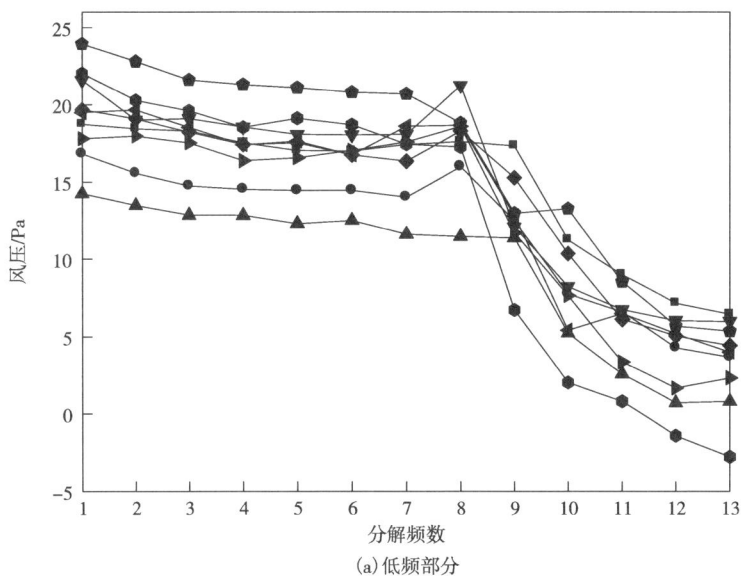

(a) 低频部分

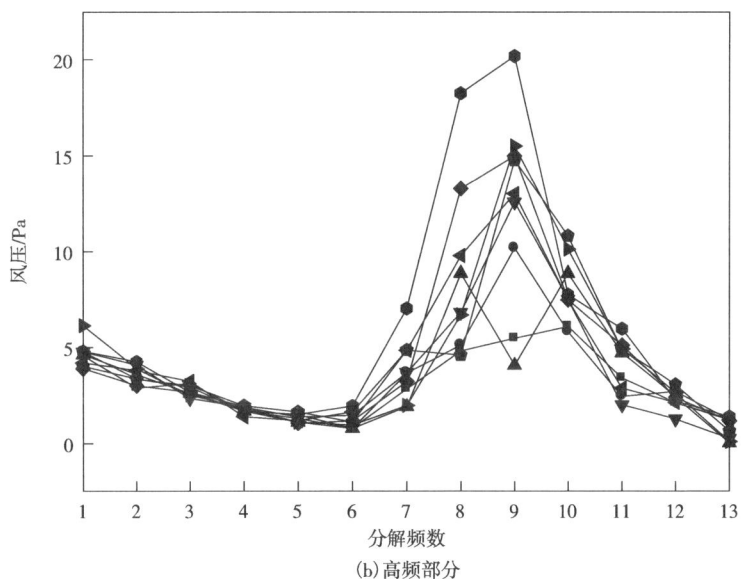

(b) 高频部分

- ■— 200 km/h —●— 210 km/h —▲— 220 km/h
- ▼— 230 km/h —◀— 240 km/h —▶— 250 km/h
- ◆— 260 km/h —⬟— 270 km/h —●— 275 km/h

图 9 – 50 各工况下分解级风压极值对比

为进一步了解风屏障脉动风压能量在频域内的分布特征,如图 9 – 51 所示为 9# 测点风压典型功率谱。从图 9 – 51 可以看出,功率谱第一至第六峰值分别出现在0.61 Hz、0.92 Hz、1.37 Hz、1.68 Hz、2.14 Hz和2.44 Hz，此后功率谱值急剧下降，且与上一个峰值相差一个数量级，大小趋近于零，说明压力波能量主要分布在低频段[0，2.44 Hz]。图9-52为各测试工况下9#测点脉动风压2.44 Hz以下的低频能量占总能量的百分比，可以看出，低频能量比重随列车速度的提高略有增加，且不同速度列车风下作用在风屏障表面的低频能量占总能量的比重均超过了94%，进一步从能量的角度验证了风压频率分布情况。

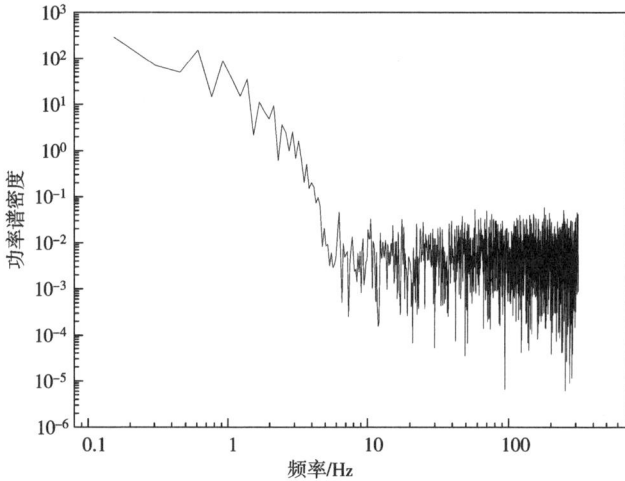

图9-51 风压时程的功率谱密度

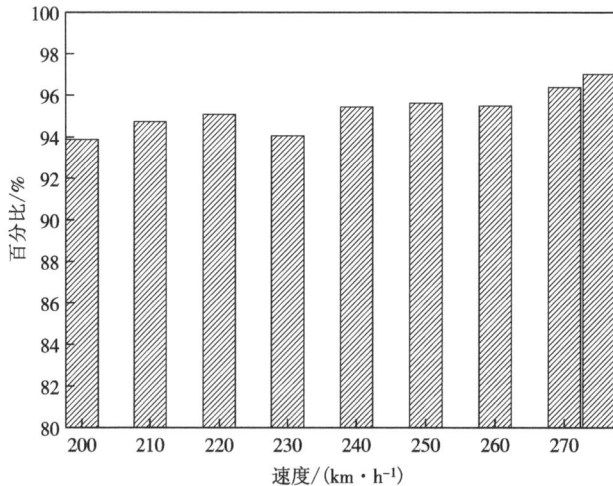

图9-52 低频能量占总能量的百分比

参考文献

[1] He X H, Zou Y F, Wang H F, et al. Aerodynamic characteristics of a trailing rail vehicles on viaduct based on still wind tunnel experiments[J]. Journal of Wind Engineering and Industrial Aerodynamics, 2014, 135: 22–33.

[2] He X H, Wu T, Zou Y F, et al. Recent development of high-speed railway bridges in China[J]. Structure and Infrastructure Engineering, 2017, 13(12): 1584–1595.

[3] He X H, Zhou L, Chen Z W, et al. Wind barrier effects on the flow field and aerodynamic forces of a train–bridge system[J]. Jornal of Rail and Rapid Transit, 2018, 待刊.

[4] 周蕾, 何旭辉, 陈争卫, 等. 风屏障对桥梁及车桥系统气动特性影响的数值研究[J]. 中南大学学报, 2018, 49(7): 1742–1752.

[5] 邹云峰, 何旭辉, 郭向荣, 等. 横风下流线箱型桥–轨道交通车辆气动干扰风洞实验研究[J]. 振动与冲击, 2017, 36(5): 95–101.

[6] 邹云峰, 何旭辉, 李欢, 等. 风屏障对车桥组合状态下中间车辆气动特性的影响[J]. 振动工程学报. 2016, 29(1): 156–165.

[7] 何玮, 郭向荣, 邹云峰, 等. 风屏障透风率对侧风下大跨度斜拉桥车–桥耦合振动的影响[J]. 中南大学学报(自然科学版), 2016, 47(5): 1715–1721.

[8] 何旭辉, 邹云峰, 周佳, 等. 运行车辆风环境参数对其气动特性与临界风速的影响[J]. 铁道学报, 2015, 37(5): 15–20.

[9] 何旭辉, 邹云峰, 杜风宇. 风屏障对高架桥上列车气动特性影响机理分析[J]. 振动与冲击, 2015, 34(3): 66–71.

[10] 何玮, 郭向荣, 邹云峰, 等. 风屏障透风率对车–桥系统气动特性影响的风洞试验研究[J]. 振动与冲击, 2015, 34(24): 93–97.

[11] 邹云峰, 何旭辉, 周佳, 等. 基于实测数据的 CRH380 列车风作用下风屏障风荷载多分辨率分析[J]. 中南大学学报(自然科学版), 2018, 49(2): 407–413.

[12] 何旭辉, 邹云峰, 周佳, 等. 运行车辆风环境参数对其气动特性与临界风速的影响[J]. 铁道学报, 2015, 37(5): 15–20.

[13] He X H, Zou Y F, Li H, et al. Wind tunnel tests on effect of simulation methods of porous wind barrier on aerodynamic characteristics of vehicle-bridge system [C]//ICWE14, Porto Alegre, Brazil, 2015.

[14] 何玮. 风屏障对大跨度城轨专用斜拉桥风–车–桥系统耦合振动影响研究[D]. 中南大学, 2016.

[15] 向活跃. 高速铁路风屏障防风效果及其自身风荷载研究[D]. 长沙: 西南交通大学, 2013.

[16] 郗艳红. 横风作用下的高速列车气动特性及运行安全性研究[D]. 北京: 北京交通大学, 2012.

［17］ 张田. 强风场中高速铁路桥梁列车运行安全分析及防风措施研究［D］. 北京：北京交通大学, 2013.

［18］ 杜风宇. 强风下 CRH2 列车－简支梁桥气动特性风洞试验研究［D］. 长沙：中南大学, 2014.

［19］ 唐煜. 桥梁挡风屏对强侧风条件下列车运营安全性的影响［D］. 成都：西南交通大学, 2010.

［20］ 李永乐. 风－车－桥系统非线性空间耦合振动研究［D］. 成都：西南交通大学, 2003.

第 10 章

高速铁路桥上百叶窗型风屏障研发

风屏障的设置能为列车创造一个风速相对较低的风环境，可有效提高强风下列车的运行安全，但它也加剧了桥梁截面的钝体特征，这对大跨桥梁气动稳定性不利。为此需要开发一种新型风屏障，以尽量减小其对桥梁的影响，让它成为有利于桥梁气动特性稳定的措施，并适应复杂多变的风环境。本章介绍笔者课题组研发的百叶窗型、合页型和组合型等多种新型风屏障研究成果。

10.1　百叶窗型风屏障原理介绍

受百叶窗改变透光率和光线传播方向原理的启发，本书提出一种通过改变叶片角度来改变透风率的风屏障，并将其命名为"百叶窗型风屏障"（shutter – type wind barriers），其原理如图 10 – 1 所示。

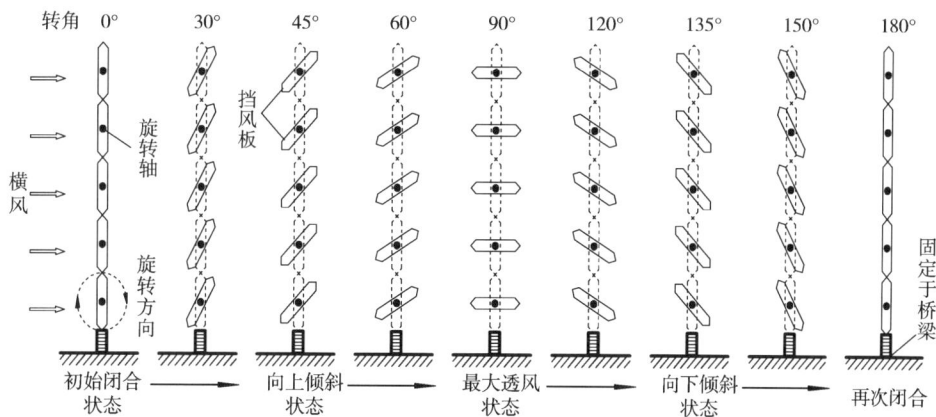

图 10 – 1　百叶窗型风屏障原理

 风屏障叶片可以绕其旋转轴旋转 $0° \sim 180°$，通过旋转角度的变化来改变来流与叶片的交角，同时改变气流的流出方向。在挡风叶片从 $0° \sim 180°$ 变化的一个周期之中，来流经过风屏障后的方向由向上逐渐变为向下，在一定程度上避免了来流对风屏障叶片的冲击。风屏障叶片有一定厚度，它的端部制作成梭形是为了保证完全关闭。风屏障在桥上的安装示意如图 10 - 2 所示。

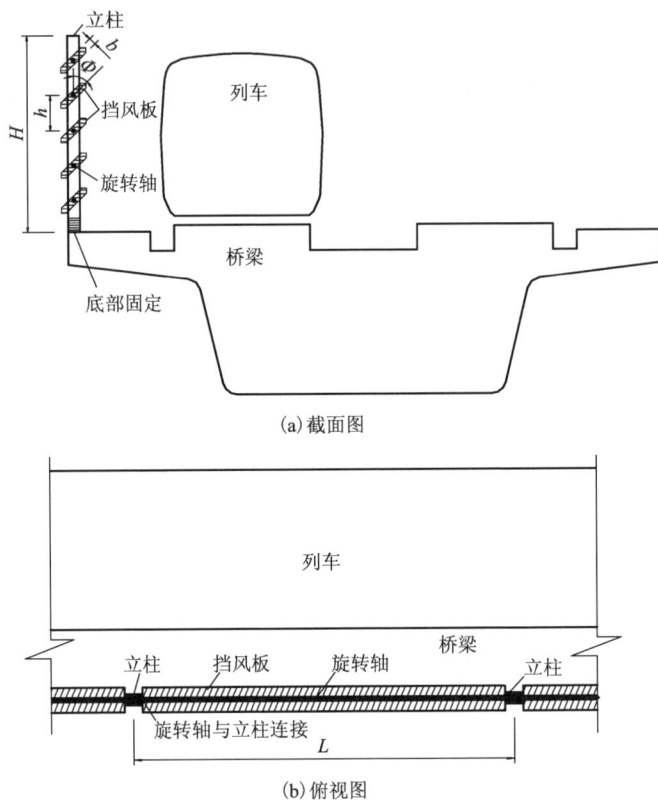

(a) 截面图

(b) 俯视图

图 10 - 2　百叶窗型风屏障在桥上的安装示意

10.2　百叶窗型风屏障气动特性风洞试验研究

10.2.1　百叶窗型风屏障对桥梁气动特性的影响

 试验选取 3.0 m 高的风屏障作为研究对象，来研究百叶窗型风屏障在叶片转动时对桥上无车(裸桥)状态下桥梁的气动特性影响。试验时在桥梁两侧固定风屏障，叶片从 0° 至 180° 同步对称转动(后文均按此方式布置百叶窗风屏障)，如图 10 - 3 所示，试验工况见表 10 - 1。

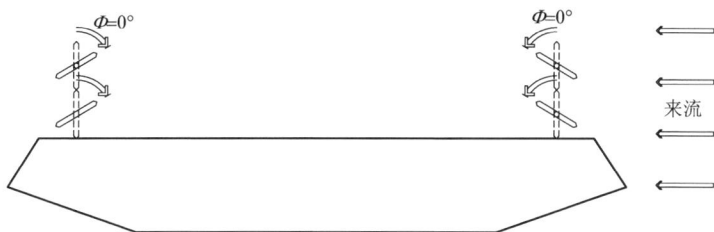

图 10 - 3　裸桥状态下设置风屏障试验示意图

表 10 - 1　试验工况表

横风风速 /(m·s⁻¹)	叶片层数	风嘴角度/(°)	转动形式	叶片转角 Φ/(°)
10	两层	90	对称	0、30、45、60、90、120、135、150

图 10 - 4 为裸桥状态下桥梁的气动力系数随叶片转角的变化曲线，随着叶片转角的增大，其中阻力系数先减小后增大，在 90°达到最小值，升力系数在 90°时绝对值最小，力矩系数在 90°以前为正，在 90°以后为负；阻力系数随叶片转角变化比较明显。叶片由初始 0°转至 90°过程中，风屏障的迎风面积逐渐减小，使得桥梁

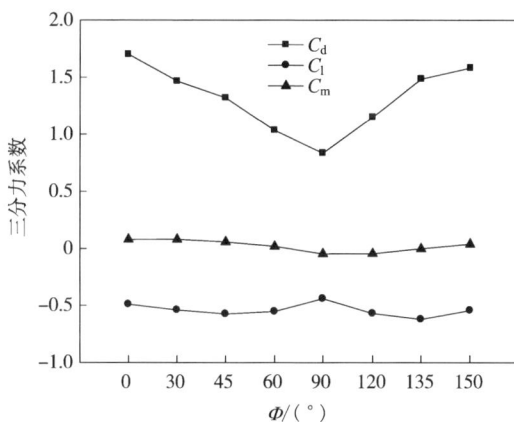

图 10 - 4　裸桥状态下桥梁气动力系数变化曲线

的阻力系数大幅减小，而由 90°转至 180°时，风屏障的迎风面积逐渐增大，又使得桥梁的阻力系数大幅增大。

由图 10 - 4 可知叶片转角为 90°时，桥梁的气动力系数均达到最小值；在 0°或 150°附近时，桥梁的气动力系数达到最大值。将设置风屏障时桥梁气动力系数的最值与未设置风屏障时桥梁的气动力系数对比，结果见表 10 - 2。设置百叶窗型风屏障对桥梁的气动特性有一定的不利影响，并且百叶窗型风屏障对桥梁的气动特性具有一定的调节作用。

表 10 - 2 桥梁气动力系数比较

气动力系数	C_d	C_l	C_m
设置风屏障	最大 1.701	最大 - 0.623	最大 0.080
	最小 0.834	最小 - 0.441	最小 - 0.002
未设值风屏障	0.565	- 0.348	- 0.055

10.2.2　百叶窗型风屏障对车 - 桥气动特性影响

1. 不同车 - 桥组合下车 - 桥气动特性变化规律

为研究不同车 - 桥组合工况(图 10 - 5)下设置风屏障后桥梁和列车的气动特性变化规律,试验工况设置见表 10 - 3。以往研究表明,在双车 - 桥组合工况下,由于上游车的阻挡作用,风屏障对下游车的气动特性影响较小,变化不明显,因此仅测试上游车和桥梁的气动特性。

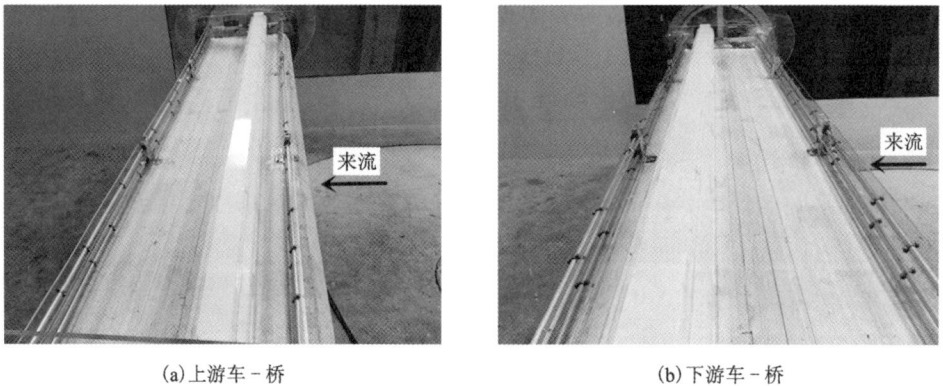

(a)上游车 - 桥　　　　　　　　　　(b)下游车 - 桥

图 10 - 5　典型车 - 桥组合工况试验照片

表 10 - 3　试验工况表

横风风速 /(m·s^{-1})	叶片层数	风嘴角度 /(°)	转动形式	车 - 桥组合	叶片转角 Φ/(°)
10	两层	90	对称	上游车 - 桥 下游车 - 桥 双车 - 桥	0、30、45、60、90、120、135、150

图 10 - 6 为上游车 - 桥组合工况下列车和桥梁的气动力系数随叶片转角的变

化曲线，叶片转角从 0°至 90°变化时，桥梁与列车的阻力系数变化均较明显，其中桥梁的阻力系数先减小后增大，在 90°时达到最小，而列车的阻力系数变化趋势则相反，为先增大后减小，在 90°时达到最大。这主要是由于叶片转至 90°时，风屏障透风率最大，对列车的阻挡效应最弱，列车受到来流的冲击最大，而风屏障本身的迎风面积最小，受到来流的冲击最弱，而风屏障作为桥梁的一部分固定在桥上，还使桥梁的阻力系数达到最大。

列车的升力系数在 0 至 0.2 之间变化，桥梁的升力系数在 −0.8 至 −0.4 之间变化，相对变化较小；随着叶片转角的增大，列车的升力系数先减小后增大再减小，在 120°时达到最大，而桥梁的升力系数始终为负，其绝对值先增大后减小，在 60°时绝对值最大。总体上，力矩系数变化均相对较小。

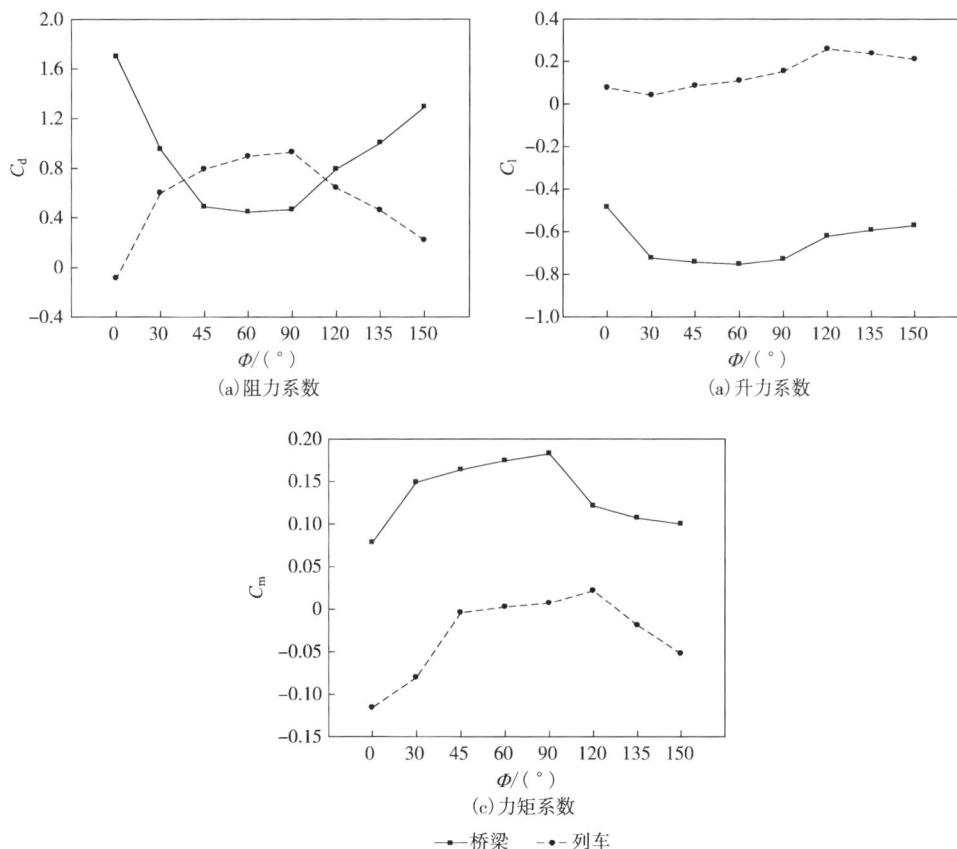

(a)阻力系数 　　(a)升力系数

(c)力矩系数

——桥梁　--•--列车

图 10 − 6　上游车 − 桥组合工况下车 − 桥气动力系数变化曲线

图 10 − 7、图 10 − 8 分别为下游车 − 桥、双车 − 桥组合工况下列车和桥梁的气动力系数随叶片转角的变化规律曲线，其气动力系数变化规律与上游车 − 桥组

合工况基本相似，唯有下游车 – 桥的组合工况下桥梁和列车的升力系数变化规律略有不同。

对比图 10 – 6 和图 10 – 8 可以发现，在设置百叶窗型风屏障时，下游车的存在对上游车的气动特性影响相对较小；对比图 10 – 6 和图 10 – 7 可以发现：图 10 – 7 中的桥梁和列车的阻力系数在 90°附近变化更剧烈，升力系数则变化范围更大，说明在设置这种风屏障时，上游车的存在对下游车 – 桥组合工况下车 – 桥气动特性影响相对较大。

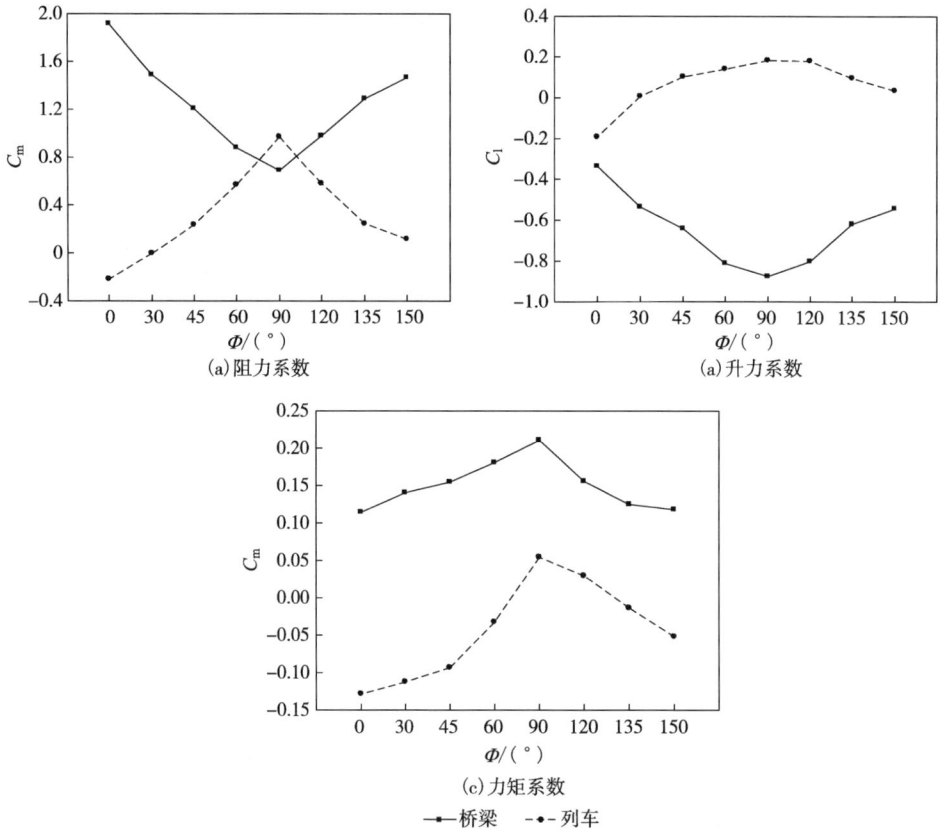

(a)阻力系数

(a)升力系数

(c)力矩系数

——桥梁 – •–列车

图 10 – 7　下游车 – 桥组合工况下车 – 桥气动力系数变化曲线

2.叶片层数对车 – 桥气动特性的影响

在比较不同叶片层数的效果时，风屏障高度统一取 3.0 m(模型高度为 75 mm，缩尺比 1∶40)。由于制作的风屏障模型非常小，这给模型的制作和精度的控制都带来一定的挑战，故试验时仅考虑一层、两层和三层三种层数的叶片，如图 10 – 9 所示。

(a) 阻力系数

(a) 升力系数

(c) 力矩系数

　—■— 桥梁　　- -●- - 列车

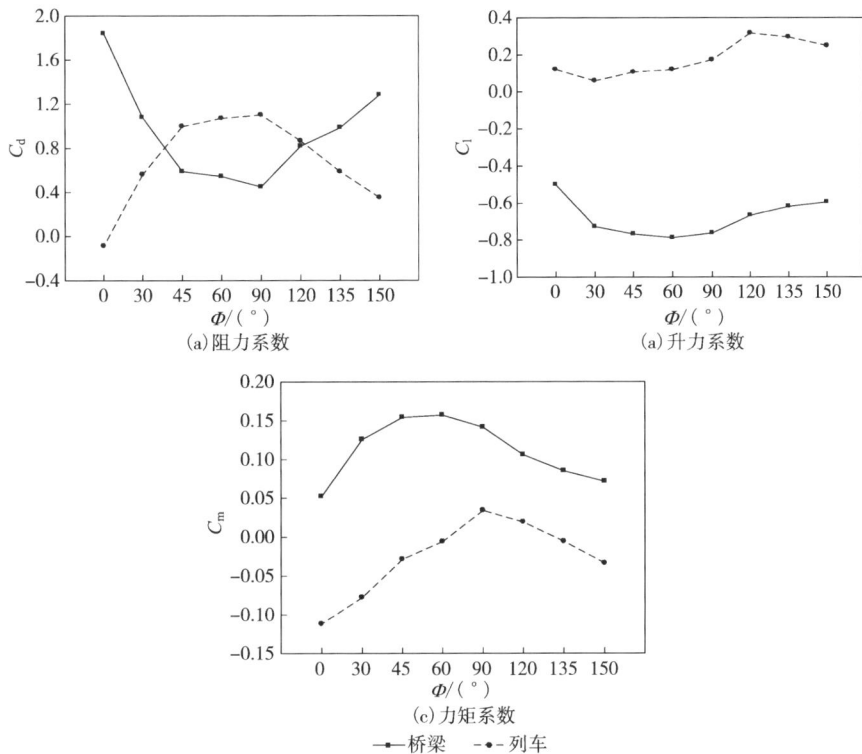

图 10 - 8　双车 - 桥组合工况下车 - 桥气动力系数变化曲线

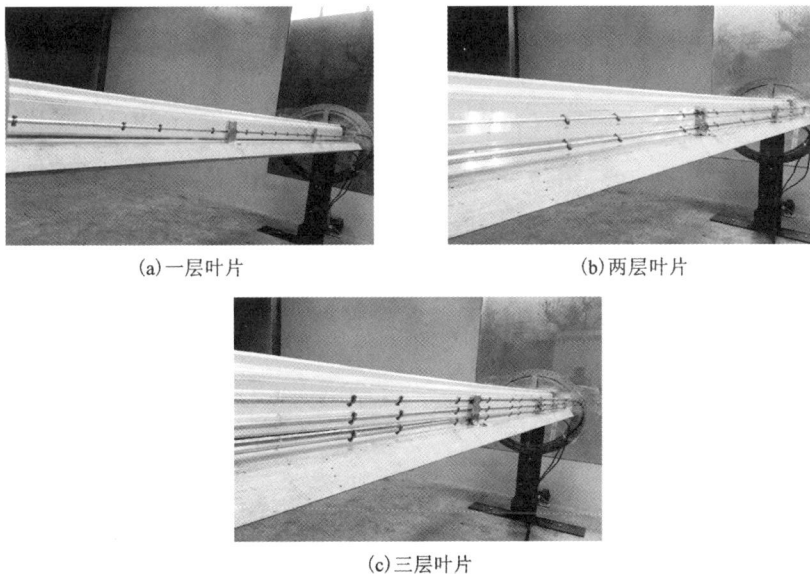

(a) 一层叶片

(b) 两层叶片

(c) 三层叶片

图 10 - 9　试验用三种叶片层数示例

为研究叶片层数对列车和桥梁的气动特性的影响,试验工况见表10-4。

表10-4 试验工况表

横风风速 /(m·s⁻¹)	叶片层数	风嘴角度 /(°)	转动形式	车-桥组合	叶片转角 Φ/(°)
10	一层 两层 三层	90	对称	上游车-桥 双车-桥	0、30、45、60、 90、120、135、150

图10-10~图10-13分别给出了上游车-桥和双车-桥组合工况下设置不同叶片层数时桥梁和列车的气动力系数变化规律曲线。在上游车-桥和双车-桥组合工况下,叶片的层数在各个转角下对桥梁与列车的气动力系数影响基本一致,下面仅分析上游车-桥组合工况下桥梁与列车的气动力系数的变化曲线。

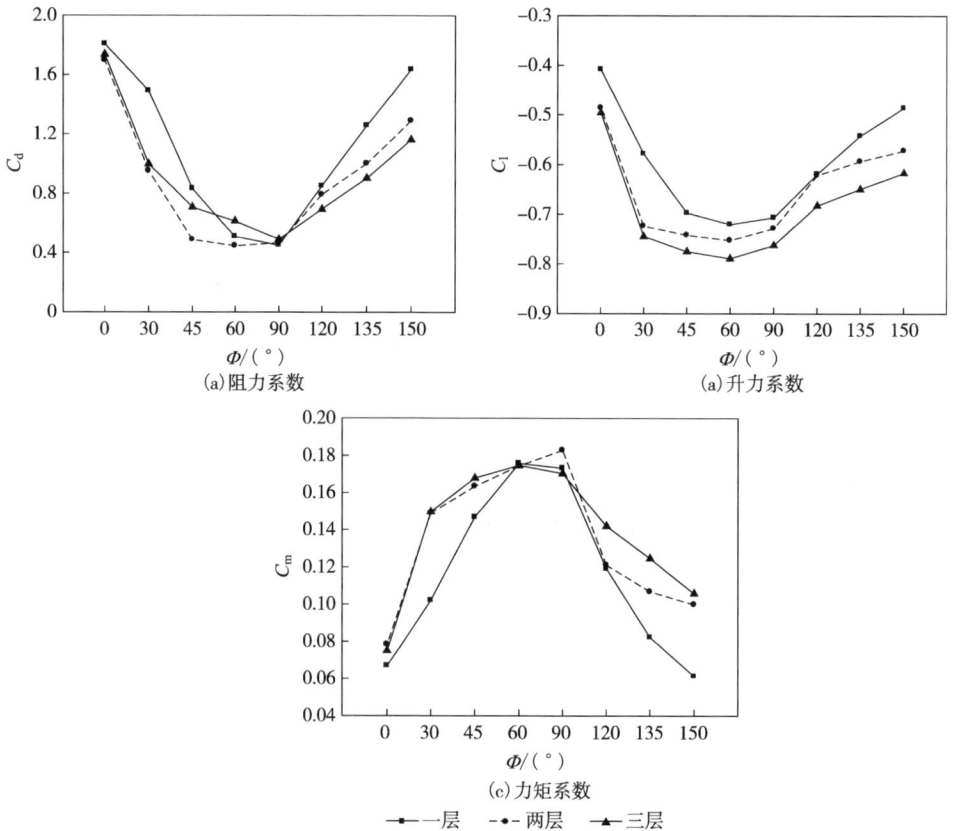

图10-10 上游车-桥组合工况下桥梁的气动力系数变化规律曲线

　　图 10 – 10 为上游车 – 桥组合工况下设置三种叶片层数风屏障时桥梁的气动力系数变化规律曲线，由图 10 – 10 可知：三种层数的叶片对桥梁的气动力系数的影响随叶片转角的变化规律基本一致。对于阻力系数，一层叶片的风屏障比两层叶片和三层叶片的风屏障大，并且这种差别随透风率增大而减小；对于升力系数，在各个转角下，升力系数均为负，较密叶片的升力系数绝对值比较疏的叶片绝对值大；对于力矩系数，一层叶片的风屏障比两层叶片和三层叶片的风屏障小，并且这种差别随透风率增大而减小。

　　图 10 – 11 为上游车 – 桥组合工况下设置三种叶片层数风屏障时列车的气动力系数变化规律曲线，由图 10 – 11 可知：三种层数的叶片对列车的气动力系数影响随叶片转角的变化规律也基本一致。对于阻力系数，在各个转角下，较密的叶片均比较疏的叶片大，但整体差异较小；对于升力系数，在各个转角下，较密的叶片均比较疏的叶片大，并且这种差别随透风率增大而增大；对于力矩系数，除个别角度外，较密的叶片比较疏的叶片小，并且这种差别随透风率增大而减小。

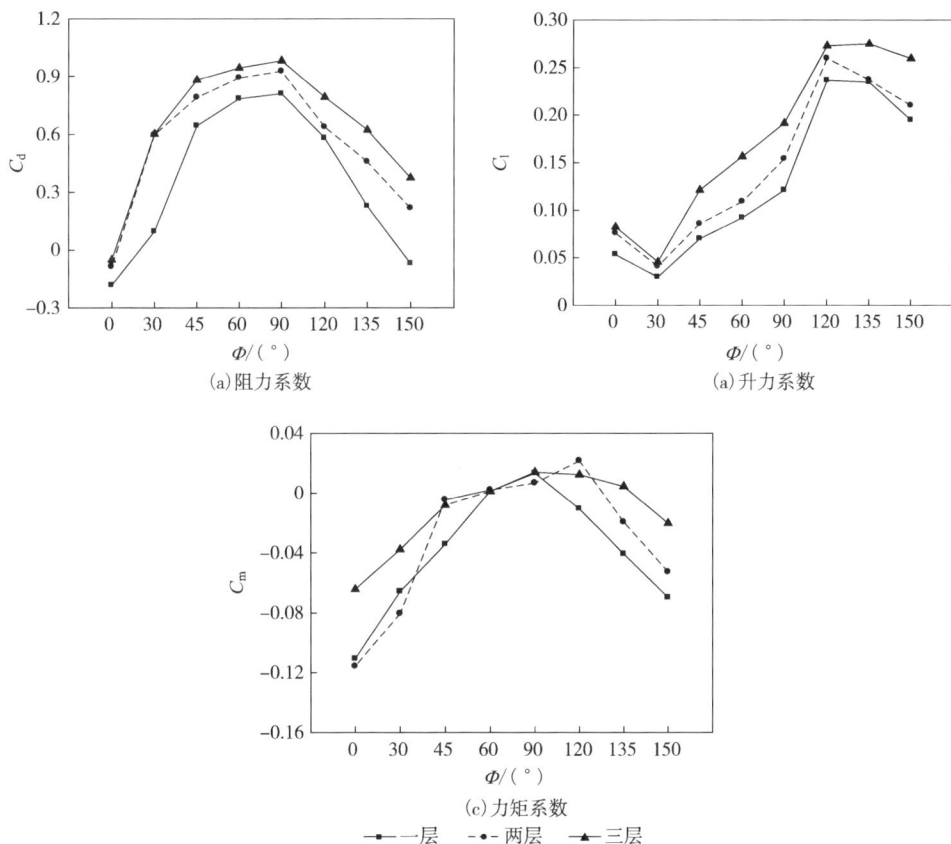

(a)阻力系数　　(a)升力系数

(c)力矩系数

——一层　　-·-两层　　—▲—三层

图 10 – 11　上游车 – 桥组合工况下列车的气动力系数变化曲线

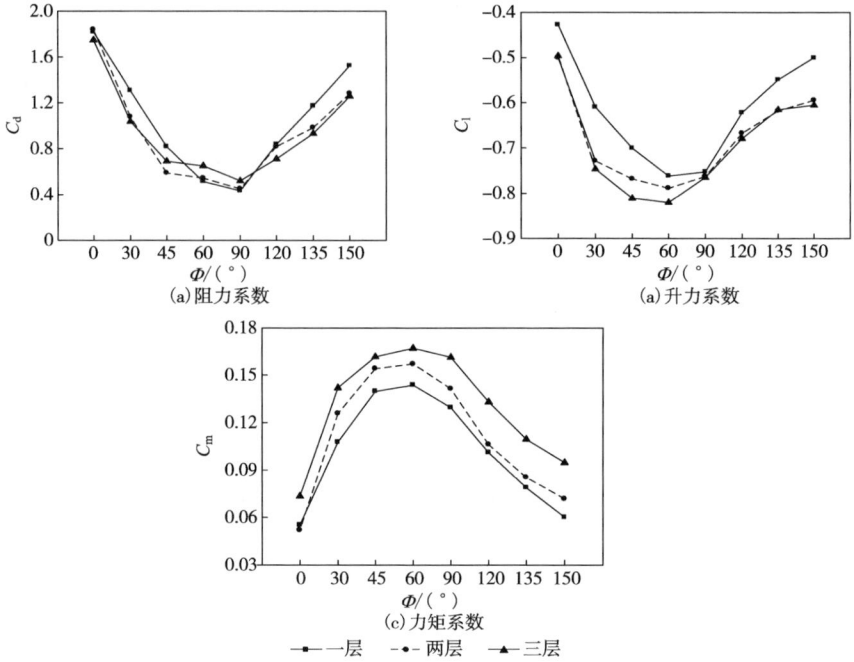

(a)阻力系数

(a)升力系数

(c)力矩系数

一层　—•—两层　三层

图 10 – 12　双车 – 桥组合工况下桥梁的气动力系数变化规律曲线

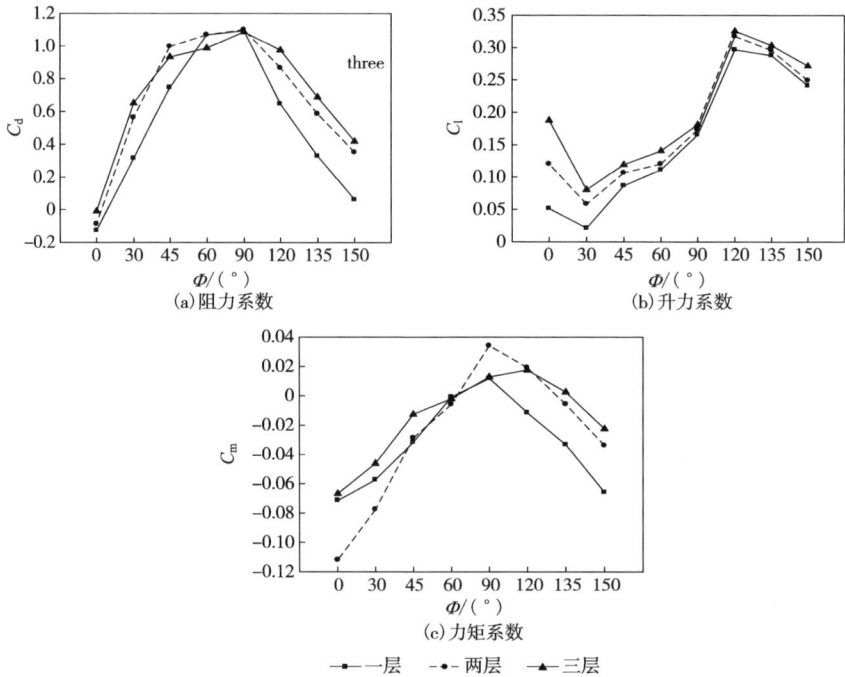

(a)阻力系数

(b)升力系数

(c)力矩系数

一层　—•—两层　三层

图 10 – 13　双车 – 桥组合工况下列车的气动力系数变化规律曲线

3. 叶片转动形式对车 – 桥气动特性的影响

前面在设置试验工况时，仅在桥梁两侧设置风屏障并对称转动，由于这种转动型风屏障的特殊性，不得不考虑其反对称转动形式。下面选取两层叶片的风屏障进行对比，分别使叶片对称转动和反对称转动，如图 10 – 14 所示。

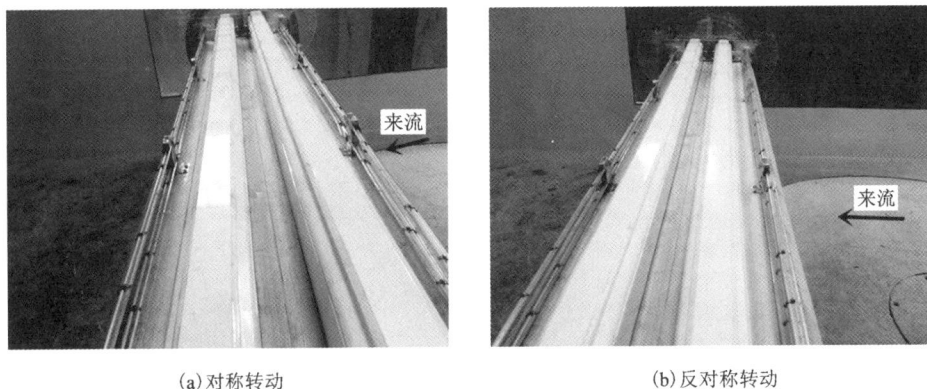

(a) 对称转动　　　　　　　　　　　　　　(b) 反对称转动

图 10 – 14　双车 – 桥组合工况下风屏障转动试验照片

本节在研究百叶窗型风屏障叶片转动形式对桥梁和列车气动特性影响时，设置了的试验工况见表 10 – 5。

表 10 – 5　试验工况表

横风风速 /(m·s⁻¹)	叶片层数	风嘴角度 /(°)	转动形式	车 – 桥组合	叶片转角 Φ/(°)
10	两层	90	对称 反对称	上游车 – 桥 双车 – 桥	30、45、60、90、 120、135、150

图 10 – 15 ~ 图 10 – 18 为上游车 – 桥和双车 – 桥组合工况下叶片对称转动和反对称转动时桥梁和列车的气动力系数变化规律曲线，可以发现，两种车 – 桥组合工况下桥梁和列车的气动力系数变化规律基本一致。下面就上游车 – 桥组合工况下分析桥梁和列车的气动力系数变化规律。不管叶片是对称转动还是反对称转动，桥梁与列车的气动力系数都符合上述的研究规律。

由图 10 – 15 可知：对于阻力系数和升力系数，叶片转角在 90°以前，叶片对称转动比反对称转动的阻力系数和升力系数大，而在 90°以后，叶片对称转动比反对称转动小；对于力矩系数，在各个转角下，叶片对称转动比反对称转动大。综合桥梁气动力系数可知：就桥梁结构安全而言，叶片转角在 90°以前，可以优先采用反对称的转动形式；在 90°以后，可以采用对称转动形式。由图 10 – 16 可

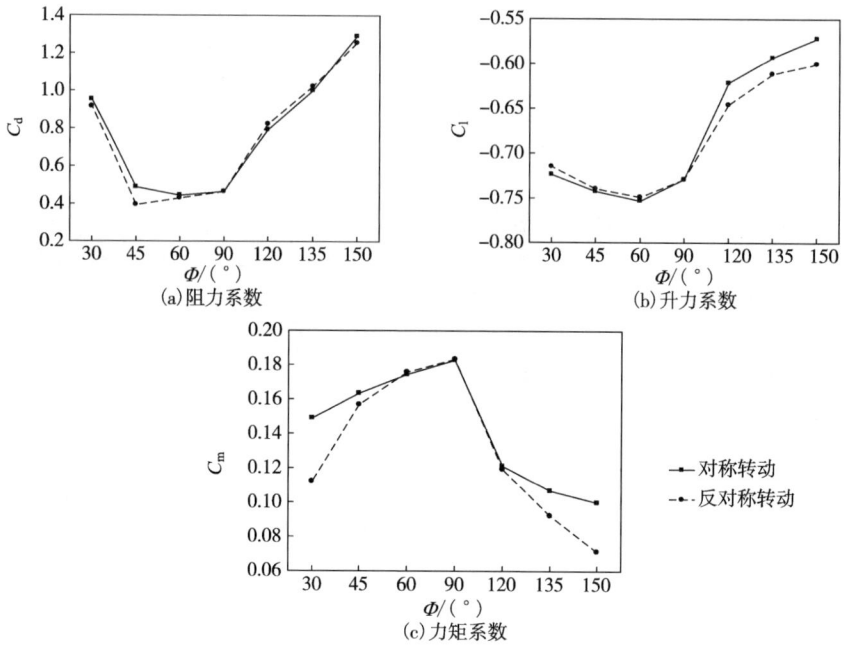

图 10 – 15　上游车 – 桥组合工况下桥梁的气动力系数变化曲线

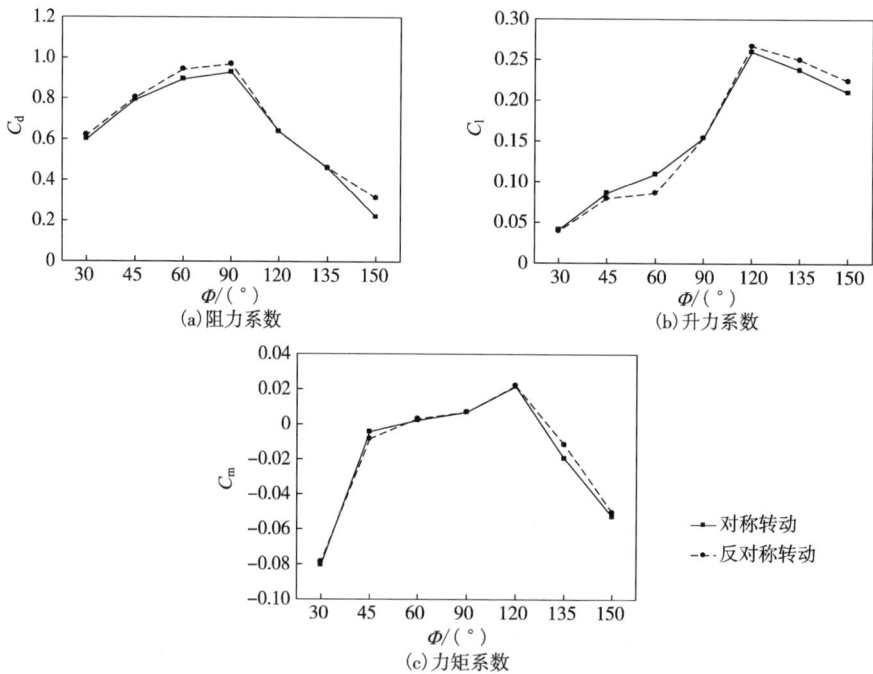

图 10 – 16　上游车 – 桥组合工况下列车的气动力系数变化曲线

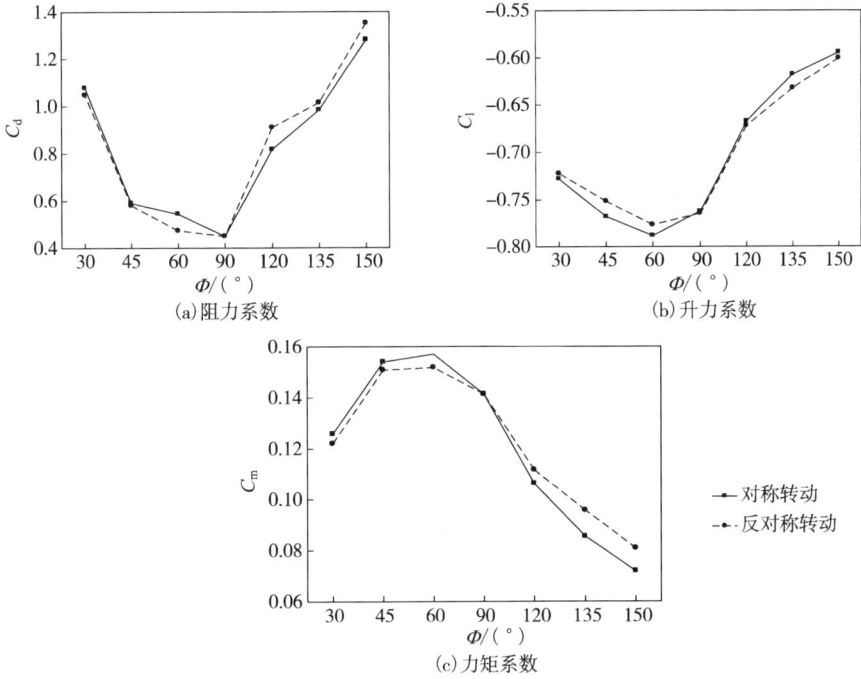

图 10 – 17　双车 – 桥组合工况下桥梁的气动力系数变化曲线

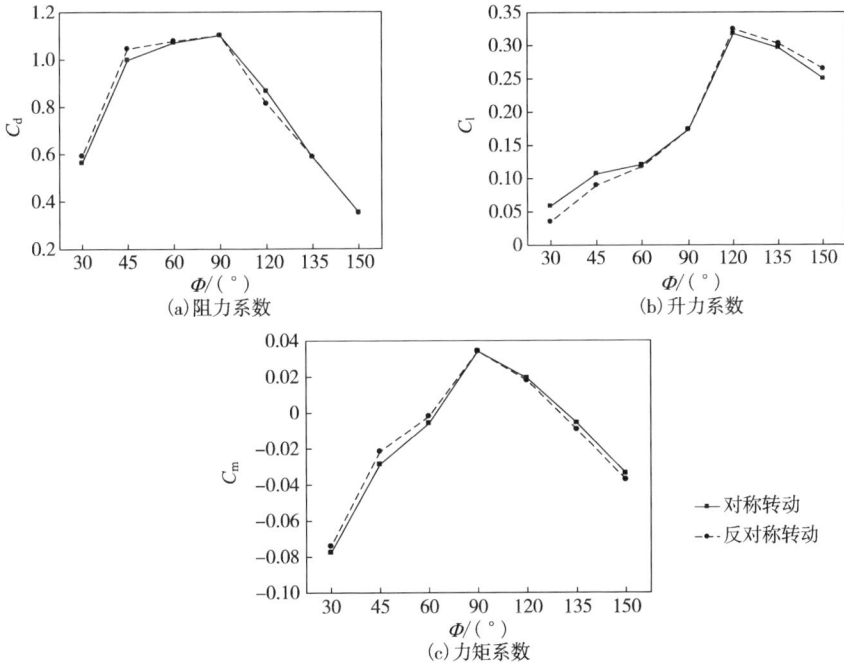

图 10 – 18　双车 – 桥组合工况下列车的气动力系数变化曲线

知：对于阻力系数，叶片转角在 90°以前，叶片对称转动比反对称转动小，而在 90°以后，叶片对称转动比反对称转动大；对于升力系数，叶片转角在 90°以前，叶片对称转动比反对称转动大，而在 90°以后，叶片对称转动比反对称转动小；对于力矩系数，叶片对称转动与反对称转动结果接近，两者影响不大。

4. 风屏障设置对车 - 桥气动特性的影响

风屏障通常设置在桥梁的两侧，有时会考虑当地风场特性、造价等因素，仅在桥梁的上游侧设置单侧风屏障。为了研究设置单侧百叶窗型风屏障对桥梁与列车的气动的影响，对设置单侧风屏障的车 - 桥模型进行了风洞试验，试验工况，见表 10 - 6。

表 10 - 6　试验工况表

横风风速 /(m·s⁻¹)	叶片层数	风嘴角度 /(°)	风屏障设置	车 - 桥组合	叶片转角 Φ/(°)
10	两层	90	单侧 双侧	上游车 - 桥 双车 - 桥	0、30、45、60、90、120、135、150

图 10 - 19 ~ 图 10 - 22 为上游车 - 桥和双车 - 桥组合工况下设置单侧风屏障和双侧风屏障时的桥梁和列车的气动力系数变化规律曲线，可以看出：两种车 - 桥组合工况下的桥梁和列车的气动力系数变化趋势相近，单侧风屏障和双侧风屏障对桥梁和列车的阻力系数和力矩系数影响较小，而对其升力系数影响较大。下面仅分析上游车 - 桥组合工况下的桥梁和列车的气动力系数变化规律。

由图 10 - 19 可知：对于桥梁的阻力系数，设置单侧风屏障比设置双侧风屏障时小，叶片转角在 90°以前，这种差异较大，而叶片转角在 90°以后，这种差异较小；对于桥梁的升力系数，设置单侧风屏障时比设置双侧风屏障时小，并且当叶片转到透风率较大的角度时，这种差异更明显；对于桥梁力矩系数，设置单侧风屏障比设置双侧风屏障时小，且和升力系数一样，在叶片转到透风率较大的角度时，这种差异更明显。总的来说，设置单侧风屏障时，桥梁的气动力系数均较小，这对桥梁结构安全有利。

由图 10 - 20 可知：对于列车的阻力系数和力矩系数，设置单侧风屏障与设置双侧风屏障相比相差很小；对于列车的升力系数，设置单侧风屏障比设置双侧风屏障小，叶片转角在 90°以前，这种差别相对较小，而叶片转角在 90°以后，这种差别相对较大。

5. 与开孔型、栅栏型风屏障的比较

在研究了百叶窗型风屏障对桥梁和列车气动特性的影响后，本节将这种百叶

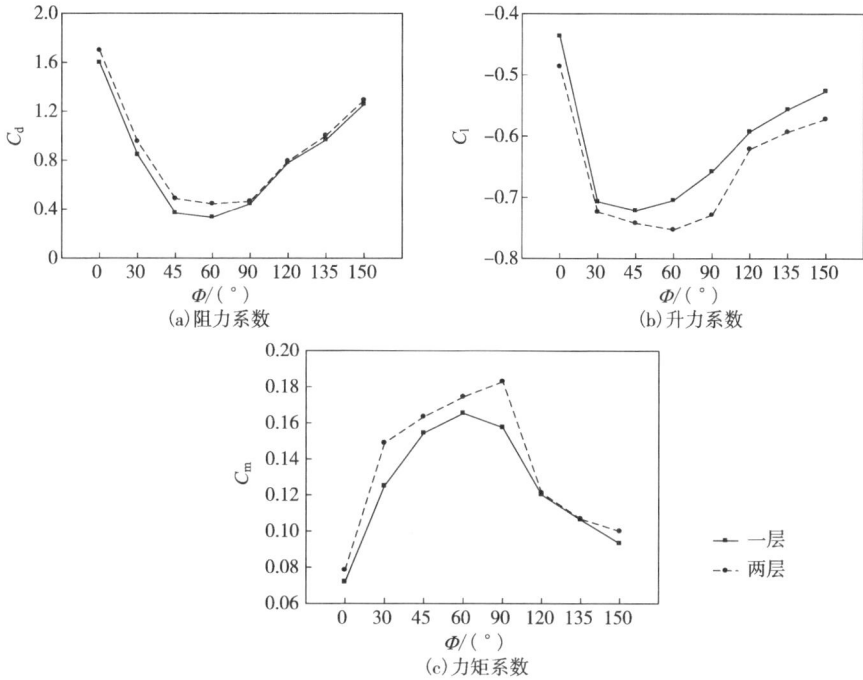

图 10 - 19　上游车 - 桥组合工况下桥梁的气动力系数变化规律曲线

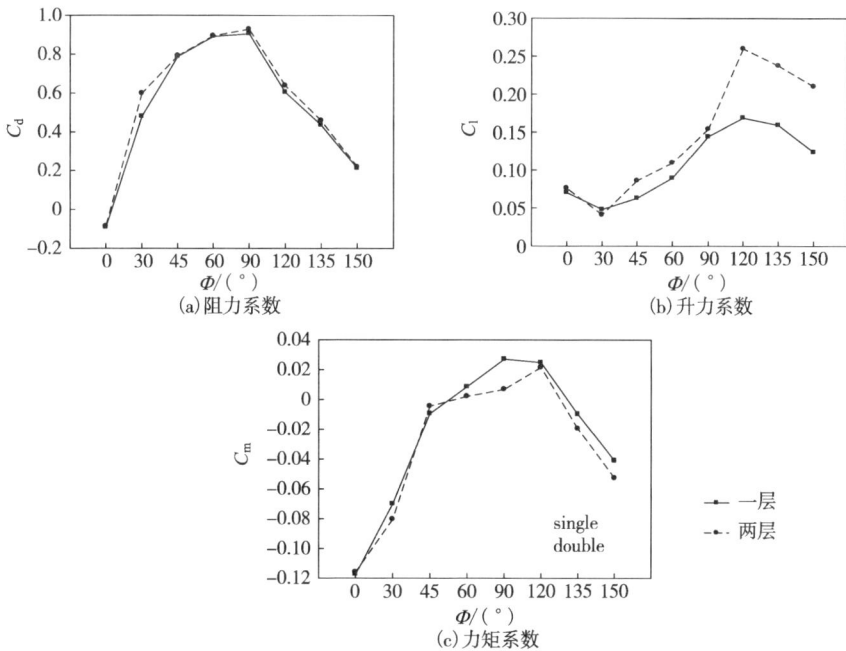

图 10 - 20　上游车 - 桥组合工况下列车的气动力系数变化规律曲线

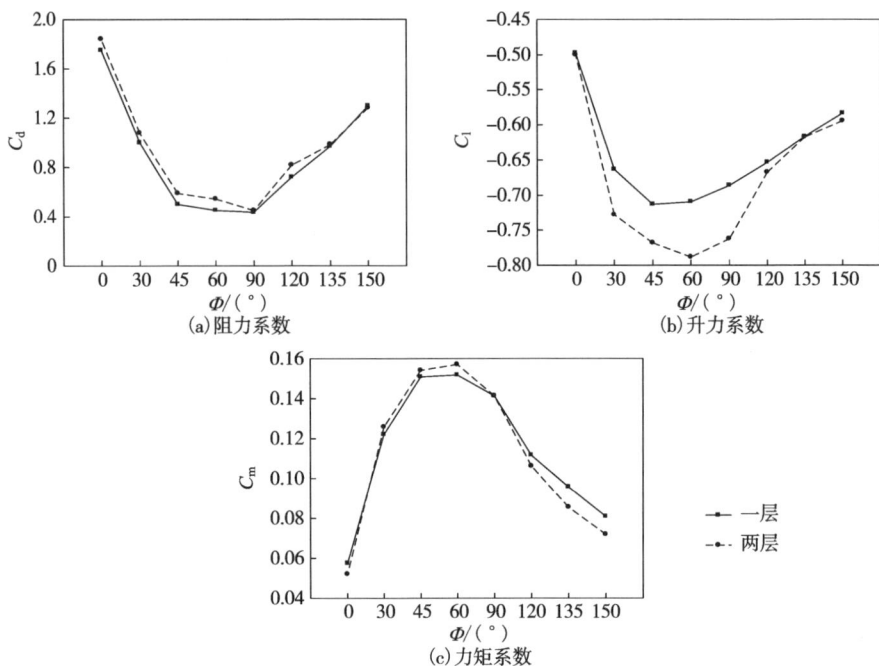

图 10-21　双车-桥组合工况下桥梁的气动力系数变化规律曲线

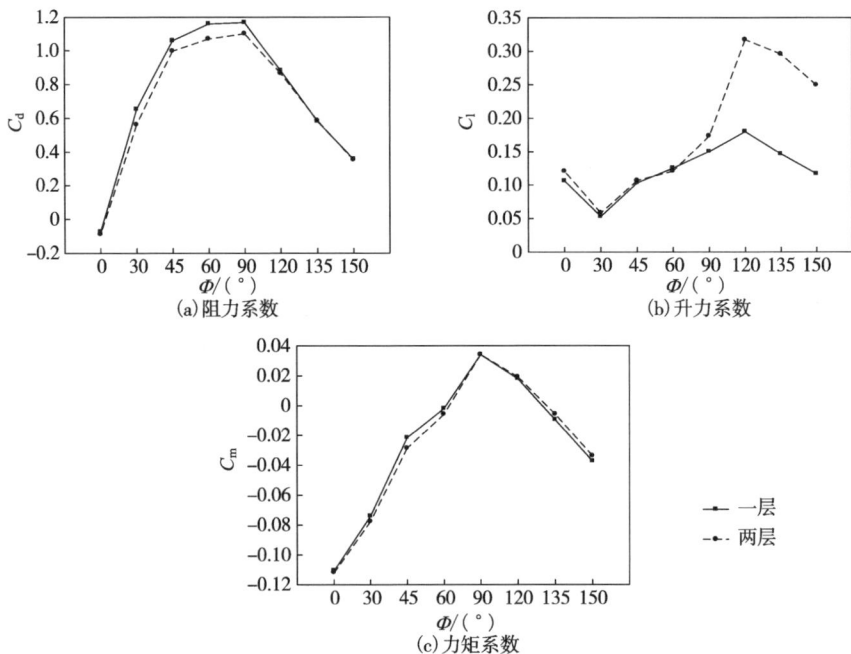

图 10-22　双车-桥组合工况下列车的气动力系数变化规律曲线

窗型风屏障和开孔型风屏障、栅栏型风屏障作对比。试验选取两层叶片的风屏障作为试验对象，由于叶片转角为 0°~180°，叶片每转至一个角度，就对应一个透风率，其中叶片分别转至 30°、45°、60° 时，其对应的透风率分别为 12%、26%、42%，因此分别设置了透风率为 12%、26%、42% 的开孔型和栅栏型风屏障作为试验对比，如图 10-23 所示。

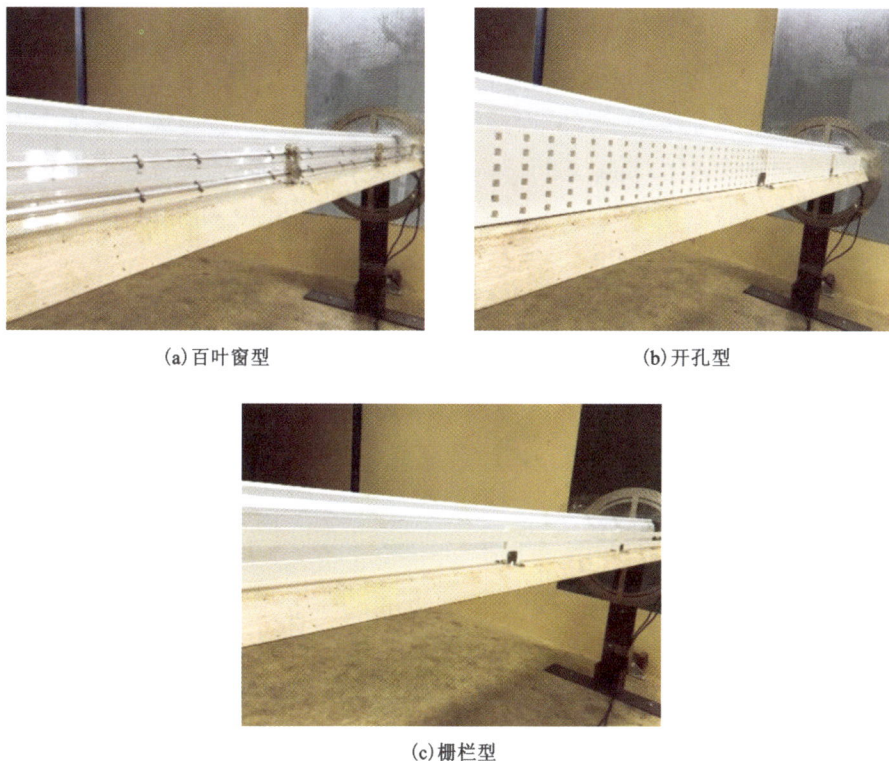

(a)百叶窗型

(b)开孔型

(c)栅栏型

图 10-23　三种风屏障试验照片

为了将百叶窗型风屏障与开孔型、栅栏型风屏障对比，设置了试验工况见表 10-7。

表 10-7　试验工况表

横风风速 /(m·s⁻¹)	风屏障布置	风屏障类型	透风率/%	车-桥工况
10	双侧布置	百叶窗型	12	上游车-桥 双车-桥
		开孔型	26	
		栅栏型	42	

图 10 - 24 ~ 图 10 - 27 为上游车 - 桥和双车 - 桥组合工况下分别设置相同透风率的百叶窗型、开孔型和栅栏型的风屏障桥梁和列车的气动力系数变化规律曲线。在两种车 - 桥组合工况下，桥梁和列车的气动力系数变化趋势基本一致。每种风屏障下桥梁和列车的气动力系数随透风率的变化规律也基本一致，下面仅分析上游车 - 桥组合工况下设置三种风屏障时桥梁和列车的气动力系数变化规律。

图 10 - 24 为上游车 - 桥组合工况下桥梁的气动力系数变化规律曲线。由图 10 - 24 可以看出：在相同透风率下，对于阻力系数，开孔型和栅栏型风屏障结果较为接近，并且远大于百叶窗型风屏障；对于升力系数，开孔型和栅栏型风屏障结果比较接近，并且略小于百叶窗型风屏障，这种差别随着透风率的增大而减小；对于力矩系数，开孔型和栅栏型风屏障结果较为接近，并且小于百叶窗型风屏障，这种差别也是随着透风率的增大而减小。由此可见，在相同透风率下，百叶窗型风屏障相比开孔型和栅栏型风屏障，大大减小了桥梁的阻力系数，却增大了桥梁的升力系数和力矩系数。

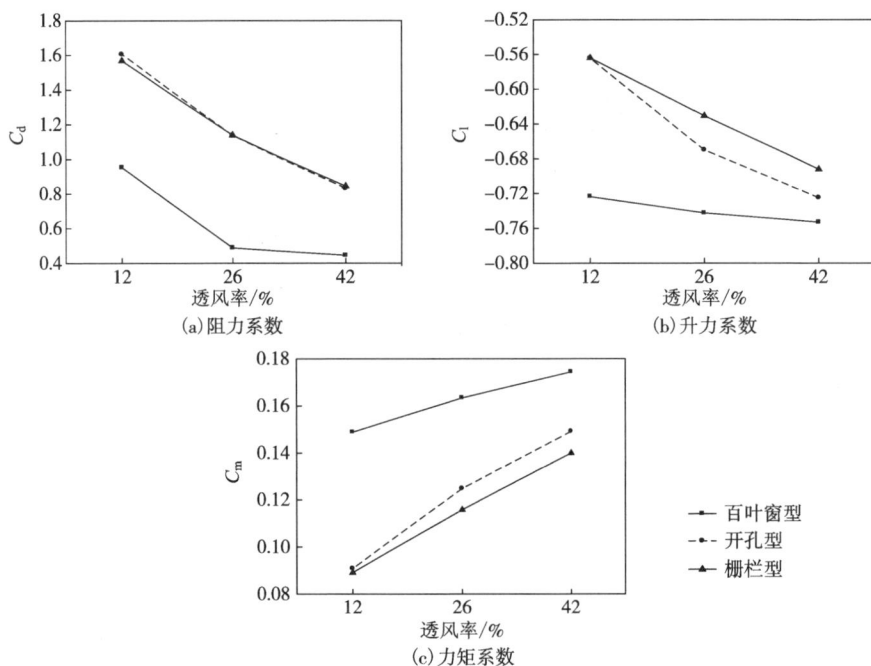

图 10 - 24 上游车 - 桥组合工况下桥梁的气动力系数变化规律曲线

图 10 - 25 为上游车 - 桥组合工况下列车的气动力系数变化曲线。由图 10 - 25 可以看出：在相同透风率下，对于阻力系数，开孔型和栅栏型的风屏障较为接近，并小于百叶窗型风屏障，这种差别也是随着透风率的增大而减小；对

于升力系数，栅栏式风屏障的结果较大，百叶窗型风屏障要略小于开孔型风屏障；对于力矩系数，三种风屏障结果均为负，百叶窗型风屏障绝对值要小于开型式和栅栏型风屏障。由此可见，在相同的透风率下，百叶窗型风屏障相比开孔型和栅栏型风屏障，列车的阻力系数增大，直接的挡风效果有所减弱，但列车的升力系数和力矩系数都减小了。

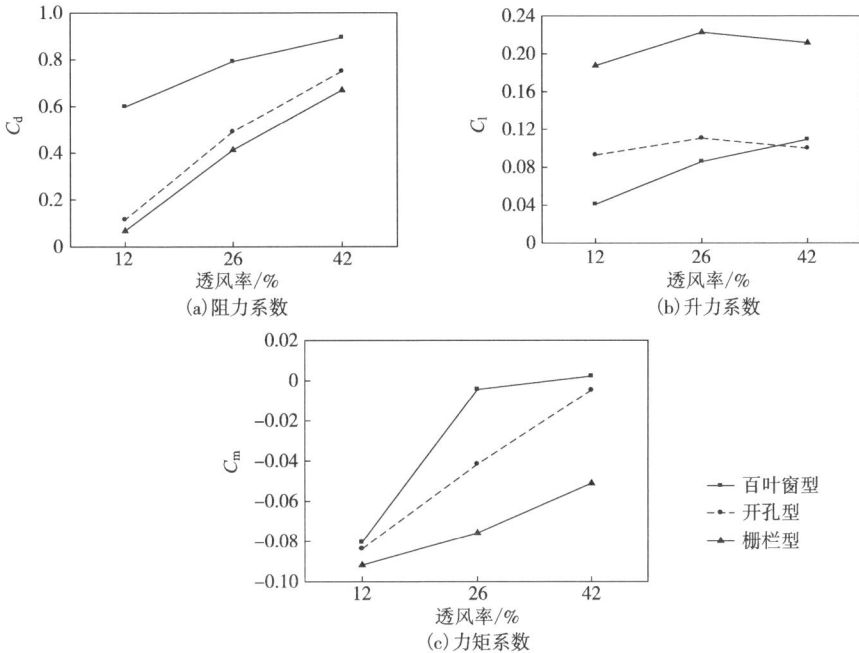

图 10 – 25　上游车 – 桥组合工况下列车的气动力系数变化规律曲线

10.3　百叶窗型风屏障气动特性数值模拟研究

10.3.1　标准跨径简支箱梁 – 车组合系统气动特性变化规律

为研究各个车 – 桥组合工况下设置风屏障后桥梁和列车的气动特性变化规律，以第 3 章的简支箱梁 – 车系统为例，风屏障叶片对称固定在桥梁，风速为 10 m/s，通过数值模拟百叶窗型风屏障叶片不同转角对车 – 桥系统气动特性的影响，探讨百叶窗型风屏障的防风效果和机理。对百叶窗型风屏障而言，挡板旋转角度为可变参数，其变化范围为 0°～180°。本节选取 0°、30°、45°、60°、90°、120°、135° 和 150° 竖直面旋转角度，通过比较车 – 桥及风屏障本身的气动特性来考察风屏障防风效果，其中，0° 即为闭合状态不透风的风屏障。以往对普通类型风屏障的研究表明，屏障高度对挡风效果有较大影响，当屏障高度接近车顶高度时，继续增

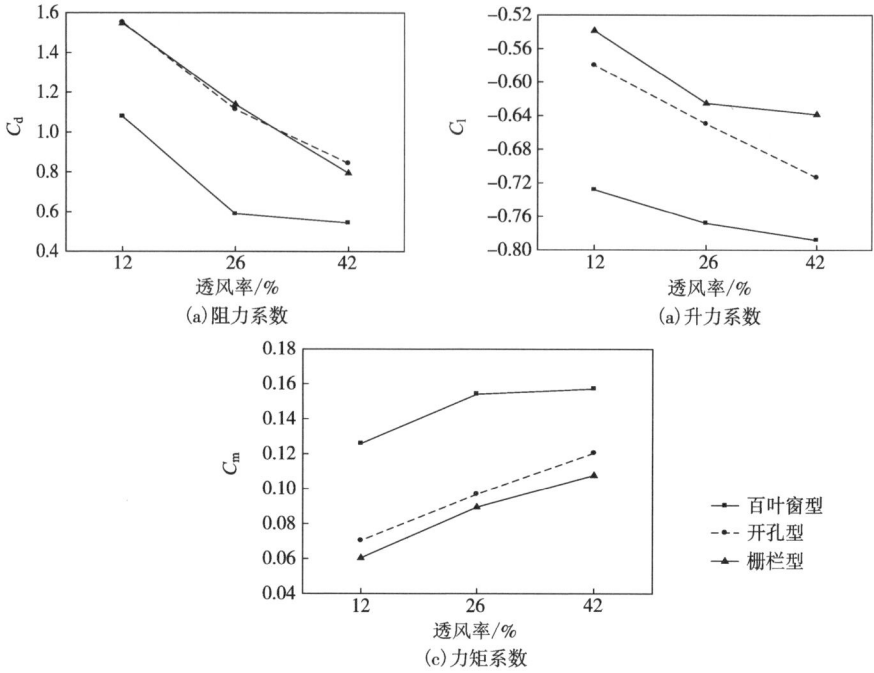

(a)阻力系数

(a)升力系数

(c)力矩系数

百叶窗型
开孔型
栅栏型

图 10 – 26　双车 – 桥组合工况下桥梁的气动力系数变化规律曲线

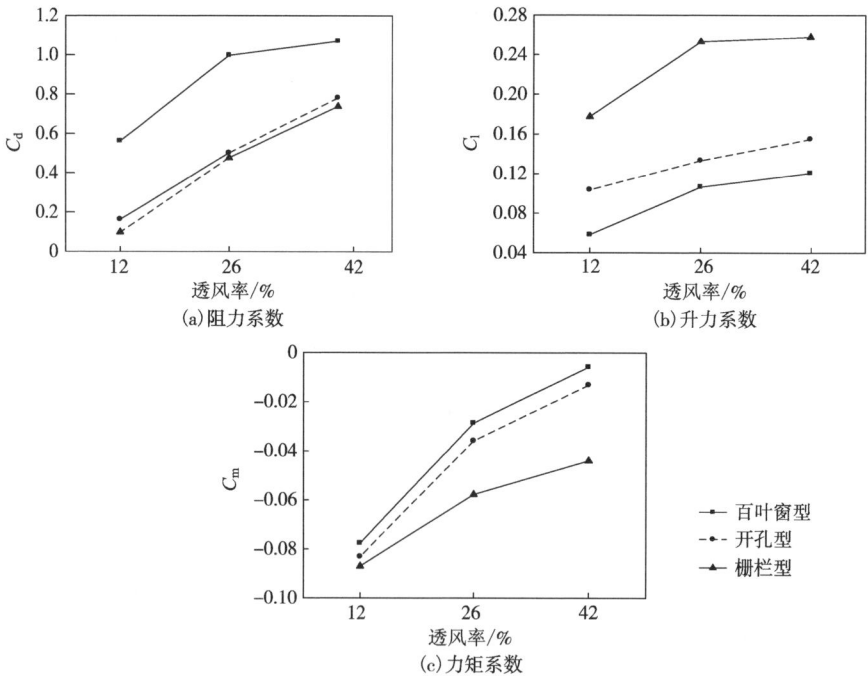

(a)阻力系数

(b)升力系数

(c)力矩系数

百叶窗型
开孔型
栅栏型

图 10 – 27　双车 – 桥组合工况下列车的气动力系数变化规律曲线

加高度，其挡风效果变化已不明显。以往研究只考虑到对列车的挡风效果，风屏障是固定的，而且不能改变流场方向。

本节建立 3.0 m、3.5 m 和 4.0 m 三种高度模型进行比较，研究百叶窗型风屏障高度对挡风效果的影响，同时考察屏障本身的气动特性。如图 10-28 所示。

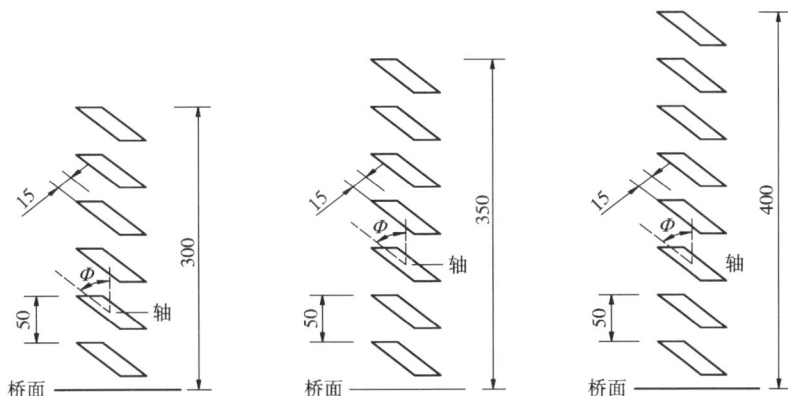

图 10-28 不同高度和旋转角度百叶窗型风屏障(单位：cm)

为考察横风下车-桥及风屏障气动特性的变化规律，选取 10 m/s 来流风速来研究各种风屏障高度下列车和桥梁的三分力随叶片旋转角度的变化曲线。从图 10-29 可知在百叶窗关闭时，列车的阻力、升力以及倾覆力矩系数均为负值，3.0~4.0 m 高度时系数绝对值逐渐减小。百叶窗打开时，列车的阻力系数、升力系数以及倾覆力矩系数均随风屏障高度增加而减小，但差别微小。从曲线整体变化可以看出，随着叶片打开后旋转角度的增加，列车的气动力系数均逐渐增大，其中阻力系数和倾覆力矩系数在 60° 左右达到最大值，在 60°~90° 时变化不大，升力系数在 90° 时达到最大，各力系数在叶片转角超过 90° 后均逐渐减小。可见当旋转角度超过 60° 后属于过渡段，其转角对列车气动特性几乎无影响，直到产生下倾的角度。

风屏障高度超过 3.0 m 时，相同旋转角度下，高度对列车三分力的影响不大。这样在考察成本时可选择高度较小的风屏障。图 10-30 为桥梁的气动力系数随转角变化曲线，通过对百叶窗型风屏障下桥梁的气动力系数曲线进行分析可知，从风屏障高度来看，叶片打开后(不考虑风屏障闭合情形)，无论是阻力系数、升力系数还是倾覆力矩系数都随风屏障高度增加而减小。其中，升力系数是负值，阻力系数峰值出现在 60° 和 150° 处。总的来说，阻力系数和倾覆力矩系数变化幅度较小，升力系数略大，但变化幅度均小于 0.2，也就是说随着叶片旋转角度的改变，桥梁气动特性变化不大；当叶片打开时，桥梁气动特性与风屏障高度关系不大，可忽略风屏障高度影响。

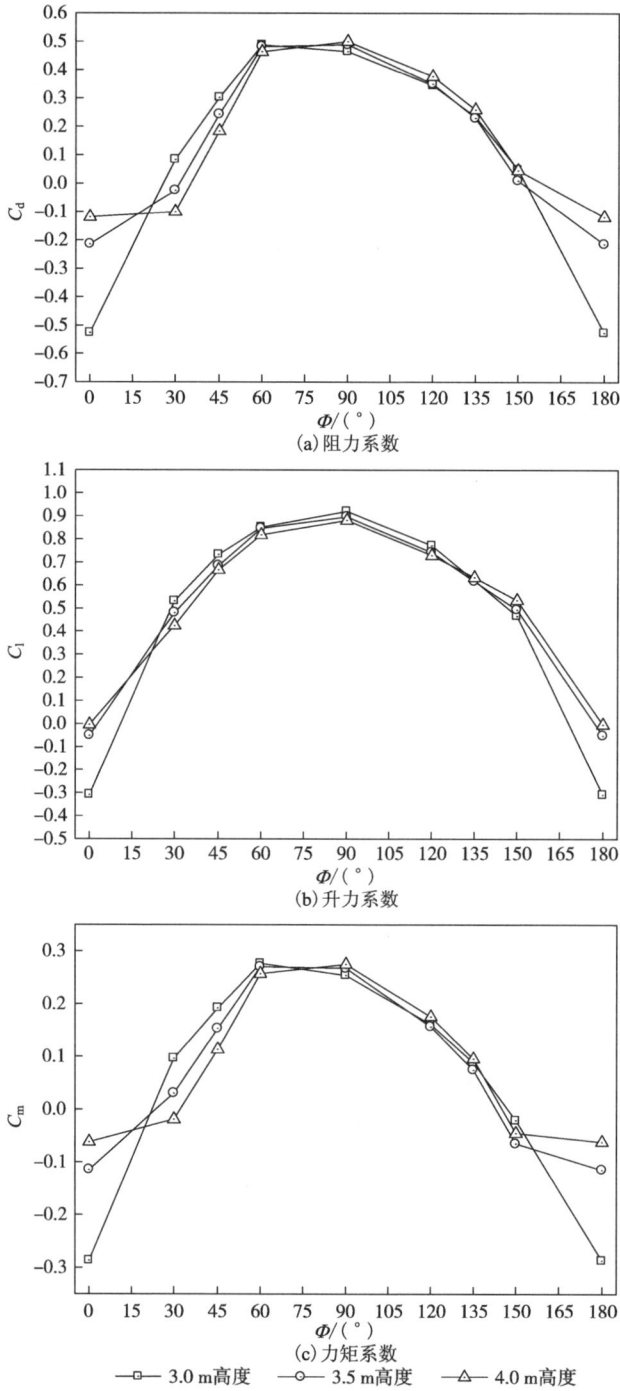

(a) 阻力系数

(b) 升力系数

(c) 力矩系数

——□—— 3.0 m高度　　——○—— 3.5 m高度　　——△—— 4.0 m高度

图 10 – 29　百叶窗型风屏障下列车的气动力系数变化曲线

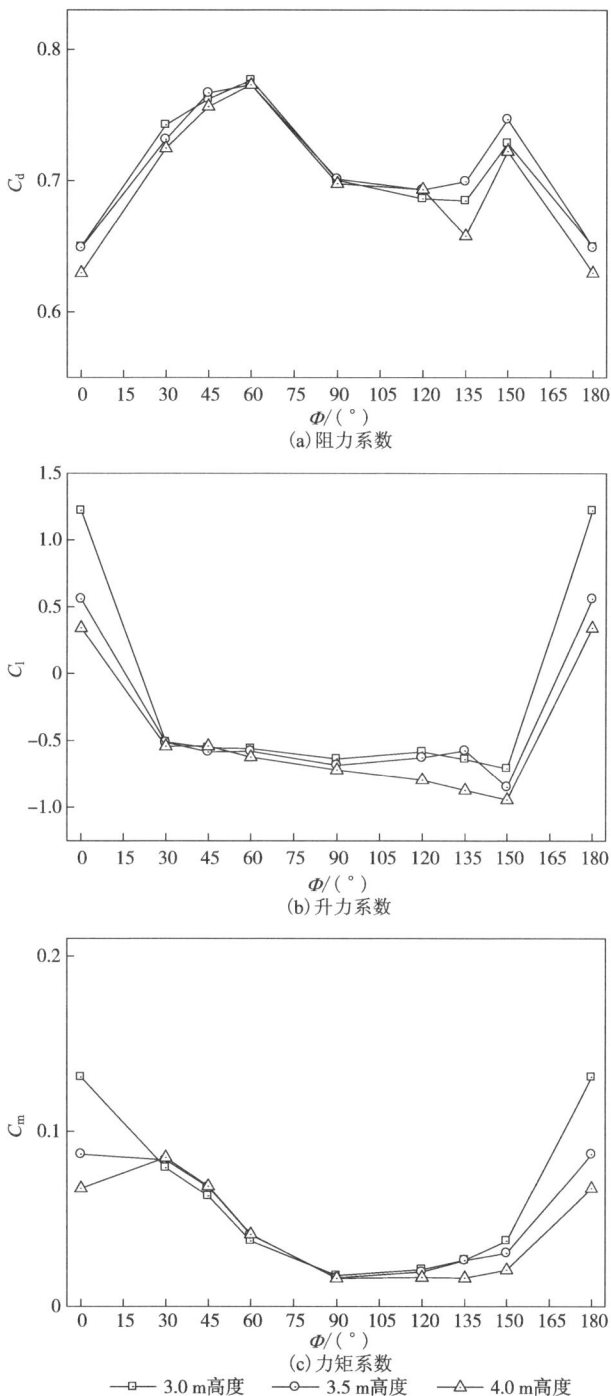

(a)阻力系数

(b)升力系数

(c)力矩系数

—□— 3.0 m高度　　—○— 3.5 m高度　　—△— 4.0 m高度

图 10 – 30　百叶窗型风屏障下桥梁的气动力系数变化曲线

图 10 – 31 与图 10 – 32 所示分别为典型工况的压力云图、速度矢量图，可以看出，对于列车和桥梁的气动特性，大转角均优于小转角，这是因为当旋转角度较小时，经过屏障后的气流吹向列车顶部；而当旋转角度较大时则吹向桥面和车顶，这无疑增加了力矩的力臂长度，所以列车的倾覆力矩相对要大，同时它还相当于给了桥梁一个额外的气流冲击，改变了桥面的风压分布，使得桥梁的阻力和倾覆力矩均更小，故此为较优的旋转角度形式。

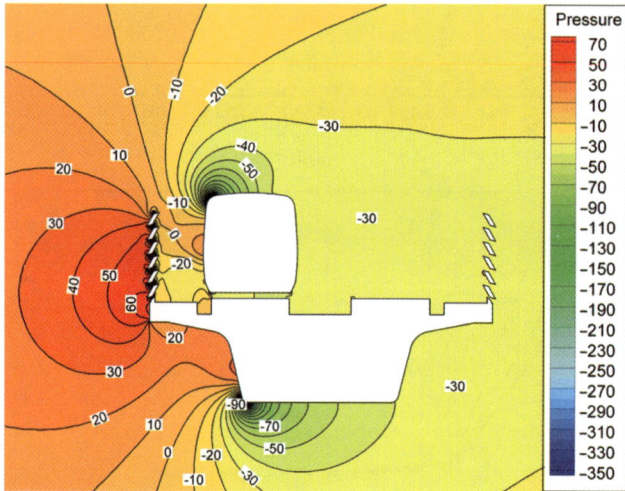

(a)压力云图

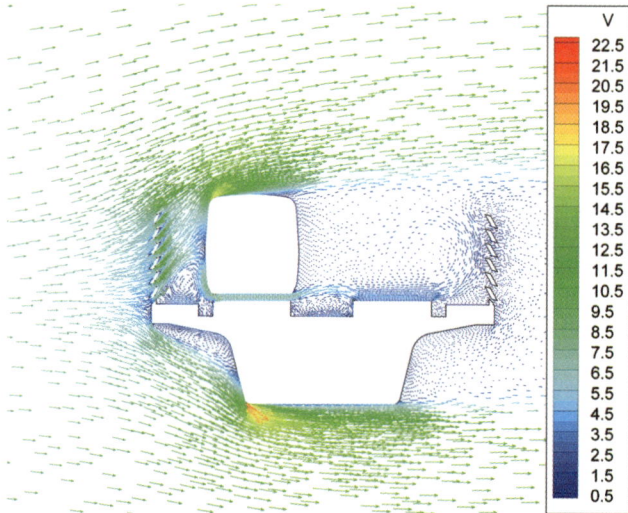

(b)速度矢量图

图 10 – 31　10 m/s 横风下 30°转角百叶窗型风屏障压力云图和速度矢量图

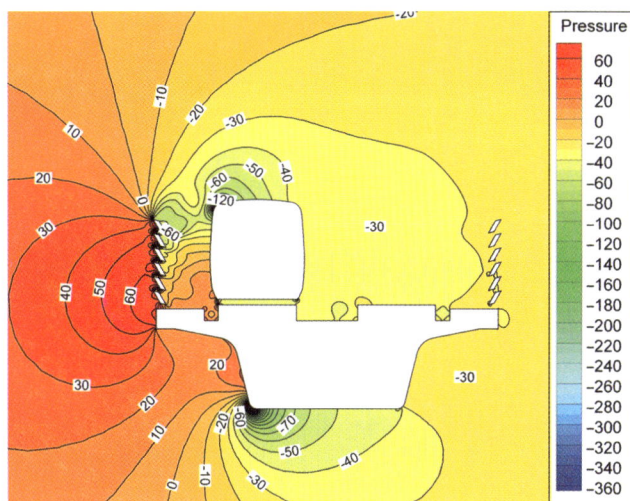

（a）压力云图

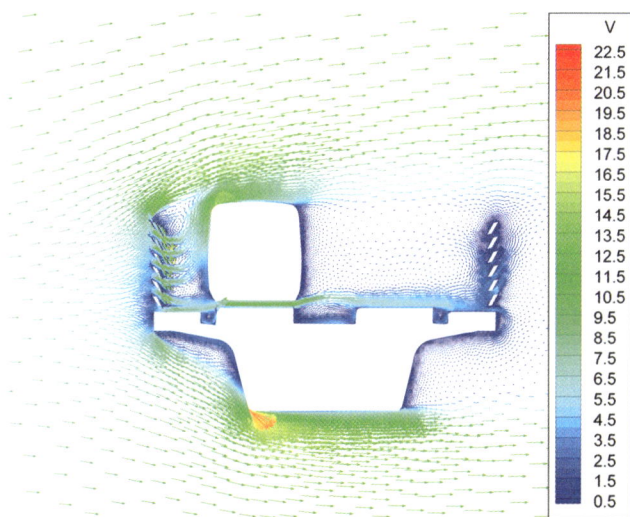

（b）速度矢量图

图 10 – 32　10 m/s 横风下 150°转角百叶窗型风屏障压力云图和速度矢量图

　　在比较不同叶片数量效果时，分别建立模型：六片形式，每片高 0.5 m；三片形式，每片高 1.0 m。同时考察来流速度的影响。仅在 30°、45°、60°旋转角度比较相同高度时挡风叶片数量的影响，如图 10 – 33 所示为上一节百叶窗型风屏障叶片高度的两倍。

　　通过对 30°、45°、60°旋转角度下两种挡风叶片高度的比较，得到了如图 10 – 34 ~ 图 10 – 36 所示的两者叶片疏密度的气动力系数变化规律曲线。当 30°旋

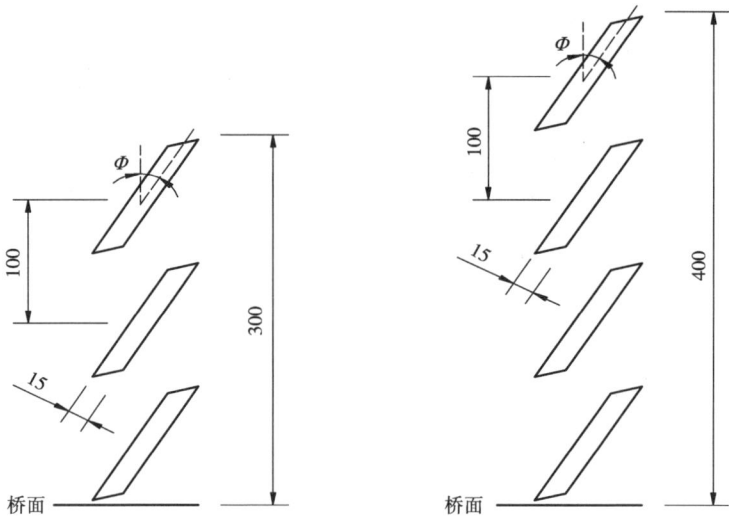

图 10 − 33　疏型叶片百叶窗型风屏障

转角度时，阻力系数和倾覆力矩系数相差不大，密型叶片的升力系数总体小于疏型叶片。当45°旋转角度时两者叶片形式出现差异，疏型叶片的气动力系数普遍大于密型叶片。当60°旋转角度时，其结果与45°旋转角度类似。由此可见，增加叶片高度，不利于改善列车气动特性；疏型叶片会降低百叶窗型风屏障的挡风效果，应优先采用疏型叶片形式。

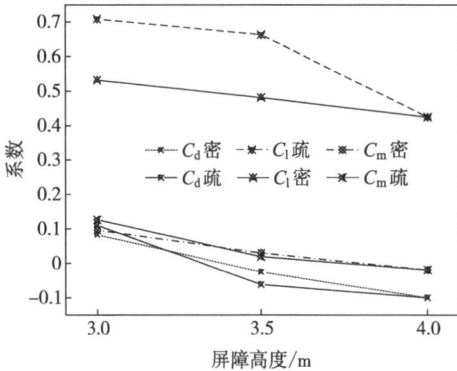

图 10 − 34　30°旋转角度下列车的
气动力系数变化曲线

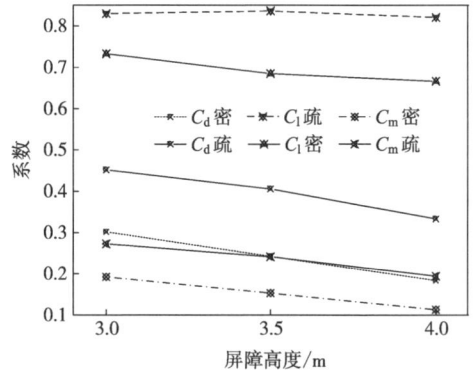

图 10 − 35　45°旋转角度下列车的
气动力系数变化曲线

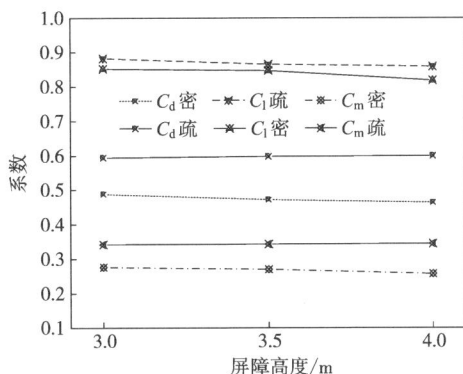

图 10 - 36　60°旋转角度下列车的气动力系数变化曲线

10.3.2　扁平钢箱梁车 - 桥组合系统气动特性变化规律

为解释百叶窗型风屏障的挡风机理，以扁平钢箱梁为例，利用CFD 技术进一步研究车 - 桥系统气动力系数受叶片旋转角度的影响。计算域范围按实际风洞尺寸设定，即长 × 宽 × 高为 $15.0\ \mathrm{m} \times 3.0\ \mathrm{m} \times 3.0\ \mathrm{m}$。桥梁与列车雷诺数分别为 4.9×10^4、7.3×10^4。入口边界采用速度边界条件，来流风速与湍流度均按实际取值；出口为恒压边界条件，压力设为一个标准

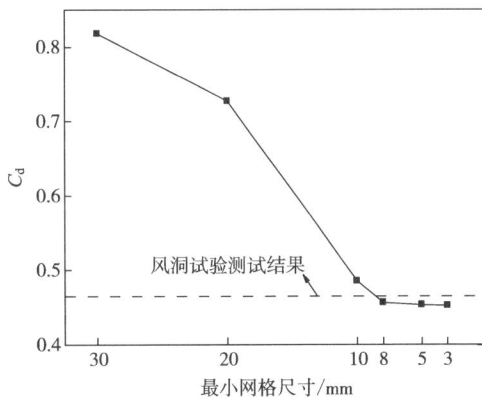

图 10 - 37　网格无关性分析

大气压；计算域上、下边界以及车 - 桥表面设为无滑移壁面条件。由于横风马赫数小于 0.3，计算按不可压缩定常流体处理。采用非结构化网格划分模型。离散格式为一阶迎风格式（first order upwind）。为保证计算结果的可靠性，对计算模型进行了网格无关性分析（图 10 - 37），确定最小网格尺寸为 8 mm，并在结构物与车体壁面处对网格进行细化处理。湍流模型采用 SST $k - \omega$ 模型，考虑边界层影响，数值模拟网格划分如图 10 - 38 所示。运用稳态计算，压力与速度耦合方式采用 SIMPLE 算法。计算关键参数与网格尺寸的设定均进行了敏感性分析，通过反复试算以确保模拟值与试验值间误差在可接受范围内。基于篇幅有限，本书仅给出列车与桥梁阻力系数数值模拟与风洞试验值的对比图（图 10 - 39），由图 10 - 39 可知，数值模拟计算结果与风洞试验值吻合较好，两者误差控制在 5%

内，证明了数值模拟结果的可靠性。

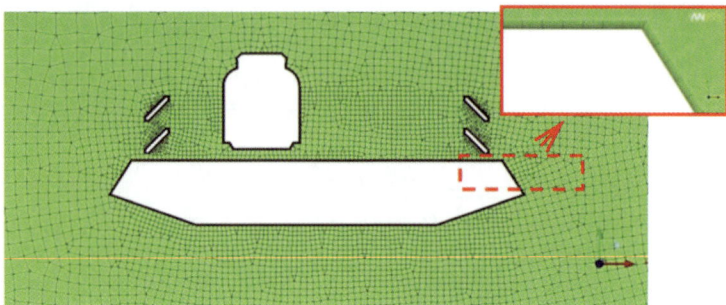

图 10 - 38   车 - 桥系统网格划分

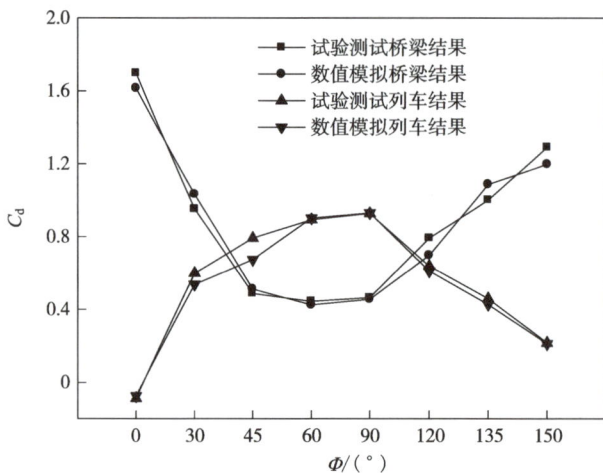

图 10 - 39   数值模拟与风洞试验对比图

典型旋转角度下车 - 桥系统压力云图如图 10 - 40 所示。由图 10 - 40 可知，当旋转角度为 0°时，列车迎风侧与背风侧均为负压，随着叶片旋转角度的增大，列车迎风侧风压由负到正，且正压区面积也随之增大，旋转角度为 90°时列车风压值及正压区面积均达到最大值。在旋转角度大于 90°以后，气流被引导而吹向列车底部并随角度的增大逐步向下倾斜，使列车迎风侧风压值及正压面积又开始逐渐减小。相对列车迎风侧，背风侧风压一直为负压，风压值受叶片旋转角度影响也较小。由于气动阻力主要由模型前后表面的压力经积分合成得到，因此，结合以上分析即可解释列车阻力系数随旋转角度的增大而呈先增大后减小的趋势，且在 90°取最大值的原因。

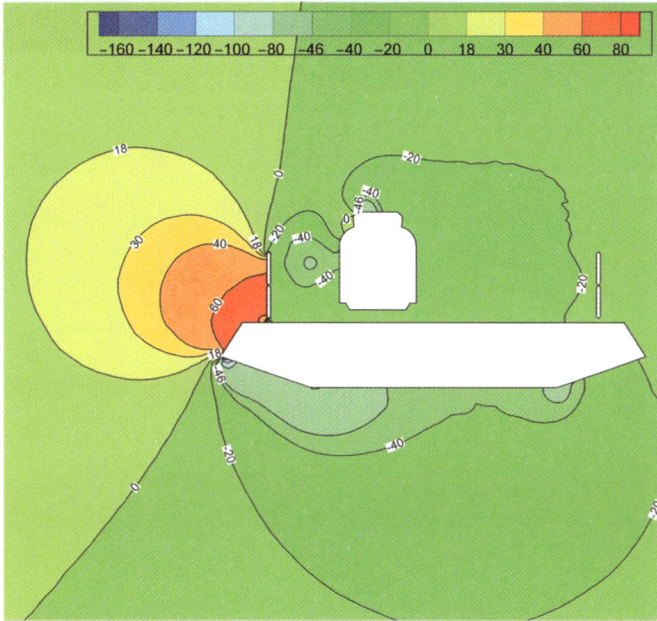

（a）Φ = 0°

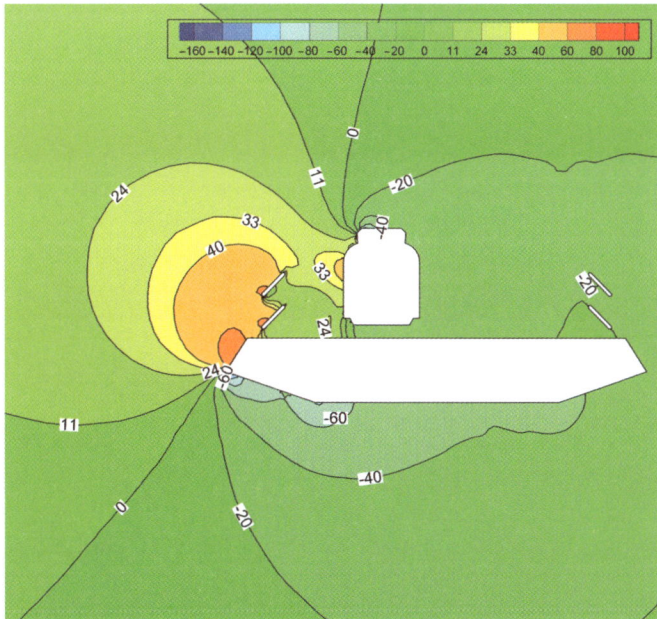

（b）Φ = 60°

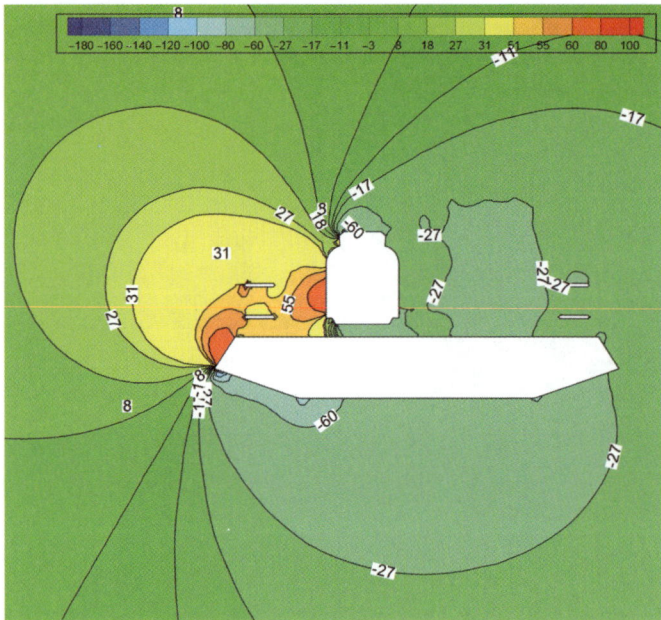

(c) $\Phi = 90°$

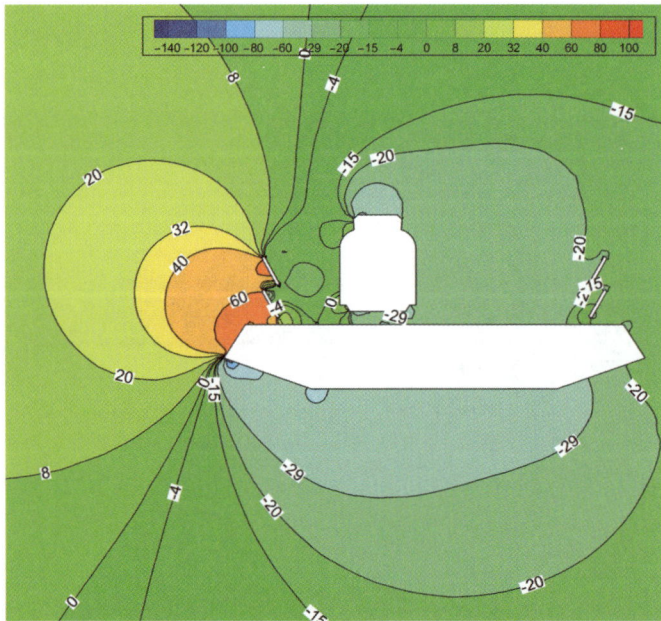

(d) $\Phi = 120°$

图 10 - 40　数值模拟与风洞试验对比图

在列车升力系数方面，叶片在 0°～90°旋转时顶部风压绝对值由 62 Pa 增大到 80 Pa，而车底风压变化不明显。当旋转角度为 120°时，气流集中吹向列车底部，加速了底部气流的流动速度。车底负压存在明显减小趋势，风压值绝对值由 36 Pa 减小到 23 Pa，而顶部负压变化不明显。因此，旋转角度为 120°时列车上下表面压力差得到进一步增大。但在旋转角度大于 120°以后，气流被进一步引导而偏移列车底部，加上透风率继续减小，列车上下表面气压差开始呈减小趋势。同理，气动升力由模型上下表面的压力经积分得到。以上分析解释了列车升力系数在 30°～120°呈逐渐增大趋势、而在 120°～150°呈逐渐减小趋势的原因。

列车力矩系数主要由列车气动升力和气动阻力分别对背风侧轨道中心点取矩合成得到，因此，力矩系数主要随气动升力和气动阻力的变化而变化。由于以上已分别对列车气动升力和气动阻力变化趋势做了较为详细的阐述，列车力矩系数随叶片旋转角度增大的变化趋势在此不做进一步解释。

10.4　其他新型风屏障开发

10.4.1　合页型风屏障

1. 合页型风屏障的基本原理

日本在新干线上曾开发一种新型的"关闭型风屏障"，其原理是风屏障沿垂向设有四块可活动板，内侧弹簧用来平衡转动挡板所受到的气流冲力，在横风作用下相邻可旋转挡板绕同一轴转动，在两个相邻旋转轴之间形成空隙。该风屏障的独特之处在于，它可根据横风风力大小被动地改变旋转角度，达到改变透风率的效果，强风和超强风速下有效降低风屏障和桥梁所受到的气动力。

10.1 节至 10.3 节提出的百叶窗型风屏障亦可实现透风率的变化，但该装置同时改变了来流经过风屏障后的方向，在某个角度范围，有可能形成尾流，集中吹向某个部位，如列车上部或底部，可能导致某些气动特性指标降低。受到关闭型风屏障装置原理的启示，本书提出一种可开合的风屏障，并将其命名为"合页型风屏障"（hinge – type wind barriers），其原理如图 10 – 41 所示。

利用该装置可任意变换透风率，其中合页角度调节范围为 0°～90°。另外，与栅栏型风屏障的透风率比较，合页型风屏障改变了来流与叶片或栅条的作用角度，在阻挡来流方面有一定差异。合页型风屏障利用两块叶片形成的劈尖来"劈开"来流，改变了来流与风屏障的作用方式，使得空气接触风屏障后改变流动角度，并在空隙部分相互作用、耗散动能，减小了通过风屏障后的水平风速。合页型风屏障的安装方法如图 10 – 42。

改变叶片角度的方式同样可分为主动式和被动式，如图 10 – 43 所示，其中 β

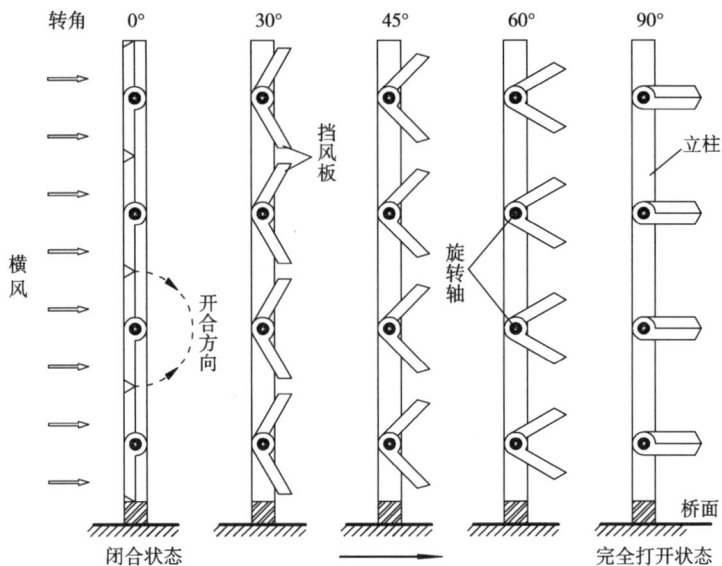

图 10 - 41　合页型风屏障原理

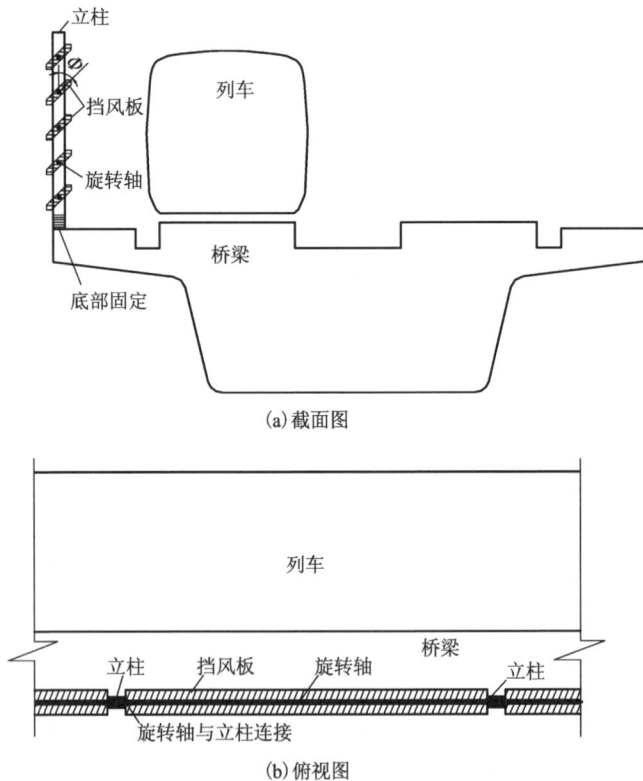

(a) 截面图

(b) 俯视图

图 10 - 42　合页型风屏障安装示意

表示叶片旋转角度。以合页页片与竖直面夹角为 0°、30°、45°、60° 和 90°，风屏障高度为 3.0 m 和 4.0 m 几种典型组合为例，研究风屏障对车 – 桥系统气动特性的影响。

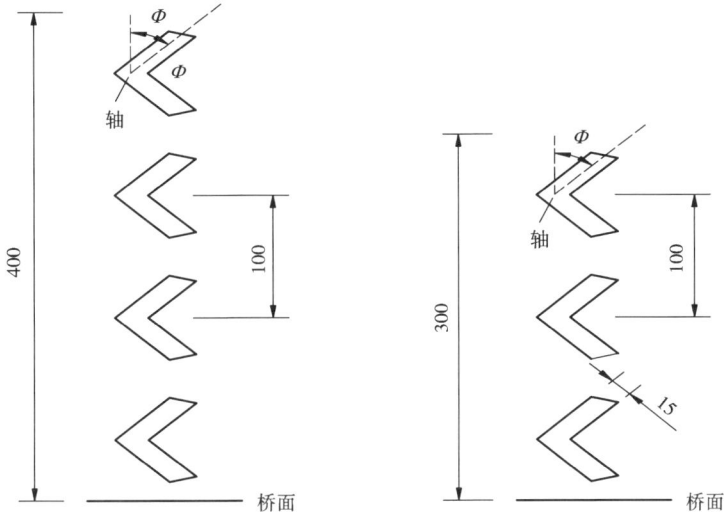

图 10 – 43　不同高度和叶片旋转角度下的合页型风屏障 (单位: cm)

2. 合页型风屏障对车 – 桥气动特性影响的数值模拟

本节计算了 3.0 m 高度和 4.0 m 高度组合型风屏障下列车、桥梁和屏障的气动特性。图 10 – 44 和图 10 – 45 分别给出了合页型风屏障下列车和桥梁的气动力系数随叶片旋转角度的变化规律曲线，如图 10 – 46 所示为典型工况下的压力云图和速度矢量图。可以看出，随着叶片旋转角度增加，列车气动力系数由负到正逐渐增大，当旋转角度超过 60° 时，其变化逐渐趋于平缓；当叶片旋转角度不为零时，3.0 m 高度的气动力系数均大于 4.0 m 高度；当叶片旋转角度接近 90° 时，气动力系数的大小逐渐接近，达到基本相同挡风效果，此时的挡风效果最弱，透风率最大。

与列车气动特性变化不同，桥梁阻力系数在 30° 旋转角度时达到最大，当旋转角度达到 45° 以上后，变化率较小。升力系数随旋转角度增加而迅速减小，超过 30° 后基本趋于平缓，在 60° 取得最小值。倾覆力矩系数方面，旋转角度在 0° ~ 90° 变化时，力矩系数逐渐减小，达到 60° 后趋于不变。总体来说，风屏障高度越高，桥梁的二分力越小，其挡风效果也越好，当旋转角度超过 45° 以后，对桥梁的气动力系数影响较小。也就是说，在旋转角度达到 60°，即名义透风率大于 50% 后，继续增加透风率不会对列车及桥梁气动特性有很大影响。

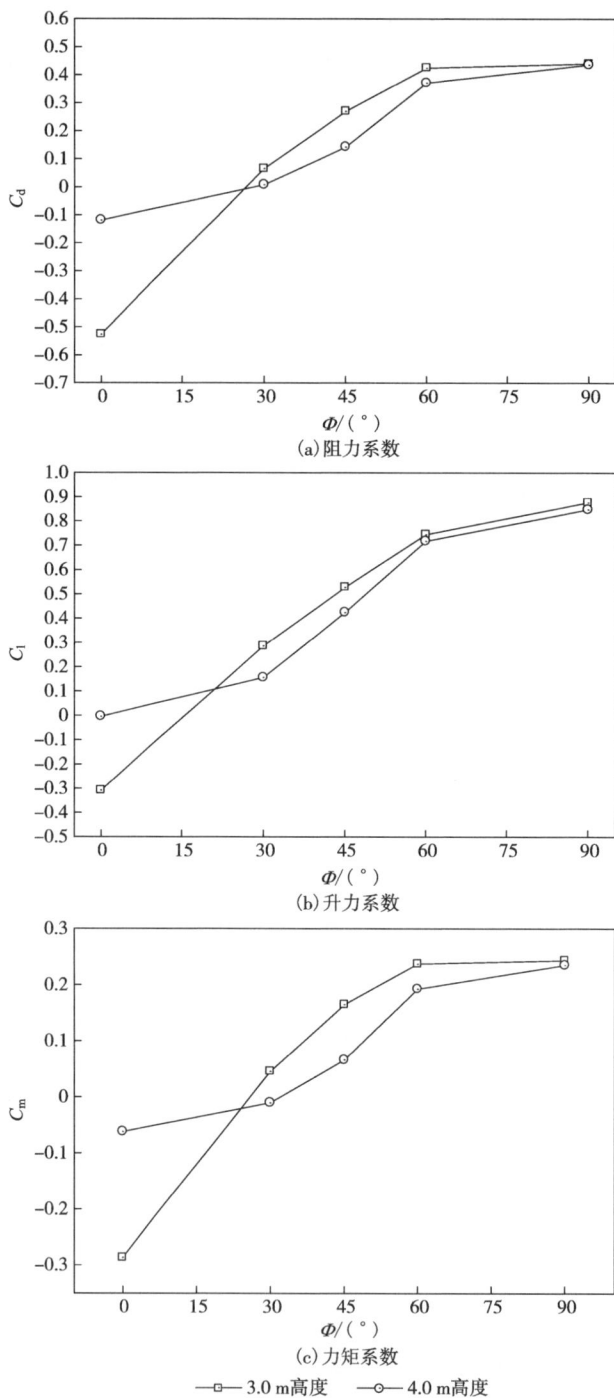

(a) 阻力系数

(b) 升力系数

(c) 力矩系数

—□— 3.0 m高度   —○— 4.0 m高度

图 10-44 合页型风屏障下的列车气动力系数变化曲线

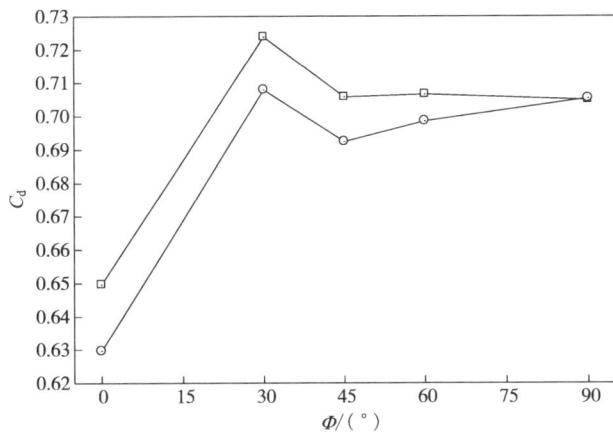

(a) 阻力系数

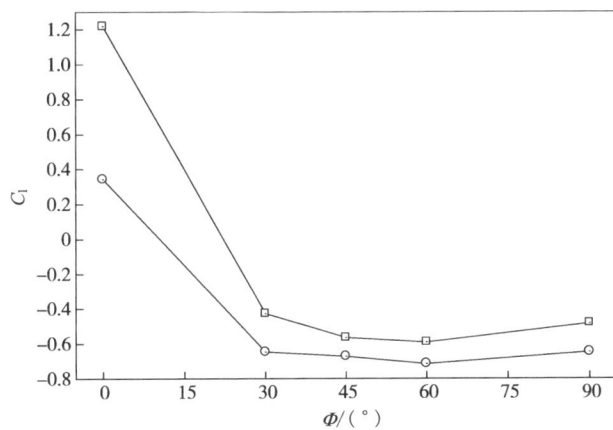

(b) 升力系数

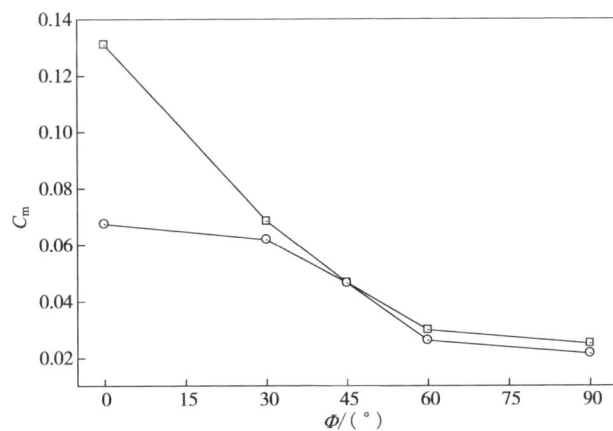

(c) 力矩系数

图 10 - 45　合页型风屏障下的桥梁气动力系数变化曲线

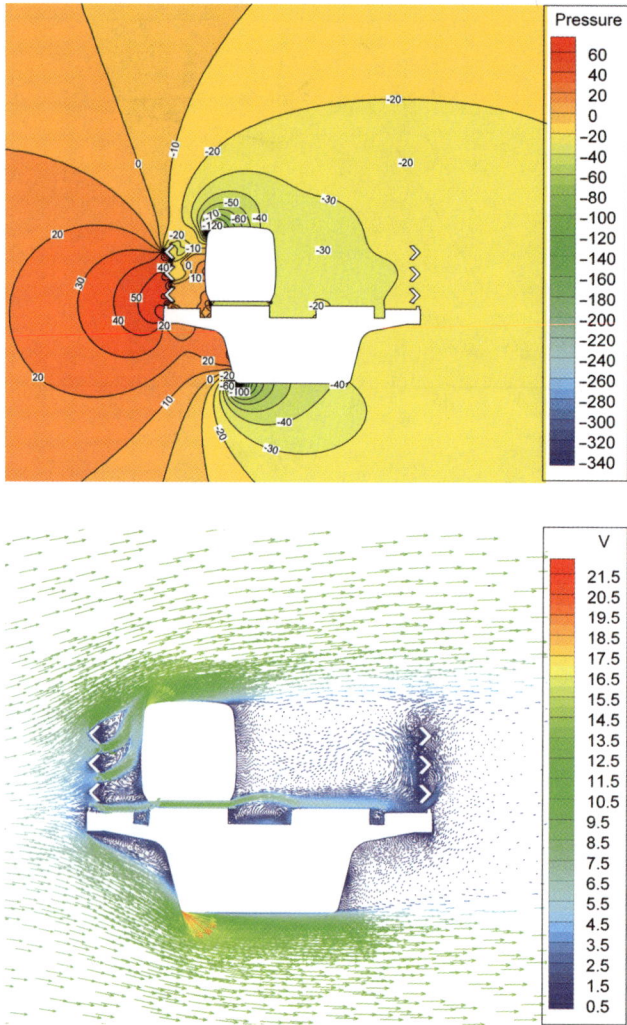

图 10 - 46 10 m/s 横风 45°转角下合页型风屏障的压力云图和速度矢量图

10.4.2 组合型风屏障

1. 组合型风屏障的基本原理

相对于传统风屏障来说，设置主动控制风屏障成本较高。当合页型风屏障和百叶窗型风屏障的叶片处于固定角度时，相比传统风屏障而言，它们仍然有其优势，此时可适当改变叶片长度以充分导流，也可缩短叶片以增加透风率。对合页型风屏障来说，改变方向后的空气在经过风屏障之前发生相互作用，抵消部分冲量，减小了对风屏障后物体的作用。此外，可以对叶片角度进行组合来避免流体经过百叶窗型风屏障后集中吹向车顶或车底。

　　基于对以上问题的思考,本书运用百叶窗型和合页型风屏障相组合的方法得到了一种新型的风屏障,并将其命名为"百叶窗 – 合页组合型风屏障"(shutter – hinge combined type wind barriers,简称为组合型风屏障),其原理如图10 – 47 所示。由图10 – 47 可知,组合型风屏障包括了一个合页和若干个单独叶片,并且上半部分叶片的旋转方向与下半部分相反,为达到闭合目的,叶片旋转轴放在了端部位置。组合型风屏障实现叶片角度改变的方式同上文,此处不再赘述。组合型风屏障在桥梁上的安装方法如图 10 – 48 所示。本书将研究高度为 3.0 m 和 4.0 m 风屏障,及各叶片与水平面夹角即相对于初始位置旋转角度为 – 90°、– 60°、– 45°、– 30°、0°、30°、45°、60°及90°的情形下车 – 桥及风屏障的气动特性。风屏障高度定义为叶片旋转角度0°时,最上面的叶片顶端与轨道板的垂直距离。如图 10 – 49 所示为建立的风屏障模型尺寸。

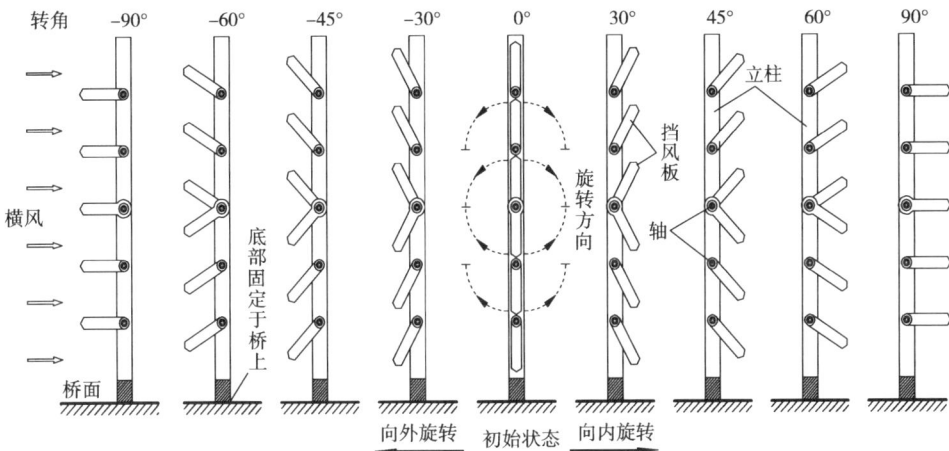

图 10 – 47　组合型风屏障原理

2. 组合型风屏障对车 – 桥气动特性影响的数值模拟

　　各叶片与水平面角度的绝对值是组合型风屏障的主要透风参数,其角度范围为0°~180°,代表上半部分挡风叶片沿顺时针方向、下半部分沿逆时针方向旋转的角度。选择3.0 m 高风屏障,计算各工况在 10 m/s、20 m/s、30 m/s、40 m/s 风速下的系统气动特性。

　　选择3.0 m 和 4.0 m 高的风屏障来对比不同高度对组合型风屏障的挡风效果。如图 10 – 50 和图 10 – 51 所示为 10 m/s 风速下列车和桥梁的气动力系数与叶片旋转角度的变化曲线。由图 10 – 50、图 10 – 51 可知,当叶片旋转角度不为0°时,3.0 m 高的风屏障下的气动力系数均大于 4.0 m 高度的风屏障。当旋转角度超过 90°时,风屏障高度对列车三分力的影响减小,旋转角度为 0°~90°时影响

(a) 截面图

(b) 俯视图

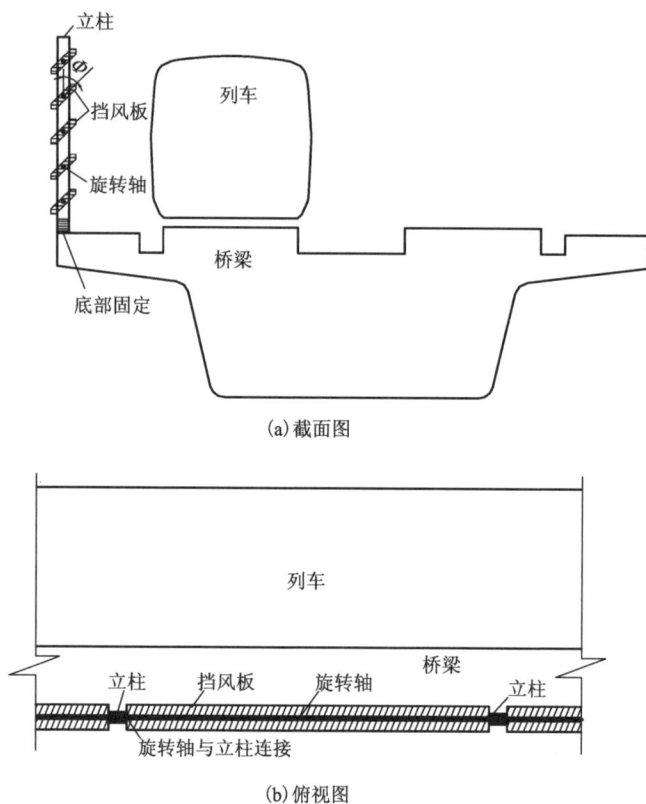

图 10 - 48 组合型风屏障安装示意

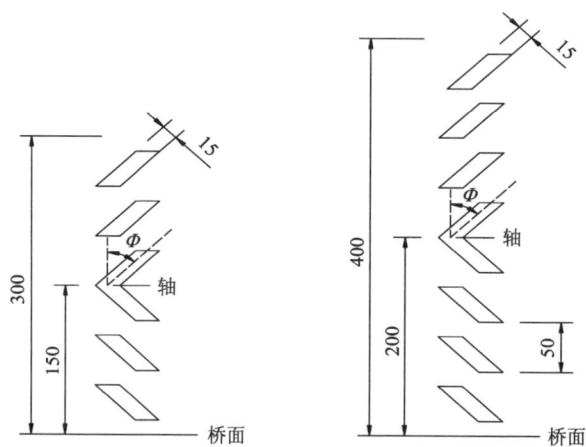

图 10 - 49 不同高度和叶片旋转角度下的组合型风屏障(单位: cm)

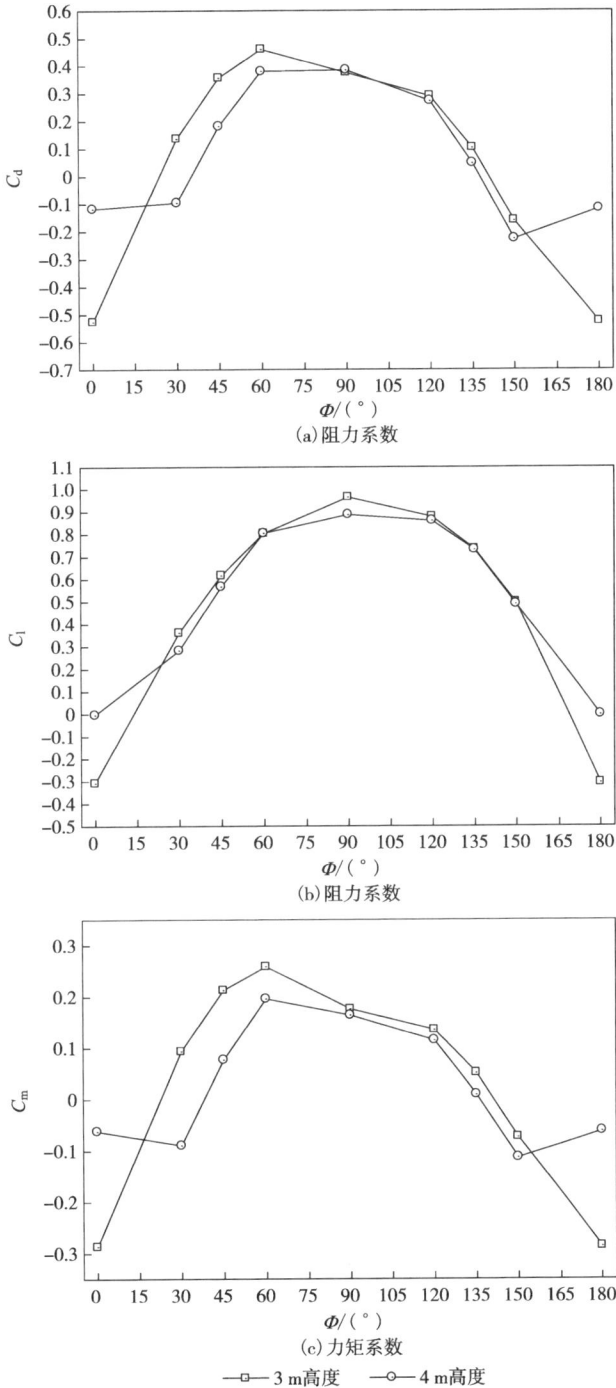

(a)阻力系数

(b)阻力系数

(c)力矩系数

—□— 3 m高度　—○— 4 m高度

图 10 − 50　组合型风屏障下的列车气动力系数

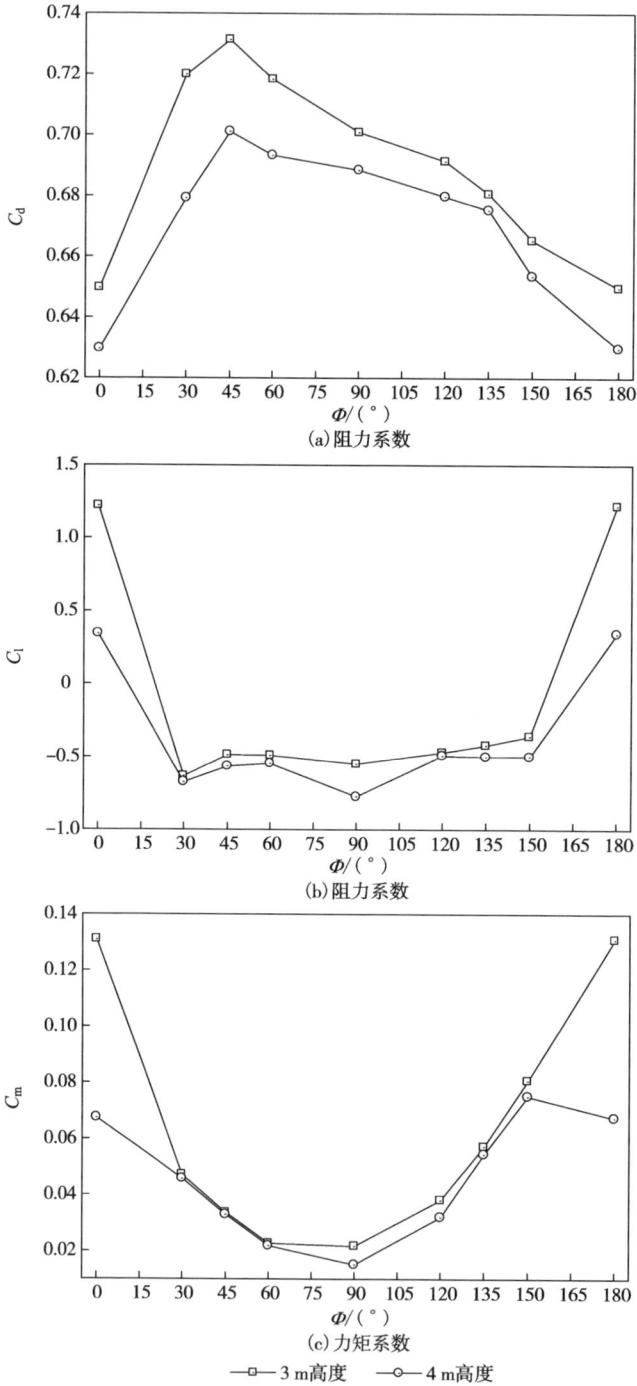

(a)阻力系数

(b)阻力系数

(c)力矩系数

——□—— 3 m高度   ——○—— 4 m高度

图 10 - 51   组合型风屏障下的桥梁气动力系数

较明显。升力系数在 0°~90°时逐渐增大，90°~180°时逐渐减小，在叶片水平时取得最大值。阻力系数和倾覆力矩系数均在 60°左右取得最大值，并向两边减小，这与百叶窗型风屏障的研究结论一致。

对于桥梁来说，与列车气动力系数相反，屏障高度越高，气动力系数越小。阻力系数和倾覆力矩总体随叶片旋转角度的变化不大，升力系数经历了从正到负的过程。其压力云图和速度矢量图如图 10 - 52 和图 10 - 53 所示。

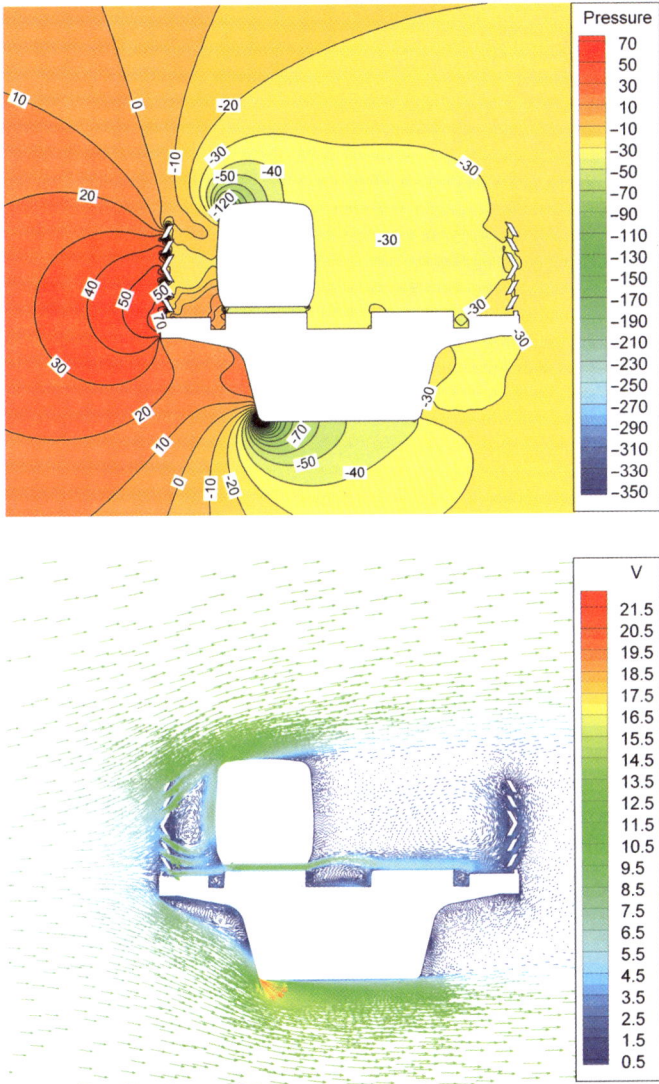

图 10 - 52 10 m/s 横风 30°转角下组合型风屏障的压力云图和速度矢量图

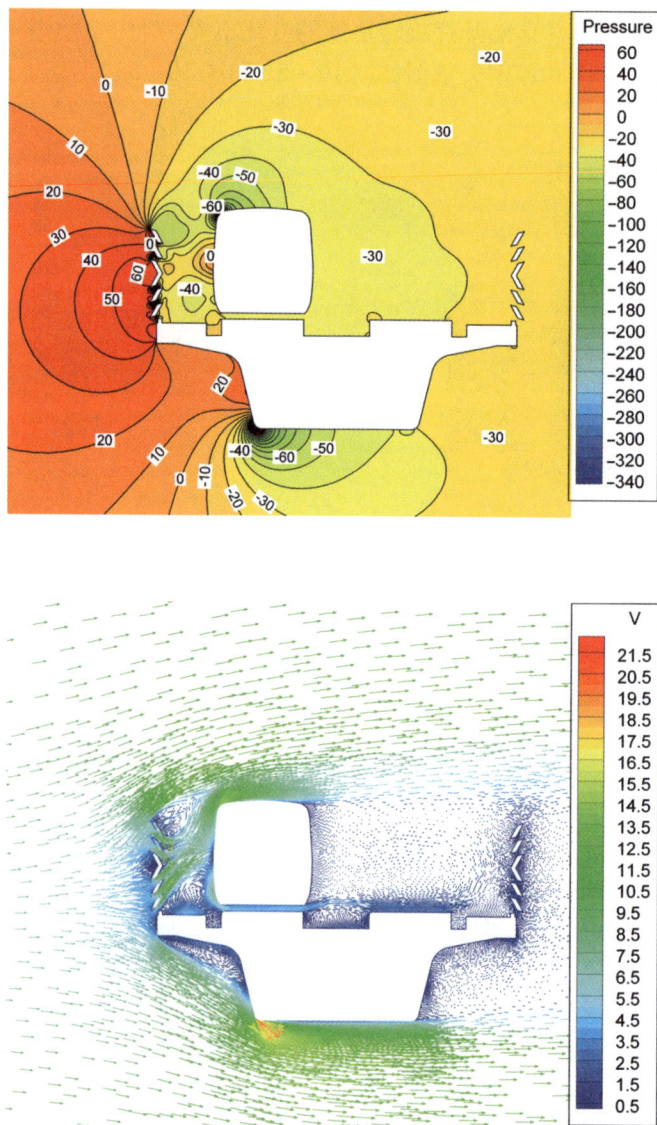

图 10 − 53　10 m/s 横风 150°转角下组合型风屏障的压力云图和速度矢量图

参考文献

［1］　叶剑. 高速铁路新型风屏障及其横风气动性能数值模拟研究［D］. 长沙：中南大学，2014.

［2］　褚杨俊. 横风下百叶窗型风屏障对轨道交通车桥系统气动性能影响研究［D］. 长沙：中南大学，2014.

［3］　韩珈琪. 高速铁路声屏障结构特性研究及减载式声屏障技术初探［D］. 成都：西南交通大学，2014.

［4］　方东旭. 风屏障对列车－大跨度桥梁系统气动特性影响的风洞试验研究［D］. 长沙：中南大学，2018.

［5］　He X H, Shi K, Wu T, et al. Aerodynamic performance of a novel wind barrier for train-bridge system［J］. Wind and Structures, 2016, 23(3): 171－189.

［6］　He X H, Zou Y F, Wang HF, et al. Aerodynamic characteristics of a trailing rail vehicles on viaduct based on still wind tunnel experiments［J］. Journal of Wind Engineering and Industrial Aerodynamics, 2014, 135: 22－33.

［7］　He X H, Wu T, Zou Y F, et al. Recent development of high-speed railway bridges in China［J］. Structure and Infrastructure Engineering, 2017, 13(12): 1584－1595.

［8］　史康，褚杨俊，何旭辉，等. 轨道交通百叶窗型风屏障防风效果研究［J］. 振动工程学报，2017，30(4)：630－637.

［9］　向活跃. 高速铁路风屏障防风效果及其自身风荷载研究［D］. 成都：西南交通大学，2013.

［10］　田红旗. 列车空气动力学［M］. 北京：中国铁道出版社，2007.

［11］　秦红禧. 横风环境下铁路新型风屏障－车－桥系统气动特性与选型优化研究［D］. 长沙：中南大学，2018.

［12］　肖军. 侧风作用下高速列车非定常气动力及其行车安全性［D］. 成都：西南交通大学，2017.

［13］　何旭辉，邹云峰，周佳，等. 运行车辆风环境参数对其气动特性与临界风速的影响［J］. 铁道学报，2015，37(5)：15－20.

［14］　邹云峰，何旭辉，周佳，等. 基于实测数据的CRH380列车风作用下风屏障风荷载多分辨率分析［J］. 中南大学学报(自然科学版)，2018，49(2)：407－414.

图书在版编目（ＣＩＰ）数据

强风作用下高铁桥上行车安全分析理论与应用／何
旭辉，邹云峰著. --长沙：中南大学出版社，2018.11
  ISBN 978 - 7 - 5487 - 3268 - 6

Ⅰ.①强… Ⅱ.①何… ②邹… Ⅲ.①高速铁路－铁路
桥－铁路行车－行车安全－研究 Ⅳ.①U298.1

中国版本图书馆 CIP 数据核字(2018)第 253107 号

强风作用下高铁桥上行车安全分析理论与应用

QIANGFENG ZUOYONGXIA GAOTIE QIAOSHANG HANGCHE ANQUAN FENXI LILUN YU YINGYONG

何旭辉　邹云峰　著

□责任编辑	刘颖维	
□责任印制	易红卫	
□出版发行	中南大学出版社	
	社址：长沙市麓山南路	邮编：410083
	发行科电话：0731 - 88876770	传真：0731 - 88710482
□印　　装	湖南鑫成印刷有限公司	

□开　　本	720×1000　1/16	□印张 22	□字数 444 千字		
□版　　次	2018 年 11 月第 1 版	□印次	2018 年 11 月第 1 次印刷		
□书　　号	ISBN 978 - 7 - 5487 - 3268 - 6				
□定　　价	298.00 元				